U0578935

BLUE BOOK

智库成果出版与传播平台

乡村振兴蓝皮书
BLUE BOOK OF RURAL REVITALIZATION

广东乡村振兴发展报告
（2025）

**ANNUAL REPORT ON RURAL REVITALIZATION OF
GUANGDONG PROVINCE (2025)**

主　　编／郭跃文
执行主编／刘　伟　游霭琼

社会科学文献出版社
SOCIAL SCIENCES ACADEMIC PRESS（CHINA）

图书在版编目（CIP）数据

广东乡村振兴发展报告.2025 / 郭跃文主编；刘伟，
游霭琼执行主编. -- 北京：社会科学文献出版社，
2025.8. --（乡村振兴蓝皮书）. -- ISBN 978-7-5228
-5465-6

Ⅰ.F327.65

中国国家版本馆 CIP 数据核字第 2025TR3541 号

乡村振兴蓝皮书
广东乡村振兴发展报告（2025）

主　　编 / 郭跃文
执行主编 / 刘　伟　游霭琼

出 版 人 / 冀祥德
责任编辑 / 陈　颖
责任印制 / 岳　阳

出　　版 / 社会科学文献出版社·皮书分社（010）59367127
　　　　　　地址：北京市北三环中路甲 29 号院华龙大厦　邮编：100029
　　　　　　网址：www.ssap.com.cn
发　　行 / 社会科学文献出版社（010）59367028
印　　装 / 天津千鹤文化传播有限公司

规　　格 / 开　本：787mm×1092mm　1/16
　　　　　　印　张：26.75　字　数：440 千字
版　　次 / 2025 年 8 月第 1 版　2025 年 8 月第 1 次印刷
书　　号 / ISBN 978-7-5228-5465-6
定　　价 / 168.00 元

读者服务电话：4008918866

《广东乡村振兴发展报告（2025）》
编委会

主　　任　郭跃文

委　　员　王廷惠　蔡乔中　向晓梅　张造群　黄孟欣
　　　　　刘　伟　游霭琼　邓智平　彭　熙　邓宏图

编写组

主　　编　郭跃文

执行主编　刘　伟　游霭琼

成　　员　周　鑫　夏　辉　伍玉娣　廖胜华　崔小娟
　　　　　刘佳宁　胡晓珍　黄璘泰　曾云敏　符永寿
　　　　　周联合　张媛媛　陈世栋　高怡冰　金芃伊
　　　　　周伯洲　郑崴文　赵恒煜　盛宏玉　杨海深
　　　　　石宝雅　孙小哲　邹开敏　周爱华　郑姝莉

主要编撰者简介

郭跃文（主编） 广东省习近平新时代中国特色社会主义思想研究中心常务副主任，广东省社会科学院党组书记，广东省社会科学界联合会副主席（兼），管理学研究员，享受国务院政府特殊津贴专家。主要从事中国特色社会主义理论、党的创新理论、党史党建和广东改革开放史等研究。代表作有《中国经济特区四十年工业化道路：从比较优势到竞争优势》《国家能力支撑下的市场孵化——中国道路与广东实践》《使命型政党塑造的有效国家：现代化建设奇迹与中国共产党领导下的国家治理》《粤港澳大湾区世界级城市群建设》《新质生产力简论》等。

刘伟（执行主编） 广东省社会科学院国际问题研究所所长，经济学研究员。主要从事粤港澳合作、"三农"问题、产业与区域经济研究。相关研究成果有"改革开放40年广东百村探索"（广东省委宣传部专项理论研究课题，2016）；著作《乡村振兴启示录》（2018）、《乡村振兴启示录：改革开放40年中山乡村高质量发展探索》（2019）；国家专项规划编制《粤港澳大湾区文化和旅游发展规划》（2020）、《广东城乡融合发展报告（2021）》（社会科学文献出版社，2021）。

游霭琼（执行主编） 广东省社会科学院人才发展研究中心主任，广东省习近平新时代中国特色社会主义思想研究中心特约研究员，经济学研究员。主要从事区域经济、人才发展理论与政策等研究。近年来，主要合作成果有著作《粤港澳大湾区高水平人才高地建设研究》等。

摘　要

2024 年，广东省委、省政府坚持以习近平新时代中国特色社会主义思想为指导，深入贯彻习近平总书记视察广东重要讲话、重要指示精神，锚定建设农业强省目标，深入实施"百县千镇万村高质量发展工程"（以下简称"百千万工程"）。本蓝皮书全面反映了广东以确保粮食安全、确保不发生规模性返贫为底线，以提升乡村产业发展水平、乡村建设水平、乡村治理水平为重点，强化科技和改革双轮驱动，强化农民增收举措，扎实推进乡村全面振兴，加快农业农村现代化，推动农业全面升级、农村全面进步、农民全面发展，城乡区域发展协调性不断增强，蹄疾步稳推进中国式现代化的广东实践，以县镇村高质量发展更好支撑全省全域高质量发展。全书包括总报告与乡村发展、乡村建设、乡村治理、"百千万工程"案例等 4 个板块共 24 篇报告，并附有大事记，全面、系统呈现广东乡村全面振兴新征程的新面貌新变化新经验新活力，并深入研析问题、展望未来、提出对策建议。

一幅农业强、农村美、农民富的广东画卷，正在南粤大地徐徐展开。粮食综合产能稳步提升，实现播种面积、单产、总产量"三增"，其中单产创历史新高，总产量达到 2006 年以来历史高位。农民增收致富稳步推进，农村居民全年人均可支配收入增速连续 12 年快于城市居民，城乡居民收入比从 2013 年的 2.67∶1 缩小至 2024 年的 2.31∶1。现代乡村产业体系更加完善，以仅占全国 1.9%的耕地面积，实现农业总产值和农业增加值分别约占全国的 5.7%和 6%，农林牧渔业总产值继续位居全国第一。宜居宜业和美乡村建设成效彰显，129 条乡村振兴示范带基本建成，全面推动第二批 2225 个典型村建设，自然村生活污水治理率由 64.7%提高到 75%；基本公共服务资源不断下沉，向上向善、刚健朴实的文化气质在农村日益彰显，乡村新文明新风尚开花结果。

本书围绕乡村发展、乡村建设、乡村治理、"百千万工程"案例分析等四个方面展开论述。乡村发展篇深入探讨广东农业新质生产力发展、深化土地制度集成改革、乡村振兴人才发展、新型农村集体经济发展、供销合作社服务乡村振兴、乡村绿色发展以及农村金融与农文旅融合的创新实践。乡村建设篇聚焦乡村基础设施建设、乡村振兴品牌矩阵建设、海洋牧场建设、新型城镇化建设及网络强村建设多个维度。乡村治理篇从基层党建工作、乡风文明建设、乡村文化建设、法治乡村建设及粤黔协作发展等多个角度进行深入剖析。"百千万工程"案例篇通过一系列鲜活案例,生动展现了岭南儿女以坚定决心和不懈努力,将手中"施工图"转化为大地"实景画"的实践图景。

关键词: 百县千镇万村高质量发展工程 乡村振兴 农业强省 城乡融合 广东省

Abstract

In 2024, the Party Committee and the People's Government of Guangdong Province adhered to the guidance of Xi Jinping Thought on Socialism with Chinese Characteristics for a New Era, thoroughly implemented the spirit of the important speeches and instructions delivered by General Secretary Xi Jinping during his inspection tour in Guangdong, aimed at the goal of building a strong agricultural province, and deeply implemented the "High-quality Development Project for Hundreds of Counties, Thousands of Towns and Tens of Thousands of Villages" (hereinafter referred to as the "Hundred-Thousand Project"). This blue-book comprehensively reflects that Guangdong, with the bottom-lines of ensuring food security and preventing large-scale poverty-return, focuses on improving the development level of rural industries, rural construction and rural governance. It strengthens the dual-driving forces of science and technology and reform, enhances measures to increase farmers' incomes, steadily promotes the comprehensive rural revitalization, accelerates the modernization of agriculture and rural areas, promotes the comprehensive upgrading of agriculture, the all-round progress of rural areas and the all-round development of farmers. The coordination of urban-rural and regional development is continuously enhanced, and Guangdong steadily promotes the practice of Chinese-style modernization. The high-quality development of counties, towns and villages better supports the high-quality development of the whole province. The whole book includes a general report and 24 reports in four sections, namely rural development, rural construction, rural governance, and cases of the "Hundred-Thousand Project", with a chronicle of events attached. It comprehensively and systematically presents the new look, new changes, new experiences and new vitality of Guangdong's comprehensive rural revitalization journey, and deeply analyzes problems, looks forward to the future, and puts forward countermeasures and

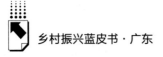

suggestions.

A Guangdong panorama featuring strong agriculture, beautiful countryside, and prosperous farmers is unfolding across the land of South Guangdong. The comprehensive grain production capacity has steadily increased, achieving a "triple increase" in sown area, yield per unit area, and total output. Notably, the yield per unit area has reached a record high, and the total output has climbed to its highest level since 2006. Steady progress has been made in boosting farmers' incomes. For twelve consecutive years, the growth rate of the annual per capita disposable income of rural residents has surpassed that of urban residents. The urban-rural income ratio narrowed from 2. 67 : 1 in 2013 to 2. 31 : 1 in 2024. The modern rural industrial system has been further refined. Utilizing merely 1. 9% of the nation's arable land, Guangdong contributes approximately 5. 7% and 6% to the country's gross agricultural output value and agricultural added value, respectively. Its total output value for agriculture, forestry, animal husbandry, and fishery continues to rank first nationally. The construction of livable, workable, harmonious, and beautiful villages has yielded significant results: 129 rural revitalization demonstration belts have been largely completed, and the second batch of 2, 225 model village constructions has been comprehensively promoted. The treatment rate of domestic sewage in natural villages has risen from 64. 7% to 75%. Basic public service resources are continuously being extended downwards to the grassroots. A cultural ethos characterized by moral integrity and cultural richness is increasingly flourishing in the countryside, where new forms of civilization and social mores are taking root and bearing fruit.

This book elaborates on four key dimensions: rural development, rural construction, rural governance, and case studies of the "High-Quality Development Project for 1, 000 Towns and 10, 000 Villages" The Rural Development section delves deeply into Guangdong's advancement of new quality productive forces in agriculture, the deepening of integrated land system reforms, talent development for rural revitalization, the growth of new-type rural collective economies, the role of supply and marketing cooperatives in serving rural revitalization, rural green development, and innovative practices in rural finance and the integration of agriculture, culture, and tourism. The Rural Construction section focuses on multiple dimensions, including rural infrastructure development, the building of a rural revitalization brand matrix, marine pasture (deep-sea aquaculture) construction, new urbanization initiatives, and the development of digitally empowered villages. The Rural Governance section provides in-depth analyses from various angles, encompassing grassroots Party building, the cultivation of civilized rural practices, rural cultural development, the rule of law in rural areas, and Guangdong-Guizhou collaboration. The "High-Quality Development Project for 1, 000 Towns and 10, 000 Villages" Case Studies section presents a series of vivid examples, showcasing how the people of Lingnan (Guangdong) are translating their blueprints into tangible achievements on the ground through unwavering determination and relentless effort.

Keywords: High-Quality Development Project for Hundreds of Counties, Thousands of Towns and Tens of Thousands of Villages; Rural Revitalization; Agricultural Powerhouse Province; Urban-Rural Integration; Guangdong Province

目 录 ⫍

Ⅰ 总报告

Ⅱ 乡村发展篇

Ⅲ 乡村建设篇

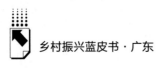

Ⅳ 乡村治理篇

Ⅴ "百千万工程"案例篇

附 录

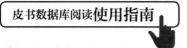

CONTENTS ↖

I General Report

II Rural Development Section

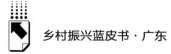
Ⅲ Rural Construction Section

Ⅳ Rural Governance Section

V　Rural Construction Section

Appendix

总 报 告

B.1
激发乡村全面振兴新动力
开创广东农业农村现代化建设新局面

郭跃文　刘伟　黄璘泰　周伯洲*

摘　要： 2024年，广东以"百千万工程"为抓手，推动乡村全面振兴。广东坚持科技和改革双轮驱动，粮食安全巩固提升，综合产能稳步增长，乡村产业发展势头良好，城乡区域协调性显著增强，农民稳步增收致富。乡村建设加速，治理效能提升，和美乡村建设成效彰显。广东还积极探索新型农村集体经济，推进"社村"合作，强化法治保障，汇聚各方力量为乡村全面振兴增添新动能。未来，广东将围绕促进优势塑造、结构调整、动力增强、价值实现，坚持发动群众、用好市场、因地制宜、久久为功，确保完成"三年初见成效"目标任务。

关键词： "百千万工程"　乡村全面振兴　粮食安全　新型农村集体经济　广东省

---

* 郭跃文，广东省社会科学院党组书记，管理学研究员，主要研究方向为中国特色社会主义理论；刘伟，广东省社会科学院国际问题研究所所长，博士，经济学研究员，主要研究方向为产业与区域经济；黄璘泰，广东省社会科学院当代马克思主义研究所副所长，主要研究方向为中国特色社会主义理论；周伯洲，广东省社会科学院助理研究员，博士，主要研究方向为区域经济发展、经济史。

2024年，广东深入贯彻习近平总书记关于"三农"工作的重要论述和重要指示精神，认真落实中央农村工作会议部署，持续发挥"百县千镇万村高质量发展工程"（以下简称"百千万工程"）牵引作用，统筹新型城镇化和乡村全面振兴，坚持以增收为牵引、产业为载体、环境为基础，加快建设农业强省，推动农业全面升级、农村全面进步、农民全面发展，加快形成城乡区域协调发展新局面。

一 总体成效：乡村全面振兴扎实推进

2024年，广东加力提速推进"百千万工程"，强化科技和改革双重驱动，坚持县域统筹、镇村联动、分类施策，有力提升了乡村产业发展水平、乡村建设水平、乡村治理水平，一幅农业强、农村美、农民富的新画卷在南粤大地徐徐展开。

（一）粮食安全守底线，综合产能稳步升

2024年，广东牢牢守住保障粮食安全底线，农业综合生产能力巩固提升。粮食生产克服重重困难，实现播种面积、单产、总产量"三增"（见表1），其中单产创历史新高。肉蛋奶、果菜茶供应充足，"米袋子""菜篮子"价格平稳，水产品总产量、农产品进出口总额均居全国首位。

表1 2024年广东粮食产量分季节情况

品种	单产（公斤/亩）	与上年相比（公斤/亩）	增幅（%）	产量（万吨）	与上年相比（万吨）	增幅（%）	种植面积（万亩）	与上年相比（万亩）	增幅（%）
春收粮食	318.1	-1.2	-0.4	71.7	+1.0	1.4	225.3	+4.0	1.8
早稻	404.5	-3.3	-0.8	527.7	-2.0	-0.4	1304.5	+5.6	0.4
秋粮	391.2	+15.8	4.2	714.7	+29.3	4.3	1825.4	+1.3	0.1

资料来源：广东统计信息网。

1.克服极端天气不利因素影响，粮食生产得到坚实保障

全面贯彻落实粮食安全党政同责，持续调整优化种植结构，深挖耕地稳产

保供潜力，确保田块种足种满，努力稳定粮食播种面积。2024 年，广东全省党员干部群众众志成城、战风斗雨，经受住了 25 轮强降水、10 次台风考验，实现粮食播种面积、单产、总产量"三增"，其中单产创历史新高。粮食播种面积 3355.1 万亩，比上年增加 10.9 万亩，增长 0.3%；粮食总产量 1313.4 万吨，比上年增加 28.2 万吨，增长 2.2%（见图 1），达到 2006 年以来历史高位；粮食单产达到 391.5 公斤/亩，相比上年增加 7.2 公斤/亩，增长 1.9%。

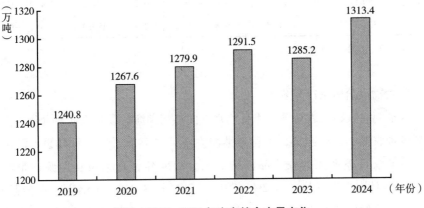

图 1　2019～2024 年广东粮食产量变化

资料来源：广东省农业农村厅。

大力推广高产优质品种、因地制宜实施合理密植和"一喷多促"等技术，形成不同生态区合理的水稻栽插密度模式，稻谷单产 408.2 公斤/亩，比上年增长 2.0%；深入开展甘薯产量提升行动，建成一批甘薯脱毒健康种苗扩繁基地，甘薯单产 338.2 公斤/亩，比上年增加 4.0 公斤/亩，增长 1.2%（见表 2），湛江等地甘薯产业取得有史以来最好收益。加快推进农业社会化服务项目，抓实农业防灾减灾和病虫害防控，全面助力粮食单产提升。河源市龙川县举办首届春耕种粮大赛，以典型辐射带动全县水稻规模化种植、标准化生产和产业化经营，打造更多单产水平高、示范带动强的水稻示范基地，推动全县单产提高再上新台阶，有效激发广大农户科学种田、夺取高产的热情，丝苗米水稻参赛面积 2435 亩，平均亩产 511.84 公斤，同比增产 8.9%；普通水稻参赛面积 3253 亩，平均亩产量 589.92 公斤，同比增产 25.51%。

表2　2024年广东粮食产量分品种情况

品种	单产（公斤/亩）	与上年相比（公斤/亩）	增幅（%）	产量（万吨）	与上年相比（万吨）	增幅（%）	种植面积（万亩）	与上年相比（万亩）	增幅（%）
稻谷	408.2	8.1	2.0	1123.6	26.7	2.4	2752.6	11.2	0.4
甘薯	338.2	4.0	1.2	90.3	1.7	1.9	267.1	2.0	0.8
大豆	180.9	1.6	0.9	65.6	0.1	0.2	54.2	0.4	0.7
玉米	328.3	2.7	0.8	9.8	0.2	2.1	199.7	-1.4	-0.7

资料来源：广东统计信息网。

2. 食物供给体系日渐多元

因地制宜践行大农业观、大食物观，向江河湖海、设施农业要食物，大力发展冬种农业、北运蔬菜，深化粤港澳大湾区"菜篮子"工程建设，满足广大人民群众日益多元的农产品消费需求。2024年，蔬菜及食用菌产量增长3.6%，园林水果产量增长3.2%，茶叶产量增长7.2%。生猪生产稳步回升，全省生猪出栏增长0.6%，猪肉产量增长2.4%；家禽继续高位调整，全省家禽出栏和禽肉产量分别下降3.6%和2.6%（见图2）。加快培育发展油茶、竹、中药材等林业特色产业，科学利用林地资源，促进木本粮油和林下经济发展。坚持"疏近用远、生态发展"，全力推动现代化海洋牧场建设取得一系列突破性进展、标志性成果，海洋经济竞争力持续提升，耕海牧渔、向海图强的海上新广东画卷徐徐铺展。出台现代化海洋牧场发展总体规划，实现深水网箱养殖水体总量位居全国第一，珠海、阳江渔港经济区被纳入国家试点，新增创建金鲳、生蚝、海鲈等3个国家产业集群，超大型风渔融合网箱平台"伏羲一号"在汕尾建成投运。水产种苗产量居全国首位，蓝圆鲹等经济适养鱼种人工繁育技术实现突破，潮州创建省级首个花鲈良种场，惠州建设黄唇鱼种源保护与技术研究中心暨南海大黄鱼种业创新基地。制定省海岸带及海洋空间规划，完成全国首宗海岸线占补指标交易，国家海洋综合试验场（珠海）启动首批海上试验。截至2024年底，全省累计新开工海洋牧场项目超127个、总投资超200亿元，推进16个国家级海洋牧场示范区建设（见表3），加快推进5个国家级沿海渔港经济区建设，创建一批省级沿海渔港经济区。

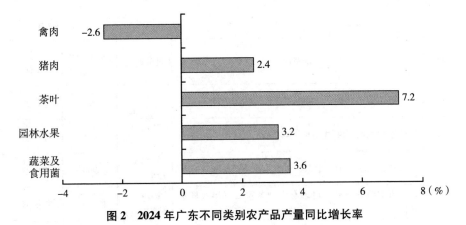

图 2　2024 年广东不同类别农产品产量同比增长率

资料来源：广东统计信息网。

表 3　2015～2024 年广东国家级海洋牧场示范区名单

序号	示范区	批复时间	海域面积（公顷）	生态类型
1	广东省万山海域国家级海洋牧场示范区	2015 年（第一批）	31200	养护型
2	广东省龟龄岛东海域国家级海洋牧场示范区	2015 年（第一批）	2028	养护型
3	广东省南澳岛海域国家级海洋牧场示范区	2016 年（第二批）	3000	养护型
4	广东省汕尾遮浪角西海域国家级海洋牧场示范区	2016 年（第二批）	2100	养护型
5	广东省陆丰金厢南海域国家级海洋牧场示范区	2017 年（第三批）	3200	养护型
6	广东省阳江山外东海域国家级海洋牧场示范区	2017 年（第三批）	6800	养护型
7	广东省茂名市大放鸡岛海域国家级海洋牧场示范区	2017 年（第三批）	3308	养护型
8	广东省遂溪江洪海域国家级海洋牧场示范区	2017 年（第三批）	6700	养护型
9	广东省湛江市硇洲岛海域国家级海洋牧场示范区	2018 年（第四批）	438	养护型

续表

序号	示范区	批复时间	海域面积（公顷）	生态类型
10	广东省珠海市外伶仃海域国家级海洋牧场示范区	2018年（第四批）	983	养护型
11	深圳市大鹏湾海域国家级海洋牧场示范区	2018年（第四批）	748	养护型
12	广东省惠州小星山海域国家级海洋牧场示范区	2019年（第五批）	960	养护型
13	广东省阳西青洲岛风电融合海域国家级海洋牧场示范区	2019年（第五批）	49730	养护型
14	广东省吴川博茂海域国家级海洋牧场示范区	2019年（第五批）	1940	养护型
15	广东省阳江南鹏岛海域中广核国家级海洋牧场示范区	2022年（第七批）	11910	养护型
16	广东省雷州流沙湾海域农发国家级海洋牧场示范区	2024年（第九批）	695	增殖型

资料来源：农业农村部，课题组根据九批国家级海洋牧场示范区名单整理。

3. 农业基础设施建设加强

耕地是粮食生产的命根子，耕地保护是"国之大者"。2024年，广东建成全省农村集体资金、资产和资源管理平台，完成国家宅基地制度改革试点任务。全域土地综合整治扩面提质，农用地、建设用地、生态用地整治和利用统筹开展，完成农用地整治23.8万亩、建设用地整理4.8万亩、生态保护修复42.4万亩。处置批而未供土地33.2万亩、闲置土地2.8万亩。全面推行田长制，率先编制省级耕地保护专项规划。新建和改造提升高标准农田112万亩，耕地总量连续4年净增加。2024年，65万亩高标准农田全面推进建设，通过"田、土、路、水"等多措并举，进一步改善农业综合生产条件，全面摸清具备建设高标准条件的永久基本农田地块，构建全省高标准农田建设"一张图"。佛山市南海区里水镇紧抓全域土地综合整治机遇，创新指标利益平衡机制，打造了全省首个"三券"合一逢涌项目、全市首个社会资本参与耕地恢复华穗耘谷项目，持续推动城市形态优化、功能品质提升、发展空间拓展，全面破解土地利用碎片化问题，两年内完成新增耕地1330亩、集约农用地5117

亩，初步实现了农用地更加整合提质、生态空间更加山清水秀的目标。广东大力实施紫云英等专用、兼用绿肥提升地力行动，着力促进化肥减量增效，改善土壤结构和生物活性，示范带动全省农业生产方式向绿色低碳转型，实现农业生产增效与生态保护相协调，持续提升农业绿色可持续发展能力。

4.农业新质生产力快速成长

建成国家区域性畜禽基因库，育成肉鸡新品种占全国约40%、超级稻品种占全国超1/4，农业科技进步贡献率73%。广东壹号食品股份有限公司经过十多年的持续培育选育，至2024年底，一头母猪的PSY①已从最初（约2006年）的16提升至接近27，达到外三元猪种的平均水平，年出栏土猪高达60万头。河源市东源县建成全省首个马铃薯南繁育种基地，解决种薯"北薯南调"问题。加快中小型机械研制，推进粮食作物、蔬菜、水果等岭南特色作物生产机械化、智能化。广东省现代农业装备研究院的丘陵小农机满足除草、开沟、施肥、碎枝、喷药、采摘等全链条果园作业，为荔枝、龙眼、菠萝等岭南特色水果机械化生产提供了有力支撑。2024年以来，省农业农村厅、省乡村振兴局主办乡村直播大赛、机插秧技能大赛、龙眼"点睛"大赛、农事定向大赛、农机驾驶操作员技能竞赛、农事无人机飞赛等多种形式的农事运动会，以赛促训、以才兴农，有效助力乡村产业发展，持续为广东农业现代化注入新活力、增添新动能。

（二）区域发展促协调，农民增收致富稳步推进

2024年，广东省持续强龙头、补链条、兴业态、树品牌，大力发展富民兴村产业，不断夯实农业农村现代化的硬实力。坚持用全产业链理念持续做好"土特产"文章，进一步延伸拓展产业链条，乡村产业发展势头良好，农产品加工业平稳发展，现代农业园区建设提档升级，产业融合稳步推进，新产业新业态培育壮大，就业容量大、带动能力强的共富型产业发展势头好，联农带农、农民增收机制不断完善，城乡区域发展协调性明显增强。2024年，广东农村居民全年人均可支配收入达26769元，比上年增长6.3%，高于城市居民2.4个百分点。农村居民全年人均可支配收入增速连续12年快于城市居民，城乡居民收入比从2013年的2.67∶1缩小至2024年的2.31∶1，相比上年减少0.05（见图3）。

---

① 每头母猪每年提供的断奶仔猪数。

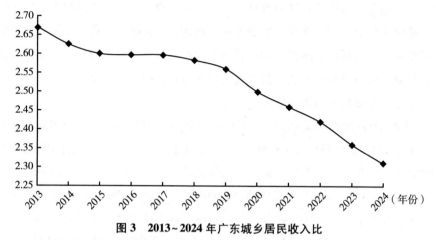

图3　2013～2024年广东城乡居民收入比

资料来源：广东省农业农村厅。

1. 脱贫攻坚成果有效巩固

实施"百千万工程"以来，驻镇帮镇扶村工作主动融入、全面参与，把产业、科技、人才等资源要素源源不断导入被帮扶镇村，加快推进城乡区域协调发展，取得显著成效。全省脱贫户人均可支配收入增长率持续增长（见图4），截至2024年7月底，脱贫人口人均可支配收入11033元，守住了不发生规模性返贫底线，巩固拓展脱贫攻坚成果同乡村振兴有效衔接取得实效。

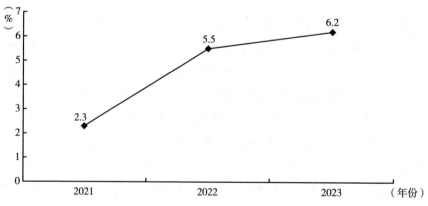

图4　2021～2023年广东脱贫户人均可支配收入增长率

资料来源：广东省农业农村厅。

2. 现代乡村产业体系逐步完善

2024年，广东以仅占全国1.9%的耕地面积，实现农业总产值和农业增加值分别约占全国的5.7%和6%，其中第一产业增加值5837.03亿元，同比增长3.4%，与全省生产总值增速基本持平，对经济增长的贡献率为4.1%，拉动地区生产总值增长0.1个百分点。全省农林牧渔业总产值9701.21亿元，同比增长3.8%，继续位居全国第一（见图5），农林牧渔业产值分行业增加情况如图6所示。

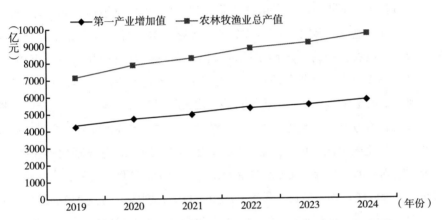

图5　2019~2024年广东农林牧渔业总产值与第一产业增加值变化

资料来源：广东统计信息网。

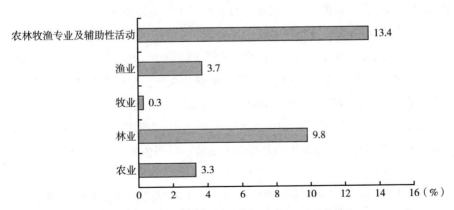

图6　2024年广东农林牧渔业产值分行业增加情况

资料来源：广东统计信息网。

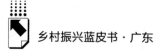

创建24个国家现代农业产业园、12个国家优势特色产业集群，新增14家农业产业化国家重点龙头企业，累计培育123个"粤字号"农业区域公用品牌，广东荔枝、徐闻菠萝、梅州柚、清远鸡、湛江金鲳鱼、澄海狮头鹅、惠来鲍鱼、英德红茶等一批"粤字号"农产品名扬全国、畅销世界。擦亮"岭南佳果"金字招牌，全省果树种植面积超过1000公顷，荔枝、菠萝、香蕉、龙眼种植面积和产量均居全国首位。总投资200亿元的大湾区"菜篮子"交易中心揭牌，成功在广州举办第21届中国国际农产品交易会。

乡村新业态不断涌现。深化农产品"12221"市场营销体系①建设，推动京东、抖音等电商平台助力农产品销售，实施"粤字号"农产品出口促进工程，做实做强农产品跨境电商示范区，推动名特优新农产品出口增点扩面。2024年，珠海举办中国年鱼博览会，汇聚全国200余家企业的数百种年鱼产品，现场签约金额超百亿元，线上直播汇聚人气超千万；湛江以金鲳丰收季暨年鱼系列活动为契机，深度挖掘海洋资源潜力，推动渔业产业转型升级；阳江举办首届"蚝美阳江·时尚生活"美食周，融合地方特色与现代消费理念，多种方式创新消费场景。实施农产品地理标志商标品牌培育工程，支持县域组织开展品牌营销。立足城边、景边、海边、村边，围绕干道、碧道、南粤古驿道，大力发展新产业新业态。深入实施文化产业赋能乡村振兴计划，支持县域加快培育文化新业态。实施乡村休闲旅游精品工程，推动乡村民宿提质发展，开发推介重点区域乡村休闲旅游精品线路。支持发展海洋旅游、海岛旅游、森林旅游、森林康养和都市现代农业，打造绿色水经济新业态。

3."土特产"文章做好做实

打好"龙头、园区、品牌、配套"四张牌，加快构建现代乡村产业体系，积极推进粮食、蔬菜等8个千亿元级产业集群及茶叶、南药等17个数百亿元级产业集群建设，推进打造一批"小而美""特而精"特色产业。茂名市有"土特产"350多种，水稻、水果、肉类、禽蛋产量位居广东省第一，建成了全国最大的经济林生产基地、全球最大的荔枝生产基地、罗非鱼养殖加工基地，罗非鱼、

---

① 农产品"12221"市场营销体系是指：建立"1"个农产品市场大数据平台，组建销区采购商和培育产区经纪人"2"支队伍，拓展销区和产区"2"大市场，策划采购商走进产区和农产品走进大市场"2"场活动，实现品牌打造、销量提升、市场引导、品种改良、农民致富等"1"揽子目标。

化橘红入选"中国区域农业产业品牌影响力指数 TOP100"。茂名电白香农钻研出嫁接方法突破沉香种植瓶颈，提高成活率和结香率。技术突破让当地沉香种植得以大面积铺开，全区沉香加工销售企业达 6500 余家，从业人员 6 万余人，年产值近 50 亿元。云浮罗定做好产业布局规划，陆续打造了稻米、肉桂、豆豉、皱纱鱼腐、泗纶蒸笼等 5 个地理标志保护产品，形成乡村特色产业竞争新优势——107 家县级重点以上农业龙头企业、897 家农民专业合作社，带动 15.94 万户农户从事农业产业化经营。经罗定出口的桂油和桂皮，连续多年超过全国肉桂产品出口总量的 50%；年产蒸笼约 8500 万只，蒸笼产量、出口量分别占全国同类产品的 80% 和 85%。清远阳山依托自身独特的生态、气候环境，大力推广种植西洋菜，成功打响阳山西洋菜特色农业品牌，全县西洋菜种植面积达 1.3 万亩，年产量达 16.25 万吨、产值 9.75 亿元，带动就业 3000 余人。潮州饶平因地制宜发展现代化海洋牧场海水种业、网箱养殖、陆基中高密度海水温棚养殖以及规模化蛋鸡养殖、林业经济等"五项富民特色产业"，切实带动群众增收致富。揭阳揭东深挖特色优势农业产业，持续推进竹笋、炒茶、油茶等 3 条农业产业链建设，发展壮大淮山、芋头等特色产业集群，打造 6 个省市现代农业产业园，培育出 25 个远近闻名的优势农产品，推动竹笋、炒茶、油茶经营规模达 5.5 万亩、3.7 万亩和 0.7 万亩，吸引从业人员达 2.7 万人。

4. 农文旅融合发展持续发力

持续发力做好县域农文旅融合文章，加快形成区域协同、陆海统筹、城乡一体的旅游空间布局，点线面结合丰富旅游产品供给，推动点上靓化景区景点、线上串珠成链成网、面上处处皆景皆美。开展整县推进农文旅融合发展试点，按照多主体参与、多业态打造、多要素集聚、多利益联结、多模式创新的方式，统一规划、集中打造，探索县（市、区）特色发展新路径。推动乡村酒店高质量发展，以满足大众需求为主要方向，突出品牌化、规模化、特色化打造试点示范，形成具有乡村气息、文化特色、岭南韵味、中国气派的乡村酒店产业集群。2024 年，全省接待乡村游客 5.1 亿人次，同比增长 11.3%；实现乡村旅游收入 3798.7 亿元，同比增幅达 22.5%；推动 1.64 亿辆次自驾车进乡村和景区，超额完成年度 1.5 亿辆次的预期目标。认定 152 个省文化和旅游特色镇（入库级）、106 个省文化和旅游特色村，投入 1000 万元择优培育 10 个文化和旅游特色镇（创先级），培育了 10 条全国乡村旅游精品线路、12 条全国二十四节气美食旅游线路、39 条省级美食旅游精品线路。推出了 200 条乡村旅游精品线路，创建了全国乡村旅游重点村 45 个、全国乡村旅游重点镇 6 个、广东省文化和旅游特色村 259 个、广东省旅游风情小镇 50 个。端午龙舟、潮汕英歌舞火爆"出圈"；粤剧、粤菜、咏春拳、工夫茶等不断吸引着八方来客；河源市万绿湖风景区正式晋升为国家 5A 级旅游景区。湛江构建集种业、养殖、装备、精深加工于一体的全产业链，以"看海、亲海、玩海"为主题，大力发展"鲜美"文旅业态，加快建设高水平滨海度假旅游目的地。肇庆市鼎湖区沙浦镇利用全域土地综合整治的政策红利，优化永久基本农田集中布局，打造集农业观光、休闲采摘、农事体验于一体的乡村产业示范园，打造美丽田园风光，吸引游客发展乡村旅游，实现土地资源高效利用、生态环境明显改善、群众收入稳步增加。高州打造美"荔"特色强村，不断培育"中国荔乡"名片，以"荔乡水韵，一枝独秀"为核心设计理念，将茂名荔枝非遗展和科技融入商业主题，集文创于一体，与周边有机连接，促成交农文旅融合。东源县康禾镇积极探索"特色产业、全域旅游、宜居商贸"与美丽圩镇建设相融合路径，深入挖掘"红、绿、古、特"四色资源，做好"茶、米、游、研"四篇文章，实现农旅融合互促的"双向奔赴"。

（三）坚持不懈抓塑形，和美乡村成效彰

2024 年，广东坚持规划牵引，把功能布局和空间优化摆在第一位，高起点规划、高质量建设、全周期管理，持续优化县镇村生产生活生态空间，全面推动第二批 2225 个典型村建设，扎实推进宜居宜业和美乡村建设。

1. 因地制宜建设美丽圩镇

开展"五美"专项行动①，推进圩镇环境整治和品质提升，统筹镇村连线成片建设乡村振兴示范带，129 条乡村振兴示范带基本建成，因地制宜建设美丽圩镇。汕尾打造 10 个乡村振兴示范区，覆盖面积 942 平方公里，形成"点上出品，线上出彩"新格局。封开县统筹推进乡村产业发展和人居环境整治，坚持"景村一体"理念，打造贺江碧道画廊景区，推动沿贺江典型镇村建设与景区建设深度融合，发展了一批旅游配套产业，成功创建为国家 4A 级旅游

---

① 即推进美丽家园、美丽田园、美丽河湖、美丽园区、美丽廊道建设专项行动。

景区，运营以来累计接待游客超 280 万人次。清远市佛冈县坚持以点带面，下足"绣花功夫"，汤塘镇建成美丽圩镇客厅等亮丽名片，有机融入溯源镇史、传统古村落、教育基地以及温泉文化、舞被狮和田心舞、鲤鱼灯等本土元素，糅合"农业底色，工业强基""产业融合，激活文旅""奋战百千万，典型示范镇"等发展篇章，奋力打造典型镇建设新样板。

2. 农房改造和风貌提升稳步推进

广东从结合乡村地理、生态、历史、文化等特色，打造样板示范村庄、推进存量农房微改造和新建农房风貌塑造以及沿线连片建设美丽乡村方面，着力提升乡村风貌，推动乡村面貌持续改善，实现了乡村面貌"大变化"、颜值"大提升"，一批具有中国气派、岭南风格、广东特色的宜居宜业和美乡村不断涌现，截至 2024 年 7 月底，全省共创建美丽宜居自然村 118948 个，占自然村总数的 78.3%。[①] 清远佛冈水头镇充分挖掘水头"水"文化、传统乡土文化、民俗文化、产业特色文化等特色要素，形成一村一特色的风格，如莲瑶村武艺文化、新坐村农耕文化、王田村红色文化、新联村魔芋产业文化，通过特色构件的"加法"应用，融入院墙、窗框、腰线等改造部位的设计中，丰富农房立面改造的本土内涵，形成有温度、有亮点的连片特色农房风貌。

3. 农村人居环境质量全面提升

坚持久久为功抓塑形。持续以农村厕所、垃圾处理、生活污水"三大革命"和"三线"整治等为抓手，长效提升人居环境，做好农房风貌管控，持续改善农村生活条件。2024 年，全省行政村供水规模化率从 83% 提高到 87%，5G 覆盖率、养老设施覆盖率分别达 96% 和 74%。全省农村无害化卫生户厕普及率达到 97% 以上，部分地区已实现农村无害化卫生户厕普及率 100%。指导各地编制乡村建设任务清单，完善县级乡村建设项目库，农村服务设施持续改善。有序推进农村人居环境整治提升，90% 以上村庄达到干净整洁村标准，自然村生活污水治理率相比上年提升超 10 个百分点，由 2023 年的 64.7% 提高到 2024 年的 75.0%（见图 7），村容村貌明显改善。梅州蕉岭、茂名高州入选 2024 年全国休闲农业重点县。河源市结合实施"百千万工程"典型镇村培育，

---

① 黄进、彭琳、钟烜新等：《不断开创城乡区域协调发展新局面》，《南方日报》2024 年 9 月 25 日，第 IT07 版。

加强城乡风貌管控和人居环境整治提升，深入开展"河力绿美"县镇村绿化行动，把握好冬春植树"黄金期"，扎实开展造林备耕、整地打穴、树种选育等工作，打造"干干净净、整整齐齐、长长久久"的美丽乡村。

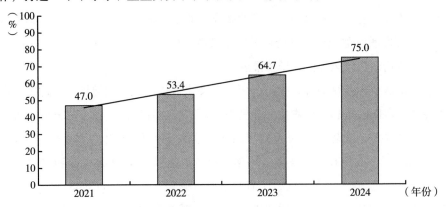

图 7 2021～2024 年广东农村生活污水治理率

资料来源：历年广东省政府工作报告。

4. 基础设施补短板强弱项，农村公路建设取得新成效

交通强省建设持续推进，粤东西北交通基础设施日臻完善。2024 年，广东共建成高速公路项目 18 个，全省高速公路通车总里程超 1.17 万公里，连续 11 年获全国第一。持续推动"四好农村路"高质量发展，全年新增台山市、开平市、海丰县、陆丰市、龙川县、兴宁市等 6 个"四好农村路"全国示范县，全省累计 19 个县（市）成功获评"四好农村路"全国示范县。100 人以上自然村全部通硬化路，按期圆满完成农村公路民生实事新改建工程任务 5000 公里、危桥改造任务 240 座、村道安防任务 1000 公里。龙（岩）龙（川）高铁梅龙段开通运营，汕漳高铁、梅武高铁、北江航道扩能升级上延工程等开工建设，阳江机场选址获批。农产品物流体系建设日新月异。广东冷链骨干网正加快建设下沉至县域的冷链物流基地，利用田头冷柜、全自动化冷库、数字供销云平台等设施及技术，实现食品保鲜及跨区域调配。茂名、汕头两市入列第四批国家骨干冷链物流基地建设名单①，有力助推乡村振兴。

---

① 全国共 20 个，见《国家发展改革委发布 2024 年国家骨干冷链物流基地建设名单》，https：//m.cnstock.com/commonDetail/201031。

水利设施建设提档加速。珠三角水资源配置工程实现 2024 年 1 月通水、6 月供水。环北部湾广东水资源配置工程二期试点项目启动，水利投资连续两年超千亿元规模。统筹加快推进清远市黄茅峡水库建设、梅州市长潭水库扩建、雷州半岛灌区建设、粤东水资源优化配置、珠中江水资源一体化配置、西江大湾水利枢纽建设、大湾区堤防巩固提升工程和东江、韩江、北江、鉴江干流治理工程等一批重大项目前期工作，韩江、鉴江干流治理工程已立项。全面推动大中型灌区标准化管理，在全省大中型灌区"一张图"的基础上，组织开展灌区分级管理复核确认，实施 42 宗大中型灌区改造，恩平西坑水库灌区被纳入水利部数字孪生灌区试点，台山桂南水库灌区被纳入水利部深化农业水价综合改革推进现代化灌区建设试点，灌溉水利用系数提升至 0.535。河源灯塔盆地灌区于 2024 年 1 月 15 日正式全线通水，年新增灌溉用水 4469 万立方米，新增设计灌溉面积 6.16 万亩，灌溉保证率达 90%，缓解近 20 万亩耕地缺水问题，推动全省高标准农田项目区粮食生产能力提升 10% 以上，蓄水节能、增产增收效果明显。

（四）久久为功抓铸魂，乡村治理风貌新

广东各地积极探索乡村治理新路径，着力答好文化发展关键题和乡风文明核心题，深入挖掘乡村文化内涵，培育文明乡风、良好家风、淳朴民风，民风淳朴、和美清新的美丽乡村新画卷正徐徐展开，新文明新风尚在广袤乡村大地落地生根、开花结果。

1. 增强基本公共服务能力

推动基本公共服务资源下沉，聚焦群众需求，着力加强薄弱环节，完善公共基础设施。县镇村教育资源配置进一步优化，基础教育质量不断提升，优质生源开始向县镇村"回流"。通过推动资源下沉、促进服务共享、优化就医体验"三张处方"，促优质医疗资源扩容下沉和均衡布局，基层医疗卫生服务能力进一步巩固提升，通过三甲医院组团式帮扶县级公立医院，"百名首席下基层"、订单定向医学生服务基层、巡回医疗队等"一揽子"举措，建立稳定的人员下沉服务长效机制，高水平医院实现对 57 个县（市、区）县级公立医院、疾控中心全覆盖帮扶，全省县级综合医院国家基本标准、推荐标准符合率均达到 100%；紧密型县域医共体集成式改革经验被纳入中央改革办推广典型案例，全省 57 个县域医共体已有 56 个达到紧密型标准，1.8 万间村卫生站被

纳入医保定点管理；920项适宜技术在全省推广，薪火培基项目覆盖全部县（市、区）；执业医师服务基层制度全面施行，全年下沉县域医师达1.2万人次。优化社会救助制度，确保符合条件的困难群众"应保尽保"。推进实施城乡居保"镇村通"工程、兜底民生服务社会工作双百工程和村级综合服务设施提升工程。健全县镇村衔接的三级养老服务网络，因地制宜发展养老服务，推进乡镇综合养老服务中心建设，至2024年全省乡镇（街道）综合养老服务中心覆盖率达76%，提前完成"十四五"规划指标任务。加强对农村留守儿童和妇女、特殊困难老年人、残疾人的关爱服务。

2. 党建引领乡村治理，乡村治理效能稳步提升，农村社会稳定安宁

坚持和发展新时代"枫桥经验"，深入推进平安乡村、法治乡村建设。健全党领导的自治、法治、德治相结合的乡村治理体系，更好以自治激发动能、以法治定分止争、以德治春风化雨，构建共建共治共享的乡村治理共同体，加快构建"1+6+N"基层社会治理工作体系①。深入推进抓党建促乡村振兴，全面提升"头雁"工程质量，选优派强驻村第一书记，持续整顿软弱涣散村党组织，抓实建强农村基层党组织。创新乡村治理方式方法，推广应用积分制、清单制、数字化、网格化等治理方式，开展乡村治理示范创建。惠州市惠阳区畅通村组运行机制、激发基层工作活力，推进乡村组织振兴，增强农村基层党组织政治功能和组织功能。茂名市电白区聚焦痛点堵点问题，满足农民群众迫切需求、提升为民服务效能，各村（社区）党支部结合实际情况及自身条件设施，相继部署开展"四点半课堂"，为留守儿童、困难群众提供特色文化教育、心理疏导援助、便民咨询服务，着力解决群众操心事、烦心事，依托各自村委、社区特色，形成了丰富多彩、各具特色的便民举措，形成"一支部一主题"的亮点招牌。

3. 全面加强农村精神文明建设

大力弘扬和践行社会主义核心价值观，加强新时代文明实践中心（所、站）等公共文化阵地建设，着力打造"15分钟文明实践服务圈"。"村超""村BA""村晚"等村民文艺项目异彩纷呈，将乡村体育传统、节庆礼俗、民

---

① "1"指综治中心，"6"指综合网格、法院、检察院、公安、司法以及"粤平安"社会治理云平台，"N"指其他政法综治和社会力量。

俗歌舞等乡土文化与现代运动相结合，既活化传承传播乡村文化，又充实群众闲暇生活，实现传承文化与群众需求双赢，中山沙溪队蝉联 2024 年全国和美乡村篮球大赛（村 BA）总冠军。充分发挥村规民约、居民公约、生活礼俗的作用，推动农村移风易俗，培育向上向善、刚健朴实的文化气质。2024 年，共计开展基层宣讲活动 2 万余场，"音乐党课""榕树下的微课堂""韩江潮声"等宣讲品牌如雨后春笋般在南粤大地涌现，有效推动党的创新理论"飞入寻常百姓家"。农村精神文明创建五大行动深入实施，拓展培育行业文明实践特色阵地 800 多个。截至 2024 年底，广东各类新时代文明实践阵地实现全域绽放、全面开花，以崭新的姿态在新时代绽放出勃勃生机。共建成新时代文明实践中心（所、站）2.8 万余个，县镇村三级新时代文明实践中心（所、站）实现从有形覆盖到有效覆盖转变，构建起三级联动、高效运转的文明实践网络。积极构建"领导干部+思政教师+理论骨干+百姓名嘴"的多元化宣讲队伍，组建"百千万工程"宣讲团、模范宣讲团、好人宣讲团、青年宣讲团等特色宣讲团 2000 余支，推动理论宣传深入人心、落地生根，有效扩大社会"文明半径"、群众"幸福半径"。创新文明实践载体，延伸打造科普馆、博物馆、数字体验馆、红色研学基地等文明实践特色阵地 2.4 万个，推动 1.4 万个文明单位、重点马克思主义学院、文艺院团与文明实践中心（所、站）结对共建。"我们的节日""做新时代文明人""经典诵读""岭南乡村少年诗歌大会""乡村歌手大赛""道德春联进万家""艺美课堂"等各类文明实践活动各美其美，100 余万场次文明实践活动推动文明之风吹遍南粤大地。

（五）区域乡村振兴发展成效与指数评估好

参照历年来《广东乡村振兴发展报告》的一贯做法，我们围绕粮食和重要农产品稳定安全供给、乡村产业发展壮大、乡村建设加快推进、乡村社会稳定安宁 4 个维度，分解设计 14 个二级指标、24 个三级指标，对广东各地级及以上市乡村振兴情况进行指数评价。① 我们收集广东 20 个地级以上市（不含

---

① 具体可参阅郭跃文、李宜航主编《广东乡村振兴发展报告（2024）》，社会科学文献出版社，2024。由于深圳除深汕合作区外业已 100% 的城市化，与其他城市的禀赋和发展阶段有着较大区别，而且在"三农"领域的大部分指标统计都不再进行。基于此，本指标统计广东各地级及以上市发展情况时，不含深圳，特此说明。

深圳）各项数据并清洗、测算、分析，得出 2024 年全省和各地级及以上市的乡村振兴指数，如表 4 所示。

表 4　广东各地级及以上市（不含深圳）2024 年乡村振兴指数测评结果

单位：分

市别	粮食和重要农产品稳定安全供给	乡村产业发展壮大	乡村建设加快推进	乡村社会稳定安宁	总指数
广　州	69.41	89.22	83.70	90.59	84.54
珠　海	68.00	88.43	79.19	63.47	76.60
汕　头	76.22	70.60	92.13	63.04	74.00
佛　山	68.00	89.75	75.65	80.78	80.57
韶　关	87.17	68.93	82.14	74.98	76.54
河　源	89.23	68.59	97.51	57.42	75.53
梅　州	93.28	69.88	89.36	67.95	77.80
惠　州	79.11	71.54	83.80	61.62	73.00
汕　尾	79.58	69.56	79.00	64.15	72.06
东　莞	67.35	90.19	86.65	87.39	84.27
中　山	67.63	99.81	79.69	74.70	83.53
江　门	88.15	73.41	72.87	79.02	77.60
阳　江	85.16	66.89	83.47	59.31	71.88
湛　江	95.98	65.84	98.19	73.25	79.79
茂　名	96.22	69.19	95.37	55.55	76.29
肇　庆	94.55	68.66	75.80	71.72	75.93
清　远	84.66	66.31	78.72	61.07	71.08
潮　州	75.01	68.42	78.08	57.15	68.87
揭　阳	82.96	68.39	77.01	64.75	72.07
云　浮	86.13	68.66	83.22	55.13	71.67

从城市间比较来看，广州指数得分最高，为 84.54 分，东莞、中山以 84.27、83.53 分列第二、第三，前十名的其余城市分别为佛山、湛江、梅州、江门、珠海、韶关、茂名。从结构上看，广东各地级及以上市（不含深圳）的乡村振兴发展水平为纺锤形结构，呈“4-12-4”梯度分布。总体来看，20 个地级及以上市（不含深圳）中，广州、东莞、中山、佛山 4 市的乡村振兴指数综合得分在 80 分以上，乡村振兴进入提质升级的阶段。阳江、清远、云浮和潮州 4 市综合得分低于 72 分，仍处于乡村振兴初级阶段。从区域上看，广东乡村全面振兴发展具有鲜明的区域格局，表现为得分较高的城市集中在珠三角地区，前 3 名均为珠三角城市，广州、东莞、中山等珠三角城市有效发挥

了其资源整合、产业集聚和功能提升作用，辐射带动本市、珠三角乃至粤东西北地区的乡村全面振兴。"百千万工程"持续发力，江门粮食年产量首次突破百万吨，湛江、梅州、韶关、茂名等市在2024年度乡村振兴评估中居全省前列，未来可期。

二　生动实践：扎实推进乡村全面振兴的广东经验

广东学习借鉴浙江"千万工程"经验，加力提速实施"百千万工程"，坚持目标导向、问题导向，突出重点、统筹兼顾，推进优势塑造、结构调整、动力增强、价值实现，更好统筹县的优势、镇的特点、村的资源，以县镇村联动发展有力支持乡村全面振兴。

（一）激活县域"潜力板"，让县域这个战略支点全面强起来

2024年，广东以系统观念推动县域高质量发展，推动县域特色、集聚、联动发展，县镇村一体化联动，统筹抓好产业兴县、强县富民、县城带动。坚持突出特色抓发展，抓住关键环节精准发力，始终把产业发展作为重中之重，着力在挖掘资源禀赋、突出比较优势上下功夫，因地制宜发展优势特色产业，培育特色优势、闯出发展新路子。把促进农民增收致富放在优先项，不断完善联农带农机制，紧紧抓住"科技和改革"两大关键，聚焦现代化目标推进城乡建设，57个县（市）整体经济增速快于全省。

1. 推进以县城为重要载体的城镇化建设

开展首批15个以县城为重要载体的新型城镇化建设试点，坚持从生产生活生态的实际需求出发，以基础设施和公共服务为重点，全面提升县城综合承载能力（见表5）。聚焦控增量、优存量，强化县城规划、建设、管理，把功能布局和空间优化摆在第一位，风貌服从功能、好看服从好用，让生产空间集约高效、生活空间宜居适度、生态空间山清水秀。以产业平台为重要载体，集聚集约打造县域支柱产业，紧密衔接本市和对口帮扶市县产业体系，合力共建产业链、产业集群，厚植县域产业根基，以产业为内生动力，激活县域经济。围绕更好吸引人、留住人，统筹基础设施和公共服务布局，推动县城公共服务设施提标扩面、市政公用设施提档升级、环境基础设施提级扩能、产业配套设

施提质增效、城产产城融合发展，突出办好县城中学和医院，更好满足周边人口到县城就业安家需求，全面推进老旧小区更新改造，开工改造县城老旧小区418个。推进就地就近城镇化，提高县城就业容量和就业质量，引导镇村人口向县城转移，承接返乡农民就业创业、生产生活。2018~2023年，全省县域城镇常住人口由1449.1万增加到1628.1万。开展县域商业建设行动，提档升级县域商业设施，优化县域商业体系，建设一批县级商贸中心、镇级商贸网点。支持有条件的市县布局建设跨区域农产品商贸中心，升级一批区域性农产品批零市场。开展农贸市场提升行动，支持县镇推进一批农贸市场标准化、规范化、智慧化提升发展。加快完善县镇村电子商务和快递物流配送体系，建设一批县域集采集配中心，推动镇村客货邮整合发展，大力发展共同配送、即时零售等新模式，支持乡镇农产品冷链物流配送、加工物流中心建设。布局茂名信宜市等首批10个营商环境改革试点，57个县（市）实现整体人口净流入，县城聚人聚商聚产效应更加凸显。

表5　广东省首批以县城为重要载体的新型城镇化试点县

数量	新型城镇化试点县		
15个	韶关南雄市	河源市东源县	梅州市蕉岭县
	惠州市龙门县	汕尾市海丰县	江门台山市
	阳江市阳西县	湛江廉江市	茂名信宜市
	茂名高州市	肇庆四会市	清远连州市
	潮州市饶平县	揭阳市惠来县	云浮市新兴县

资料来源：广东省"百千万工程"指挥部办公室。

2. 培育壮大县域特色优势产业

壮大县域工业经济，重点扶持发展一批10亿元级企业、建设一批亿元级项目，促进现代产业集群发展、跨县集群建设。以"粮头食尾""农头工尾"为抓手，推动金鲳鱼、生蚝、糖蔗、都市型奶业等入选国家优势特色产业集群，狮头鹅、丝苗米、罗氏虾等入选国家现代农业产业园。清城区国家现代农业产业园以清远麻鸡种业作为主导产业，持续完善全产业链，建有种鸡养殖基地11个，养殖场（户）达300余家，种鸡存栏达105万羽，全力打造独具魅力的清远麻鸡产业高地。截至2024年底，清远全市清远鸡存栏5049万只，出栏 1.53 亿只，年综合产值跨越百亿元大关，达到 111.96 亿元。大力发展餐饮购物、养老托幼、信息中介等现代乡村服务业，持续开展智能汽车和绿色智能家电下乡。加快发展大城市周边县城，培育成为大城市的卫星城，开展争创全国经济强县行动，重点支持若干基础条件好的县（市）做大做强做优，示范带动全省县域高质量发展。惠州市博罗县围绕九大重点产业链成立产业链专班（见表6），持续开展产业链上下游招商，引进更多优质项目，培育更多龙头企业；揭阳市惠来县聚焦绿色石化、海洋经济两大新兴支柱产业，加快构建"一超多强"产业新格局，仅用两年时间（2023 年、2024 年）实现全县地区生产总值翻一番。

表6　博罗县九大重点产业链

数量	博罗县重点产业链		
9 个	现代农业产业链(含食品产业链)	建筑业和规划设计产业链	时尚产业(家具、服装)链
	生命健康产业链	新能源(储能)产业链	智能装备制造产业链
	新一代电子信息产业链	现代文旅体育产业链	新材料产业链

资料来源：《惠州 7 个县区制定 2025 年经济社会发展目标 发展壮大县域经济 加快构建产业体系》，《南方日报》2025 年 3 月 31 日。

广东支持农业龙头企业发挥串联产业链上下游、优化资源配置作用，牵头搭建大平台、实施大项目，推动产业园区拓功能、扩规模、增效益。加快建设现代农业与食品战略性支柱产业集群，立足 10 个千亿元级、5 个百亿元级子集群，积极打造"现代种业"等若干重点产业链。建立集群发展"企链群"传导机制，支持处于产业链核心地位、对优化资源配置和产业生态构建有影响力的链主企业实施重点环节大项目，将链条延伸到镇村。实施农业龙头企业培优工程，支持企业强强联合、同业整合、兼并重组、挂牌上市，培育一批年销售 10 亿元以上的标杆企业。实施新型农业经营主体能力提升三年行动，选育标杆家庭农场、标杆农民合作社各 1000 家，新增国家级农业产业化龙头企业14 家。

3. 启动环"两山"县镇村高质量发展引领区建设

启动环南昆山—罗浮山县镇村高质量发展引领区建设，新增 9 个国家县域商业建设行动县、21 个食品工业培育试点县。充分利用环南昆山—罗浮山得天独厚的森林、温泉、中医药、文化等资源，塑造各美其美、美美与共的镇村格局，实现环南昆山—罗浮山研学、文旅、康养、医药产业一体化发展、集成式推进，打造世界级的森林温泉康养目的地。环南昆山—罗浮山最美旅游公路总长218公里，以"8字形"串联各山，途经9镇54村，将沿途特色自然风光、主题驿站、古村落串珠成链。2024年，环南昆山—罗浮山引领区在建项目160余宗、新签约项目100余宗，总投资约600亿元，成为大湾区最具活力的投资热土之一。从化创新"生态+体育"发展模式，2024年举办106项体育赛事活动，超过200万人次参与文旅消费，带动住宿、餐饮、康养、娱乐等消费20亿元。龙门龙华镇在148家酒店民宿的基础上，聚力打造高端民宿聚集区，并在新博高速服务区打造温泉特色空间，设置户外观景泡池、温泉私享包间、温泉儿童乐园、亲亲鱼疗等多种体验场景，做到"高速泡温泉"。

4. 以改革赋能县镇村高质量发展

打好改革组合拳，激发释放县镇村发展的活力动力，着眼优势塑造、结构调整、动力增强、价值实现，深化资源要素改革、县镇管理体制改革和新型农村集体经济改革，带动土地等闲置资源、沉睡资产活起来、动起来，激励引导更多资本、人才"进村入乡"，更好赋能县镇村高质量发展。开展县镇管理体制改革试点，全面实行财政"省直管县"改革，推动各类资源下沉到县镇村。启动建设佛山、茂名高州2个改革创新实验区。推动重点建筑业央企参与县镇村建设，充分发挥央企资金、资源和力量优势，围绕城乡规划、镇村建设、环境整治等重点抓好项目谋划设计和管理，全面助力镇村连线连片推进人居环境整治和整体风貌提升。开展"粤美乡村"规划设计，以集约节约为导向，按照现代化社区标准对乡村进行全方位重塑再造，强化整体规划，精心设计建设，推动布局优化、风貌提升。2024年底，"粤美乡村"风貌设计作品征集活动（广州）聚焦环南昆山—罗浮山县镇村高质量发展引领区，收到国内外设计机构、高校师生、独立设计师等1000余组报名信息，聚力聚智出圈出彩。扎实推进全域土地综合整治，聚焦实现"良田连片""村庄集中""产业集聚""生态优美"，推动试点扩面提质，进一步激活盘活土地资源。深化涉农资金统筹整合改革。建立健全生态产品价值实现机制，探索编制省级生态产品目录清单指引，推动试点地区拓展生态产品价值转化和增值路径，建立生态产品交易平台，探索开展生态产品价值核算，探索生态环境导向的开发模式

（EOD）试点。梅州市广梅园环境综合整治与产业融合发展 EOD 项目通过生态环境部审核，成功入选国家生态环保金融支持项目库（国家 EOD 项目库），并正式推送金融机构，该项目以"生态+"理念谋划发展，主要围绕广梅园发展定位，实施梅江广梅园段流域水环境质量改善、饮用水水源保护区水质保障工程，系统改善提升区域水环境质量，引入优良的环境依赖型绿色食品产业和冷链物流产业，提高产业附加值，带动区域食品饮料优势产业发展，同时以关联产业产生的收益反哺广梅园水环境治理，进一步提升流域生态环境治理水平，是探索协同推进经济高质量发展与生态环境高水平保护的新模式。积极推进户籍制度改革，全面落实取消县城落户限制政策，同时保障进城落户农民合法土地权益。深入推进扩权强县和强县扩权改革，强化镇街体制改革，赋予县更多市级经济社会管理权限，赋予部分中心镇县级管理权限，确保放到位、接得住、管得好，开展县镇管理体制改革试点，统筹优化乡镇（街道）党政机构和事业单位。加快县城公共基础设施和公共服务向乡村延伸覆盖，完善公共资源、公共服务与人口增减挂钩机制，推进农业转移人口市民化，促进县域城乡融合发展。

（二）提振镇域"镇"能量，强化乡镇联城带村的节点功能

以典型镇建设示范引领，以乡村振兴示范带为主抓手，强化乡镇联城带村的节点功能，变"输血"为"造血"，激发乡村高质量发展内生动力。

1. 进一步提升乡镇联城带村节点功能

广东镇域发展处于全国第一梯队，是唯一拥有 3 个千亿镇的省份[①]，千亿镇数量占全国半壁江山。广东正聚焦强化联县带村作用建好乡镇关键节点，做大做强中心镇、做专做精专业镇、做优做美特色镇，开展 411 个典型镇[②]建设，推动 65 个中心镇按照小城市标准规划建设，打造一批工业重镇、商贸强镇、文旅名镇、农业大镇，培育更多全国经济强镇，乡镇综合服务能力持续增强。

积极推动要素、项目、力量向中心镇集聚。各地持续延拓乡镇功能，以县域副中心、小城市的高标准，推动中心镇做大做强；强化乡镇的治理、服务、经济等职能，将其打造成为服务农民的区域中心。突出发展一批区位优势较

[①] 截至 2024 年底，我国已有 6 个 GDP 千亿镇，分别是：广东省佛山市狮山镇、北滘镇，东莞市长安镇；江苏省苏州市玉山镇、杨舍镇；贵州省遵义市茅台镇。

[②] 其中，第一批 110 个，第二批 301 个。

好、经济实力较强、未来潜力较大的中心镇，有条件的将其打造成为县域副中心、发展成为小城市，增强对周边的辐射带动力和县域发展的支撑力。广州市白云区人和镇扎实推进产业升级、环境优化和社会治理创新，聚力打造港产城融合的魅力空港门户镇，积极参与融入广州北部增长极建设。惠州市龙门县永汉镇深入挖掘特色文化，升级打造以南昆山现有国家二级保护动物——豹猫为主题的猫文化城市元素，将猫文化融入城市场景，营造舒适空间氛围，将示范主街打造成网红打卡地，并基于"生态"和"健康"打造"永汉生活"的城市品牌，给广大游客市民焕然一新的街区面貌，持续吸引客流、物流、资金流等资源向圩镇聚集，让圩镇在美起来的基础上旺起来。2024年春节，永汉接纳的10.8万人次游客中，就有3.7万是被"寻猫之旅"吸引来的。

加快专业镇转型升级。改造提升传统优势产业，培育战略性新兴产业，形成一批在全国有较强影响力和竞争力的名镇名品。高州分界镇、佛冈水头镇等19个镇入选国家农业产业强镇。东莞市长安镇2024年是全省第3个地区生产总值超千亿元镇，该镇围绕智能手机产业，已布局上下游配套企业超1000家，其中规上高新技术企业超过350家，智能手机相关从业人员超过20万人，全球每年生产的智能手机，每8台中就有1台产自长安。长安镇通过提速产业转型、引才留才育才、拓展连片空间、人城共生共荣等"四大突围"，培育壮大机器视觉、新能源配套、电子大健康三个新兴产业。

推进特色镇建设。分类发展特色产业、科技创新、休闲旅游、历史文化、绿色低碳等特色镇，打造一批休闲农业与乡村旅游示范镇，推动一批古镇古埠古港焕发新的光彩。潮州以"一镇一策"推动产业升级，高水平推动"糖果小镇"以及相关镇的陶瓷、卫浴、智能茶具、盐焗鸡、牛肉等特色产业集聚发展。广州市黄埔区新龙镇以油麻山、金坑森林公园等山林自然要素为生态本底，沿广汕公路、九龙大道沿线乡村地区打造"金坑碧水"新乡村示范带，大力推动山水农旅、生态康养、绿色休闲相结合的绿美圩镇，并通过建设科技与生态相融合的油麻山空中栈道，进一步完善森林公园绿道系统。

2. 坚持"三圈"引领，聚力提升城镇建设能级，乡镇综合服务能力持续增强

打造完善的服务圈。加强政务服务中心建设，建好用好党群服务中心，优化教育、医疗、文化等公共资源配置，加快补齐偏远乡镇服务"三农"的短板弱项，在家门口满足农民生产生活基本之需。打造兴旺的商业圈。开展农贸

市场提升行动，开展家电下乡、汽车下乡等展销活动，挖掘农村消费潜力、助推消费升级。推进电商物流服务联通，加强乡镇农产品冷链物流配送、加工物流中心建设，促进农货出乡出山出海。打造便捷的生活圈。积极发展养老托育等生活性服务业，建设小公园、小广场、小球场等公共活动空间，推动镇村生活一体融合、各有精彩。各乡镇坚持补短板强弱项，推动骨干交通网向乡镇覆盖，加快5G网络等新型基础设施建设，推动农贸市场、商场超市提质升级。推进绿色低碳乡村建设，在新建农房和农房改造中推广分布式光伏，推动乡村能源革命、风貌提升一体融合、相互促进。普宁市里湖镇推进投资达7亿元的京能光伏复合项目，充分利用竹林、竹头村2000多亩的土地资源，打造"光伏+花卉"的"农光互补"新发展模式，实现板上发电、板下种植，打造"光伏—生态农业—旅游"特色产业园。

（三）激活乡村"动力源"，激发乡村高质量发展的内生动力

工业化、城市化背景下的城乡关系逆转，是一个世界性的普遍现象和治理难题。广东着力破解乡村发展过程中内生动力不足这一世界性难题，以进一步全面深化改革、推进新型"社村"合作、建强法治保障等手段，做大做强做旺新型农村集体经济，交出乡村高质量发展新答卷。

1. 因地制宜发展新型农村集体经济

传统的农村集体经济大致分为资源型和运营型，运营型集体经济大多经营不佳，目前大量农村集体经济主要依靠土地等资源收租。广东深化农村集体产权制度改革，探索资源发包、物业出租、资产参股、居间服务等多种发展路径，以股权为纽带通过村组联合、村村联合、镇村联合抱团发展，推动资源变资产、资金变股金、农民变股东，发展壮大新型农村集体经济。河源市紫金县龙窝镇立足建设"蝉茶小镇"的发展定位，举全镇之力做大做强茶产业，以茶叶种植、加工、流通促进联农带村，让"一叶"成"一业"、"绿叶"变"金叶"，有效撬动村集体经济增收跑出"加速度"，年增长近50%。惠州市惠城区横沥镇墨园村创新"强村公司+合伙人"运行机制。深度融合古村文化与国潮元素，实现"村庄变景区、田园变公园"，村集体收入从过去的10万元增加到2023年超50万元。完善农村承包地"三权"分置制度。探索新型农村集体经济的实现方式，深入开展农村职业经理人等试点，推动农村集体经济组

织引入现代企业制度，鼓励农村集体经济组织同各类经营主体合作发展、联动发展。扩大第二轮土地承包到期后再延长 30 年试点，抓好承包地、宅基地和集体经营性建设用地"三块地"改革，持续深化集体林权制度改革、供销合作社综合改革。加强涉农资金统筹整合，促进各类要素双向流动，推动金融资源下沉县镇村，实施普及到村到户的普惠金融服务工程，推动整村授信与普惠金融相结合，推广"千人驻镇""乡村金融特派员""金融村官"等经验做法。江门市新会区司前镇田边村在镇党委"银政结对"搭桥下，向银行贷款 150 万元补充资金链对田边农贸市场进行资源优化升级，新建农贸市场设立摊位 94 个、商铺 14 间，租金从每年 18 万元提升到 50 万元，年增收 32 万元。

2. 推进"社村"合作助力新型农村集体经济

供销合作社作为为农服务的综合性合作经济组织，持续巩固完善农村基本经营制度，积极探索新型农村集体经济发展新路径。各地以增加村集体和农民收入为核心，以供销合作社组织体系和服务网络为依托，以生产、供销、信用综合合作为纽带，以拓展公共型全程农业社会化服务为重点，创新各类体制机制，充分激发农村资源要素活力，推动供销合作社和农村集体经济组织（合称"社村"）实现优势互补、融合发展，打造上下贯通、融合发展的县镇村经营服务体系，为新型农村集体经济持续稳定发展注入强劲动力。自 2024 年起，为推动"社村"融合发展取得实质性进展，优先从"百千万工程"典型县、产粮大县及特色优势产业县中遴选 12 个县（市、区）开展试点工作，试点期限为 3 年。试点县成立县域"社村"联合会及其运营公司，构建起以县域主导的"社村"合作机制。围绕粮食和重要农产品、特色优势农产品，精心构建龙头企业带动、产业优势突出、服务功能完备的经营体系，推动农业产业化、规模化、现代化发展。为解决 3 月至清明节前马铃薯集中上市，农户卖薯难、价格低、用工荒等问题，恩平搭建"订单收购+劳务服务+冷链仓储+错峰销售"全程冷链服务模式。恩平农服公司作为总指挥，统筹各基层供销社、合作社、农户，以不低于农户平均种植成本的价格进行收购，及时处理、分拣鲜薯，有效缓解集中上市造成的压价收购风险、填补北方产区马铃薯上市前的市场供应不足，实现市场总供应量"移峰填谷"。博罗县泰美镇车村村在引入供销合作社以来，通过"龙头企业+基层供销合作社+村集体+小农户"的方式，盘活撂荒地 185 亩，村集体年收入达 20 万元，其中分红约 17 万元。

3. 强化新型农村集体经济发展法治保障

广东省十四届人大常委会第十三次会议于 2024 年 11 月 28 日审议通过《广东省新型农村集体经济发展促进条例》（本段下简称《条例》），自 2025 年 5 月 1 日起施行，是全国首部专门促进新型农村集体经济发展的省级地方性法规，立足"小切口"，聚焦发展新型农村集体经济的运行机制和发展途径，以创新思路解决实际问题，有针对性地规范产业、土地、资金、人才等方面有关扶持发展的新举措。如为促进新型农村集体经济的发展，《条例》对资源发包、物业出租、居间服务和经营性财产参股这四类多样化发展途径逐一作出细化规定。如针对资源发包，《条例》第九条鼓励各级人民政府支持农村集体经济组织依法利用自然资源，如矿藏、水流等，并盘活闲置土地、房屋与设施，发展温泉疗养、水上漂流、休闲露营、研学实践等乡村特色经营性项目；在符合国土空间规划、用途管制、依法取得的前提下，开展农村集体经营性建设用地的出让和出租，并建立合理的土地增值收益分配机制。

（四）坚持绿美提升，增创岭南生态新优势

立足实际、广泛发动、久久为功，增加绿化规模、提升绿化质效、守护绿化成果，城乡一体绿美提升，不断增厚"绿色家底"，增创生态优势。岭南大地青山常在、绿水长流，呈现一派逐绿向美、生机盎然的喜人景象。

1. 增厚"绿色家底"，增创生态优势

制定美丽广东建设实施意见和规划纲要，推进绿美广东生态建设"六大行动"，扎实开展山上造林、山下绿化，超额完成林分优化提升、森林抚育提升"两个 200 万亩"任务，新建 38 个森林城镇、930 公里碧道，县镇村绿化苗木植树 2337.2 万株，乡村绿化植树 1858 万株，超额完成 2024 年度任务目标，全民植绿护绿蔚然成风。广东以稳步建设"五级创森"体系为抓手，活化利用古树、红色文化等资源，整合串联现有林地、水系、湿地、田园、乡村及历史文化遗存等要素，见缝插绿，通过建设游憩活动区域、完善设施配套、优化提升林分结构等，打造高品质多元化的绿色休闲游憩空间，打造森林乡村 159 个、绿美古树乡村 52 个、绿美红色乡村 51 个，建设以森林公园为主体的绿美广东生态建设示范点 193 个，大力提升城乡绿美品质。推动出台林长制条

例，稳步推进集体林权制度改革。积极推进南岭国家公园设立和丹霞山国家公园创建。国际红树林中心正式成立，万亩级红树林示范区加快建设，累计完成红树林营造修复 5648 公顷，全国首笔红树林碳汇开发权成功交易。深入实施土壤污染源头防控行动，新增危险废物利用处置能力 130 万吨/年，生活垃圾总处理能力提高到 17.1 万吨/日。

2. 打通"两山"转化通道，奋力"点绿成金"

打造苗木储备"绿色银行"、探寻科技赋能林业"良种优苗"，广东全省已建成国家林木种质资源库 6 处、国家重点林木良种基地 9 处、林业主要苗圃 400 余处，省级保障性苗圃 117 处，形成覆盖全省的种苗生产网络，年产苗木可达 1.6 亿株以上。至 2025 年初，全省苗木生产储备总量达 1.75 亿株，其中 1.1 亿株用于林分优化，2200 万株用于县镇村绿化，超额覆盖全年需求。各地充分挖掘地方特色资源，培育种植特色种苗，东莞重点培育"莞香"等特色树种，汕尾 36 个苗圃场实行"一基地多良种"生产，储备 74 个品种超 1000 万株苗木，区域特色与全局需求实现精准对接。2024 年，广东完成油茶新造林 25.88 万亩、低改林 7.41 万亩，超额完成国家下达的油茶生产任务；积极培育林业龙头企业和林下经济基地、森林康养基地，林下经济利用面积超过 3400 万亩，油茶、水果、干果等各类经济林产品产量近 1200 万吨，形成了"粤林茶油""粤林竹品""粤林康养""粤林山珍"等一批叫得响、卖得好的"粤林+"公共品牌；森林旅游产业发展势头强劲，清远连南依托独特的民族文化和生态资源禀赋，打造万山朝王国家石漠公园、瑶排梯田国家湿地公园、金坑森林康养研学基地等一批"森林+"项目。

开展节能降碳十大行动，广东省碳排放配额累计成交量、成交额均居全国区域碳市场首位。阳江市发挥比较优势做深做实绿能之都，海上风电建成装机容量 600 万千瓦，在全国名列前茅。新增分布式光伏装机规模超 1100 万千瓦，推进首批 25 个县域"光伏+建筑"应用试点区域，推动建筑分布式光伏规模和城乡建筑风貌同步提升，全国首个"光储充换放+欧标"综合能源站在肇庆投入运营，全省绿电交易量增长 70%。

（五）汇聚各方力量，增添"百千万工程"建设新动能

统筹推进纵向横向帮扶和驻镇帮镇扶村，深入推进产业有序转移，扎实开

展百校联百县"双百行动"、"组团式"教育医疗帮扶、建筑业企业助力、金融支持等行动，形成各方力量踊跃参与"百千万工程"的生动局面。

1. "融珠入湾、山海联动"，深入推进产业有序转移

落实"1+14+15"政策体系①，制定重点承接产业引导目录，创新协作双方成本分担、利益共享和联合招商机制，以"总部+基地""研发+生产""生产+服务"等形式，推动跨区域产业共建，推动区域产业分工合作、协同发展。2024 年，广东 15 个承接产业有序转移主平台（见表7），新承接产业转移项目约 700 个、总投资约 3000 亿元，产业活力正向县、村穿透。坚持产城一体、城产融合，以做好转出转入地衔接为着力点强化产业项目导入，以降成本、优环境为导向，集中资源打造高水平产业平台，高标准建设承接产业有序转移主平台，以拓展"双向飞地"为重要举措完善产业协作机制，加快形成紧密衔接、互为支撑的分工合作关系。帮扶双方立足区域协调发展大局，积极探索产业共建、园区共建的新机制、新路径，以创新举措激活帮扶动能，推动对口帮扶工作向纵深发展。目前，全省对口帮扶双方携手打造的"反向飞地"总数已突破 110 个，各类创新模式的"反向飞地"如雨后春笋般涌现，涵盖孵化器、园中园、招商平台、展销中心等多种形态，为区域协同发展注入新活力。汕尾市在广州、深圳两地共设立 6 家"反向飞地"，通过搭建资源共享、优势互补的合作平台，累计吸引 169 家企业（创新团队）入驻。积极引导本地企业对接湾区创新资源，助力 119 家企业在深圳、广州设立技术创新中心，实现"湾区研发、汕尾转化"的创新发展模式，直接和间接招引落地项目金额近 100 亿元，成功推动 51 家创新团队回汕尾落地注册公司，形成人才回流、技术回馈、资金出湾的良性循环。加快推进交通等基础设施的区域互联互通，推动粤东粤西粤北地区办事标准、流程、时效与珠三角地区接轨趋同。推进深汕特别合作区、广清经济特别合作区建设。梅州市深入实施"六大工程"，加快建设原中央苏区融湾先行区，融湾产业园（广梅产业园）2024 年新引进投产项目 19 个、共引进 25 个，工业总产值首次突破百亿元，达到 120.2 亿元，同比

---

① "1"就是《关于推动产业有序转移促进区域协调发展的若干措施》这个主文件；"14"就是 14 个省级配套文件，包括主平台建设方案、对口帮扶方案、考核办法、财政支持方案、产业转移基金组建方案、优化营商环境方案等；"15"就是粤东粤西粤北 12 个市以及参照享受支持政策的惠州、江门、肇庆 3 个市的实施方案。

增长 45.7%；深河产业合作园以产业共建为纽带，2024 年园区规上工业增加值同比增长 17.50%，现已成功建设水经济产业园、深汇通南山产业园、深河创谷产业园、创智产业园以及深河电子信息智能制造产业园等一批特色园区，基本形成了以电子信息和水饮料与食品为主导的产业发展格局。做好援藏援疆、东西部协作、对口合作工作，推进珠江—西江经济带开发开放和粤桂合作特别试验区建设，进一步拓展经济纵深。产业有序转移不是简单的空间转换，而是结构升级、动能再造的蝶变过程，在"持续用力"上下功夫，在"互利共赢"上求实效，鼓励珠三角与粤东粤西粤北地区专业镇联动发展，促进特色优势产业跨区域合作，带动全省产业发展布局优化、竞争力整体提升。在广东省县域经济综合发展力、发展活力、发展潜力前 15 位中，粤东西北县（市）均占约半数，14 个县入选商业建设行动国家、省级示范县。韶关引入智算中心项目 22 个，总投资达 621 亿元，已建成标准机架 6.74 万、形成 5.06 万 P 智算承载能力，建成连接大湾区城市的 400G 全光运力网 10 条，"大湾区数据、韶关计算"正成为现实，涵盖设备制造-数据存储-应用研发的产业链蓄势待发。

表 7　15 个承接产业有序转移主平台①

区域	主平台所在市		
粤东西北 12 市	汕头市	茂名市	清远市
	揭阳市	韶关市	河源市
	梅州市	汕尾市	阳江市
	湛江市	潮州市	云浮市
珠三角 3 市	江门市	惠州市	肇庆市

2. 深化拓展新型帮扶协作

科学统筹新型帮扶协作，发挥好央企、地方国企、民企和高校的特色优势，更深入发动各方面力量，主动投身"百千万工程"，形成众人拾柴、热火朝天的

---

① 注：以上各市均按照广东省委、省政府统一部署，结合本市实际，设立了 1 个承接产业有序转移主平台。如江门承接产业有序转移主平台规划总面积 78.5 平方公里，包括台山、江门（开平）、鹤山三个省产业园，构建"一核两翼，三对接两辐射"区域发展格局，重点发展新一代电子信息、高端装备制造、生物医药与健康等三大主导产业，兼顾发展汽车零部件、硅能源等两大特色产业，形成"3+2"的产业结构体系。

良好氛围。优化组团帮扶机制和帮扶队伍，建立组团式、造血式、共赢式帮扶机制，推动从驻村帮扶向驻镇帮镇扶村、从帮扶脱贫向帮扶全面振兴、从实现全面小康向迈向现代化转变，广泛动员社会力量参与"百千万工程"，全省156家有关单位对62个县（市、区）实现县域帮扶纵向覆盖，深化产业帮扶、消费帮扶、就业帮扶，实现对粤东粤西粤北市县两级横向帮扶全覆盖。集中资源力量，培育更多全国经济强镇。规范帮扶各方职责任务，健全帮扶工作队伍管理使用机制，实施结对帮扶"双向赛马"考评。鼓励各地发挥帮扶资金作用，撬动金融和社会资金支持乡村振兴。2024年，广东涉农贷款达到2.94万亿元，同比增长13%（见图8），其中，农村贷款增长13.3%，农户贷款增长14.2%。

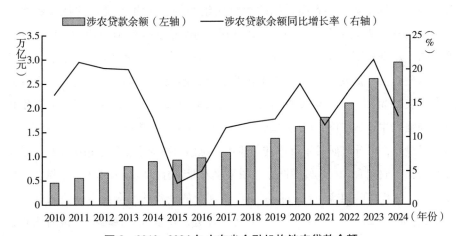

图8　2010~2024年广东省金融机构涉农贷款余额

资料来源：根据历年《广东金融运行报告》、国家金融监督管理总局广东监管局、中国人民银行广东省分行相关数据整理。

健全社会力量帮扶精准对接机制。强化省市县纵向帮扶，结合驻镇帮镇扶村和对口支援重点老区苏区县工作，建立省直机关事业单位、省属国有企业、高校、科研院所等组团帮扶机制。强化市际横向帮扶协作，按照"市统筹、县协同"的原则，优化珠三角核心区与粤东西北地区县级结对关系，探索建立共建共享机制，推动珠三角产业向粤东西北地区有序转移，鼓励共建产业转移合作园区。强化市域内帮扶协作，推动区、县（市）联动发展。健全省领导同志定点联系县、市领导同志挂钩联系中心镇和欠发达乡镇、县领导同志联系村机制，指导和督促各项工作落实。

3.广泛调动社会力量

提高县域营商环境水平，撬动民间投资，发展民营经济。鼓励、引导、规范工商资本下乡，深入实施"千企帮千镇、万企兴万村"行动，鼓励省属国企和地方优质国企积极参与镇村建设，积极探索政府引导下社会资本与村集体合作共赢的模式，支持民营企业导入产业，加强乡村运营，形成建设—运营—管护良性发展机制。2024年，第二届珠三角与粤东西北经贸合作招商会达成合作项目共319个、投资总额2439亿元。大力培育农业新型经营主体，充分发挥龙头企业、种养大户、家庭农场经营者带动作用，推动农民合作社转型升级，激发各类主体的积极性、主动性、创造性。建立健全组织群众发动群众工作体系，发挥工会、共青团、妇联等群团组织的优势和力量，支持各民主党派、工商联、无党派人士等积极发挥作用，办好农民丰收节等活动，以改善群众身边、房前屋后的实事小事为切入点，引导群众主动参与卫生清洁、垃圾清理、风貌提升、庭院建设、绿化美化等活动，形成人人关心支持、全社会共同参与的良好氛围，共同建设宜居宜业宜游美好家园。建立人才入县下乡激励机制，加强人才驿站建设，持续推动千名科技特派员下乡服务。支持科研院所在县域布局设点，引导科研成果推广转化应用。惠州市建成全省首个市级乡村建设工匠协会，形成拥有216人的团队，以白果里农业综合体项目为载体，采取让工匠赚薪金、村集体收租金、村民在家门口赚现金的新模式。全面启动百校联百县"双百行动"。充分发挥高校人才智力技术优势，在基本公共服务、镇村规划设计、产业发展支撑、人才培养培训等方面贡献力量。推动校地共建农技推广工作站、专家智库工作站、产学研合作科技示范基地、科技小院、研究生联合培养基地等科技赋能产业发展项目，助力产业转型和技术改造。华南农业大学与河源市紫金县开展蜜香茶研发基地建设和蓝塘土猪保种保育等项目，推动紫金农业高质量发展；华南理工大学在全国率先建设"乡村振兴学"交叉学科硕士点，保研20人攻读学术型研究生，录取10多位县镇基层干部、帮扶工作队员就读在职硕士单考班，已于2024年9月入学；广东财经大学聚焦做好"土特产"文章，策划制作《Hi——外国留学生讲述乡村高质量发展故事》系列微纪录片，有效提升乡村文化及相关土特产"全网能见度"，设"新媒体特训营"，全面培育提升村民数字素养与技能，与省互联网业联合会共同组织引入"百家互联网企业助力百千万工程"活动，联合开展送培训、送技术、送流量、送医疗、送物资

"五送"活动，汇集数字乡村、产业帮扶、奖学助学和网络公益等 41 个项目，推动乡村特色产业数字化转型，为"网络强村"赋能赋智。

三　对策与前瞻

一年来，广东有力推进乡村全面振兴，拼出了一份扎扎实实的高质量发展成绩单。但是，对比人民群众对美好生活的向往仍存在一定差距，特别是推动城乡融合发展还需持续发力，粤东西北地区产业基础依然薄弱，广东必须正视这些问题，切实采取针对性措施予以解决。未来，广东将坚持和加强党对"三农"工作的全面领导，进一步统筹新型城镇化和乡村全面振兴，强化乡镇联城带村节点功能，突出补齐短板弱项，推动乡村全面振兴见行动、见实效，不断夯实推进中国式现代化广东实践的"三农"基础。围绕促进优势塑造、结构调整、动力增强、价值表现，坚持发动群众，用好市场、因地制宜、久久为功，确保完成"三年初见成效"目标任务。

（一）坚持党建引领，加强组织领导

做好"三农"工作、推进"百千万工程"，关键在党、关键在人。广东将坚持和加强党的全面领导，建立健全省级统筹、市负主责、县镇村抓落实的工作机制，团结带领群众以只争朝夕的精神把乡村全面振兴和"百千万工程"各项工作抓紧抓实，形成抓落实的强大合力，努力在改变县镇村面貌上闯出新路来。

1. 坚持和加强党的全面领导

进一步压实各地党委责任，严格落实"一把手"责任制，整合相关资源、汇集多方力量，集中攻坚、加快突破。全省各工作专班、各有关单位协同联动，密切配合，推动各专项工作取得新进展新突破。各地级及以上市要强化责任担当，推动资源下沉，加强要素保障。县（市、区）委书记要充分发挥"一线总指挥"职责作用，乡镇（街道）党委书记当好"一线施工队长"，村（社区）党组织书记发挥"领头雁"作用。选优配强县镇党政正职，对德才兼备、实绩突出的优先提拔使用。培养造就一支懂经济、善发展、敢改革、爱基层的县镇干部队伍，加强村（社区）"两委"队伍建设，选派优秀年轻干部到基层一线锻炼。加强对基层干部的激励保护和关心关爱。

2. 加强农村基层党组织建设

增强农村基层党组织政治功能和组织功能，强化县级党委抓党建促乡村振兴责任。选优配强乡镇领导班子，优化村"两委"班子特别是带头人队伍，全面培训提高乡镇、村班子领导乡村全面振兴能力。发挥农村党员先锋模范作用，推动农村党员进县级党校轮训，常态化整顿软弱涣散村党组织，完善向重点乡村选派驻村第一书记和工作队制度。加强乡镇、村干部关心关爱和待遇保障。加强党风廉政建设，完善党务、村务、财务公开制度，推动基层纪检监察组织和村务监督委员会有效衔接，纪检监察工作向村延伸覆盖，强化对村干部监督管理，加强农村集体经济组织审计监督。

3. 推进以党建引领乡村治理

完善村党组织领导的村级组织体系，全面落实县级领导班子成员包乡走村、乡镇领导班子成员包村联户、村干部经常入户走访制度，推动治理重心向基层下移、干部力量向基层充实，推动资源、服务、管理向基层下沉，切实提升乡村治理效能。健全乡镇职责和权力、资源相匹配制度，加强乡镇服务管理力量。制定乡镇履行职责事项清单，健全为基层减负长效机制。健全党组织领导的自治、法治、德治相结合的乡村治理体系，落实"四议两公开"制度；深化法治乡村建设，加强法律顾问和法律援助工作；发挥好村规民约作用。创新治理方式，推动数字赋能乡村治理，创新村民协商议事形式。健全基层服务体系，加强乡镇政府公共服务职能，完善治理平台，提升治理效能。提升应急管理能力，健全乡镇、村级应急管理协调机制和组织体系，完善防汛、防火等责任人制度，加强应急救援能力建设，开展相关宣传和演练。壮大群防群治力量，落实平安建设领导责任制。坚持和发展新时代"枫桥经验"，推进信访工作法治化，推动领导干部下访接访，深化矛盾纠纷全面排查和实质化解，完善农村社会矛盾纠纷多元预防调处化解综合机制，推进和谐邻里建设。

（二）奋力推进"百千万工程"，促进城乡区域协调发展

统筹推进新型城镇化和乡村全面振兴，全面提高城乡规划、建设、治理融合水平，以县镇村高质量发展推动城乡区域协调发展。

1. 健全强县促镇动力机制

坚持兴业、强县、富民一体发展，抓好典型县、镇、村建设，推动首批优

化提升，加快第二批建设，发挥示范作用、样板功能。推动出台县域经济振兴条例，做大做强县域特色经济和支柱产业，推动产业成链成群发展。高起点规划建设县城，突出功能完备和标准提升、抓好基础设施建设，突出普惠性和均衡性、加强公共服务供给。深化以县城为重要载体的新型城镇化建设试点，在第一批 15 个试点县的基础上继续推进第二批 22 个试点县工作。以粤西片区为重点实施潜力地区城镇化水平提升行动，加快农业转移人口市民化。推进扩权强县和强县扩权，深化赋予特大镇同人口和经济规模相适应的经济社会管理权改革。强化乡镇联城带村节点功能，推进美丽圩镇规划建设，支持有条件的中心镇建设县域副中心、发展成为小城市。

2. 加大力度强农惠农富农

坚持农业农村优先发展，千方百计拓宽农民增收渠道，让农业有奔头、农村有看头、农民有盼头。落实耕地保护和粮食安全党政同责，严格耕地占补平衡管理，持续推进撂荒耕地复耕复种。开展粮油作物大面积单产提升行动，推广科学种植模式，加强田间管理，紧抓机收减损，因地制宜推广再生稻种植。高质量推进高标准农田建设，推进紫云英等绿肥种植。实施现代农业产业集群培育行动，做好"土特产"文章，培育更多地理标志产品、"粤字号"农产品，推动预制菜等农产品加工业有序发展，壮大乡村休闲产业等新业态。大力发展智慧农业，加快研发推广应用丘陵山区小型适用农机和智慧农机装备，推进种源关键技术攻关。深入践行大食物观，抓好重要农产品稳产保供。深化供销合作社综合改革，健全面向小农户的公共型农业社会化服务体系，持续培育标杆家庭农场、农民专业合作社。深化农产品"12221"市场营销体系建设，推动农村电商高质量发展。持续开展农村人居环境整治提升行动，基本完成自然村生活污水新建治理任务，力争规模化供水工程覆盖率超 90%。优化村庄整体规划和功能布局，推进粤东地区农民集中式住宅建设试点。深化农村"三块地"改革，有序推进第二轮土地承包到期后再延长 30 年试点。持续深化农村集体资金、资产和资源管理服务，支持村集体参与收益稳定项目、分享增值收益，探索新型农村集体经济多样化实现途径。落实好产业、就业等帮扶政策，确保不发生规模性返贫致贫。强化村规民约激励约束，持续推进农村移风易俗。

3.促进区域联动融合发展

实施现代化都市圈培育行动，推动超大特大城市内涵式发展、提升现代化治理水平，引导大中小城市和小城镇协调发展、集约紧凑布局。科学统筹省级纵向支持、市际横向帮扶、市域内协作、驻镇帮镇扶村等，促进各类资源要素向县域发展和向乡村振兴倾斜。坚持产城一体、城产融合，高质量建设15个承接产业转移主平台和7个大型产业集聚区，完善深汕特别合作区、广清经济特别合作区管理体制，加快广梅、莞韶等省产业转移园建设，创新利益共享等产业转移激励约束机制。加快整县推进农文旅融合发展和环南昆山—罗浮山县镇村高质量发展引领区建设，推进河源龙川新城、湛江雷州新城建设。加快梅州原中央苏区融湾先行区建设，支持汕尾做实做强西承东联桥头堡，支持老区苏区振兴发展。加快岭南民族特色高质量发展廊道建设，促进民族地区高质量发展。

4.加快建设海洋强省

大力发展海洋经济和湾区经济，高水平规划建设沿海经济带，整合利用海岸、海岛、港口等资源，科学布局交通设施、风电核电、临港工业、滨海旅游等项目。推动出台促进海洋经济高质量发展条例，推进海洋经济创新发展综合改革试点。推进海域立体分层设权，推行"标准海"供应，促进形成点上开发、适度集聚、优近拓远的海洋空间格局。加快渔港经济区建设，布局更多现代化海洋牧场示范项目，建成揭阳重型网箱平台等风渔融合试点项目，支持阳江建设海水种业示范基地，打造"蓝色粮仓"。深入实施海洋生态保护修复"五大工程"，推进珠江口邻近海域综合治理攻坚，加强海岛分类保护利用，完成大陆自然岸线保有率管控和红树林营造修复硬任务，全力守护好碧海银滩。

（三）大力培养乡村人才，推动各类人才下乡发展

本土培育提升与引导人才返乡入乡并举，持续壮大乡村振兴人才队伍，为推进乡村全面振兴提供智力和人才支撑。

1.壮大乡村人才队伍

统筹珠三角与粤东西北地区人才资源，充分调动各类人才的智慧力量。实施高素质农民培育计划和乡村产业振兴带头人培育"头雁"项目，加强对青

年农民和新型农业经营主体培训指导，实施农村实用人才带头人培训计划。鼓励和引导青年入乡发展和就业创业，加强农业农村科技领军人才、青年人才培养，通过科技小院等形式，推动涉农教育与生产实践紧密结合。实施农技推广服务特聘计划，培养农技推广人才，壮大科技特派员队伍。建设乡村公共服务和治理人才队伍，实施乡村振兴人才支持计划和人才支撑项目，开展全科医生特岗计划、订单定向医学生免费培养等，推动乡村医生向执业（助理）医师转化，加强农村法律人才和儿童服务人才培养。

2. 完善乡村人才培养体系

健全涉农高等教育体系，优化提升职业教育，鼓励符合条件的村干部、农民等报考高职院校，继续实施"一村一名大学生"培育计划。充分发挥广东镇域一二三产业门类齐全的优势，以镇域龙头产业为基础，深化新工科、新医科、新农科、新文科建设，建强产教联合体、行业产教融合共同体，推动校企在镇域办学、育人、就业等方面深度合作，推进理工结合、工工贯通、医工融合、农工交叉，在镇域一线立德树人、立业育人，畅通教育、科技、人才的良性循环。健全涉农培训体系，统筹各类培训资源，实行按需培训。针对乡村发展中的短板，强化农村职业教育和成人教育，加强农村数字人才、电商人才培育，加强农业新质生产力培训。

3. 健全乡村人才保障机制

建立人才定期服务乡村制度，支持返乡人员、退役军人、退休专家等投身乡村全面振兴，健全县域人才统筹使用制度，推动科技、医疗、教育干部人才"组团式"帮扶，实施大学生志愿服务西部计划。建立健全乡村人才分级分类评价体系，引导各地实行职称评审定向评价、定向使用。激励各类人才投身乡村，做好返乡入乡人才服务保障工作，将符合条件的返乡创业就业人员纳入涉农培训范围。塑造人才在乡村干事创业的文化氛围，以文化软实力激发人才对乡村的向往和归属感。举办乡村特色文化活动，提升乡村文化魅力；在人才优粤卡的基础上，探索授予乡村就业创业人才乡村创新大使、乡村青年英才等荣誉称号，切实增强人才到乡村干事创业、奋发作为的荣誉感、使命感、获得感。

潮头逐浪勇击桨，无边胜景在前方。实施"百千万工程"是关系全省发展全局的系统性工程，2025 年是加力提速推进、实现全面突破的关键一年。

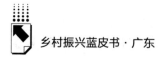

广东将永葆"闯"的精神、"创"的劲头、"干"的作风，凝心聚力、只争朝夕、真抓实干，奋力在推进中国式现代化建设中走在前列，展现新气象、干出新作为，为推进强国建设、民族复兴伟业作出广东新的更大贡献！

参考文献

《中共广东省委关于实施"百县千镇万村高质量发展工程"促进城乡区域协调发展的决定》，《南方日报》2023年2月27日。

《中共广东省委 广东省人民政府关于做好2023年全面推进乡村振兴重点工作的实施意见》，《南方日报》2023年6月2日。

郭跃文、李宜航主编《广东乡村振兴发展报告（2023）》，社会科学文献出版社，2023。

郭跃文、李宜航主编《广东乡村振兴发展报告（2024）》，社会科学文献出版社，2024。

郭跃文等：《论共同富裕》，广东人民出版社，2023。

罗必良：《大国三农：制度文化、行为机理与模式选择》，中国农业出版社，2024。

乡村发展篇

B.2
2024年广东农业新质生产力发展报告

陈琴苓　兰可可*

摘　要： 本报告梳理了农业新质生产力的内涵，分析了广东发展农业新质生产力的时代背景、发展现状和存在的主要问题。未来，广东要加强农业科技创新，推动数字技术与农业深度融合，优化农业产业链结构，加强农业生态保护与资源高效利用，进一步提升农业生产效率，优化资源配置，提高农产品质量，实现农业智能化、精细化和可持续发展。

关键词： 农业新质生产力　智能化　产业链　广东省

随着全球经济快速发展和科技不断进步，农业作为国民经济的基础产业，正面临着前所未有的机遇与挑战。广东省作为中国改革开放的前沿阵地和经济强省，肩负着在全国率先实现乡村振兴的重要使命。乡村振兴战略的实施不仅要求广东在农业经济上实现高质量发展，还要求在生态保护、文化传承和社会

---

　* 陈琴苓，广东省农业科学院科技条件部部长，研究员，主要研究方向为农业科研管理；兰可可，广东省农业科学院科技条件部科长，助理研究员，主要研究方向为农业科研管理。

治理等方面取得全面进步。这一战略为广东发展农业新质生产力提供了政策支持和方向指引。

一 农业新质生产力内涵

（一）农业新质生产力的定义与特征

2023 年 7 月以来，习近平总书记创造性提出"新质生产力"概念，强调要整合科技创新资源，引领发展战略性新兴产业和未来产业，加快形成新质生产力。农业新质生产力是以科技创新为核心驱动力的新型农业生产力形态，由 2025 年中央一号文件《中共中央 国务院关于进一步深化农村改革 扎实推进乡村全面振兴的意见》首次提出，旨在通过现代生物技术、人工智能、数字技术等前沿科技，推动农业生产效率、资源利用和产业结构的全方位升级。农业新质生产力一般被理解为以科技化、数字化、网络化和智能化为主线，整合科技创新资源，引入新技术、新设备、新模式等手段，提升由劳动、知识、技术、管理、数据和资本等农业要素优化组合而形成的全要素生产率，旨在促进农业生产力发展由量变到质变，加快推进农业产业深度转型升级，实现高质量发展。新质生产力作为现代经济发展的重要推动力，其以高效、智能、绿色的特性，逐渐改变了旧式农业的生产方式和经营模式。[①]

农业新质生产力是以科技创新为主导，实现关键性颠覆性技术突破而产生的生产力。它是数字时代更具融合性、更体现新内涵的生产力，具有以下几个显著特征。一是科技创新驱动。农业新质生产力的核心是科技创新，通过突破性技术的应用，推动农业生产力质的飞跃。二是数字化与智能化。农业新质生产力充分利用数字技术和智能设备，实现农业生产的精准化、自动化和智能化。三是生态友好与可持续发展。农业新质生产力注重生态保护和资源高效利用，推动农业向绿色、低碳、可持续方向发展。四是产业链整合与价值提升。农业新质生产力通过产业链的整合和延伸，提升农产品附加值和市场竞争力。

[①] 崔洪娟：《新质生产力赋能传统农业创新性发展的研究》，《市场周刊》2025 年第 10 期。

（二）农业新质生产力的主要内容

农业新质生产力包括农业的新质产品、新质生产要素、新质生产方式等方面。

一是新质产品。农业新质生产力不仅生产传统的农产品，还通过科技创新和产业链延伸，开发出高附加值、高科技含量的新质产品。例如，功能性食品、生物医药原料、农业废弃物资源化利用产品等。

二是新质生产要素。农业新质生产力充分利用数字技术、生物技术、新材料等新质生产要素，提升农业生产效率和资源利用效率。例如，通过大数据分析优化种植方案，通过生物技术改良作物品种，通过新材料提高农业设施的耐用性和环保性。

三是新质生产方式。农业新质生产力采用智能化、精细化的生产方式，实现农业生产的精准管理和高效运营。例如，通过物联网技术实现农田环境的实时监控，通过无人机和机器人进行精准施肥和病虫害防治，通过区块链技术实现农产品全程追溯。

二 广东发展农业新质生产力的战略意义及其主要政策

（一）广东发展农业新质生产力的战略意义

1. 乡村振兴战略的全面实施与目标要求

乡村振兴战略是中国新时代"三农"工作的总抓手，旨在通过产业振兴、人才振兴、文化振兴、生态振兴和组织振兴，实现农业农村现代化。随着新质生产力愈加成为高质量发展的核心动力，将发展新质生产力向乡村建设和农业发展领域延伸拓展无疑具有重要意义。[1]

2. 广东发挥农业大省和改革开放先行区的作用

广东是中国重要的农业大省，农业资源丰富，农产品种类多样。同时，作

---

[1] 邓新艳、廖和平：《新质生产力赋能乡村全面振兴的价值意蕴及路径选择》，《安徽乡村振兴研究》2025年第2期。

为改革开放的先行区，广东在农业现代化进程中一直走在全国前列。广东农业现代化不仅关系本省经济发展，还对全国农业现代化具有重要的示范和引领作用。广东在农业科技创新、农业产业链整合、农业品牌建设等方面的探索和实践，为全国农业现代化提供了宝贵的经验。

3. 区域经济升级对农业高质量发展提出的需求

随着广东经济不断升级，传统农业模式已无法满足高质量发展需求。区域经济升级要求农业不仅要提供高质量的农产品，还要在生态保护、资源利用、产业链延伸等方面实现全面升级。农业高质量发展不仅是经济升级的重要组成部分，也是实现区域经济可持续发展的重要保障。因此，发展农业新质生产力成为广东区域经济升级的必然选择。

4. 应对数字经济与第四次工业革命机遇挑战的需要

数字经济和第四次工业革命快速发展，为农业带来了前所未有的机遇和挑战。大数据、人工智能、物联网、区块链等新兴技术的应用，正在深刻改变农业生产方式、管理模式和产业链结构。广东作为数字经济强省，具备发展农业新质生产力的技术基础和产业优势。通过将数字技术与农业深度融合，广东可以进一步提升农业生产效率、优化资源配置、提高农产品质量，实现农业的智能化、精细化和可持续发展。

（二）广东发展农业新质生产力的主要政策

2023~2024年，广东围绕发展农业新质生产力，出台了一系列政策，省委、省政府也多次强调农业科技创新的重要性，体现了广东以数字化、智能化、绿色化为方向，推动农业高质量发展的决心，为全国农业现代化提供了"广东样板"。

2023年6月，广东省省长王伟中在全省农业现代化推进大会上的讲话中强调，农业新质生产力是乡村振兴的重要支撑，提出以数字化、智能化、绿色化为方向，推动农业高质量发展。要求加快智慧农业基础设施建设，推广绿色栽培技术，构建现代农业产业体系。强调要发挥广东数字经济优势，打造全国农业现代化先行区。2024年2月，广东省委书记黄坤明在全省高质量发展大会上的讲话中指出，新质生产力理论深刻阐明了发展新质生产力同科技创新和产业创新的关系，让广东推动高质量发展有了更加明确的方向和抓手。他还表示，广东发展新质生产力势头良好，关键是"以新提质"，用科技改造现有生产力、催生新质生产力。

近年来，广东发布了若干重要文件，推进农业新质生产力发展。《广东种业振兴行动实施方案》围绕推进种业振兴，开展种源关键核心技术与育种联合攻关，在超级稻、优质稻、畜禽、南美白对虾等品种培育上成果显著；推进种质资源普查与保护，建成四大农业种质（遗传）资源库并保存大量种质资源；加强种业主体培育，探索创新种业发展模式，从多方面推动广东种业做强做优做大。《广东数字农业农村发展行动计划（2020—2025年）》旨在通过实施"三个创建"和"八个培育"，推动数字技术与农业农村各体系融合，提升数字化生产力，促进农业农村现代化。《加快推进广东预制菜产业高质量发展十条措施》提出建设预制菜联合研发平台、构建预制菜质量安全监管规范体系等十条措施，推动广东预制菜产业高质量发展走在全国前列。《广东省2024年绿色种养循环农业试点实施方案》旨在促进畜禽粪污和农村生活污水资源化利用，推动农业绿色高质量发展。《广东省建设现代化产业体系2025年行动计划》明确提出以科技创新为核心，推动农业智能化、绿色化、全链条发展，重点实施"粤强种芯"和"粤强农装"工程，构建智能农机产业链创新体系，发展岭南特色现代农业。

三 2024年广东农业新质生产力发展状况

作为改革开放前沿阵地，广东正以其数字经济优势全力重构现代农业发展格局。全省深度融合"数字技术+农业场景"，截至2024年底，已建成5G农业基站超1.5万个，农业物联网设备覆盖率达70%，为智慧农业筑牢硬件根基。在生物育种领域，隆平高科、大北农等企业运用基因编辑技术，培育的超级稻品种抗病性显著提升；极飞科技的智能农机装备在湛江菠萝园实现精准施肥，有效减少农资浪费。15个省级智慧农业示范区发挥引领作用。惠州丝苗米基地的区块链溯源系统，支持消费者扫码追溯多项质量指标；茂名荔枝产业园借助大数据平台指导农户错峰上市，助农增收效果突出；云浮新兴县的AI病虫害识别系统，大幅缩短防治响应时间，降低农药使用量。在产业链整合上，广东构建起"田间—车间—直播间"全链条数字化体系。全省涉农电商平台交易额连续三年保持高速增长，拼多多"粤字号"农产品专区年销售额突破 90 亿元。冷链物流智能化改造降低农产品损耗，预制菜产业也实现全流程可追溯，推动农业向高质量、智能化方向发展。

（一）农业数字化与智能化发展

1. 精准农业技术

精准农业技术是农业数字化与智能化发展的重要组成部分。通过推广智能灌溉系统、无人机遥感监测与土壤传感器，广东可以提升农业生产效率与精准管理能力。智能灌溉系统可以根据土壤湿度和作物需水量自动调节灌溉量，减少水资源浪费。无人机遥感监测可以实时获取农田的植被指数、土壤湿度等信息，帮助农民及时调整种植策略。土壤传感器可以监测土壤的养分含量和 pH 值，为精准施肥提供数据支持。

华南农业大学开发的智能灌溉系统已在多个农业示范区成功应用，该系统通过实时监测土壤湿度和作物需水量，自动调节灌溉量，减少了水资源浪费，提高了作物产量。此外，广东省农业科学院与深圳大疆创新科技有限公司合作，利用无人机遥感技术对大面积农田进行监测，帮助农民及时调整种植策略，显著提升了农业生产效率。

2. 智慧农场与智慧养殖

智慧农场与智慧养殖是农业数字化与智能化发展的另一重要方向。通过深化物联网技术在作物种植与养殖管理中的应用，广东可以实现全流程智能化监控与数据决策支持。例如，在智慧农场中，物联网设备可以实时监测作物的生长环境，自动调节温度、湿度和光照，确保作物在最适宜的环境中生长。在智慧养殖中，物联网设备可以监测动物的健康状况、饲料消耗量等信息，帮助养殖户及时调整饲养策略，提高养殖效率。

华南农业大学开发的智慧农场管理系统已在多个农业示范区推广应用，该系统通过物联网设备实时监测作物生长环境，自动调节温度、湿度和光照，确保作物在最适宜的环境中生长[1]。温氏集团利用物联网技术实时监测养殖场的

---

① 赵越：《智慧农场让"百亩农田一人管"成现实》，《广州日报》2024 年 11 月 30 日。

环境参数和动物健康状况，自动调节温度、湿度和饲料投放量，显著提高了养殖效率和动物健康水平。

3. 数字化农产品供应链

数字化农产品供应链是农业数字化与智能化发展的重要环节。通过构建基于区块链的农产品质量追溯体系，广东可以提高供应链透明度与效率。区块链技术可以记录农产品从生产到销售的每一个环节，确保信息的真实性和不可篡改性。消费者可以通过扫描二维码了解农产品的生产地、生产过程、检测报告等信息，增强对农产品的信任度。此外，完善冷链物流系统可以确保农产品在运输过程中的新鲜度，减少损耗。

广州市市场监管局建立了以区块链、AI 技术、大数据、云计算为核心技术的广州食用农产品溯源平台。广州白云区在江南果菜批发市场试点肉菜流通电子溯源系统，该系统记录了农产品从生产到销售的每一个环节，确保信息的真实性和不可篡改性。消费者可以通过扫描二维码了解农产品的生产地、生产过程、检测报告等信息，增强对农产品的信任度。此外，广东省农业科学院与广东省供销合作社合作，针对荔枝、菠萝、砂糖橘、脐橙等广东特色优势农产品制定田头预冷、冷藏保鲜标准，形成田头保鲜技术方案，有效解决田头冷库技术瓶颈[①]。

（二）生物育种技术与粮食安全

1. 基因编辑技术

基因编辑技术是生物育种技术的重要组成部分。通过聚焦高产抗病作物的培育与推广，广东可以提升粮食安全保障能力。基因编辑技术可以精确修改作物的基因序列，使其具备抗病、抗虫、抗旱等优良性状。例如，通过基因编辑技术培育出的抗病水稻可以减少农药使用量，降低生产成本，提高产量。

华南农业大学利用 CRISPR-Cas9 基因编辑技术成功培育出抗病水稻新品种。该品种具有抗病、抗虫、抗旱等优良性状，显著减少了农药使用量，降低

---

① 广东省供销合作社：《办好田头冷库实事 带动小农户进入大市场》，《中华合作时报》2021 年 7 月 6 日。

了生产成本，提高了产量①。此外，中国农业科学院深圳农业基因组研究所利用基因编辑技术培育出抗穗发芽红麦，并在高产抗病小麦品种的研发中取得突破。深圳华大基因建成全球最大的国家基因库，为精准育种提供数据支撑。

2. 智能育种技术

智能育种技术是生物育种技术的另一重要方向。通过搭建以"生物技术+信息技术+人工智能+大数据应用"为特点的 4.0 智能育种创新平台，广东将加速育种技术的数字化和智能化转型升级。智能育种平台整合基因组学、表型组学、环境组学等多维度数据，利用人工智能算法预测作物的优良性状，缩短育种周期，提高育种效率。广东省农科院水稻所创新性地提出全新泛基因组技术，突破了线性化泛基因组的技术瓶颈，揭示水稻渗透胁迫响应调控新机制，为水稻抗病抗旱育种提供新基因资源。广东省农科院植保所利用新挖掘的抗病基因 Xo2 创建抗水稻细条病新品系，为水稻主要病虫防控新技术研究提供了理论依据及物质保障。广东省农科院作物所花生研究团队通过大规模的花生种质资源群体基因组重测序，阐明了中国花生的引进与传播途径，解析了花生重要农艺性状遗传变异，揭示了花生遗传改良的分子机制，提出了深入理解花生遗传多样性和传播演化进程的重要线索，为全球花生研究提供丰富的基因组数据资源。

广东省建立了"人工智能+种业"创新联合体等智能育种创新平台，该平台由广东恒健投资控股有限公司、深圳晶泰科技有限公司、山东省寿光蔬菜产业集团有限公司共同打造，构建覆盖"平台搭建—研发突破—产业应用"的全链条研发体系，运用量子物理与 AI 算法优化基因组选择，提升精准育种能力，加速种业研发进程。此外，华大集团旗下华大万物依托多组学大数据平台优势，创新全基因组设计育种、基因编辑、合成生物学等技术，融合 AI 技术来助力农作物新品种培育。例如，在"玉米快速育种技术与应用"重大科技攻关项目中，通过智能调控作物生长的光、温、水、肥等环境因子，并结合化学调控等技术手段，极大缩短农作物新品种选育周期，提高育种效率。AI 技术在其中发挥了重要作用，通过整合基因型、表型和环境型数据，提高育种预

---

① 林春姿等：《水稻多胺氧化酶基因（OsPAO4）CRISPR/Cas9 编辑突变体的创制》，《广东农业科学》2023 年第 3 期。

测精度，优化预测过程，增强基因型预测能力。

3. 农产品加工与高附加值产品发展

农产品加工与高附加值产品发展是提升农业竞争力的重要途径。通过提升农产品加工业的技术水平，广东可以扩大高附加值产品的市场份额，增强产业竞争力。例如，开发功能性食品、生物医药原料等高附加值产品，可以满足消费者对健康、营养、安全的需求，提高农产品的附加值。广东省农业科学院蚕业与农产品加工研究所突破农产品基质型代谢综合征人群特膳食品精准营养设计与创制关键技术瓶颈，设计创制出多元化产品并实现产业化。

广东通过"科技+产业"双轮驱动，在农产品精深加工与高附加值产品开发领域取得显著突破。华南理工大学食品科学与工程学院研发的"纳米微胶囊包埋技术"，成功将岭南特色水果（如荔枝、龙眼）中的活性成分提取率提升至90%以上，开发出抗氧化、抗衰老功能性饮品。中山大学药学院与广药集团合作，从葛根、五指毛桃等中药材中提取生物活性物质，研发出拥有降血糖、护肝等功能的保健食品，技术成果转化产值超10亿元。

（三）绿色发展与生态农业建设

1. 农业环境治理技术

农业环境治理技术是绿色发展与生态农业建设的重要组成部分。通过应用土壤改良与地力提升技术，广东可以加强面源污染防治与减肥增产技术的推广成效。

作为全国农业现代化先行区，广东在农业环境治理技术领域持续发力。在面源污染治理方面，中山大学环境科学与工程学院开发的"智能生态沟渠系统"在珠三角地区推广面积达10万亩，该系统通过生物膜技术和智能监测，使农田排水氮磷去除率提升至85%以上。广东省生态环境技术研究所研发的"农业面源污染立体防控体系"在韶关试点，通过"源头减量—过程拦截—末端治理"的全链条治理，实现示范区化肥使用量减少20%，农药使用量降低15%。

在减肥增产技术领域，2024年，广东省重点研发计划支持的"精准施肥智能决策系统"取得重大突破。由华南理工大学、广东省农业信息中心联合开发的该系统，已在全省50个现代农业产业园推广应用，累计服务面积超

100万亩。系统通过卫星遥感、无人机监测和地面传感器相结合，实现施肥量精准控制，平均减少化肥使用量15%~20%，作物产量提升8%~12%。

农业废弃物资源化利用方面，碧桂园农业控股有限公司在清远建设的"智慧生态农场"，通过"猪—沼—果"循环模式，实现养殖废弃物100%资源化利用，打造出"零排放"现代农业样板。展望未来，广东将继续加大农业环境治理技术研发投入，计划到2025年建设100个农业绿色发展先行区，推广先进适用技术50项以上，为实现农业高质量发展提供坚实的技术支撑。

2. 绿色栽培技术

绿色栽培技术是绿色发展与生态农业建设的另一重要方向。通过推进减施农药技术、重大病虫害绿色防控技术，以及外来生物入侵防控技术的实践，广东可以构建绿色栽培体系。例如，推广生物防治、物理防治等绿色防控技术，可以减少农药使用量，降低环境污染，提高农产品质量。

2024年，广东绿色栽培技术研发与推广取得显著成效。广东省农业科学院植物保护研究所研发的"天敌昆虫工厂化繁育技术"实现重大突破，首次利用光能、AI技术，建成害虫天敌研发生产基地，年产能达50亿头，在荔枝、柑橘、水稻、玉米等作物上推广应用面积超100万亩次，减少化学农药使用量30%以上。

在物理防治技术方面，华南农业大学与广东极飞科技合作开发智能精准施药系统。该系统针对不同作物的常见病虫害，结合AI识别和无人机精准施药，进行了大量的喷洒验证。广东省农业有害生物预警防控中心建设的"农作物病虫害智能监测预警平台"覆盖全省，实现重大病虫害预警准确率达90%以上。

在外来生物入侵防控领域，中山大学生命科学学院研发的"红火蚁生物防控技术"取得突破性进展。在珠三角地区示范推广特异性病原真菌与昆虫信息素结合使用，防控效果达85%以上。广东省生物资源应用研究所开发的"薇甘菊生物防治技术"在粤西地区推广应用，防治效果显著，挽回经济损失超亿元。

3. 农业废弃物循环利用

农业废弃物循环利用是绿色发展与生态农业建设的重要环节。通过推广秸秆综合利用与畜禽粪污资源化处理技术，广东可以实现农业废弃物"变废为宝"。例如，秸秆可以用于生产生物质能源、有机肥等，畜禽粪污可以用于生产沼气、有机肥等，实现农业废弃物的资源化利用，减少环境污染。广东以科技创新为引领，在农业废弃物资源化利用领域形成了一批国内领先的技术成果和应用模式。2024年，全省农业废弃物综合利用率已达92%，居全国前列。

广东省科学院生态环境与土壤研究所开发的"畜禽粪污厌氧发酵强化技术"，通过添加复合菌剂，沼气产率提升40%，在温氏集团100个养殖场应用后，年处理粪污300万吨，年产沼气1.2亿立方米，减排二氧化碳80万吨。广东通过"以奖代补""先建后补"等方式对规模养殖场新建改扩建粪污处理设施给予一次性补助，2024年，已建成200个区域性农业废弃物处理中心，构建覆盖"收集—处理—应用"的全链条循环体系，为农业绿色转型提供"广东方案"。

（四）重塑农业产业链

广东正以科技创新为引擎，全方位重塑农业产业链。在传统产业升级方面，全省实施"千企技改"工程，支持3000家农业企业开展智能化改造，建设数字化车间500个，推动传统农业向智慧农业转型。在湛江，国联水产建成全球首个对虾智能化加工中心，生产效率提升40%，产品附加值提高35%。预制菜产业异军突起，2023年，全省产值突破600亿元，培育出"恒兴鲜虾饺""国联小龙虾"等爆款产品。农业文旅融合蓬勃发展，打造"岭南荔枝文化节""潮汕工夫茶体验游"等特色IP，年接待游客超2000万人次。

1.区域品牌与规模化经营

区域品牌与规模化经营是都市农业与区域特色发展的重要组成部分。通过聚焦荔枝、茶叶、水产等广东特色优势产业，广东可以实现品牌化与规模化经营，增强市场竞争力。例如，打造"广东荔枝""广东茶叶"等区域品牌，可以提高农产品的知名度和附加值，扩大市场份额。

广东省农业科学院在推动广东茶叶品牌建设方面有诸多举措，研究建立了集"感官审评+电子舌+现代组学检测"于一体的英红九号红茶品质评价方法。例如，与潮州、河源等粤东西北茶产区的30多家茶叶生产龙头企业建立长期合作关系，为茶叶生态、安全、优质、高效生产发挥科技支撑作用。与乐昌市人民政府签署茶产业高质量发展合作框架协议，提升"乐昌白毛茶"的工艺和品质特征；与丰顺县签约合作，助力打造丰顺高山茶品牌；与连南瑶族自治县合作，塑造连南大叶茶品牌等。

2. 农业与文旅融合发展

农业与文旅融合发展是都市农业与区域特色发展的另一重要方向。通过深化乡村旅游与生态农业的协同发展，广东可以打造集生产、观光、休闲于一体的现代都市农业模式。例如，发展农业观光园、农家乐等乡村旅游项目，可以吸引游客，增加农民收入，促进农村经济发展。

广东开发了多个农业观光园和农家乐项目，这些项目通过结合农业生产和乡村旅游，吸引了大量游客，增加了农民收入，促进了农村经济发展。此外，广东生态农业协会开发了多个生态农业示范区，已在市场上取得了良好的销售业绩。

（五）全方位构建现代化农业人才支撑体系

广东省通过"头雁"项目、农村职业经理人培育、"万千农民素质提升行动"、"粤菜师傅"等工程重点支持农业科技人才培养、职业农民培训和高层次人才引进。广东省农业科学院全面铺开"百县千镇万村高质量发展工程"和绿美广东生态建设科技支撑工作，与全省40余个县市签约了"百千万工程"科技支撑框架协议，实施"百千万工程"院地合作新模式。2024年，广东省农业科学院共派出约70名科技人员到17个地方分院（促进中心）驻点，以科技支撑乡村振兴发展。广东省通过"高校+企业+基地"的协同育人模式，推动华南农业大学、仲恺农业工程学院等高校增设智慧农业、农业大数据等新兴专业，培养农业数字化技术人才。

在职业培训方面，广东构建"省—市—县—镇"四级联动的农民培训网络，建成人才驿站和服务基地516个，近三年来共柔性引进超1.5万名高层次人才，认定100个省级综合类新型职业农民培育基地和165个省级新型职业农民实训基地，覆盖农民培训20万人次①。广东与拼多多、京东等电商平台合作，开设"农产品电商实训基地"，广东强化"产教融合"，推动职业院校与

---

① 广东省委农村工作领导小组办公室：《广东：引导人才向基层一线流动 推动乡村人才振兴发展》，https://www.gdzz.gov.cn/rcgz/gzdt/content/mpost_13053.html，2021年9月6日。

农业龙头企业共建产业学院。深圳职业技术学院与大疆农业深度合作，共建无人机特色产业学院，打造全国领先的无人机应用技术专业、服务大湾区的无人机应用培训基地等先进技术联合创新中心。广东省农业科学院的专家团队联合各级县、镇政府共同开展科技下乡培训，开展农业产业链"链长制""一链一讲座"专题培训，举办了惠来鲍鱼、惠来家禽、惠来凤梨、普宁青梅、普宁蕉柑、揭西生猪一二三产全产业链专题培训讲座，培训了一大批种植户、养殖户、实体企业主等农民人才。广东计划到2025年建成50个农业科技创新团队，培育10万名"数字新农人"，为农业新质生产力发展提供强有力的人才保障，助力乡村振兴战略全面落地。

四　广东省发展农业新质生产力的不足与短板

广东在农业新质生产力发展过程中，面临数字化集成不足、产业发展短板、资源与环境压力、技术落地障碍等多方面挑战。

（一）数字化集成不足

广东在农业智能化、数字化方面取得了一定进展，但在数据采集、分析和应用等方面还存在明显短板，数据对农业生产和决策的支撑作用尚未充分发挥。首先，农业数据的采集和传输技术还不够成熟，许多农田的传感器覆盖率低，数据传输不稳定，导致数据采集的全面性和实时性不足。其次，数据分析模型不够精准，现有的农业大数据平台多依赖于通用算法，缺乏针对广东特色作物的定制化模型，导致预测结果与实际生产需求存在偏差。最后，数据应用场景有限，农业数据的价值未能被充分挖掘。目前，数据应用主要集中在生产环节，而在流通、销售等环节的应用较少，未能形成全链条的数据驱动模式。

（二）产业发展短板

广东农业产业链主要集中在生产环节，农产品加工、流通、销售等环节发展相对滞后，个别产业规模化程度不高，附加值提升乏力，产业协同不足。首先，农产品加工业的技术水平较低，深加工能力不足。其次，高附加值产品开发不足，市场竞争力不强。例如，广东的水产品加工仍以初级加工为主，高端

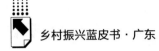

预制菜、功能性食品等高附加值产品占比仅为15%，未能充分发挥资源优势。最后，产业协同不足，上下游环节衔接不畅。例如，粤东地区的茶叶产业，种植、加工、销售环节脱节，导致品牌效应难以形成，市场占有率较低。

（三）资源与环境压力

广东耕地质量下降、水资源结构性短缺等问题日益突出，农田污染、土地退化等问题尚未全面解决。首先，过度使用化肥和农药导致土壤污染问题严重，全省耕地土壤有机质含量下降，部分地区土壤酸化问题突出，严重影响作物生长。其次，水资源的不合理利用导致水资源短缺。广东农业用水效率较低，灌溉水利用系数仅为0.55，远低于全国先进水平。最后，农业面源污染问题尚未得到有效控制，全省农业面源污染负荷中，氮磷流失量占比超过60%，对水环境造成较大压力。

（四）技术落地障碍

广东在农业技术集成创新方面存在不足，农业科技推广成本高、效果有限，技术应用场景受限。首先，技术集成创新不足，许多先进技术未能形成系统化解决方案。例如，智能农机与农业物联网技术的融合度还不高，设备利用率不足。其次，农业科技推广成本较高，农民对新技术的接受度较低。最后，技术应用场景有限，许多新技术未能与广东的农业生产实际紧密结合。例如，无人机植保技术在平原地区推广较好，但在山地果园中的应用效果不佳。

五 广东促进农业新质生产力进一步发展的对策

针对短板问题，广东需继续加大对农业新质生产力的投入，推动农业科技创新和数字技术的应用，优化农业产业链结构，加强农业生态保护与资源高效利用，培养现代化农业人才，为农业新质生产力发展提供强有力的支撑。

（一）推动农业数字化转型

广东应充分利用数字经济的优势，推动数字技术与农业的深度融合。加快智慧农业基础设施建设，推动农产品生产与流通全链条数字化。例如，开展农业生物技术、智能装备、农业大数据等领域的研究，培育一批具有国际竞争力的农业科技企业。建设智慧农业示范区，推广农业物联网、农业大数据、农业区块链等技术的应用，提升农业生产的智能化水平。目前，广东正分阶段有序部署推进数字农业硅谷建设，探索具有广东特色的数字农业农村发展模式，建设数字农业试验区，鼓励引导非农企业、数字技术产学研机构进驻，推动数字农业跨越式发展。通过数字技术赋能，广东农业正从"汗水农业"向"智慧农业"跃迁，预计到2025年全省农业数字经济规模将突破2000亿元，带动农民人均可支配收入增长15%以上，为乡村振兴注入强劲动能。

（二）强化科技研发与应用

广东应加大对农业科技创新的投入，遵循农业产业特点和农业科技创新规律，分类推进应用基础研究、前沿关键技术创新、新品种培育、投入品创制、农机装备研发等不同类型不同领域的科技创新攻关。推进生物技术、信息技术、工程技术交叉融合，力争在核心种源、耕地产能提升、智能农机装备、现代设施农业、智慧农业、农业绿色投入品、农业生物制造等方面加快突破一批具有自主知识产权的核心技术产品，在基因编辑、合成生物学、微生物组学等方面催生一批前沿性和颠覆性技术，取得一批关键性、原创性、引领性重大科技成果。促进产学研一体化，加强农业技术研发、转化与推广。

支持农业科研机构和企业的合作，鼓励企业牵头建立农业科技创新联盟、创新联合体、产业研究院、新型研发机构，支持企业牵头或参与国家重大科技项目实施、重大创新平台建设，推动企业主导的产学研用融通创新，发挥好企业在科研攻关和成果转化中的主力军作用，培育一批具有国际竞争力的农业科技企业。

（三）优化农业产业链结构

广东以科技创新为核心，从政策引导和战略布局层面全面优化农业产业链结构，推动农业高质量发展。在政策支持方面，支持传统产业改造、新兴产业培育和未来产业布局。通过"链长制"推动产业链上下游协同发展，重点支持农产品精深加工、农业科技研发和品牌建设，力争到2025年打造10个产值超百亿元的农业产业集群。

在传统产业改造方面，广东实施"数字赋能"战略，推动农业全链条数字化转型。建成50个智慧农业示范基地，农业生产效率提升30%以上。通过"粤字号"农业品牌提升工程，培育区域公用品牌和企业品牌，显著提升了农产品市场竞争力。在培育新兴产业方面，广东重点发展预制菜、农业文旅、功能性食品等高附加值产业。通过"农业+"模式，推动农业与旅游、文化、健康等产业深度融合。

（四）提升资源利用效率

广东以农业生态保护和资源高效利用为核心，从政策引导和战略布局层面推动农业绿色低碳发展。《广东省2025年绿色种养循环农业试点实施方案》通过"绿色农业示范区"推广"猪—沼—果""稻—渔共生"等循环农业模式，全省已建成50个生态循环农业示范基地，覆盖面积超100万亩。在政策支持方面，广东实施"农业面源污染治理攻坚行动"，重点推进畜禽粪污、秸秆、农膜等废弃物的资源化利用。在战略布局上，广东聚焦绿色低碳技术研发与应用。通过政策引导和科技创新，广东正加快构建绿色低碳农业体系，力争到2025年全省绿色防控技术覆盖率达60%以上，农业资源利用效率显著提升，为全国农业绿色发展提供"广东经验"。

（五）强化人才培养

以政策引领和战略布局为核心，全方位构建现代化农业人才支撑体系。落实好《持续深入推进农业科技特派员助力"百千万工程"乡村振兴行动方案》，重点支持农业科技人才培养、职业农民培训和高层次人才引进。通过"高校+企业+基地"的协同育人模式，推动华南农业大学、仲恺农业工程学院等高校增设智慧农业、农业大数据等新兴专业，培养农业数字化技术人才。强化"产教融合"，推动职业院校与农业龙头企业共建产业学院。构建"省—市—县—镇"四级联动的农民培训网络，建成乡村振兴人才驿站，开展数字化技能培训。与拼多多、京东等电商平台合作，开设"农产品电商实训基地"，培养农村电商人才，助力农产品网络零售。培育10万名"数字新农人"，为农业新质生产力发展提供强有力的人才保障，助力乡村振兴战略全面落地。

B.3
2024年广东深化土地制度集成改革报告

邓宏图　段昱兵*

摘　要： 本报告分析了2024年广东省深化土地制度集成改革现状，通过点状供地、"三券"制度、"一村四社"等创新举措，盘活农村闲置土地资源，优化土地要素配置。报告系统总结了改革在稳粮保供、数字赋农、产权交易等方面的成效，同时指出政策理解偏差、利益协调不足等挑战，并提出分类改革、数字平台建设等对策，为广东省乡村振兴提供制度参考。

关键词： 土地制度改革　点状供地　三券制度　乡村振兴　广东省

近年来，广东省深度聚焦土地改革领域重点、难点和堵点问题，稳慎推进农村土地制度改革，积极为农村土地改革探索新路子，推动农村承包地"三权"分置，加强农村宅基地规范管理和资源盘活利用，探索推进农村集体经营性建设用地入市。创新建立兼顾国家、农村集体经济组织和农民利益的土地增值收益有效调节机制，在深化农村土地制度集成改革中取得了显著成效，为广东乡村振兴和高质量发展注入了强大的新制度动力。

一　广东省农村土地制度改革的实践做法

（一）深度挖掘闲置土地潜能，全面优化点状供地政策

点状供地需要推行项目全程监管，对点状供地项目实行全要素、全过程、

---

* 邓宏图，经济学博士，教授，广州大学新结构经济学研究中心主任，广州大学中国特色社会主义经济学研究中心主任，主要研究方向为政治经济学、制度变迁与经济增长、农业农村经济学、新结构经济学；段昱兵，广州大学博士生，主要研究方向为农业农村经济学、新结构经济学。

全生命周期管理，及时指导和协助项目主体办理前期规划、中期报批、后期供地建设等相关手续，并督促项目开发主体按照土地出让合同等规定或约定的动工开发建设，防止项目用地出现批而未供和闲置低效等情况。粤东西北地区根据实际情况，不断挖掘农地改革潜力，探索点状供地的创新之路，改变"卖用地指标换资金"的经济增长模式，促进农业农村经济社会实现根本性转变，实现乡村振兴战略目标。不断挖掘、改造废弃宅基地、废旧厂房用地、荒芜多年的荒滩、荒地、坡地、洼地，甚至山地，吸引城镇工商资本下乡，群策群力，复耕复种，扩充可用耕地面积。利用增减挂钩、占补平衡机制，积累、改造、升级、赋权、释放出更多建设用地指标，确保粮食安全，促进农户增收致富。点状供地需多方协同，尤其要求扩大集体经济统筹能力和动员能力才能达到政策目标。在守住基本农田红线的基础上，通过挖潜、改造、利用各类闲置土地获得点状供地之"地源"，促进农村集体经济发展、壮大，扩大农业工业化的"产业空间"，提升广东百县、千镇、万村高质量发展。多地调研发现，点状供地必须赋予集体经济组织统筹利用土地的能力，在发挥村庄民主的基础上，赋予基层政府尤其村集体核算、规划功能，盘活存量，扩充增量，分类供地，存用结合，产供平衡，推动农业产业化转型升级，推动农业和非农产业向集约化、特色化、市场化纵深发展。肇庆市和清远市等地在点状供地制度改革方面做出了有益的探索①，其中，肇庆市积极探索"点状供地"模式，积极挖潜改造各类土地资源，将荒地、荒滩、荒坡、废弃宅基地等改造为可用耕地，并通过增减挂钩、占补平衡机制释放建设用地指标，促进农业产业化发展。此外，英德市在土地确权过程中将集体土地划分为自耕区、机动区和流转区，其中机动区成为点状供地的重要来源。英德市在国土空间规划和村庄规划中预留建设用地，优先用于保障点状供地项目建设，且每年安排不少于10%的新增建设用地计划指标专项，用于保障乡村振兴（含乡村产业）用地需求。

（二）创新农村土地"三券"制度改革，缓解农业用地指标短缺困境

坚持以全域土地综合整治为契机，构建城乡空间集聚新格局，广东省各地

---

① 广东省自然资源厅：《广东省自然资源厅关于实施点状供地助力乡村产业振兴的通知》，《广东省人民政府公报》2023年第12期。

探索、建立、实施、健全"三券"地权制度改革，激发市场参与主体，构建利益平衡机制，充分发挥政策聚合效应，全面助推全域土地综合治理，提升"村改工""工改工"质量，积极挖潜、扩大垦造水田面积，建立健全高标准农田体系，解决用地腾挪空间疑点、难点和堵点问题，注重土地资源空间立体利用效能，发挥不同产业比较优势，保障城乡居民用地发展权，促进农村土地高效、有序利用。佛山市南海区在实践中摸索出了"三券"制度改革方案，通过设计、规范房券①、地券②与绿券③等"三券"制度实现土地证券化，在很大程度上丰富、充实了点状供地的政策内涵，提高了土地利用效率，满足了各经济主体对经营性建设用地的需要。调研发现，"三券"制度改革释放了潜在土地资源，为点状供地政策落实创造了有利条件，佛山市南海区在土地"三券"制度革新上处于领先位置。全域土地综合整治实践中所总结出的"三券"制度改革方案，无论对发达地区还是欠发达地区均具有重要政策价值和推广意义。

（三）创设"一村四社"方略，提升土地集约利用效率

农业农村现代化和城镇化发展有赖于农村土地制度的深刻变革。现实中，城乡融合不断深化农村"人权合一，人地分离"的现实所带来的后果日渐复杂而严重，需要进一步统筹农村土地资源，调整农地产权关系以推动乡村振兴纵深发展。随着大量农民进城务工和生活，农二代、农三代的身份认同意识已发生了深刻变化。众多拥有农业户籍和农地承包权的"农民"早已不是"职业农民"，土地承包者与所承包的农地之间存在实质性的地理空间"分隔"，两类"分离"和"分隔"造成了农地制度安排与农业生产经营实践之间亟待缓解、解决和预防的各类实际的和潜在的经济社会矛盾。在现行宅基地制度

---

① 指在产业用地集聚提升过程中开展产业用地腾退时，根据村集体经济组织所有的集体经营性建设用地或国有划拨留用地以及地上房屋情况，向村集体经济组织以及实施主体提供的产业保障房兑换凭证和租金收益凭证。

② 指在国土空间规划引领下，运用相关土地管理政策，土地权利人自愿将其低效、闲置、废弃的建设用地腾退复垦为农用地后形成的指标凭证。包含建设用地指标、建设用地规模、耕地数量指标和水田指标。

③ 指现状建设用地不适宜复垦连片农用地，通过复绿后符合城市绿地发展或具有一定生态价值，验收后按照一定比例兑换新增建设用地指标奖励凭证。

下，农民对宅基地享有资格权、占有权、使用权和房屋所有权，但农户居住的分散性和城乡二元结构的客观现实，使得农村宅基地市场无法有效建立起来，客观上强化了农户在宅基地上的资格（成员）权，但弱化了农户的财产权和宅基地内在的信贷或金融属性。上述情况既不利于盘活农村存量土地资产，也不利于改造、挖掘、利用潜在的增量土地资产，"三变机制"出现功能性失灵。在农地制度改革实践中，清远英德市探索出了"一村四社"的改革方案，使农村潜在土地资源得到释放和利用，"三变机制"有了切实可行的"政策抓手"。"一村四社"改革方案由乡贤倡导和发起，村两委主导设计，村民自愿参与，合作社通过资金互助收益、资产经营收益、农资和生产资料集中采购收益等多种方式实现盈利，并按照一定比例在社员、村集体之间进行分配，既要增加农民收益，也要满足村庄的公益事业的发展需要。在"一村四社"的基础上，再以乡镇为单位把"一村四社"联合起来，形成"一村四社"的联合经营体系，既挖掘了土地资源的潜力，也强化了"三变机制"的制度效应，提高了农户的收入，同时巩固了村集体的经济基础，是农村提高土地集约利用的成功尝试。

（四）深化农村金融改革，构建内生金融体系

农村土地流转方式不断创新，流转数量不断增加，在稳定农村土地保障性的同时，需要积极研究、探索农村土地的生产性、财产性、金融性、盈利性和增值性等功能。广东省创设的农村产权流转交易管理服务平台为包括农村土地在内的各类资产交易和增值的体制机制或制度条件，其甄别、发现农村资产价值（价格），优化资源变资产、资产变股金、集体和农户变股东"三变机制"，畅通城乡资源和资金市场，从制度和体制机制方面构筑以资产和农村各类产业经营性收益为抵押品的内生性货币金融体系，不断探索和推进农村金融产品和服务方式创新。以广东省创建农村产权流转交易管理服务平台为契机，积极总结各县区多年来农村资产交易的实践经验，完善农村资产抵押登记相关制度，建立农村资产价值评估的专业化服务机制。广州市、东莞市、清远市、江门市和佛山市等围绕推进城乡要素资源双向流动、激发乡村振兴活力，探索出一条"集体资产资本化、股本运营集体化、农村产权金融化"的改革新途径。截至2024年5月，广东省共建成市级农村产权流转交易平台12个、区/县级平台

133 个、镇级平台 1372 个①。其中，广州市、清远市、东莞市、江门市和佛山市在交易平台上的农村资产交易量较大、交易内容较为丰富，需要及时总结经验并向全省推广。

（五）全过程、全视域数字赋农，高质量、高维度增信扩资

二元经济结构呈现的城乡不均等、区域不协调等特征，既是广东省全面现代化所面对的现实困难，更是再造一个新广东所面临的挑战与内生动力机制。在数字时代，把数字技术系统性嵌进城乡融合和乡村振兴的发展框架，全过程、全视域数字赋农，将使广东省在实施百千万高质量发展工程中实现弯道超车，从根本上终结广东省城乡二元经济结构的失衡状态。农村集体资产包括资源性资产、经营性资产和非经营性资产，这一庞大的资产内容，通过确权、分配、运营将产生极高的社会效益和经济价值。运营好这笔巨大的集体资产，需要利用数字技术，创新管理模式，提升服务功能，从根本上改进农业生产方式。例如，清远市清城区为盘活、利用农村资源、资产，畅通城乡资源要素流通渠道，建立健全农村产权流转交易机制和监管体系，构建农业生产经营溯源体系，加快农业农村产权交易数字化建设，全过程、全视域数字赋农，创建了农村资产交易的体制机制，为"三变"机制顺畅运行提供了坚实的数字平台和制度基础。进一步调查发现，广东股权交易中心为适应广东省构建城乡统一大市场和深入推进农业农村现代化需要，开设了"广东乡村振兴板"，通过数字金融助力乡村振兴和县域经济发展，打造"政银保担基"全方位金融支农大格局，金融服务继续下沉，巩固、强化金融服务制度基础和智力支撑，激发金融创新内生动力机制。

（六）坚持土地制度集成改革，实现稳粮保供

无农不稳，无粮难安，无业不富，多业并举，它们之间具有极强的因果逻辑关系。强化粮食安全保障是人民安居乐业、社会安定有序、国家长治久安的重要基石。稳粮保供战略是农村土地制度集成改革的重要部分和题中应有之

---

① 符建民：《关于推广全省统一的农村产权流转交易管理服务平台的建议》，广东人大网，2024年 5 月 8 日，https://www.gdpc.gov.cn/gdrdw/zyfb/yajy/jianyi/content/post_197807.html。

义。2024 年，广东省的粮食播种面积和产量均实现了增长，粮食总产量达到了 1313.4 万吨，比上年增加了 28.2 万吨，增长率为 2.2%。在播种面积方面，全省粮食播种面积为 3355.1 万亩，较上一年增加了 10.9 万亩，增长率为 0.3%。在不同品种的粮食作物中，稻谷、甘薯和大豆的种植面积有所增加，而玉米的种植面积则有所减少①，具体占比如图 1 所示。

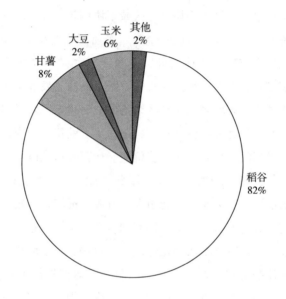

图 1 2024 年广东省粮食播种面积作物品种占比分布

资料来源：广东省农业农村厅公布数据。

高标准农田建设面积持续上升，但是仍然存在高标准农田建设不规范、选址不合理、农田不连片、维护不充分等情况，亟须进一步科学规划和技术指导。各地的粮油储备较为充实，基本能满足当地常住人口半年以上的粮食需求，但工业型县镇的粮食供给压力较大。多元化食物供给体系进一步完善，各市充分发挥各自资源禀赋优势发展特色农业。积极推进"藏粮于技"，粮食生产向专业化方向转进。广东省粮食生产稳中有升（见图 2），

---

① 国家统计局广东调查总队：《2024 年广东省粮食产量 1313.4 万吨》，《广东省农业农村厅要闻动态》，2024 年 12 月 17 日。

但是，稳粮保供与产业升级、经济创收等存在实际矛盾，需要进一步在"三农"工作中强调粮食安全的重要性，全方位夯实粮食生产基础，保障种粮主体的经济利益。

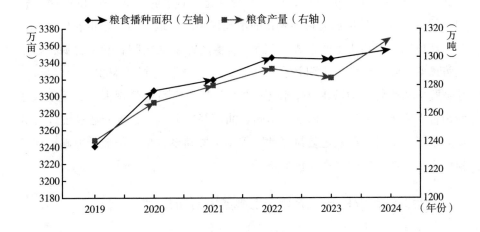

图2　2019~2024年广东省粮食播种面积与粮食产量

资料来源：广东省农业农村厅公布数据。

坚持土地制度集成改革实现稳粮保供的做法，一是统筹全局、立足当地资源禀赋，确定主导产业发展优先序，落实"稳粮保供"战略。主导产业发展优先序的决定，主要是考虑当地资源禀赋与历史文化传统底蕴等因素。地处粤西北地区的怀集县在广东省更具有典型的"三农特征"，与同是农业县区的连南瑶族自治县、连州市、阳江市、五华县、南雄市等在城乡产业分布上更具有相似性。这些县区主要种植水稻、玉米、蔬菜、特色水果，还有一定比例的水产和畜牧养殖，稳产保供的战略目标和各地资源禀赋条件共同决定了这些地区农业主导产业发展的优先序。例如，怀集县主要种植稻谷、玉米和水果（如谭脉西瓜）；连南瑶族自治县主要种植水稻、小麦和蔬菜；阳山县主要种植水稻并致力发展养殖业（畜牧业）。二是充分利用自然地理条件，提高农业技术服务，通过间作和套种提高土地利用效率。根据产业主导优先序发展农业种植的同时，提高农业技术服务水平，通过间作和套种方式提高土地利用效率也是重要的农业增收途径，为集体经济、农户、新农人和龙头企业创造新的盈利空间。例如，怀集县"西瓜+玉米"套种模式和清远市九龙镇的"春玉米+夏大豆+冬油菜"一年三熟种植模式都是实现稳粮保供、多种经营的成功典型。三是构建"四位一体"机制，发挥各方优势并实现稳粮保供。实现稳粮保供，重点是构建地、钱、技、人"四位一体"机制，其中"地"是重点处理细碎化的承包权和承包地，实现基本农田连片经营和规模化、集约化生产方式；"钱"是稳产保供的垫脚石和动力源，稳定政策预期和收益预期，吸引社会资本注入；"技"是指政府积极为村集体、社会资本和科研机构搭建合作平台；"人"是积极引进管理人才、技术人才和销售人才等。在佛山、清远、梅州、汕尾等多个地区，政府通过统筹"驻镇、帮镇、扶村、摞荒地复耕复种"等多个推动乡村振兴的政策方略，保障粮食稳定生产，实现稳产保供战略。

（七）创新农村产权流转交易服务平台模式

农村土地流转方式不断创新，流转数量不断增加。例如，清远市为了盘活利用农村资源资产，畅通城乡资源要素流通渠道，建立健全农村产权流转交易管理机制，积极探索实现农村产权全流程"线上"交易新模式，加快农业农村产权交易数字化建设。石角镇是全省农村产权流转线上交易平台的试点镇，2015年起便开启相关试点工作。2022年9月，全省线上交易平台"粤农通"上线后，清远市已通过平台累计完成8.6亿元规模的交易量，其中石角镇完成超3亿元交易。据不完全统计，截至2023年9月末，全省农村产权流转交易资产6万多宗，交易金额700多亿元，其中线上交易占比约30%。[1] 各镇（街）均成立农村集体资产交易中心，产权流转进入交易中心线上交易，交易中心因平台数字化、透明化、跨地域化的特点，全面降低交易成本、拓宽交易范围与交易对象、有效避免内部交易，大幅提高交易效率与成功率，有力保障村集体利益。

广东省在农村土地综合改革中摸索了一系列独具特色的、符合地区要素禀赋的、值得总结推广的典型案例（见表1）。

---

[1] 符建民：《关于推广全省统一的农村产权流转交易管理服务平台的建议》，广东人大网，2024年5月8日，https://www.gdpc.gov.cn/gdrdw/zyfb/yajy/jianyi/content/post_197807.html。

表1 农村土地综合改革的经典案例

序号	案例
1	深圳市宝安区打造"反向飞地"提升区域帮扶协作质效
2	珠海市斗门区探索多户联建保障农民住房需求
3	佛山市高明区探索"耕地银行"推动耕地集约流转
4	梅州市蕉岭县新铺镇探索"集成式全域土地综合整治"模式
5	惠州市惠东县积极破解"谁来种""怎么种""种什么"难题,推动"撂荒地"变"希望田"
6	惠州市龙门县守正创新探索宅基地"三权"分置有效路径
7	中山市黄圃镇创新举措破解低效工业用地改造"五大困局"
8	阳江阳春市落实点状供地政策赋能乡村产业振兴
9	湛江市遂溪县"整换造"盘活农村土地资源
10	清远市佛冈县水头镇四大举措推动土地节约集约利用

资料来源:《探索农村土地综合改革 广东推出十大典型案例》,广东省人民政府网站,2024年11月15日,https://nr.gd.cn/ztzlnew/bxqzwcgzlfz/content/post_4525336.html。

二 广东省农村土地制度改革中面临的矛盾与困难

（一）对点状供地政策理解不到位，缺乏调整政策运行方式适应不同产业需要的实践自觉、理论自觉和政策自觉

合规合法是点状供地的"政策基础和底线"。点状供地不是随机供地，更不是违规供地，各地每年都要根据实际需要科学研判、精准识别、严格规划，从实际出发调整、落实点供数量，对点状供地主体、对象、数量、质量、用途、地理空间布局要进行全过程、全域严格管理、联合验收，推动点状供地政策有效实施。要使点状供地政策发挥特有功效，必须吃透政策精神，根据实际需要找准政策落地方式，构建政策运行机制。在调研中，作者发现许多供地主体、用地单位、涉地当事人缺乏政策沟通、疏于顶层设计、懒于问政于民，热衷于"一个政策、一张图纸、一次规划"，对点状供地政策理解不到位，缺乏调整政策运行方式以适应不同产业需要的实践自觉、理论自觉和政策自觉，使"点状供地"无法有效落地，难以真正发挥其合理匹配土地资源、推动农业和非农产业发展的"政策功能"。

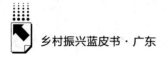

（二）"三券"制度改革缺乏精心设计和配套措施，难以兼顾集体、农户和经营主体三方利益

不管发达地区还是欠发达地区，均涉及"三块地"改革，只不过发达地区农业耕地少、工业用地多、宅基地相对集中，而欠发达地区农业用地多、工业用地少、宅基地分散。"三块地"客观上对应着绿券、房券和地券，比例不同，但性质同一，这说明"三券"制度改革存在可复制性。但是各地具体情况不同，各方利益诉求有异，在"三券"制度改革中必然牵扯到多个部门和利益主体，需要解决资料收集难、信息沟通不畅、协调费时费力等诸多现实问题。土地证券化导致土地产生级差或增值收益，需要协调各方利益关系，妥善处理土地级差收入的分配问题，兼顾集体利益和家庭利益、经济利益和社会（生态）效益。因此，有必要从全局上、从具体运行机制上进一步完善"三券"制度改革的优先序，才能使此制度发挥其应有的功效。此外，"三券"制度试验区域的土地开发程度已经逐渐趋于极限，需要及时拓宽"三券"的交易范围，站在更好的层面推动资源合理配置和农村资产增值。

（三）农村集体土地所有权与承包权统分结构不清，分有余而统不足

集体土地所有权主体方面的法律和政策供给不足加深了农村集体土地产权的模糊性，集体土地所有权的权能体系与保障机制欠缺，在三权分置制度框架下，集体所有权与承包权、经营权"轻重不一""利益不同""方向有异"，如果处理不当，三权分置将导致三权分立，三权分立将导致三权分利，三权分利将导致三权博弈。集体所有权具有统筹、集中功能，往往有利于现代农业生产方式的建立；承包权具有分散、分利功能，往往有利于小农生产方式的承续，双方极易陷入"统"与"分"的竞争。如何在重建新型农村集体经济的大趋势中处理"统分结合"问题、兼顾集体利益与农户利益，始终是必须面对和有待解决的政策难题。

（四）农村体制机制和组织不健全，"三变机制"功能逐渐失调

经济联社和经济社在组织边界、资产权属、公共服务责任分摊和治理功能

等方面始终未能完整地、健全地构建"统中有分，分中有统"的协调机制，造成大量农地、宅基地难以统筹、高效利用，使"三变机制"功能失调。经济联社缺乏涵盖经济社经营活动的集成性的、统一的核算体系和会计中心，导致经济联社和经济社的责、权、利存在不对称、不协调和不统一，这将妨碍经济联社和经济社从体制机制方面、组织功能方面无法有效地甄别资源、资产属性，也难以通过规模效率、范围经济、分工与专业化体系创设资源、资产和股金的交易机制、价格形成和发现机制，以及利益分配机制，从根本上阻延了乡村振兴和农业农村现代化的历史与现实进程。

（五）对数字赋农的理解比较片面，数字技术难以与土地市场匹配

广东省农村产权流转交易服务平台建设仍然停留在"示范区""样板区"阶段，农村资产"数据孤岛"现象依然存在。广东省部分地区如清远市、佛山市等地，建立了诸多县级农村产权交易平台，各经济主体只能在县域交易平台进行，各个交易平台互不联通，交易覆盖面小，跨域交易成本高，缺乏统一的交易市场，难以实现要素和产业整合。数字化转型难以依靠单一机构和组织进行，数字赋农需要对农村资产信息资源进行深度加工，对农用地交易数据按标准化要求进行数字化处理，形成农用地交易数字产品，产生数据价值。扩大数字交易平台，实现县域交易平台互联互通，有利于各地调剂农村建设用地指标，实现省域层面上的农地利用的规范化、标准化、规模化和集约化，提高农地利用效率，建立健全统一的农村土地交易市场。此外，农业生产预期收益率偏低，大量农地撂荒问题没有得到根本解决，三权分置框架下农村承包地过于分散，限制农业的规模化经营，区位异质性带来的土地回报率差异，削减了工业区稳粮保供的积极性，农业现代化产业化水平较低，藏粮于技的优势未能有效利用和发挥等问题需要在未来发展中不断加以解决。

三　广东省农村土地制度改革的对策建议

（一）交叉使用综合改革、分类改革与配套改革，并且进一步明晰农村产权主体和边界，用科学的土地规划推动经济发展

点状供地和三券制度改革，两者在政策逻辑上是统一的。各地应当根据实

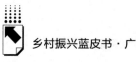

际情况对"三块地"进行分类改革和综合改革。所谓分类改革，其基本原则是建立农业用地、宅基地、农村建设用地的流转或交易机制，建立健全三类土地的交易平台和全域、全过程的甄别、评价机制和生产经营溯源体系，以三权分置为基本制度框架，在"三块地"分类改革基础上推进三权综合改革，统中有分，分中有统，统分结合，尊重承包户法定权益，通过集体经济组织实现三权合一。妥善处理留村农民和离乡农民的人地权关系，明晰农村产权主体和边界。落实农地的集体所有权，保证土地集体所有权人对集体土地依法享有占有、使用、收益和处分的权利，落实集体所有权中发包、调整、监督、收回等权能。在保障"人人有份"的土地承包权的前提下，将土地经营权从土地承包权中分离并集中于集体经济平台，实现农地产权的数据化、交易化，通过合作制、股份制、农场制和"三变机制"实现土地规模化利用，深化农业内部分工与专业化经营体系，吸引社会资本、国有资本和集体资本相结合，形成以农村集体经济为核心的混合经营体制，推动数字赋农，推进城乡一二三产业融合发展和转型升级。要规范、完善农村三块地的制度体系，打通、优化和提升三权分置框架下的"三变"路径和机制。在尊重法律法规的前提条件下，实现部门法、习惯法的有效对接，合理构建土地所有权和承包权的统分关系，减少土地流转交易成本，为农业产业化和农业农村现代化创造必要的制度条件。处理好土地功能与土地权利的关系，优化集体建设用地、农业用地和宅基地三者之间的权利安排，通过一系列制度设置实现"三块地"的统筹规划、统一利用，在集体经济组织的"统合"下，坚持三权分置的土地基本制度，有条件地、有步骤地实现"三权归并"，建立健全农村土地制度交易平台，为高标准土地市场经济打下坚实有效的制度基础。

（二）要构建高效顺畅、能发现价格和反映真实供求关系的价格体系，促进农村资产增值，提高资源、资产利用效率

积极建立农村资产交易与电子政务互联互通系统，打通农村产权交易服务全流程。坚持推进以信息使用和数据共享为核心的扁平化管理模式，建设农村资产交易数字化资源，形成农村资产交易数字产品，甄别农村资源、资产特性，及时、精准发现农村资产价格。农村资产交易数据资源需要按标准进行数字化处理，在省级平台上建立互联互通系统，并基于大数据和区块链技术，形

成农用地交易数字产品，产生数据价值，通过挖掘数据开展交易行为分析，破解信息不对称问题。农村资产信息资源需要进行深层次加工，按标准化要求进行处理，对农用地价值等信息进行科学评估，向农用地资源供需双方提供有序的集成化信息，不断促进农村资产向资产收益率高的产业流动，实现农村资产的保值和增值，提高农村资源、资产利用效率，强化农村"三变"机制。

（三）进一步培育、引导、增强基层干部和农民集体经济意识，巩固新型农村经济制度基础

选优、配强农村基层党组织领导班子，密切联系农村实际情况，完善选人用人体制机制。一是要坚持底线思维和创新意识相结合，培育、引导、提高基层干部和农民集体经济意识，妥善处理局部与全局利益、短期与长期利益关系，构建三权分置改革框架下权利归"公"、利益归"民"、三权归"一"，"一"在全局、"公"在发展的农地统分结合、有效配置体制机制，构建全域农地交易平台，以集体经济为基础，以农地集体产权为内在逻辑，以城乡资本与土地有效结合为内生动力，构建以农村经济主体信用和农地抵押为基础的内生性金融体系，破除小农生产方式，破解城乡二元结构，为推动广东省"百县千镇万村高质量发展工程"创造有效的制度、组织和政策条件。二是要积极促进农村集体经济组织、农民合作社、农业公司、家庭农场规范化和制度化，为农村土地制度改革和发展集体经济提供组织保证。农村经济组织是农村综合改革的载体，农业农村综合改革离不开农村经济组织创新与发展。现有的经济社和经联社是历史形成的，适应顺德、南海等区早期、中期工业化发展需要，但在产业转型升级和乡村振兴推动下，应突破经联社和经济社在组织机制上的局限性，从组织功能、组织形态、资产权属等方面对经联社和经济社的利益结构、治理边界进行全方位整合和根本性改革，规范、优化经联社和经济社的事权、财权、治权三者间配置，建立健全经济社协同创新机制。三是要创新"参股+出租"集体经济经营模式，引入外部优质团队参与农业生产经营活动，推动集体经济持续发展。多地经联社与经济社的实际经营能力、财力难以与现代农村文旅、现代化农业等发展的内在要求相匹配，难以满足诸多产业发展对人力资本、物质资本、技术水平等多方面的要求。因此，要出台引人、引智、引资、引业等多项措施，鼓励乡镇、经联社和经济社根据当地资源禀赋提供优

惠政策条件以引进具有比较优势的产业发展项目，借助外部优质企业先进管理经验和高素质管理团队，携资设厂、组团创业，推动现代农业转型升级，推进文旅产业落地发展。河源巴伐利亚庄园、顺德花卉生产基地、东莞南社村千年古村落开发等项目，成为引人、引智、引业取得实效的典范。

（四）要坚持产粮于地，实现农业生产连片经营和适度规模

一是要在三权分置制度框架下深化农村承包地产权改革，加快土地流转，使各类耕地逐步向家庭农场和大型农场转移，引进先进农业生产技术，实现农业种植的适度规模化和集约化，提高生产效率，提高种植农业的盈利能力，确保稳产保供政策的有效性和可持续性。二是要进行农田水利灌溉系统的修复和建设，将现有耕地建设为标准农田，鼓励通过多种渠道筹措资金推动高标准农田建设，鼓励经营主体和企业自筹资金建设高标准农田。三是要完善撂荒地复耕奖惩机制，完善农地流转使用负面清单与法律法规体系。探索列示承包地闲置（抛荒）、流转、使用等方面负面清单的政策方案，切实建立健全制订承包地撂荒惩罚机制，为稳产保供提供政策和法律依据。政府需要通过多种方式合力解决土地利用问题，加强宣传教育，督促农户自我复耕；对于那些短期抛荒撂荒但依然有耕种意愿的农户，由农技推广人员或农业社会化服务组织为农户提供技术指导，帮助农户自整自耕自种；对常年外出务工、家中缺乏劳动力、有土地流转意愿的农户将撂荒地流转给家庭农场、农民合作社等新型农业经营主体，并对后者进行资金补贴推动撂荒地复耕复种；对于常年外出务工但不愿意流转土地的农户，鼓励托管公司、合作社、家庭农场对撂荒地进行代管复耕；村集体经济组织参与撂荒地整治；应用劳动节约型技术，减少山地撂荒地面积。

（五）要坚持护粮于策，为现代农业发展"保驾护航"

一是要构建"市—县—镇—村"四级联动机制，确保农业生产经营一盘棋发展思路。必须站在维护国家和广东省粮食安全、经济安全和全面推动经济社会高质量发展的高度，领会、贯彻、实施、推进稳产保供战略意图，构建"市—县—镇—村"四级联动机制，形成并落实全省、全市、全县、全镇、全村"一张图顶层设计""一盘棋发展思路"，建立有助于实现稳产保供战略目

标的粮食生产布局，打造农业生产"三区""三园"格局，最终实现广东省全域农业农村现代化，彻底破除城乡二元结构，实现百、千、万工程高质量发展目标。二是要依靠财政手段撬动信贷资金，强化农业经营者信贷能力。充分利用新型农业经营主体信息直报系统，为新型农业经营主体提供"点对点"对接信贷、保险等服务。加快建立新型农业经营主体名录制度，全面、准确、及时搜集土地、示范、补贴、信贷、保险、监管等相关数据，构建稳产保供、稳质保供、稳量保供标准，培育、形塑、建立健全跨域共享和比对机制，鼓励各地探索建立以农村土地和生产经营数据为核心的新型农业经营主体信息数据库和融资综合服务平台，依法合规共享数据。三是要健全集体经济组织，为稳产保供提供制度和组织基础。集体经济是稳产保供的重要制度基础与组织保证，全力确保集体经济不空转、有实力，成为稳产保供和实现农业农村现代化的"定海神针"，不仅需要农业农村的组织改革与创新，更强调承包权下的底层逻辑。以集体经济组织体系为基础性制度平台，以农地集体所有制为农业生产、非农生产的体制基础，使集体经济及其组织成为农业生产经营活动和稳产保供的制度前提和体制保障。在制度上、政策上和体制机制上，要确保农村集体经济与农村土地集体所有权属性的有效对接和高度融合。发展"农业研学""都市农业"新模式，重塑农业发展的产业链、供应链、价值链、增值链，搭建网络化、一站式智慧农业旅游服务平台，以提供高效农业旅游体验服务为核心，系统化整合和深度开发农业旅游资源，开展智慧旅游、特色农产品、休闲农家乐等服务。推动农产品电商发展，精简农产品供销环节，打通"从农田到餐桌"供应链条。积极提升农民数字素养，建立电商直播技能培训基地，引育电商人才，精简供销环节，塑造特色品牌，让电商平台成为农民新的农具、新的经营方式和新的生活方式。加快农产品电商服务网点建设，培育壮大农产品现代物流企业，健康有序发展"多多买菜""叮咚买菜"等各类农产品电商新模式，延伸售后管理服务链，助力农产品电商实现高质量、可持续发展。

（六）要坚持稳粮于"易"，构建以稳产保供为内核的"飞地"农业经营模式

地区发展不均衡是广东省农业发展中的突出问题，佛山市南海区、顺德区、东莞市属各镇等具有较好的工业基础，种植经济作物的可比收益率远高于

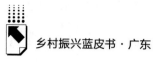
主粮作物，农业主导产业优先序与稳产保供问题在这类地区更显复杂，如何平衡两者关系是目前稳粮保供中必须正视和解决的难题。为了完成稳粮保供指标，这些地区可以选择通过"飞地农业"模式实现稳产保供战略目标。发达工业区的乡镇可以和农业区的多个乡镇建立"飞地"合作模式，后者向前者提供耕地面积，一方面从前者获得地租收入，另一方面获得主粮生产经营收入，而发达地区通过此模式可实现稳产保供任务。发达地区通过跨地区粮食补贴增加欠发达地区粮食生产能力和增收能力，通过跨地区合作方式为农业区提供金融支持，合作建设、开发粮食生产功能区、重要农产品保护区和特色农产品优势区，藏粮于"易"、稳"粮"于"变"、富民于"通"、保供于"合"、强农于"新"，这个"新"就是农村新型集体经济，建立具有广东特色的新型农村集体经济的稳粮保供体系。

B.4
2024年广东乡村振兴人才发展报告

游霭琼*

摘　要： 乡村人才振兴是新时代党领导"三农"工作、推进乡村全面振兴的核心任务。2024年，广东以乡村产业振兴需求为导向，突出青年兴乡人才、农村职业经理人、乡村产业振兴带头人、高素质农民（农业经理人）、乡村教师培育，深入推动农村乡土专家认定，引导各类人才向乡村聚集，乡村人才队伍建设取得显著成效。对照新阶段农业强省和乡村全面振兴新要求，针对乡村人才发展面临的问题，广东需突出政策集成健全人才政策体系，产才融合激活人才内生动力，数字赋能提升人才效能，多措并举优化人才环境，为乡村振兴战略和"百千万工程"的深入实施提供人才支撑。

关键词： 乡村振兴　乡村人才　"百千万工程"　广东省

广东坚持需求导向，加大乡村人才培养力度，多措并举引导各类人才投身乡村全面振兴，乡村人才振兴发展实现量质双提升，成效喜人。但也还存在乡村人才总量偏低、外流严重、素质不高、作用发挥不好等问题。未来，广东应聚焦乡村振兴发展需求，进一步深化制度改革，完善政策体系，加强教育培训，优化发展环境，推动城乡人才协同发展，为推进乡村全面振兴和"百县千镇万村高质量发展工程"（以下简称"百千万工程"）的深入实施提供人才支撑。

---

* 游霭琼，广东省社会科学院省人才发展研究中心主任、研究员，主要研究方向为区域经济、人才发展理论与政策。

一 以"百千万工程"为牵引，
加快推进乡村人才队伍建设

2024年，广东以乡村产业振兴需求为导向，突出青年兴乡人才、农村职业经理人、乡村产业振兴带头人、高素质农民（农业经理人）、乡村教师培育，深入推动农村乡土专家认定，新涌现一批"土专家""田秀才"，成为推动乡村全面振兴的主力军。畅通乡村人才发展通道，拓宽人才返乡入乡创新创业渠道，外出人才"归乡"势头初现，初步形成县域人才振兴格局。

（一）坚持需求导向，进一步加强农业农村人才培育

在乡农民是建设乡村的主力军。广东将加强培养作为乡村人才队伍建设的着力点，围绕乡村振兴各领域健全人才培养体系，深化产教融合、政校企村合作，"请进来教"与"走出去学"相结合、线上与线下相融合、理论与实践相贯通，不断提升乡村本土人才的建设能力和水平。

1. 实施"青年兴乡培育计划"

作为"百千万工程"的重要组成部分，"青年兴乡培育计划"由共青团广东省委员会、腾讯公司和中国农业大学共同发起，以18~45岁的高校毕业生、退役军人、返乡创业青年、乡村能人等为重点，采用"政府+企业+高校"三方联合培育模式，通过技能培训、实践锻炼、导师结对等系统性培训和孵化支持，培育懂技术、善经营、能扎根乡村的青年带头人。2024年9月，开办"百千万工程"青年兴乡培育计划百人典型班，对来自全省各地的100多名村集体经济负责人、村干部、种养大户、返乡创业青年等优秀青年代表，开展为期半年的深度培育。自计划开展以来，约5万名兴乡青年在线完成了培训任务，1000多名创业青年、村干部、返乡大学生等参加了杭州、苏州和省内的实地学习考察。① 计划的实施，为兴乡青年搭建起互相学习、抱团发展的平台，推动返乡创业青年通过联创产品、共创业态、技术加持、品牌输出、共享

---

① 《广东为兴乡青年设立专项扶持基金，首期投入1000万元》，南方Plus，2024年9月12日，https：//baijiahao.baidu.com/s？id＝1809984620673918760&wfr＝spider&for＝pc。

渠道、资源整合等，实现合作共赢。在 2024 年培训期间，学员之间的内部交易就达 200 多万元。①

2. 实施"千名农村职业经理人培育行动"

为加快培养"百千万工程"深入实施和新型农村集体经济发展急需的复合型、经营型人才，广东在 2023 年 12 月启动"千名农村职业经理人培育行动"。行动开设涉农特色课程培训，通过理论与实践相结合、师徒结对帮带等培养方式，用三年时间培养 1000 多名乡村经营型人才。② 2023 年 12 月至 2024 年 4 月的首期班成效显著，提升了参训学员的专业技能和管理能力，增强了学员投身乡村振兴事业的自信心和热情。有的首期班学员通过乡村运营，仅用两个多月时间就让村集体经济增收 3 倍；有的返乡青年通过"咖啡+文旅"，开发文旅微综合体，发展乡村休闲业态；还有的通过盘活闲置资源，打造"网红村"；有的通过组建强村公司，开发、优化提升乡村农文旅项目，激发乡村经济活力，带动村民就地就业，增加了村集体和村民收入，"千名农村职业经理人培育行动"成为广东乡村人才振兴工作的亮丽"名片"。③

3. 启动乡村产业振兴带头人培育"头雁"项目

为服务乡村产业振兴，2022 年，广东启动"头雁"项目，对政治素质高、产业发展能力突出、热衷联农带农、学习意愿强的乡村产业振兴带头人开展为期 1 年的培训，通过不少于 120 学时的集中学习和不少于 60 学时的线上学习，参与主题沙龙、专场咨询、现场研学、交流互访等活动，全面提升乡村人才产业发展能力和水平。2022 年、2023 年累计完成 2100 名乡村产业振兴带头人的培育任务，不少学员返乡后，发挥了团结引领周边农民投身乡村振兴、建设美好家园的"头雁"效应，当选全国人大代表，或获得"全国农业农村劳动模范"、高级职称"乡村工匠"等称号，入选全省十佳高素质农民。为加大乡村产业振兴带头人培育力度，广东认真总结项目实施经验，进一步强化顶层设

计、过程管理、考核评估，细化培训内容，提升项目实施的精准性、针对性和实效性。2024 年 11 月，启动年度乡村产业振兴带头人培育"头雁"项目，计划培育 1100 名乡村产业振兴带头人，参训学员将参加新质生产力赋能、产业高质量发展、品牌塑造与管理创新 3 个类型共 17 个培育专题。同时，承接项目的华南理工大学、华南农业大学、仲恺农业工程学院等院校，发挥高教资源优势，组织师资为"头雁"学员提供帮扶指导，搭建"头雁"区域分站、跨省交流对接、"云互访""手拉旗"特色活动等交流合作平台，促进"头雁"跨班、跨届、跨区域交流合作。①

4. 启动农业经理人培训

2024 年 12 月，"2024 年广东省高素质农业经理人培训班"在佛山大学正式开班，培训班聚焦农业种植养殖技术更新升级、农产品市场营销、品牌建设、农业电商等经营管理知识，以及农业政策解读、乡村治理等农村创业兴业领域，采取"线上+线下""理论+实践"方式，对来自全省各地的新型农业经营和服务主体带头人、农业产业领军人才（农业企业家）、乡村治理带头人等具有农业行业专业知识和经营管理经验的 106 名现代农业人才开展为期 20 天的专业培训。培训课程精准对接广东农业农村发展实际和需求，创新教学模式，设置丰富多元的课程内容，为各位培训班学员"充电赋能"，助力其成为既精通农业生产管理，又具备创新思维与实战能力的优秀农业经理人，共同推动广东省农业农村事业迈上新的台阶。

5. 启动2024年薪火优秀乡村教师培养资助计划（下称"薪火计划"）

为配合"百千万工程"教育行动，建强乡村教师队伍，补足乡村教育短板，2024 年 9 月，广东省教育厅、薪火公益基金等联手实施"薪火计划"，计划实施 5 年，每年投入 1000 万元，每年遴选 100 名乡村教师，其中 20 名为乡村校长进行培养培训，提升其专业素质②。

---

① 《2024 年广东省乡村产业振兴带头人培育"头雁"项目启动》，南方 Plus，2024 年 11 月 12 日，https://baijiahao.baidu.com/s？id=1815522015982784738&wfr=spider&for=pc。
② 《广东启动 2024 薪火优秀乡村教师培养资助计划 持续实施 5 年 每年投入 1000 万元》，广东省人民政府网，2024 年 9 月 9 日，http://www.gd.gov.cn/gdywdt/bmdt/content/post_4491669.html。

（二）拓宽渠道搭建平台，引导各类人才投身乡村全面振兴

在加大乡村本土人才培育的同时，广东通过科技人才下沉、大学生突击队下乡、百校联百县行动、"三支一扶"项目扩容提标、推动乡村紧缺人才招募计划、推进粤东粤西粤北乡镇事业单位专项公开招聘合并实施、畅通下乡渠道、搭建发展平台等措施，持续引导高校毕业生、农民工、企业家等各类人才到乡村干事创业，为乡村振兴注入新鲜血液。

1.引导各类人才向乡村会聚

发挥工商界人士情系桑梓、资源整合、商贸网络优势，鼓励企业家回乡投资现代农业开发及公共事业建设，发展智慧农业、高效农业、生态农业、休闲农业等新型农业形态，开发乡村旅游项目，带动壮大村集体经济。广泛动员各领域精英反哺家乡建设，离退休专业人员在乡村教育医疗、产业规划等领域发挥余热。出台《广东青年下乡返乡兴乡助力"百县千镇万村高质量发展工程"三年行动》，扎实开展百校联百县"双百行动"、"组团式"教育医疗帮扶、高校毕业生志愿服务乡村振兴行动，招募高校应届毕业生或在读研究生，参与乡村振兴相关工作。鼓励大学生发挥所学所长，利用假期、实习期，通过村情调查、村庄规划、项目策划、科普、技术推广等服务，为乡村发展贡献智慧和力量，如中山大学航空航天学院组建肇庆南丰有"机"乡村实践团，搭建无人机自动巡检系统，助力肇庆市封开县南丰镇农牧业生产智能化治理；中山大学"连"动未来突击队，通过挖掘马蹄食药用价值，帮助清远市连州市丰阳镇建起完整的马蹄产业链，提升马蹄种植附加值；暨南大学青年突击队利用食品超高静压技术，在韶关市翁源县翁城镇建立三华李加工生产线，[①] 实现 180 万元的经济效益。受乡村振兴蓬勃发展吸引，越来越多的大学生、专业能人、农民工、企业家等返乡创业就业、参与乡村建设，人才回流乡村势头有所增强，带动乡村产业升级，农户创利增收，如江门市蓬江区杜阮镇上巷村聘请本村高校毕业生黄浩强回乡任"乡村 CEO"，牵头组织 5 位"90 后"组建产业发展公司，采用"公司+合作社+农户"模式，开办"生态农场"，开展农耕体验、

---

① 彭琳、陈薇：《广东推动各类人才助力乡村振兴 让农民就地过上现代生活》，《南方日报》2023 年 8 月 25 日。

乡村研学等亲子实践活动，帮助村民实现家门口就业、增收。① 揭阳市一批农村文化和乡村旅游类人才，带头发展乡村旅游，带动群众就业增收，成功创建3A 及以上景区、省文化和旅游特色村、省休闲农业示范点等旅游品牌，为乡村的文化和旅游发展做出了贡献。

2. 推进农村科技特派员驻镇帮扶

为强化"百千万工程"的科技创新引领，广东聚焦农业种业、食品加工、智慧农业等乡村产业的共性关键技术，创新完善"镇村发榜+地市组织选派+省级认定支持"② 农村科技特派员选派机制，健全农村科技特派员"选、派、管、用"政策体系，对被选派的农村科技特派员给予专项资金支持，并实行经费"包干制"管理，视同承担省级科技计划项目等激励，增强了特派员的工作积极性和责任感。同时，实施科技助力"百千万工程"行动，支持高校、科研院所结对在 57 个县（市）设立"百千万工程"县域创新基地，培育 5 个创新型县（市），建设 118 个专业镇，构建"科技专家+农技队伍+乡土专家"基层农技推广体系，组建由农技服务"轻骑兵"、农业科技特派员、农村乡土专家组成的"典型村服务小分队"，为典型镇村提供精准的组团式服务，推动科技助力县域高质量发展和乡村全面振兴。2024 年 9 月，广东省科技厅选派984 个团队共 2960 名农村科技特派员开启新一轮下乡帮扶，实现全域涉农县（市、区）辖内乡镇全覆盖。科技人员的驻镇帮扶，为镇村产业兴旺提供了技术支撑，促进乡村优势特色产业发展和农民增收致富。截至 2024 年 8 月，科技特派员累计服务企业、合作社等机构 1 万多家，培训农户或农技人员 28.47万人次，为当地引进新品种、推广新技术 9000 余项，服务带动农户 19.7万户。③

3. 优化提升乡村振兴人才驿站

为解决乡村人才"引不进、留不住、用不好"问题，2016 年，广东在农

---

① 《广东江门：畅通农村人才发展通道》，《中国组织人事报》2024 年 8 月 5 日。
② 《广东省科学技术厅关于落实"百千万工程"开展新一轮农村科技特派员重点派驻任务（2024-2026 年）选派管理工作的通知》，广东省科学技术厅网站，2024 年 1 月 2 日，https：//gdstc. gd. gov. cn/gkmlpt/content/4/4325/post_4325520. html#723。
③ 《为农业农村现代化提供科技支撑》，《南方日报》百家号，2024 年 11 月 25 日，https：//baijiahao. baidu. com/s？ id＝1816748878927603591&wfr＝spider&for＝pc。

业大县、重点帮扶镇布局乡村振兴人才驿站，逐步形成"总站+分站+服务基地"人才驿站平台体系。近年来，为提升驿站在人才引进、培育、交流、服务等方面的作用，广东各地级及以上市紧扣当地优势特色产业发展需求，整合驻镇帮扶工作队、农村科技特派员、"三支一扶"等多方优势资源，增强驿站服务能力，有效带动信息、人才、技术等各类发展要素与乡村优势、特色、潜力资源相结合，激活乡村振兴内生动力。2023年以来，云浮市通过各级乡村振兴人才驿站链接各类人才专家，实现引进一个专家、招来一个团队、带动一批项目、提升一个产业；依托各级驿站对接联系省内涉农院校专家，组建专家服务团，为云浮产业提供技术咨询、培训服务；依托各级驿站，紧密联系农业领域专家138名，开展农业农村人才培训525场，参加培训人数22147人。[1]茂名信宜市依托驿站电商销售渠道，三华李销售量创524吨的历史新高，实现营业额1214万元。清远市人才驿站引聚各领域专家人才160名、组建8支乡村振兴专家服务队，开展活动23场次，促成47个人才项目落地清远。聚焦装备制造、五金刀剪等主导特色产业需求，阳江市江城区人才驿站促成126名博士与22家企事业单位达成13个合作签约项目，帮助企业解决5个生产难题。[2]

（三）健全评价激励机制，充分发挥示范引领作用

1. 深入推进乡土专家认定评选工作

为表彰"乡土专家"在成果转化、农业服务、农技推广、抗汛救灾等方面的表率作用，广东深化乡土专家认定工作，举办2023广东十大最美农村乡土专家、广东第一批100位优秀农村乡土专家评选。2024年认定省农村乡土专家6965人[3]。截至2024年8月底，累计认定乡土专家11287名，覆盖种植、畜牧、水产、电商、营销、文旅、艺术等领域。[4]为推广"乡土专家"服务

---

[1] 陈玮琪：《人才"小驿站"迸发乡村振兴"大能量"》，《南方日报》2024年11月13日。

[2] 《广东打造人才驿站平台体系 激活乡村振兴"人才引擎"》，中华人民共和国人力资源和社会保障部网站，2023年4月27日，https://www.mohrss.gov.cn/SYrlzyhshbzb/jiuye/gzdt/202304/t20230427_499235.html。

[3] 《关于公布2024年广东省农村乡土专家认定名单的通知》，广东省农业农村厅网站，2024年12月26日，https://dara.gd.gov.cn/zwgk/tzgg/content/post_4639879.html。

[4] 任亚航：《广东：激发万名乡土专家活力，助力"百千万工程"》，《南方农村报》2024年9月13日，要闻版。

"三农"经验做法，2024年4月，广东省农业农村厅启动"万名乡土专家服务'百千万工程'优秀案例征集活动"，评选出10个典型案例和50个优秀案例。

2. 持续做好"乡村工匠"评选激励工作

对标国家乡村工匠"双百双千"培育工程目标，进一步拓宽"乡村工匠"评选专业领域，支持地方结合乡村产业振兴需要，自主选定乡村工匠专业人才职称评审开评专业。如广州市增城区将荔枝、丝苗米和迟菜心三大优势特色产业选为开评专业，累计评选各级乡村工匠48人。截至2024年7月底，全省累计认定乡村工匠10610人，成功推荐10名省级艺术造诣高、带动农民增收致富的南粤名匠成为国家级乡村工匠名师。在第二届全国乡村振兴职业技能大赛上，广东选手获2金1银5铜，奖牌数位列全国前茅。[①] 为培育、弘扬工匠精神，激发乡村人才、传统艺人创新创造活力，广东省农业农村厅、省乡村振兴局联合举办2024年广东省乡村工匠大赛——民间建筑类暨民间美术类作品竞赛，将获奖团队和个人纳入优秀乡村工匠名录，举办优秀作品展，对获奖者进行宣传推介。

3. 加大对乡村人才的政治吸纳和引领

加大在乡村人才中发展党员、选拔村"两委"后备干部、县乡"两代表一委员"推荐对象力度，让乡村人才政治上有荣誉、组织上有归属。

（四）强化激励保障，优化乡村人才发展生态

坚持"人尽其才、才尽其用"用人理念，通过政策引导、资金支持、平台建设、强化激励等措施，持续优化乡村人才发展生态，越来越多的人才在乡村找到了施展才华的舞台，在参与乡村全面振兴中获得了成就感、满足感。

1. 强化政策保障，完善体制机制

出台全国首部关于技能人才发展的地方性法规，为健全农业农村技能人才培养体系、构建贴近"三农"实际的技能人才评价体系提供法律依据。将农业农村人才列入"广东特支计划"，深入实施"扬帆计划"，引导人才向粤东西北地区流动。完善城市专业技术人才定期服务乡村激励机制，深入实施专业

---

① 《广东培育乡村工匠：筑牢人才基石，赋能乡村振兴》，广东乡村振兴网，2024年8月7日，https://baijiahao.baidu.com/s? id=1806721049133908181&wfr=spider&for=pc。

技术人才"入县下乡"职称激励政策，纵深推进县以下基层职称"定向评价、定向使用"试点，持续推动激励性资源向乡村人才倾斜。成立首期规模为1000万元的"兴乡青年专项扶持基金"，为乡村经营青年人才提供支持。设立专项补贴，对从事特色农产品种植、乡村旅游开发等的返乡创业人员给予资金补贴，在土地使用方面给予优惠政策，鼓励返乡人员投身乡村产业振兴。举办"创青春"兴乡青年创业大赛，为15个优秀创业项目提供430万元资助金。

2. 强化载体建设，提升基础平台

"百千万工程"不仅为新生代农民工返乡就业创业提供政策支持，而且通过现代农业产业带、产业转移主平台建设和新增承接产业转移项目数量，聚焦乡村特色民俗文化、资源禀赋、特色农产品等，建设返乡创业孵化基地、数商兴农产教融合基地等，优化了乡村创业就业环境，增强了新生代农民工返乡入乡意愿和发展能力。目前，广东已创建18个国家级、288个省级现代农业产业园，创建了一批省级高素质农民培育示范基地，强化了乡村工匠孵化基地，升级培训场地基础设施，为人才搭建"人尽其才、才尽其用"的平台载体。如江门市在开平塘口镇建设江门市乡村振兴培训学院，打造全市综合性乡村振兴人才孵化基地。

3. 聚焦"关键小事"，关爱乡村人才

利用推进城乡融合、县域高质量发展契机，加快基础设施和基本公共服务向农村延伸覆盖，扩大乡村优质住房、教育、文化等公共服务供给，改善乡村发展基础环境。聚焦人才"关键小事"，发挥人才驿站、乡村服务中心等的作用，为人才提供政策解读、业务办理、子女入学等服务。健全乡镇领导包联机制，定期走访，问需人才。如韶关市翁源县实施人才安居乐业暖心行动，做优安居、医疗、教育等"全周期"服务链，开展"百家企业、百名人才深化服务"行动，县领导、职能部门下沉一线，为企业、人才提供一站式受理、一次性告知、全过程保障服务，将"问题清单"变"满意清单"。[1]

---

[1] 《韶关市翁源县做深做实人才服务 赋能城乡融合发展：广东省城乡融合发展典型案例》，广东省发展和改革委员会网站，2024年7月16日，http://drc.gd.gov.cn/gzyw5618/content/post_4456048.html。

二 广东乡村人才发展存在的问题与短板

近年来，随着乡村人才队伍建设力度不断加大，广东乡村各类人才呈稳步增长态势。但随着农业农村现代化进程加快、乡村全面振兴进入系统性、整体性推进阶段，乡村人才供求矛盾更加凸显。

（一）人才规模偏小，整体素质不高

一方面，当前人才力量不足，现有培养规模、培养周期尚难有效满足农业农村现代化、乡村全面振兴持续增长的人才需求。据民建广东省委2023年1月的提案，以农业为主的粤东西北各市的农业农村人才占比偏低，汕尾、湛江、清远3市的各类农业技术人才总量分别仅占农业人口的3.94%、3.62%、0.57%。[①] 另一方面，后备人才力量相对薄弱，城市的虹吸效应、高校的扩招等，让更多农村劳动人口特别是青壮年人口流向城市、涉农高校毕业生"离农化"、农业农村人才流向非农领域，农业农村后备人才队伍建设面临严峻压力。同时，广东乡村人才队伍中中级、初级专业技术人才占比较高，高层次、高素质人才不足。如农业专业技术人才学历以大中专学历为主、职称以初级为主，学历层次、职称水平整体偏低，高端人才缺口大，制约农业技术创新和发展。全省具有乡村工匠职称的人才中，正高级为175人，占1.65%；副高级690人，占6.50%；中初级9745人，占91.85%。[②]

（二）人才结构较为单一，尚难满足乡村全面振兴需求

近年来，尽管广东乡村三产融合发展势头良好，但传统农业仍然是乡村产业的主体，这在一定程度上影响了乡村人才结构的多元化发展，新业态、新模式、新兴农业等领域人才不足，既懂"三农"又懂经营管理的复合型、创新型人才缺乏，如新型农业经营主体中掌握现代农业技术、熟悉农产品电商运

[①] 民建广东省委：《关于加强粤东西北农业农村人才队伍建设的建议》，民建中央网，2023年4月10日，https://mail.cndca.org.cn/mjzy/lxzn/czyz/jyxc/1827031/index.html。

[②] 《广东培育乡村工匠：筑牢人才基石，赋能乡村振兴》，广东乡村振兴网，2024年8月7日，https://baijiahao.baidu.com/s?id=1806721049133908181&wfr=spider&for=pc。

营等复合型人才，推动种养产业智能化、高效化和规模化发展的产业人才，既懂经营管理又熟悉乡村文化特色或者网络运营、推动乡村文旅融合发展的规划设计和运营管理人才，传承弘扬非物质文化遗产的文创人才，适应数字乡村建设的数字人才等都较为短缺，制约着乡村文旅、农村电商等新兴产业发展。

（三）内生动力不足，引才留才依然困难

相比于城市，乡村的基础设施仍较薄弱、医疗卫生水平较低、优质教育资源短缺、文体娱乐设施匮乏以及创新创业氛围不浓，受乡村发展机会、收入水平、生活品质和子女成长等综合因素影响，乡村产业对人才吸附力不足，乡村人力资本回报率较低，多数学农的大中专生毕业后选择留在城市，暂时留在乡镇的只要一有机会也会选择外流，部分乡村地区仍面临人才流失问题，尤其是年轻人才外流现象严重。加之现行人才政策重城轻乡倾向明显，市县两级对农业农村人才培养投入不足、力度不够，大多数农业农村产业项目对人才培养作出专门安排，即使地方安排了一定的配套投入，但渠道不固定、统筹性不强，持续增长的投入机制尚未形成，引才难、留才难仍是制约乡村人才振兴的重要原因。

（四）培训体系尚不健全，人才培训实效有待提升

近年来，乡村人才培训虽加大了力度，并取得了明显成效，但培训的深度、广度、密度仍不能很好满足乡村产业发展和人才成长多样化需求。如针对新兴农业技术、新型商业运营模式、数商运营知识等的需求，不能及时开展培训、或培训周期短、或培训偏重理论实操不够、或培训内容过于浅显，导致人才难以将所学应用到实际中。如农民想要学习现代智能灌溉技术，但当地难以提供相应培训资源，导致农民无法完全掌握技术要点，难以运用到实际生产当中。

三　乡村全面振兴对人才发展提出新要求

乡村振兴，人才是关键。乡村引才难、留才更难，是乡村发展的核心问

题。相比城市，乡村在发展机会、收入水平、公共服务、子女教育等支撑人才发展方面的综合条件较弱，乡村振兴与人才发展陷入低水平循环陷阱。随着以壮大县域经济、推动以县城为载体的城镇化建设为抓手的"百千万工程"深入实施，县域产业快速振兴发展，县城中心基础设施、基本公共服务提档升级，县域发展推动了人才支撑力的提升，人口、产业、资本等要素向县、镇集中，为人才聚集县城、服务乡村建设提供条件，助力乡村跳出发展与人才低水平循环陷阱。提升县域对各类城市人才的吸引力和接纳能力，促进乡村人才回流，有助于破解乡村人才振兴内生动力缺乏的困境。同时，"百千万工程"的高质量推进，将助力乡村全面振兴规划的实施，推动乡村三次产业融合发展，催生乡村新产业、新业态、新模式，推动乡村全面振兴多元化发展，对乡村人才规模、质量都提出了更高要求。

（一）乡村产业高质量发展催生专业人才需求

随着农业产业向智能化、绿色化、融合化方向转型，传统农业生产模式被打破，对专业化、复合型人才的需求呈爆发式增长。产业优化升级与乡村全面振兴的深度融合，要求人才供给从"单一技能型"向"跨领域复合型"跃迁。农业现代化发展对掌握物联网传感技术、农业大数据分析、AI算法应用，能构建"天空地"一体化监测系统的智慧农业工程师，掌握基因编辑、种质资源创新的生物育种专家，掌握新能源农机、智能装备研发的农机装备研发人员等现代农业技术人才提出了需求。乡村产业融合发展则对具备供应链（冷链物流）管理、直播带货、品牌IP打造能力的农产品电商运营师；对兼具文化创意与项目运营能力，善于挖掘乡土文化IP（如非遗、古村落）、设计沉浸式体验项目（农事研学、民宿集群）的乡村文旅策划师；对懂技术、会管理、善经营，链接小农户与现代农业，统筹生产、加工、销售全链条的农业产业化经理人等提出了需求。乡村产业绿色化发展和乡村的生态保护对农村污水处理、土壤修复等环境治理专业人才，测土配方施肥、生物农药替代、减少氮磷流失的农业面源污染防治技术员，农业废弃物资源化利用的循环农业系统设计师等提出了更大需求。

（二）数字乡村建设对数字乡村人才提出了需求

数字乡村建设涉及"三农"方方面面，如农业生产领域、农产品流通和销售、平台建设、乡村规划、乡村文旅等，急需一批既懂"三农"，又有数字思维、数字技术、数智化方法的实用型乡村人才。如随着智慧农业发展，农业数字化生产技术迭代更新加快，对数字农机设备操作员、管护员的需求增加；农产品供应链数智化转型特别是农产品追溯系统的推广应用，对供应链数字化管理人才、农产品质量监控人才的需求增加；配合数字乡村建设搭建的各类大数据平台、电商平台等对兼具农业生产、农村发展专业知识和数字平台开发、运营、维护的人才，如产品经理、项目经理、数据工程师、云服务工程师、用户体验设计师等的需求增加。

（三）乡村治理现代化催生治理人才需求

乡村治理是治国安邦的基石。乡村治理现代化，是全面建设社会主义现代化国家的重要议题，它要求在传统乡村社会基础上，通过引入现代管理理念、技术和方法，构建一个高效、透明、具有服务导向的治理体系，实现乡村治理体系和能力的根本性变革，以促进农村社会的和谐稳定，提高农民生活质量，推动农业和农村经济的可持续发展。在这一过程中，高素质、专业化的乡村治理人才变得尤为重要，特别是新型基层治理人才，如熟悉"智慧村务"平台运营，提供"一网通办"、覆盖低保申请与土地确权等事项服务的数字化政务专员，为乡村振兴各类主体提供土地流转合同审查、乡村矛盾纠纷和集体资产纠纷调解、普法宣传等服务的乡村法律顾问，以及乡村规划建设人才等。

四　推进广东乡村人才发展的对策建议

在城乡区域发展差距仍然较大的背景下，人才政策在加快乡村人才队伍建设中的驱动与引领作用更加重要，倾斜性、鼓励扶助性、包容灵活性政策能在一定程度上弥补乡村人才支撑条件的不足。对照新阶段农业强省和乡村全面振兴新要求，针对乡村人才发展面临的问题，广东需以系统思维，通过政策集成健全人才政策体系，制度重构打破城乡人才二元结构，产才融合激活人才内生动力，数字赋能提升人才效能，多措并举优化人才环境，探索出具有广东特色的乡村人才振兴路径，为全国乡村人才振兴提供"广东样板"。

（一）突出政策集成，健全人才政策体系

1. 分类施策，扩大政策覆盖面

围绕乡村振兴所需的各类专业人才、实用人才出台具有针对性的，符合各类人才发展与成长规律性的人才政策。立足地域区情，制定差别化政策，对偏远地区乡村人才加大财政激励，让珠三角和临近城市发展条件较好的乡村更多发挥市场机制作用，注重技术和管理人才引育。

2. 聚集需求，健全培养体系

围绕技术、经营、管理、产业等乡村振兴发展需求，建立健全覆盖培训机构、培训内容、培训效果评估等方面的系统化新型职业农民培训体系。一是建强培训培养主体平台。涉农院校要基于乡村全面振兴需求、农业生产实际需求制定培养方案，优化课程设置，增强人才供需匹配度。加大对涉农专业的政策支持。强化县镇村联动育才，支持县域农村职业教育整合资源，针对性开展新型职业农民、农村实用技能人才等培育。以涉农高校和职业教育、科研院所、特色重点企业为龙头，组建农业产学研协同育人平台。二是创新培养培训方式。利用大数据赋能，构建"线下理论+实训考察+线上学习"新型职业农民培训模式，线上与线下相结合，理论学习与实践运用相融合，尊重农时，灵活调整培训方式，拓宽培训渠道。三是加大新型乡村人才培养力度。加大对耕地保护、粮食安全、数字乡村建设等领域的急需紧缺高层次人才的培养力度。

3. 强化统筹，提升政策效能

强化"扬帆计划""启航计划"与"产业人才强县""紧缺人才聚县""乡土人才兴县""专业人才扶县"的实施统筹，形成引育乡村高端人才的政策合力，激励引导更多人才"进村入乡"。实施农业农村人才"百千万计划"，深入推进农村乡土专家认定工作。健全人才对口帮扶机制，开展百县千镇万家事业单位急需紧缺专业技术人员系统招聘，全面扩展教育、医疗卫生人才"组团式"紧密型帮扶范围，支持珠三角各市与粤东西北签订人才合作框架协议，建立人才协作机制。支持粤东西北各市到珠三角地区设立"人才飞地"，支持粤东西北打造符合地方实际、具有产业特色的区域人才聚集平台。

（二）聚焦产业需求，构建产才融合发展生态

1.实施乡村产业人才振兴计划

以现代农业产业园为依托，建立"一园一智库"机制，每个产业园至少引入1个院士团队或对接1所高校、科研院所，针对荔枝、茶叶、水产等特色产业技术瓶颈，共建产学研平台，定向引育农业科技紧缺人才和领军人才。在"一村一品"专业村试点产业导师制，遴选一批农业龙头企业负责人、乡村工匠、电商达人等担任乡村创业导师，通过"导师+农户"模式，培育农村创业创新带头人、家庭农场主和新农人。

2.实施乡村工匠品牌化工程

将"粤菜师傅"工程向乡村延伸，在潮汕、客家、广府文化区设立"乡村粤菜工坊"，开发"预制菜+非遗技艺"培训课程，推动汕头牛肉丸、梅州盐焗鸡等地方美食工业化转型。打造"广东技工·乡村工匠"品牌，结合地方特色产业，开发乡村旅游、农村电商、乡村治理等领域的职业技能培训项目，培养本土实用型人才。针对农村电商、智慧农机操作、民宿运营等新兴领域，开发专项职业能力考核规范，实现"培训即就业、结业即上岗"。

3.实施新乡贤雁阵计划

建立覆盖外出务工人员的乡贤数据库，在珠三角设立"乡情驿站"，提供政策咨询、项目对接服务，吸引外出务工经商人员、高校毕业生、退伍军人等返乡创业就业。实施乡贤回乡分级激励，对返乡创业大学生提供贴息贷款，并将其纳为基层公务员定向招录优先对象；开展"最美乡贤"评选活动，建设乡贤馆，树立新乡贤榜样形象，增强新乡贤荣誉感。依托粤港澳大湾区优势，在江门、梅州等地建立华侨华人乡村创业园，吸引海外侨胞携资金、技术返乡，探索"离岸研发+乡村转化"模式。

（三）破除制度壁垒，构建城乡互通人才机制

1.建立健全"三定向"职称评审制度

完善乡村人才评价机制，破除唯学历、唯论文倾向，建立以实践能力、贡献度为导向的乡村人才评价标准，畅通职业发展通道。在农业技术推广、乡村教师、乡村医生等领域实行"定向评价、定向使用、定向流动"职称制度，

乡村教师职称评审单列指标，重点考察支教年限、乡村学生成绩提升率；基层医生副高职称评审取消论文要求，增设"多发病诊疗案例库"答辩环节。建立"城市职称乡村通用"通道，城市专业技术人员到乡村服务满2年，可直接认定相应乡村人才职称资格。

2. 探索"岗编分离"人才柔性流动机制

鼓励城市专业技术人员到乡村兼职兼薪、离岗创业，支持乡村人才到城市学习交流，促进城乡人才双向流动。在县域层面设立"乡村振兴人才编制池"，鼓励城市教师、医生、农技员保留原单位编制，通过"县管乡用""乡聘村用"方式下沉服务，服务期间享受1.5倍绩效工资，并计入城市职称晋升的基层服务年限。

3. 探索人才共享模式

鼓励相邻乡镇组建人才共育共享联盟，统筹使用农技员、电商运营师等专业人才，推行"巡回服务积分制"，人才跨镇服务可累计积分兑换培训、休假等权益，促进人才资源共享，提高人才使用效率。探索县镇村、政企校村联动办学模式，鼓励涉农龙头企业与职业院校共建乡村产业学院，推行"入学即入职、毕业即就业"的订单式培养，给予企业接收毕业生税费加计扣除激励。试点"周末工程师"计划，组织珠三角工程师通过远程指导、周末驻点等方式服务乡村企业，按项目成效给予交通补贴和税收减免。

（四）强化数字赋能，提升人才效能

1. 搭建"粤乡人才云"平台

发展"互联网+乡村人才"，利用互联网，集成岗位发布、在线培训、政策申领等功能，开发乡村人才能力画像系统，智能推送远程教育、在线培训、技术指导等个性化提升服务，提升乡村人才素质和能力。整合各部门数据资源，建立乡村人才信息库，实现人才供需精准对接。

2. 搭建虚拟培训场景

在数字乡村试点县搭建虚拟培训场景，通过VR（虚拟现实）技术，搭建虚拟教学空间，开展荔枝高接换种、民宿运营等乡村特色产业的实操训练，如通过VR荔枝高接换种培训，学员可通过VR设备"置身"果园，精准学习嫁接工具使用、接穗选择、切口处理等关键技术步骤，反复模拟不同气候、树龄条件下的嫁接操作,有效突破传统培训受季节、场地和实操风险限制的难题。虚拟培训模式的沉浸感、交互性优势,既可降低培训成本,又能提升培训效率与质量。

3. 推广"数字乡村"应用

引导乡村人才运用大数据、云计算、物联网等技术,发展智慧农业、农村电商等新业态。在省级现代农业产业园部署"5G+AI农技服务终端",实现病虫害识别、市场行情分析等功能的"一键呼叫专家"服务。

(五)优化发展环境,留住用好人才

1. 设立省级乡村人才发展基金

建立乡村人才振兴政策经费保障的社会化分担机制,引导社会资金参与设立乡村人才发展基金,支持乡村人才引进、培养、激励等,提高乡村人才创新创业金融保障水平。

2. 改善乡村发展基础环境

加快农村交通、通信、物流等基础设施建设,提升乡村生活品质。深入实施教育医疗资源下乡计划,改善乡镇医疗、教育、文体等条件。实施乡村人才安居工程,在中心镇建设人才周转公寓,对硕士及以上学历或高级职称人才提供5年免租金住房,配套建设乡村人才社区,集成健身房、书吧等设施。

3. 建立乡村人才荣誉体系

创新、加大荣誉激励,设立"南粤乡村英才奖",每年评选一批在乡村一线工作满10年的杰出人才,授予"广东省技术能手"称号。健全乡村人才参政议政机制,在县乡两级人大代表、政协委员中单列10%名额给乡村能人,增强政治认同感。设立"乡村人才日",每年定期举办"乡村人才日"活动,表彰优秀乡村人才,大力宣传乡村人才先进事迹,增强人才荣誉感和获得感。

参考文献

张琦、薛亚硕:《全面推进乡村振兴的人才基础——关于乡村人才振兴的若干思考》,《中国国情国力》2023年第4期。

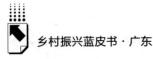

王艺：《壮大乡村青年人才队伍 培育和发展农业新质生产力》，《农村工作通讯》2024 年第 20 期。

徐宁：《乡村振兴背景下贵州省农业经济发展与人才回流关系研究》，《山西农经》2024 年第 22 期。

褚勇强、萧鸣政：《以乡村人才振兴助力"百千万工程"》，《南方日报》2023 年 12 月 4 日。

钱佳蓉、刘洪：《以人才培养为支点 推进数字乡村发展》，《群众》2024 年第 22 期。

邓滢滢：《乡村人才培养的政策研究及未来进路》，《西昌学院学报》（社会科学版）2024 年第 6 期。

刘颖：《乡村人才振兴的新趋势》，《乡村振兴》2021 年第 11 期。

B.5
2024年广东新型农村集体经济发展报告

彭 彬 钟国雄*

摘　要： 发展壮大新型农村集体经济，是推进乡村全面振兴、加快农业农村现代化、促进共同富裕的必由之路。2024年，广东不断建立健全发展壮大新型农村集体经济的体制机制，始终坚持党建引领集体经济发展，处理好改革和稳定的关系，坚守集体所有制法律底线，不断健全农村集体财产监督管理体系，因地制宜出台《广东省新型农村集体经济发展促进条例》等支持政策，农村集体经济发展取得了显著成效。通过实践探索，全省各地涌现出"资源发包""资产参股""物业出租""居间服务""镇村联动"等多样化途径发展新型农村集体经济，赋予农民更加充分的财产权益，带动农民增收，为全省其他地区探索适合自身发展的路径提供了引领和示范。发展壮大广东省新型农村集体经济是一项长期而艰巨的任务，需要政府、社会、农村集体经济组织和成员共同努力。通过加强政策支持、组织建设、人才培育、风险管控等措施，推动农村集体经济高质量发展。

关键词： 农村集体经济　高质量发展　广东省

发展新型农村集体经济是以习近平同志为核心的党中央作出的重要决策部署，对推进乡村全面振兴、促进农村共同富裕具有重要意义。党的二十大报告提出，"巩固和完善农村基本经营制度，发展新型农村集体经济"。党的二十届三中全会再次强调，"发展新型农村集体经济，构建产权明晰、分配合理的运行机制"。自2025年5月1日起施行的《中华人民共和国农村集体经济组织

---

* 彭彬，广东省现代农业装备研究院党委书记、院长，主要研究方向为农机装备、乡村振兴；钟国雄，广东省现代农业装备研究院农业农村政策研究中心副主任，主要研究方向为农村集体经济。

法》，为新型农村集体经济的高质量发展奠定了法治基础。广东是全国农村集体经济组织数量最多、资产规模最大的省份。近年来，省委、省政府高度重视新型农村集体经济发展，将其纳入省"百县千镇万村高质量发展工程"农村改革重点任务，2024年，广东省出台全国首部省级地方性法规《广东省新型农村集体经济发展促进条例》，同时，高标准、严要求、超常规推动全省农村集体"三资"监管突出问题集中专项整治行动，推动构建农村集体"三资"监管长效机制，持续巩固和深化农村集体产权制度改革成果。各地积极探索新型农村集体经济发展有效途径，支持引入农村职业经理人，探索资源发包、物业出租、居间服务、经营性财产参股等多样化实现途径，为激活乡村资源、重塑乡村价值、促进一二三产业融合发展、拓宽农民增收致富渠道、缩小城乡区域发展差距提供了借鉴经验。

一　实践探索

（一）"资源发包"模式

昔日撂荒地，今日"致富田"。加速土地流转，引进先进农技，助力现代农业提质增效——深汕特别合作区赤石镇新里村[1][2]。

1. 基本情况

新里村坐落于深圳市深汕特别合作区赤石镇西南部，总面积11平方公里，全村人口489户约2300人。近年来，新里村大力推动荒地复耕，村集体注资成立深圳市良农田园实业有限公司，联合深圳市农科集团等优势企业引进先进农业生产技术，种植优良稻谷"粤禾丝苗"，加快打造"一村一品"生态大米品牌，创造超200万元产值。同时因地制宜发展林下经济、休闲旅游观光等多种业态，以特色"产业链"带动"致富链"，发展壮大村集体经济。2023年，

---

① 徐怀、陶清清：《深汕特别合作区：新里村好山好水孕育"生态大米"｜一村一品》，南方Plus，https：//baijiahao.baidu.com/s？id＝1744603281849592816&wfr＝spider&for＝pc，最后检索时间：2025年2月17日。

② 《好山好水好大米 新里村发展有门道》，深汕视点，https：//www.sznews.com/zhuanti/content/2023-09/12/content_30471391.htm，最后检索时间：2025年2月17日。

新里村集体经济收入达到 358530 元。

2.主要做法及成效

（1）聚焦党建引领，激活集体经济发展"红色引擎"。新里村坚持把党建引领作为发展壮大村集体经济的"第一抓手"，推动土地流转发展规模经营。2022 年初，深汕特别合作区制定印发农村土地经营权流转工作实施方案，新里村积极行动，加速农村承包地经营权流转落地。村"两委"班子"挂图作业"，带着政策和案例挨家挨户讲形势、谈利弊，得到村民大力支持，将零散土地迅速集中起来统一耕种，有效解决农业生产效率较低的问题。2022 年春耕期间，累计动员村民将 432 亩土地流转至村集体土地管理，"集零为整"进行规模化经营，并聘请相关专家指导，运用现代农业技术手段播种耕田、做好农业科学管理，春耕种植面积相较 2021 年的 12 亩有了极大增长，当年夏收水稻产量达 11.5 万公斤。新里村抓住深汕特别合作区农村集体产权制度改革工作契机，成立村股份经济合作联合社，同时村集体注资 10 万元创立村办企业——深圳市良农田园实业有限公司（是区内首批村委会百分百控股以村资创办的企业），销售村内种植的大米及代销农副产品，产值已超 200 万元，收益除分红外，还用于修桥修路和扶助孤寡老人等村内公益事业。

（2）聚焦"外引内联"，构建集体经济发展"动力引擎"。2020 年起，深汕特别合作区与深圳市农科集团有限公司开展合作，由农科集团在新里村打造集"农、学、旅"于一体的现代都市田园综合体，为乡村产业振兴蓄势赋能。持续盘活土地资源，新里村与农科集团签订 800 亩农村土地经营权流转合同，按照"连片规模治理"的思路，由村党支部组织推进土地流转，通过整合零散土地，发展集约化、规模化的现代农业。村民通过流转农地，每年可收到 1000 元/亩的租金，同时企业为村民提供农业生产管理等就业岗位，每年为村民带来 2 万~6 万元收入，实现村集体和农户增收致富"双提升"。强化农业科技赋能，农科集团将先进农业生产技术运用于新里村水稻种植，例如通过托盘育苗，使用"种苗工厂"育秧方式代替土质苗床，减少天候对秧苗生长的不利影响，让秧苗质量更稳定、出苗率更高，方便衔接后续机械化播种需求，实现全程机械化耕作，节省大量人力；利用人工智能、物联网传感和大数据，实现农田虫情的智能监测、预报预警、远程控制，为农业安全生产、稳定增产增收保驾护航。引进龙头农企以来，新里村已成为先进农业技术的"练兵场"，全面采用机械化、标准化方式耕作，大幅减少化肥、农药使用，并着手使用生物技术等手段改良土壤，实现了农业生产综合成本可控，农产品品质和生产效率大大提升。

（3）聚焦农旅融合，打造集体经济发展"产业引擎"。农科集团与新里村重点围绕良种种植示范、设施农业、林下经济和休闲旅游观光等四个板块进行农业综合开发合作，借此机会，新里村瞄准"菜篮子"经济，立足资源禀赋，谋划发展附加值更高的种植业和养殖业，积极探索壮大村级集体经济的致富新路子。例如在种植水稻的同时，养殖稻田鸭、稻田鱼，种养结合、多种经营，既绿色环保，又增加了稻田经济效益。同时，引导村民将老房子出租给良农公司，由该公司修缮改造具有田园特色的民宿和农家乐，吸引游客前来消费，有效实现一二三产业联动，以产业全面振兴带动村集体经济发展壮大。

（二）"资产参股"模式

"小魔芋""大魔力"，政企村共铸产业振兴路——清远市佛冈县水头镇①②③。

1. 基本情况

水头镇位于佛冈县东部，境内交通便捷，距县城和京珠高速公路佛冈出口仅 10 公里。全镇总面积 146.21 平方公里，下辖 10 个行政村、127 个自然村，常住人口约 1.5 万人。在省驻镇帮镇扶村工作队的帮扶下，水头镇立足区位优势，用好用活各类帮扶资源，深入调查研判，成功培育了魔芋、康养等特色产业，促进城乡资源互补，通过打造特色产业，助力村集体和农民稳定增收。

---

① 吕婧：《种魔芋产值过亿 村民增收 560 万》，南方都市报，https：//baijiahao. baidu. com/s？id＝1802060500426482553&wfr＝spider&for＝pc，最后检索时间：2025 年 2 月 17 日。

② 梁辉森、何文钦：《清远佛冈："五点发力"推动水头镇魔芋、康养等特色产业蓬勃发展》，羊城派，https：//baijiahao. baidu. com/s？id＝1805286791865979752&wfr＝spider&for＝pc，最后检索时间：2025 年 2 月 17 日。

③ 《2022 年度佛冈县水头镇魔芋产业分红大会召开》，佛冈县人民政府网，http：//www. fogang. gov. cn/ywdt/fgyw/content/post_1684045. html，最后检索时间：2025 年 2 月 17 日。

2. 主要做法及成效

（1）深度调研摸底，选准产业坐标点。水头镇是佛冈县面积最小、常住人口最少的乡镇，经济基础比较薄弱，基础设施建设相对落后。佛冈县政府认真落实清远市发展"五大百亿"农业产业部署，借鉴工业化思维发展现代农业，集全县之力做大做强佛冈魔芋这一极具区域特色的"土特产"，带领水头镇走出一条以产业振兴引领的乡村振兴"逆袭之路"。水头镇驻镇帮镇扶村工作队、镇村干部坚持"四下基层"，问计于民，认真听取各方对水头镇产业发展的意见建议。通过系统谋划，突出镇的特点、村的资源，瞄准"魔芋"新业态先发优势，规划建设"魔谷""光谷""药谷""艾谷""E谷"等新"五谷"。

（2）强化发展保障，盘活集体资源。为解决资金短缺问题，佛冈县政府主动为魔芋产业搭建"政银企+农户"沟通对接平台。水头镇成功争取中国邮政储蓄银行为各经济联合社整村授信5亿元额度；佛冈县农商银行因地制宜推出魔芋产业专属贷款"宝芋贷"，提供10亿元授信。2023年7月，广东省首单政策性魔芋种植保险落地佛冈县水头镇，为种植魔芋提供90万元的风险保障。同时，在农村集体"三资"清产核资的基础上，佛冈县推动水头镇整合流转土地集中种植魔芋7156亩，成功盘活旧校舍、闲置厂房改造成魔芋产学研创新中心、水头国际医养中心，有效激活村集体经济"造血功能"。

（3）找准赛道风口，厚植产业发力点。结合当前互联网消费热点，针对减肥人士、上班白领等人群细分场景，顺应当前预制食品消费趋势，借助帮扶资源，佛冈县以城市新消费驱动打造"魔谷"，开发4个品牌30多款休闲零食和功能性魔芋食品。针对魔芋喜阴属性，以及本地日照时间长、丘陵山坡多等特点，结合土地综合循环利用打造"光谷"，成功构建地上可发电、地面可饲养、地下可种植魔芋的农光互补共生循环产业链，光伏板下可开辟约2100亩魔芋种植用地，与"魔谷"产业形成联动效应，年均发电量2亿千瓦时，年均营收1.3亿元、贡献税收超1900万元，实现100%绿电供应。

（4）推动强村富民，带动村民增收。水头镇构建"支部+合作社+企业+农户"紧密型利益联结机制，鼓励并带动村民积极参与产业项目，实现以土地流转"获租金"、就地打工"挣薪金"、资金入股"变股金"。2022年，水头镇各经济联合社、农户等主体以土地、现金等形式,共计入股530万元参与魔芋种植,带动2000户以上农民参与种植、加工、销售等环节,参与魔芋产业村民人均年增收达到6000元以上。同时,各村集体获得地租收入120万元、投资收益分红67.5万元。仅魔芋产业便为全镇村集体累计创收187.5万元。2023年,全镇魔芋标准化种植规模9660亩,魔芋产业首年产值达到1.15亿元,为600多名当地农民创造就业机会。与此同时,解决了4000多亩撂荒地复耕问题,每年为农民增加土地收入320万元。2024年,水头镇继续大力发展魔芋产业,通过"企业+合作社""企业+村集体"等联农带农模式,实现了魔芋种植面积从0到万亩的突破,已成为广东省最大的标准化、规模化魔芋种植基地。几年时间,魔芋全产业链产值过亿元,带动参与魔芋种植的农民增收560余万元,正在加快打造成为"中国魔芋之乡"。

(三)"物业出租"模式

引入金融活水,唤醒"沉睡"资源——江门市新会区司前镇田边村①②。

1. 基本情况

田边村是革命老区村,位于新会区与开平市两县的边缘交界带,下辖17个村民小组,多年来实行"二级核算"。村集体经济水平较低,"集中力量办大事"的能力不足。一方面,村小组经济收入远高于村委会收入,村委会统筹使用资金存在一定难度,另一方面,村小组经济由于组织化程度低,大片土地闲置、经营不成规模,宝贵的发展资源被白白浪费。2021年以来,田边村围绕"物业出租",探索实行"村组联营"合作模式,即村委会和村小组联合对资产资源进行盘活、经营。由村委会牵头协调,通过投入资金、提供工作思

---

① 《【奋战百千万 聚焦"新"乡村】司前镇田边村:发展"村组联营"新型农村集体经济,释放革命老区发展新动能》,新会侨报社,https://mp.weixin.qq.com/s?__biz=MzA5NzQ4ODk1Nw==&mid=2247577520&idx=3&sn=626155e83578ee8b36715480f2e632ce&chksm=90a3f6e2a7d47ff4f05c7345cc3f930846695b2fda6d54c1914c2cc7abe7e3831a9b022c376d&scene=27,最后检索时间:2025年2月17日。

② 《【乡村振兴】司前镇田边村:抓好党建引领"牛鼻子"闯出乡村振兴"新路子"》,新会党建,https://mp.weixin.qq.com/s?__biz=MzA4NTU5ODM3NQ==&mid=2650434376&idx=3&sn=6bcc09b151b22146b29bfb247d05f180&chksm=87db4280b0accb96ab9174dc1168c44fbeff3c92b898ad021f1b6653b855a4268129cf35181c&scene=27,最后检索时间:2025年2月17日。

路、引入社会资源等，盘活资金、资源，以租赁合作制、股份合作制等形式进行联合经营。2023年，田边村集体总收入达到528.45万元，较2020年增长达38.0%。

2. 主要做法及成效

（1）"便民之举"催生"致富之路"。田边村是革命老区村，地理位置相对偏远，交通不便制约了当地的经济社会发展，当地群众出行需步行20分钟以上才能到达公交车站。为方便群众出行，2021年田边村委会发动小组和村民，以每年1.68万元租金租用新屋村小组约980平方米荒地20年，将原本到处杂草丛生、水沟堵塞的荒地，改造成了干净整洁的公交站和配套商铺，其中，公交站使用面积735平方米，商铺建设面积245平方米。村委会将公交车站出租给新会公汽公司使用，又将两套配套商铺对外发包出租，一年租金可达到7.6万元。公交站建成后，每天往返108个班次，坐车出县城或到田边市场买菜的人，比平时多了两成，既方便了当地群众的出行，也为原本偏僻的田边村带来了明显的人流效应。

（2）"政银结对"引入"金融活水"。为充分用好田边车站项目的聚集效应，田边村结合"三旧"改造行动，顺势对田边农贸市场进行资源优化升级，统一拆除周边旧商铺，从原来4000多平方米改建成占地1500多平方米的两层高建筑。为解决资金难题，田边村在镇党委"银政结对"搭桥下，探索出一条借助金融贷款解决资金缺口的新途径，成功向银行贷款150万元补充资金链。新建农贸市场设立摊位94个，商铺14间，租金从每年18万元提升到50万元，年增收32万元。

（3）"村组联营"唤醒"沉睡"资源。田边农贸市场进一步带来了商机。村委会将残旧厂房拆除重建后出租，将年租金从原来的1.3万元提升至9.9万元。将农贸市场临近废弃鱼塘升级成休闲小公园和停车场，加大周边人流停驻。村委会以45平方米地块与小组进行置换，成功解决卫生站升级改造用地需求，小组合并邻近其他地块修建成商铺出租，每年增收3万元。草江村小组在田边市场周边原有500平方米荒地闲置，小组以该地块作价入股，由村委会配套剩余用地和资金，新建商铺后对外发包出租，发包所得按参股比例进行分红。目前该商铺已成功招引家乡怀旧茶餐厅项目，每年为村组增收11.7万元。

（四）"居间服务"模式

以茶为媒撬开"致富门"铺好"增收路"——河源市紫金县龙窝镇①。

1. 基本情况

近年来，紫金县龙窝镇立足建设"蝉茶小镇"的发展定位，举全镇之力做大做强茶产业，以茶叶种植、加工、流通促进联农带村，让"一叶"成"一业"、"绿叶"变"金叶"，有效撬动村集体经济增收跑出"加速度"。截至 2023 年 10 月底，龙窝镇村集体收入 975.95 万元，比 2022 年底增长44.45%，村均集体收入达到 31 万元。

2. 主要做法及成效

（1）推动零散资源整合。以村集体为主体，探索"企业（合作社）+基地+农户"农业发展模式，通过股份合作、集中连片流转等方式，对零星散户、荒山荒坡和弃管茶园进行资源整合、开发利用，以承包租赁方式将 3000余亩茶山转包给 19 个茶叶企业、专业合作社等，带动村集体增收。

（2）推动良种资源升级。争取仲恺农业工程学院技术指导支持，结合本地土壤、气候等自然条件，大力推广高产优质作物品种的试种，对金首、翠玉2 个茶叶品种进行改良，使其品质更佳、香味更醇，促进茶叶销售价格"水涨船高"，2024 年茶叶销价同比提高 15%左右。

（3）推动劳动力资源活化。引导上坑、双下等 7 个行政村围绕茶业生产经营，分别成立村级茶叶专职服务队，提供超 2000 个工作岗位，把村内闲散劳动力有效组织起来，统一管理、统一标准、统一服务，为龙头企业、示范专业合作社提供茶叶采摘、茶叶生产、农机作业等劳务居间服务，促进农户得利、村企共赢。

（五）"镇村联动"模式

"十村联动"推动乡村全域振兴，"资源互补"增强统筹发展合力——梅州市大埔县"十村联动"发展。

---

① 《河源紫金县龙窝镇：茶产业撬开"致富门"铺好"增收路"》，南方 Plus，https：//static.nfapp.southcn.com/content/202312/12/c8395181.html，最后检索时间：2025 年 2 月 17 日。

1. 基本情况

西河镇位于广东省大埔县东北部，毗邻福建省下洋镇，是粤闽边界的商品集散地，面积 210.1 平方公里，下辖 28 个村（社区），总人口约 3.5 万，是中国葡萄酒之父、张裕葡萄酒创始人张弼士的故乡。2015 年 9 月，大埔县委、县政府选择西河镇北塘、东塘、黄堂、漳溪和东方 5 村打造第三批省级新农村示范片。2018 年下半年，为扩大示范效应，结合西河镇的资源禀赋，带动另外 5 个村，按照"一带三区十村"的发展格局，以点带面、连线成片，把漳溪沿线 10 个村串珠成链。2019 年 5 月 10 日，全省推动老区苏区振兴发展工作现场会在大埔召开，在西河镇北塘村设立现场调研点，西河镇"十村绕漳河·五香飘十里"示范片建设所取得的成果得到各级政府充分肯定，释放了先富帮后富的效应，有效带动当地农村集体经济发展，为推进乡村全面振兴提供了村村联动、抱团发展的示范典型。全镇香稻种植面积 14761 亩，产量 7206 吨；金柚种植面积达 17750 亩，产量达 78186 吨；蔬菜种植面积达 9187 亩；蔬菜、瓜果种植种类达 12 种；接待游客 120 余万人次，解决就业人数 230 余人，带动就业 400 余人。

2. 主要做法及成效

（1）规划先行、产业为基、错位开发。大埔县委、县政府依托西河镇独具特色的自然环境和以农业为主的产业结构，以漳溪河为主轴，通过"党建联村、绿道联村、产业联村、文旅联村"的发展模式，充分挖掘漳溪河沿岸十村的发展潜能，建设漳溪河绿色健康和文化旅游产业带，打造西河镇乡村振兴的产业"双引擎"，为实现绿色崛起筑牢产业基础。充分发挥各村的资源禀赋和人文特色，按照"一村一策、错位开发、串珠成链、联动发展"的理念，把漳溪河沿岸十村划分为三大核心区：即以北塘村为中心的乡村艺术部落片区、以车龙村为中心的乡村人文旅游片区、以漳北村为中心的乡村山水田园综合片区，形成十村错位开发、联动发展的格局。

（2）串珠成链、聚链成群、农旅相融。围绕"两横两纵"交通主干线路网格布局，依托贯穿境内的梅龙高速东延线，改造提升省道 221 线、县道 005 线和县道 946 线，建设对外交通的主动脉，打通连接粤港澳、闽西南立体交通网络的同时，大力推进沿漳溪河 16 公里的滨水绿道建设，串联沿线 10 个村共计 7 个产业资源、旅游节点，打造"十村联动"精品旅游线路。形成总长达

109.3公里的乡村路网（其中村道和机耕路75条、跨河大桥12座、溪流桥梁32座）。再以文化旅游产业为纽带，以"以艺活村、以景旺村、以宿带村"为抓手，大力发展旅游观光、体验采摘、农家乐、民宿等休闲农业与乡村旅游项目。突出个性设计、乡土元素、产业要素、文化生态，按照"互相依存、互为补充、差异竞争、错位发展"的思路，统筹谋划山、水、田、房、路，把"吃、住、行、游、购、娱"旅游六要素融入农家生活体验、农事活动、农副产品经营、文艺演出等，打造出西河乡村旅游的特色招牌。

（3）科技为引、文艺为根、兴村旺业。依托省级技术创新专业镇以及帮扶单位的技术与人才优势，以"标准化+智慧化"筑牢农业基础，在漳北村高标准建设广东省蜜柚标准化种植示范基地，在上黄砂村建设百香果田园示范基地，深入推进现代农业发展。通过"以艺活村""以景旺村""以宿带村"等方式，以北塘乡村旅游区为中心，创建梅州市首个乡村美术馆——北塘美术馆等文化标点，打造"南宋古村·艺术北塘"文化品牌，将北塘村打造为国家AAA级旅游景区，吸引大批国内外画家驻点写生。引进梅州市龙发生态旅游度假村有限公司，以览名人文化、赏客家民居、品葡萄美酒为主题建设张弼士博物馆，将张弼士故居旅游区打造为国家AAAA级景区。引进禾肚里（梅州）旅游文化管理有限公司，利用漳北公学闲置校舍打造漳北公学田园综合体，大埔县禾肚里（梅州）稻田民宿获批五星级民宿，入选全国甲级旅游民宿。

（4）统筹集约、多措并举、带动增收。为进一步发展当地优势产业，西河镇通过实施"产品+要素+资产+农旅"路径，发展新型农村集体经济，打造地域品牌。认真做好"土特产"文章，积极实施千亩丝苗米基地建设项目和蜜柚仓储设施建设等项目，通过经济联合社集约土地，流转引导大户规模化种植水稻、蜜柚等，带动群众增收致富，带动集体经济收入增长。十村集约流转规模化土地累计达900余亩，每年能增加沿线十村村集体收入约40万元；同时，注重盘活驿站、办公楼等资产资源供企业使用经营，每年能为村集体增收2万元。积极发展农旅、文旅产业，经大埔县委、县政府统筹，筹集周边镇村和当地闲置资金共计1507.34万元，投资入股本地旅游开发公司，每年能为村集体增收108.52万元；集约资金投资入股葡萄园50万元，每年能为村集体增收1.8万元。

二 对策建议

发展壮大新型农村集体经济，要坚持党的领导，思路上坚持改革开放、勇于创新，紧紧抓住《中华人民共和国农村集体经济组织法》实施契机，牢牢把住处理好农民和土地关系这条主线，通过加强政策支持、强化组织建设、加强人才培养和风险防控等措施，建立多样化利益联结机制来破解发展难题，增强村集体的"造血"功能，让广大农民在改革中分享更多成果。

随着广东省农村市场经济体制的发展与完善，农村集体产权结构逐步由封闭走向开放，市场主体地位不断增强。一方面，各地要因地制宜，基于不同的地理区位和经济发展水平，依托资源禀赋探索适宜的发展模式，打造具有地方特色、多样化的集体经济模式，适时总结发展经验和发展成效，分类识别推广范围和实践价值。另一方面，应找准发展的节奏、节点和步骤，在珠三角及农村改革试点地区，充分考虑到市场主体地位、工业化和城镇化发展进程等体制机制优势，更加注重激活市场主体积极性，在探索发展模式中走在前列，形成可持续的长效发展模式。在粤东西北及农村集体经济基础薄弱地区，发挥集体"统"的功能，注重帮扶机制，量力而行地开发资源资产，逐步增加集体积累，伴随着城乡融合程度和农业农村现代化水平的提高，不断适应、调整新的策略，拓展农村集体经济发展的思路举措。

（一）强化政策支持与保障

1.不断健全政策体系

贯彻落实好《中华人民共和国农村集体经济组织法》和《广东省新型农村集体经济发展促进条例》，结合广东省实际完善衔接制度文件和相关配套措施。明确各级政府在新型农村集体经济发展中的职责和任务，构建统筹协调、上下联动、支持有力、配套完善的新型农村集体经济政策支持体系。认真谋划落实好新一轮省级农村综合改革试点工作，在更大范围、更深层次谋划和推进农村综合改革，形成政策合力。

2.加大财政投入

加大专项扶持资金支持力度，积极统筹驻镇帮镇扶村、社会捐赠资金以及其他符合规定的涉农资金，向新型农村集体经济项目倾斜，提高资金使用效率。创新财政资金"补改投"运营方式，将集体资产以入股联合、异地共建等方式向县城、中心镇或产业园区、结对帮扶地等发展条件较好的区域布局，提高项目投资效益。同时，建立财政资金绩效考核机制，对资金使用效果进行评估和监督，确保资金合理使用。

3.落实税收优惠

对农村集体经济组织因改革发生的不动产产权人更名、清产核资回收资产，农村集体土地所有权、宅基地和集体建设用地使用权及房屋确权登记等，按已有的规定享受税收优惠政策，减轻集体经济组织负担，增强持续发展动力。对农村集体经济组织取得的符合条件的财政性资金，列入企业所得税不征税范围。强化财务会计人员培训，推动其充分掌握税收优惠政策，通过对经营、投资等活动的事先筹划，合法合规减税节税。

4.强化金融保险支撑

鼓励金融机构因地制宜结合农村集体经济组织发展特点，制定金融支农一揽子政策举措，开发更多创新性、风险可控、收益合理的金融产品。探索开展以生产经营设备、集体物业资产等抵押质押申请贷款，开展整村授信、数据授信等普惠金融创新。支持农村集体经济组织通过参与产业基金、信托投融资合作等方式投资符合产业发展规划、成长性良好的创新型企业。充分发挥保险"稳定器"作用，对农村集体经济收入进行有限兜底，提高农村集体经济组织防控和抵御未知风险的能力，鼓励大胆探索，大力发展特色产业、重点产业，激活发展的内生动力。

（二）探索多元化发展路径

1.资源盘活利用

鼓励农村集体经济组织盘活闲置的土地、房屋、设施等资源，通过承包、租赁、入股等方式，与合作社、社会化服务组织等新型经营主体开展多元化合作。鼓励与龙头企业、国有企业等通过资源入股、资金合作、技术支持等方式，充分挖掘乡村多元价值，实现优势互补、互利共赢。鼓励有条件的地方探索对外投资，设立市场化的控股或参股公司，实现市场化、法治化运营的同时做好风险隔离。

2. "飞地"等抱团发展模式

以新型结对帮扶关系为基础，依托基础好、有前景的开发区、特色小镇等平台，支持农村集体经济组织跨区域投资经营，探索"飞地""飞海"抱团发展，在更大范围提升资源要素利用效率、提高发展能级。鼓励村组、机关企事业单位、金融机构等单位开展党建联建，行政推动与市场互动相结合形成抱团发展机制。

3. 产业融合发展

推动农村一二三产业融合发展，引导农村集体经济组织依托当地"一村一品"等特色农业资源，搭建"企业+村组+农户"等利益联结机制，发展农产品深加工、乡村旅游、农村电商等产业，延长产业链，打造综合性产业发展模式，提升整体附加值。鼓励有条件的地区探索建立县级、镇级发展平台，强化主体责任，优先支持农村集体经济组织通过资源发包、物业出租、资产参股等参与县、镇产业布局安排，推广实施点状供地，落实融合发展用地政策，为产业融合发展创造更多保障。

4. 打造试点示范区

在全省范围内选择一批当地党委和政府重视农村集体经济发展、有发展思路、有具体举措、近年来涉农资金管理规范有效的县（市、区）作为扶持对象，打造一批试点示范样板。指导完善城市化地区集体经济组织大胆探索市场化、现代化、法治化、科学化运行新机制，出台政策支持其利用先发优势探索参股投资、物业运营等新途径，提高市场综合竞争力，力争走在全国前列。

（三）强化组织建设与风险管控

1. 健全组织架构

强化党组织对农村集体经济组织的领导，完善农村集体经济组织的内部治理结构，建立健全农村集体经济组织成员登记备案制度，完善成员（代表）大会制度，优化"四议两公开"决策程序，形成决策科学、管理规范、监督有效的运行机制。加强对组织机构成员的培训，提高其业务能力和管理水平。

2. 加强财务管理

建立健全农村集体经济组织财务管理制度，规范财务收支行为，加强财务审计和监督，定期向成员公布财务状况，接受成员监督，确保财务透明、规

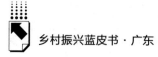

范。加强对集体资金账户的及时监管，打造具有清产核资彻底、资金监管留痕、实时线上交易、功能涵盖全面、自动分析预警等特点的全周期监管"一张网"。

3.完善分配机制

制定合理的收益分配方案，兼顾集体经济的长远发展和成员的现实利益。在提取公积金、公益金后，组织成员通过持有股份享受分红和利益分配，促进财产性收入提高，提高成员的获得感与幸福感，进一步推动利益相关方形成更紧密的联结，激发成员参与集体经济发展的积极性。

4.强化风险管理

加强对农村集体经济组织投资项目的风险评估和管理，制定科学合理的投资决策程序，避免盲目投资。强化对农村集体经济组织的集体收支、债务管理的风险管控，定期开展财务审计、资产清查等工作，及时发现和纠正存在的问题，防范集体资产流失。

（四）加强人才队伍建设

1.培育本土人才

培养一批懂农业、爱农村、爱农民的本土人才队伍。优先将农村集体经济组织负责人纳入乡村振兴人才培养计划、农村致富带头人培育等项目，通过举办培训班、专题讲座、农村实用人才技能培训、实地考察等多种方式，提高理论学习能力、经营管理能力、市场开拓能力。鼓励和支持新型农业经营主体的技术和管理人员、农村集体经济组织经营管理人员等本地人才到普通高等学校、职业学校等机构接受学历教育和创业指导。

2.引进外部人才

制定优惠政策，吸引农村致富能手、退伍军人、大学生村官等各类人才投身新型农村集体经济发展。继续开展"广东省千名农村职业经理人培育行动"，建强乡村规划、农业科技、乡村运营、乡村电商等带头人队伍，培育打造一支素质好、懂经济、会经营的农村经营管理人才队伍。实施"百校联百县"行动，推动县校双向奔赴、合作共赢；引导科技特派员通过项目合作、担任专家顾问等形式，积极参与经营活动，指导发展乡村特色产业。

3. 建立激励机制

建立健全"基本报酬+绩效考核+集体经济发展创收奖励"人才激励机制，让新农人扎根乡村一线。探索有条件的地区，完善集体经济组织班子成员薪酬管理制度和绩效考核制度，参照现代企业管理模式建立激励与约束相结合的薪酬管理体系。对在新型农村集体经济发展中做出突出贡献的人才给予表彰和奖励，探索建立外部人才的集体成员资格赋予机制，在一定期限内享受本集体经济组织成员待遇，提高其经济待遇和社会地位，激发人才的创新创造活力。加强宣传推介，每年选树一批农村集体经济引育人才先进典型，充分发挥典型引领作用。

参考文献

习近平：《论"三农"工作》，中央文献出版社，2022。

中央农村工作领导小组办公室编《习近平关于"三农"工作的重要论述学习读本》，人民出版社、中国农业出版社，2023。

岳升：《探索广东城乡区域协调发展新路径》，《人民日报》2025年1月24日。

卓娜、柴智慧：《共同富裕目标下新型农村集体经济提升乡村治理效能的多案例研究》，《内蒙古农业大学学报》（哲学社会科学版）2024年第5期。

党佳娜：《新型农村集体经济可持续发展的运行机制和路径创新研究——基于陕西三种区域模式的案例分析》，《中国集体经济》2025年第2期。

刘伟等：《大探索：新时代广东新型农村集体经济发展100例》，广东经济出版社，2024。

张克俊、付宗平：《新型农村集体经济发展的理论阐释、实践模式与思考建议》，《东岳论丛》2022年第10期。

B.6
2024年广东供销合作联社
服务乡村振兴报告

盛宏玉　彭　熙*

摘　要： 国家顶层设计为供销合作社绘就了未来发展蓝图，营造了良好的政策环境，乡村振兴战略为供销合作社指明了前进方向。广东省供销合作联社（以下简称省供销社）紧抓历史黄金期、机遇期和窗口期机遇，在乡村振兴战略中找准定位，以使命感和责任感积极谋划服务乡村振兴。省供销社以为农服务为立身之本、生存之基，充分发挥其在服务乡村振兴战略中的独特优势和重要作用，以持续深化供销合作社综合改革为根本动力，创新治理结构，完善双线运行机制，创新合作化联农带农机制，构建共治共享共同体，壮大社有企业，整合全产业链资源，拓展服务领域，创新服务模式，初步建成公共型农业社会化服务体系，引领农业产业化发展，为推动为农服务高质量发展、推进农业农村现代化、助力乡村全面振兴取得了新成效、贡献了力量，省供销社系统已成为服务乡村振兴战略的重要力量。

关键词： 乡村振兴　社会化服务体系　为农服务　广东省

　　随着乡村振兴战略全面实施，农业农村现代化建设新征程的开启，根据国家战略部署，中华全国供销合作总社印发了《供销合作社培育壮大工程实施意见》，广东省出台了《广东省进一步深化供销合作社综合改革打造为农服务生力军行动计划》等文件，省供销社紧抓黄金期、机遇期和窗口期历史机遇，

---

* 盛宏玉，广东省社会科学院国际问题研究所高级经济师，高级会计师，主要研究方向为产业经济与区域经济、管理学财政与税收；彭熙，广东省财经职业技术学校党委副书记，校长，主要研究方向为供销社与镇村集体经济、合作经济政策法规、农业社会化服务。

在乡村振兴战略中找准定位，积极谋划服务乡村振兴。2024年，省供销社持续深化综合改革，创新治理结构，完善双线运行机制，整合全产业链资源，初步建成公共型农业社会化服务体系，创新合作化联农带农机制，壮大社有企业，引领农业产业化发展，在推动为农服务高质量发展、推进农业农村现代化、助力乡村全面振兴领域取得了新成效。

一　省供销社服务乡村振兴的主要做法

省供销社紧扣服务乡村振兴，以持续深化供销合作社综合改革为根本动力，以为农服务为立身之本、生存之基，创新合作化联农带农机制，构建共治共享共同体，使之成为服务乡村振兴战略的重要力量。

（一）坚持深化体制改革，激发社有资本服务乡村振兴活力

省供销社深化综合改革，优化社有企业产权结构和管理机制，建立社企、政事分开制度，理顺社企关系，完善现代企业治理机制，构建适应市场经济要求的社有企业监管体系，激发企业活力，推动农业社会化服务的高质量发展。省供销社于2020年成立了广东省供销集团（以下称省供销集团），制定权责清单，厘清社企权责边界，明确省供销集团统筹推进社有企业改革发展职能，充分发挥省供销集团社有资产投资运营平台作用。省供销集团根据授权统一管理经营性资产和所办企业，直接管理六大公共型农业社会化服务等6家一级出资企业①，从管理资产转变为管理资本，从全局把握社有企业的发展方向。省供销集团深化综合改革主要从三个方面发力。一是抓好内部控制治理，成立战略投资、人力资源、审计风控委员会，加强内部控制管理，提升"三会一层"决策治理结构科学性和专业性；完善制度建设，省供销集团总部为明确权责边界、细化工作要求，制订省供销集团向省社请示报告、省供销集团出资企业重大事项工作指引及管理清单②，规范管理清单化、审核流程化、审批规范化内

---

① 庄一敏：《聚焦公共型农业社会化服务网络　推动社有企业高质量发展——广东省社有企业高质量发展调研报告》，《中国供销合作通讯》2023年第7期。
② 庄一敏：《聚焦公共型农业社会化服务网络　推动社有企业高质量发展——广东省供销合作社社有企业改革发展调研报告》，《中国合作经济》2024年第Z1期。

控管理制度。二是强化六项统筹，即强化战略统筹、人力资源统筹、项目统筹、品牌统筹、资金统筹、财务统筹，大力推动社有企业改革，促进社有企业协同发展。三是运用好资本杠杆，谋划资本布局，优化社有资本在农业生产服务、冷链物流、直供配送等重点领域的投资结构，推动社有资本向重点领域集中。

（二）坚持创新合作方式，创建高效率一体化经营服务体系

省供销社为推动直属企业与市县社有企业的合作，创新股权合作、管理输出、业务对接等联合合作模式，逐步建立涵盖粮油、农资农技、再生资源、冷链物流等优势行业的一体化经营服务体系。一是建立股权合作模式。股权合作是供销合作社联合合作中的有效模式，股权合作是利益联结的纽带，更是实现供销系统上下联合、构建服务一体化的有效黏合剂。由于农产品直采配送等劳动密集型行业进入门槛低、标准化程度低、原材料种类繁多、生产周期短、涉及环节多，极易出现各自为战、无序竞争的市场，亟须有效整合市场资源。省供销社为推动联合合作，减少恶性竞争，联合天禾、天业、天润、绿色农产品生产供应基地和多家地市县级社有企业，构建有多家法人入股的全省参股最多的社有企业系统①，打破同业恶性竞争局面，形成有序竞争合力。此外，结合企业业务需要混合所有制改革，引入社会资本，增强竞争实力，实现良性发展。二是积极开展管理输出。省级社有企业在多年自主研发攻关技术和管理经验积累中，形成业内核心技术和科学管理优势，采取服务承包和咨询顾问等方式，面向市县社有企业输出管理技术，构建经营合作服务网络。如广东天业农产品公司，以其领先制冷系统技术和成熟的经营管理经验，整体租赁改建龙成冷库和粤西冻品市场，派出管理团队经营管理冷库和冻品市场②。三是推进业务对接。采取技术服务、渠道共享、代理等形式，推进供销系统社有企业业务对接。狠抓技术服务合作，省级社有企业发挥人才技术优势，面向市县级社有企业下沉技术和服务，拓展业务合作范围。狠抓共享网络渠道，在农资、农产品、生活用品连锁配送网络渠道，推进各区域企业间的商品联采和分销合作，

---

① 庄一敏：《聚焦公共型农业社会化服务网络 推动社有企业高质量发展——广东省供销合作社社有企业改革发展调研报告》，《中国合作经济》2024年第Z1期。
② 《加强社有企业产权业务合作 促进供销合作社上下贯通》，《广东合作经济》2017年第3期。

降低商品物资采购成本。狠抓业务代理合作，从事新兴业务的省级社有企业，依托市县级社发展分公司、设立办事处，或在基层网点设立业务服务终端①，通过委托代理形式开展业务对接与合作。

（三）坚持搭平台促流通，全面提升为农服务型的综合能力

省供销社通过深化综合改革，改造农资服务网络、整合系统流通资源、建设农村电子商务平台、创建为农服务综合平台等有力举措，推动省、市、县三级供销社及社有企业的横向联合和纵向协同，构建上下贯通的为农经营服务网络体系。一是大力发展农产品流通网络。完善农产品流通服务体系，依托省级社有企业龙头带动作用，改造和整合流通系统资源，布局冷链物流产业园，建设粮油储备和加工中心，完善仓储配送和连锁经营网络②，打造覆盖全省高效畅通的冷链物流网络体系。二是改造农资经营服务网络。以农业全程社会化服务模式，推动农资企业经营服务创新，融合农资供应与农技服务业务网络，推进配送网络终端化服务，对接基层终端网点和种植大户，建设标准化种植基地，制定作物种植技术方案，大力开展农业生产全程化服务③，提升为农服务网络功能。三是搭建为农服务综合平台。依托省市县三级社有企业建设覆盖农资、粮油、日用品、再生资源等为农综合服务平台，上接省级社有企业和经营服务网络，下联基层服务组织和经营网点，推动各经营服务网络有效衔接，带动各业务板块协同运转，为城乡居民的生产生活提供综合性服务。④

（四）坚持培育龙头企业，助力农业社会化的服务体系建设

省供销社通过深化综合改革，以"为农服务"为核心，聚焦主责主业，构建以社有企业为支撑的公共型农业社会化服务体系。一是制定和实施改革方案。制定和实施深化社有企业改革指导意见及方案，引入多元投资主体推进社有企业产权多元化，增强企业经营活力和抗风险能力。在确保对经营网络和龙头企业拥有控制力前提下，吸纳社会资本，优化社有资本结构，大力发展混合所有制经

① 《加强社有企业产权业务合作 促进供销合作社上下贯通》，《广东合作经济》2017年第3期。
② 《加强社有企业产权业务合作 促进供销合作社上下贯通》，《广东合作经济》2017年第3期。
③ 《加强社有企业产权业务合作 促进供销合作社上下贯通》，《广东合作经济》2017年第3期。
④ 《加强社有企业产权业务合作 促进供销合作社上下贯通》，《广东合作经济》2017年第3期。

济。二是培育龙头企业。省供销社通过产权多元化改革、混合所有制经济的发展以及与社会资本的对接，扶持和培育一批具有较强实力的龙头企业，整合生产、流通、销售等资源，打造农产品品牌，提升农业品牌的影响力和市场竞争力。三是依托社有企业构建服务网络。省供销社通过龙头企业的带动与引领，依托社有企业构建公共型农业社会化服务网络，提升为农服务能力，带动全省农业产业化发展，助力乡村振兴。农资农技服务网、粮食全程社会化服务体系、冷链物流骨干网等六大公共型农业社会化服务网络覆盖生产、加工、销售等环节，并为小农户等服务对象提供普惠性服务，通过"线上+线下"模式，将农产品直接配送到机关、学校、社区等需求单位，助力农产品出村进城。

二　省供销社服务乡村振兴的重大成效

（一）服务乡村振兴的治理结构及效能全面提升

省供销社全力创新联合社治理结构，进一步理顺社企关系，完善联合社机关和社有企业双线运行机制，持续深化社有企业改革，不断提升合作经济组织为农服务效能。一是创新了联合社治理机制。建立健全社员代表大会、理事会、监事会管理监督制度，指导推动市级社、县级社建立理事会和监事会。二是深化了社有企业改革。筹划社有龙头企业培育行动，完善社有企业现代企业制度，进一步推动县级及以上社有企业开展"三项制度"改革。三是加强了社有资产监管。指导督促市县级社设立社资委，提高监督效能，促进社有资产保值增值，充分发挥社有资产服务效能。四是搭建起产业融合平台。供销社系统通过龙头企业带动，整合农资农技、冷链服务、产销对接、数字化平台等优势资源，发挥供销合作社系统遍及城乡的网络优势和合作经济组织的群体优势，搭建好产业融合平台，大力支持、指导、规范"社村"合作发展，共同推动农村合作经济组织发展壮大。五是促进了农村一二三产业融合发展。省供销系统积极推动基层社改造，培育农业产业融合发展多元主体，使其成为推动农村一二三产业融合发展的主要力量。全省供销系统联合基层供销社、自主经营基层社、领办农民合作社、农民合作社联合社、庄稼医院等多元主体共同发展，供销社基层经营服务网点超过 1.3 万个①，各类农业产业化组织从业人数呈上升趋势。省供销社系统逐年加大资金扶持力度，引导社会资本投向农村产业融合领域。

（二）服务乡村振兴的社会化服务体系初步建成

省市县供销社系统联合合作，依托社有龙头企业的带动效应，推进"四网一基地一平台"建设，已初步构建起六大公共型农业社会化服务体系。全省社有企业主流业务板块轮动效应渐显，为农服务实力得到显著提升，实现了经营服务上下贯通。一是建立了三级联动机制，专业化农资农技服务网建成。省供销社系统建立省市县三级联动农资保供机制，实现县域绿色农资供应快速回应服务，确保春耕、三夏、冬种关键农期优质农资供应。省供销社系统已成立 50 家县域农服公司、1254 个农资农技服务中心②，并在 11 个市（县区）开展"绿色农资"升级行动试点和推广。二是聚焦新产业新业态，公共型冷链物流骨干网初步建成。强力推进冷链物流新业态发展，即通过省市县三级联建，推动冷链骨干网向乡村下沉，加速了农产品的快速流通和销售，增强了基层供销合作社面向小农户的普惠性供应链服务能力。截至 2024 年 12 月，全省共布局冷链项目 88 个、规划库容 700 万立方米③，其中已运营 66 个，库容 475 万立方米，初步实现县域冷链物流服务全覆盖④。通过在 70 个乡镇建设 84 个冷链设施，布局 75 台田头移动冷链设施，积极为农民专业合作社、小农户等经营主体提供田头农产品移动冷藏保鲜服务⑤。三是协同产业环节，粮食全产业链服务网初具规模。省供销社已建设 4 个省级丝苗米产业园，培育出 8 个丝苗米区域品牌⑥，建成多个为农育秧基地以及烘干中心，建设仓容达到一定

① 广东省供销合作联社：《省社概况》，2024 年 6 月 24 日，http：//coop.gd.gov.cn/szgk/content/post_4444040.html。
② 邵一弘、李宁：《省供销社："订单农业+全程社会化服务"为农服务》，广东省供销合作联社网站，2025 年 2 月 8 日，https：//coop.gd.gov.cn/gkmlpt/content/4/4663/post_4663946.html#885。
③ 《数智赋能"冷链骨干"，探索服务新模式！》，南方卫视《城市特搜》官方彭拜号，2024 年 1 月 11 日，https：//m.thepaper.cn/newsDetail_forward_25975503。
④ 供销合作联社有关调研资料，2025 年 3 月 1 日。
⑤ 庄一敏：《聚焦公共型农业社会化服务网络推动社有企业高质量发展——广东省社有企业高质量发展调研报告》，《中国供销合作通讯》2023 年第 7 期。
⑥ 供销合作联社有关调研资料，2025 年 3 月 1 日。

储存量的仓库，具备一定的成品粮加工能力和储存功能。四是建立农产品产销对接网，实现了地级市全覆盖。省供销社系统在全省建设多个农产品配送中心，在全省 21 个地级市全覆盖成立区域配送子平台，服务机关、企业事业单位多家，并已向多家机关、企事业单位售出农产品。建设农产品供应链集采集配中心、服务站等，初步形成整体供应链网络布局。五是绿色农产品生产供应基地建成。规划建设绿色农产品生产供应基地，基地建成后将形成集粮油保供、食材加工、智慧冷链、生鲜出口、检测认证等功能于一体的产业集群[①]。生产供应基地首期已投产试运营，粮油保供、智慧冷链、食材加工、生鲜出口、检测认证等功能中心陆续投入试运营，基地逐步显现现代农业与食品产业集群效应。此外，数字供销云平台已建成，运用数字化手段整合省供销社各板块资源，形成农资农技、粮食、冷链、农产品一体化服务能力，实现粮食和农产品全产业链数字化。截至 2024 年 12 月，广东供销智慧农服系统已服务农田超过 500 万亩，并已服务于 20 多种农产品产销交易[②]。

（三）服务乡村振兴的全产业链资源全面整合

拓展服务领域，创新服务模式。探寻农民专业合作社、小农户等经营主体与大市场对接的有效途径，打通生产、流通、销售全链条为农服务的关键堵点。统筹整合优势资源，探索出贯通特色优势农产品生产、流通、销售全链条"订单农业+全程社会化服务"的供销服务新模式。首先，在生产端推动农资农技服务网和粮食全产业链服务网融合发展。建设专业化农资农技服务模式，为农户提供肥田插秧、配方施肥、统防统治、收割烘干等专业化标准化服务，实施农业社会化服务、托管服务。省供销社社有企业本着"以农户为中心，以作物为导向"的理念，在核心零售门店体系与核心产品体系双核驱动下，提供"整镇推进""整村推进"生产托管服务。如开展农业面源污染防控面积超过 225 万亩，实现每亩减施农药 0.85 千克、减施化肥 10 千克，提升病虫害防治率至 90%以上[③]。其次，在流通端依托冷链物流骨干网整合优势资源。依

---

① 刘建威、欧阳成：《发挥"双园"集聚效应 推动农业高质量发展》，《惠州日报》2023 年 5 月 14 日。
② 供销合作联社有关调研资料，2025 年 3 月 1 日。
③ 供销合作联社有关调研资料，2025 年 3 月 1 日。

托冷链物流骨干网，统筹整合生产端农资农技、粮食全产业链、销售端直供配送及大湾区基地等优势资源，通过数字平台赋能"订单收购+冷藏保鲜等"全程冷链服务。如为马铃薯、凤梨、荔枝等特色农产品提供的公共型冷链服务，有效降低了平均损耗率、初加工成本和物流成本。最后，在销售端以销促产，打造放心农产品品牌。发展供销特色以销促产新模式，打造放心农产品"粤供优选"系列品牌，省供销社系统围绕粮油、肉、蛋、奶等农产品销售难问题，推出"粤供优选"公共品牌，依托农产品现代物流网络，运用区域配送中心联动市县级供销合作社开展"集采集配""直采直配"短链快速流通方式，实现农产品从田间到市场的高效销售流通。推进"放心食材进校园"专项行动，签约服务学校343所，解决30万师生放心用餐问题①。创建全国供销合作社农产品供应链创新中心，高质量完成本年度脱贫地区农副产品产销对接活动。

（四）服务乡村振兴的社有企业实力壮大

省供销集团社有企业充分发挥龙头带动作用，社有企业纵向联结和横向合作态势初显，初步形成了供销一体化的合作发展格局，提升了企业的服务技术水平、服务能力和服务保障。省供销社系统与农民合作社等新型农业经营主体形成有效对接，推动各级社有企业转型升级，拓宽为农服务领域，引领农业产业化发展。一方面，聚焦主责主业，依托龙头企业构建农业服务网络。省供销集团坚持为农服务宗旨，按照"全省一盘棋"的发展思路，聚焦主责主业，清理、压缩、退出非农业务，集中社有资本投向农业社会化服务重点领域，以社有龙头企业带动效应，初步构建起六大公共型农业社会化服务网络。截至2024年底，省供销集团成员企业与市县社联建成立县农服公司超过48家，农产品直供配送公司超过58家，冷链物流项目公司超过71家②，已形成一支为农业社会化服务的主力军。另一方面，实现产权多元化。省供销社在深化综合改革方面取得了显著成效，通过与试点县供销社的对接重组、产权和业务对接，初步形成了"全省一张网"的合作格局，有效整合了资源，提升了服务

---

① 供销合作联社有关调研资料，2025年3月1日。
② 庄一敏：《聚焦公共型农业社会化服务网络 推动社有企业高质量发展——广东省供销合作社社有企业改革发展调研报告》，《中国合作经济》2024年第Z1期。

能力和市场竞争力。全省供销系统实现了产权多元化企业已超过 80 家，占到经营企业的 50% 以上，企业经营规模、经济效益和服务能力持续提升，为农服务实力得到增强。如省供销社集团 2023 年实现汇总营业收入同比增长 14.17%，净利润同比增长 10.5%，资产总额同比增长 13.51%①，呈现稳中向好的发展态势，夯实为农服务的实力，提振为农服务的信心。深化产权制度改革等措施，推动了省供销社社有企业转型升级，增强了内生动力和市场竞争力，在社有农业龙头企业带动下，初步形成了农资农技服务网、粮食全程社会化服务体系、农产品冷链物流骨干网、农产品生产供应基地、农产品直采配送网、数字供销云平台等六大公共型服务网络体系。

（五）服务乡村振兴的联农带农利益共享

联农带农是公共型农业社会化服务的核心要旨和根本遵循。省供销社系统通过建设农产品综合服务站、发展"供销农场"生产示范基地、结合社有企业业务特点等途径，创新合作化联农带农发展机制。省供销社系统探索联手合作、联农带农、助力农民增收的新路径的成效主要包括以下几点。一是扎实推动"千县千社质量提升行动"。省供销社把打造"千县千社质量提升行动"示范基层社纳入综合改革重点工作任务，推动以网络对接、企业带动、订单赋能等方式加强示范基层社建设。二是整合力量构建起农民生产生活服务综合体。地方供销合作社与村集体经济组织联合力量，合作共建集生产、供销、信用合作等功能于一体的服务综合体，设立乡镇农产品综合服务站，向小农户和新型农业经营主体提供社会化服务，开展技能培训，帮助农户获得信贷资金，带动农产品销售、小农户发展，助力农民增产增收。如 2021 年肇庆鼎湖区供销社系统与上水田村已合作打造生产、供销、信用"三位一体"的上水田农产品集散综合服务平台，畅通了城乡要素流动，启动了农产品、工业品流通动能。三是发展"供销农场"生产示范基地。联合参与"社村"合作的村集体、种植业大户等领办创办农民合作社，吸引家庭农场和小农户入社。省市县供销系统培育发展供销农场，开展"供销农场"认证和订单农业，组织农户开展订

---

① 《深入落实"百千万工程" | 广东省供销集团召开 2023 年度工作总结会》，广东省供销合作联社官网，2024 年 1 月 18 日，http://coop.gd.gov.cn/zsdt/content/post_4336537.html。

单式、标准化生产，推动"供销农场"成为直供配送网络农产品供应主渠道，截至 2024 年底，已累计发展供销农场 822 个。

三 省供销社服务乡村振兴的主要挑战

省供销社的改革和发展虽然取得了很大成效，但在服务乡村振兴能力发展中还存在一定制约因素和发展瓶颈，主要体现在以下几个方面。

（一）联合合作、联农带农利益联结机制有待加强

首先，基层供销社与市供销社之间合作不够紧密。供销合作社系统内部，不同层级的供销社上下合作意愿不强烈，未能紧密联合形成系统优势和规模优势。信息传达与业务协作存在滞后性，不同层级的供销社还未完全以资本、品牌、业务为纽带深入开展跨区域、跨层级的联合合作。在系统外部，联合农村集体经济组织、涉农企业、农业专业合作社等组织方面，还没充分发挥供销社的经营服务优势、村两委的组织优势、农户的生产经营合作积极性。其次，供销合作社联合农村集体经济组织协同发展机制有待完善。各级供销社在推动本级社有企业合作上，对于"保底分红+效益分红""利益+风险"的利益分配、风险承担等模式还处于探索试点阶段。部分试点县（区）的改革进展不平衡，试点特色不够突出，联合协同发展有待加强，村与村、镇与镇之间缺乏有效联结和合作机制。最新颁发的推进"社村"合作助力新型农村集体经济试点政策主要为鼓励性、原则性规定，需各级政府、主管部门及部分行业机构结合其职责事项出台协同配套落地方案加以细化和实施。最后，联农带农利益联结机制有待加强。联合机制虽然采取试点、改革等措施以加强与农民利益联结，但供销合作社与农民的利益联结机制不够完善，关系农民出资、参与、受益的农民合作经济组织基本属性未能得到充分体现，部分基层社仍存在行政化倾向，未能完全实现"合作经济组织属性"。如 2020 年章程修订强调"自愿、互利、民主、平等的合作制原则"，但实践中农民参与决策的程度有限。

（二）基层供销社服务能力、服务规模、覆盖面有待提升

基层供销社经济实力、服务能力较弱，体现在三个方面。一是各基层社之

间发展不平衡，实力分化明显。部分基层社经济实力仍较弱，尤其是粤东西北地区，需依赖社有企业带动或专项资金扶持才能提升服务能力。部分基层社的新型主体经营服务能力较弱，无较强吸引力，没有真正明确和把握供销社在新时期的定位，导致为农服务项目缺乏，农民、农户加入专业社和联合社的意愿不强。二是当前新型经营主体处于发展阶段，基层社"社村"合作仍在试点探索中。目前的农业种植大户、专业合作社、家庭农场等新型经营主体还处在发展阶段。三是服务网点分布不足。虽然全省供销系统经营服务网点超过22493 个①，但偏远乡镇覆盖率较低。如广州市供销社网点覆盖也不足，另粤北山区部分县镇仍需通过试点建设乡镇综合服务站。

（三）现代农业新质生产力带动农民创收增收能力有待突破

现代农业新质生产力有待提升，开拓市场竞争力不足。现代农业科技创新技术推广应用不足，农业生产要素的优化配置有待优化，农业人工智能运用不广，产销大数据跨部门、跨区域的数据整合存在障碍，多系统间数据互通不畅，存在数据孤岛现象。随着市场经济的发展，供销合作社面临来自其他商业机构的市场竞争压力，需要不断创新服务模式和管理模式以应对市场变化。基层组织薄弱，服务带动能力有限。基层社有企业仍存在"散、弱、小"现象，经营服务功能普遍单一，与农业社会化服务需求、城乡居民生活综合服务需求和市场竞争要求不相适应。部分基层社仍处于守摊子、收租子、过日子的状态，部分基层社名存实亡，联合合作不够紧密，为农民提供服务的能力和措施仍欠缺，农民认可度、参与度低。品牌影响力不足，市场竞争力不足。广东农产品在市场上的品牌影响力还不足，面临其他省份知名品牌的压制，如广东优质大米等产品出现"广东好大米"难以走出广东的现象。广东省作为全国最大的粮食主销区、第一常住人口大省，粮食安全工作历来备受重视。当前，广东大米不仅面临泰国香米、柬埔寨"茉莉香"、五常大米等知名品牌的压制，还面临着吉林大米、江苏大米等后起之秀的挑战。市场调研显示，全省品牌大米的销售途径以批发市场及餐饮直销为主，其中有80%以上的名牌产

---

① 《商贸服务业｜供销合作社》，广东省人民政府地方志办公室官网，2024 年 6 月 12 日，http://dfz.gd.gov.cn/sqyl/gmjj/content/post_4438999.html。

品通过批发市场出售，直接出售至餐饮店的占 78%，致使"广东好大米走不出广东"。

四 省供销社服务乡村振兴的对策建议

针对上述存在的问题与挑战，省供销社需围绕"三农"工作大局，进一步深化改革、拓展业态、提升品牌、创新模式，探索绿色循环经济，全面提升服务乡村振兴的效能。此外，要加强基层组织建设和服务能力培育，密切与农民的联系，夯实经济基础，加强区域联动协作，联通城乡市场，促进产销对接，推动市场核心竞争力"破茧重生"式提升。立足合作经济根本属性，坚持以合作为纽带，建立"县域主导、连镇带村、协同联动、运行高效"的"社村"合作机制①，促进农村集体经济发展和农民增收。

（一）进一步深化改革，强化"联合、合作、利益联结"机制创新

首先，深化综合改革，强化机制创新。完善供销合作社联合治理机制，注入为农服务发展的活力动力。研究推动供销合作社立法工作，确立供销合作社为农服务的综合性合作经济组织的特定地位，对于推进供销社系统内外联合合作、"社村"合作助力新型农村集体经济试点等政策规定，各级政府、主管部门及部分行业机构还需结合其职责事项协同配套落地方案加以细化。其次，发展现代农业新质生产力，提升为农服务能力。发展现代农业新质生产力是服务乡村振兴的时代需要，现代农业亟须合理推广智能装备与农机应用机制，降低农业科技装备成本，让农业科技智能、数字技术广泛应用在农业领域，提高农业生产效率和保障农产品质量安全，推动农业现代化发展，带动农民增收。再次，完善面向小农户公共型农业社会化服务体系。坚持为农服务的核心理念，聚焦为农服务主责主业，持续打造促进现代农业发展的综合平台，服务农业生产、农民生活。推动公共型农业社会化服务体系向全产业链融合、全程服务转型升级，打造切实可行的供销为农服务模式，如发展粮食全产业链、一体化农

---

① 《广东省人民政府办公厅印发〈关于推进"社村"合作助力新型农村集体经济试点方案〉的通知》，《广东省人民政府公报》2024 年第 10 期。

产品冷链物流、农产品产销对接等模式。最后，强化与农民利益联结。积极创新供销合作社组织体系和服务机制，形成与农民利益联结的共同体。发展面向小农户的县镇村综合服务体系，强化基层供销合作社联农带农功能，深入推进"社村"合作试点工作，巩固粮食产业，发展特色农产品产业，促进试点村集体经营收入增长。创新与农民利益联结机制，研究股份合作、土地合作、入股分红、保价收购、就近就业等方式与农民利益形成联结、合作机制。根据农业生产经营特色，大力推广多形式联农带农模式，助力农村村集体和农民获得持续收益。

（二）进一步拓展业态，创建为农服务广东竞争力优势

要健全生产过程中的标准化和智能化体系。推动农产品直供配送体系供应端链接标准化生产基地，销售端链接机关、学校、企业等单位，逐步打造从"田头"到"舌尖"全过程可控的农产品配送链条，科学守护"舌尖上的安全"。要坚持"线上线下"多渠道发展，线下做好团餐配送和门店超市生鲜农产品、加工产品配送服务，线上充分利用微信小程序、手机 App、直播带货等电子商务平台多形式培育销售新业态。要打造助农服务全产业链，助力打通流通链。找准农产品流通薄弱环节，发挥供销合作社流通渠道的作用，促进生产、流通融合发展，推动小农户与大市场有效对接。建立农产品销售信息快速回应机制，对滞销农产品联动触发集中采购、仓储、网点促销等解决渠道，为农产品拓宽流通渠道和销售渠道。要优化农产品生产、加工、储备、冷链保鲜、物流配送、消费服务流程，如缩短农产品从田间到餐桌的时空距离，加强农产品保鲜、安全冷链保障。要打造区域农产品直供配送体系，整合冷链物流系统资源，构建覆盖特色、优势农产品主产区和主销区的冷链物流设施网络体系，发挥冷链物流产业集群效应，推进冷链物流业务合作、设施共享，资源整合。要培育直供配送新业态，打造"特色优势农产品定制+配送平台+直供基地"区域直供配送体系，培育集标准化管理、订单化生产、特色化加工、专业化配送于一体的产业新业态。①

---

① 佟宇竞、周兆钿：《新时期全面提升供销合作社服务乡村振兴的引领作用》，《广东经济》2024 年第 9 期。

（三）进一步提升品牌，强化跨域协同与品牌建设

加强区域联动协作，促进产销对接，通过举办"1+N"产销对接活动，推动粤港澳大湾区"菜篮子"工程建设，促进农产品的精准化产销对接，持续抓好"1+N"产销对接走进粤港澳大湾区"菜篮子"工程的活动，深化粤港澳大湾区城市间产销协作，建立跨省冷链物流通道，提升"832平台"广东农产品出省出国销售效能。建立协调机制，通过建立与大湾区各城市间，特别是与香港、澳门食品卫生、渔农自然护理管理机构的农产品保供工作协调机制，以粤港、粤澳联席会议制度等有效沟通方式，及时协调农产品供应问题，提升对农产品质量安全监管信息的数字化协同。搭建平台，依托粤港澳大湾区侨界商贸平台在海外的影响力，带动企业参与融入，创造更多海外商业机会，在产销对接、招商引资、投资融资等方面加强协作。打造品牌矩阵，提升产品质量和服务完善农产品质量检测体系，配备快检室、检测设备和团队，通过"线上线下"方式挖掘优质特色农产品，保障产品质量，拓宽销售渠道，提升市场影响力，分级开发地理标志产品、老字号品牌，推动标准化生产和全渠道营销。开展供销合作社品牌创建行动，通过加强品牌的资产化、信息化、渠道化、媒介管理化等工作，扩大品牌影响力和传播力，拓展客户市场，提升供销合作社品牌知名度和社会公信力，引导供销合作社社有企业和农民合作社开展绿色、有机、无公害等产品的质量认证与管理工作①，打造一批供销合作社特色品牌。加强品牌推广，通过大型展会和展销活动，推广宝生园、生茂泰、小鲜驿站、云供农业、天河供销优选等本土乡土品牌。

（四）进一步创新模式，探索绿色生态农业与循环经济

发展绿色农资服务。推广有机肥、生物农药等绿色农资应用，助力碳达峰目标。优化县域绿色农资供应结构，采购和推广生物有机肥等新型绿色增效肥料和高效低毒低残留农药，减少化肥和农药使用量，提高农业生产效益和产品质量。推进绿色种养循环农业。推广绿色种养循环模式，将有机废弃物转化为

---

① 佟宇竞、周兆钿：《新时期全面提升供销合作社服务乡村振兴的引领作用》，《广东经济》2024年第9期。

蔬菜和土壤的营养剂，实现畜禽粪污资源化利用。利用"粪肥还田""现场管理秸秆焚烧""秸秆还田""种植紫云英植物肥料"等模式，推进绿色植物化肥的利用，降低农药施用量，降低农业生产成本，提升作物产量和质量。助推数字化转型与绿色物流。推进数字化转型，建设粤港澳大湾区绿色农产品生产供应基地，打造数字化、标准化、品牌化、集约化的农业产业链绿色生态综合体。建设冷链物流骨干网数字平台，实现农产品从产地到餐桌的全程冷链运输，确保农产品的新鲜度和质量。推广绿色循环经济。推广再生资源回收经验，建立"村级回收点—镇级中转站—县域分拣中心"三级网络，支持省属回收循环利用平台建设。发展再生资源产业，建立集回收、加工、综合利用于一体的服务平台。

参考文献

钟真、张怡铭：《供销社综合改革与农民合作社联合社运行机制——基于山东省安丘市供销合作社的调查》，《中国合作经济评论》2018 年第 1 期。

周兆钿：《提升供销合作社服务乡村振兴能力研究》，载张跃国主编《广州城乡融合发展报告（2024）》，社会科学文献出版社，2024。

王宇晨：《乡村振兴背景下供销社更好服务农村发展的策略探索》，《现代农村科技》2024 年第 7 期。

唐敏、李向天：《中国供销合作社发展中存在的问题与对策》，载依绍华主编《中国流通理论前沿（8）》，社会科学文献出版社，2018。

余君军、王洪雨：《中国农业社会化服务的趋势、特点及对策建议》，载陈雪原、孙梦洁、王哲等《集体经济蓝皮书：中国农村集体经济发展报告（2023~2024）》，社会科学文献出版社，2024。

唐伦慧：《中国供销合作社现状及改革思路》，载唐伦慧《中国商业改革发展研究》，社会科学文献出版社，2016。

2024年广东乡村绿色发展报告

曾云敏　石宝雅*

摘　要： 绿色发展是实现乡村全面振兴的必由之路。2024年，广东围绕农村绿美建设、生态环境治理、农业绿色转型，强化组织领导、突出机制保障、广泛动员社会力量参与，有序推进乡村绿色发展，农村生态环境持续好转，农业绿色转型成效明显。推动乡村绿色发展，既是攻坚战，也是持久战。立足新发展阶段乡村绿色发展的新形势、国家的总体要求以及广东的自身发展需求，未来广东还需从制度约束、政策支持、科技创新引领、多元主体协同参与等方面持续发力，推动乡村绿色发展不断迈上新台阶。

关键词： 乡村绿化　人居环境　环境治理　绿色转型　广东省

推动经济社会发展绿色化、低碳化，是新时代党治国理政新理念新实践的重要标志，是实现高质量发展的关键环节，是解决我国资源环境生态问题的基础之策，是建设人与自然和谐共生现代化的内在要求①。党的二十大报告对推动绿色发展，促进人与自然和谐共生作出了决策部署，党的二十届三中全会提出，健全绿色低碳发展机制，加快经济社会发展全面绿色转型。乡村绿色发展是经济社会发展全面绿色转型的重要方面。广东坚持以习近平新时代中国特色社会主义思想为指导，全面贯彻落实党的二十大和二十届二中、三中全会精神，深入贯彻落实习近平总书记关于"三农"工作的重要论述和重要指示精

---

* 曾云敏，博士，广东省社会科学院环境与发展研究所副所长、研究员，主要研究方向为环境政策；石宝雅，广东省社会科学院环境与发展研究所助理研究员，主要研究方向为环境政策。

① 《中共中央国务院关于加快经济社会发展全面绿色转型的意见》，《人民日报》2024年8月12日，第01版。

神，始终坚持把乡村绿色发展作为实施乡村振兴战略的首仗、硬仗、大仗来打，以前所未有的政治高度、工作强度、投入力度推进工作落实，乡村绿色发展成效明显。展望未来，广东将以深入实施乡村绿化美化、高标准推进农村人居环境整治提升、加快乡村产业全面绿色转型为重点，强化制度约束、政策扶持、科技创新引领和多元主体协同参与，推动乡村绿色发展迈向新高度，打造生态宜居、富裕繁荣的南粤乡村典范。

一 广东乡村绿色发展的进展与成效

2024年，广东以农村绿美建设、生态环境治理、农业绿色转型为重点，有效推进乡村绿色发展，成效显著。

（一）农村绿美建设

1. 乡村绿化

乡村绿化是绿美广东生态建设的重要组成部分，也是"百千万工程"的重要内容。2024年是广东全力做好县镇村绿化工作的行动之年，百县千镇万村绿化行动被列入"百千万工程"年度工作重点，2024年第1号总林长令——《关于加速推进绿美广东生态建设的令》明确提出加速推进县镇村绿化美化。广东省绿化委员会、广东省林业局、广东省住房和城乡建设厅、广东省农业农村厅、广东省交通运输厅联合印发了《关于全力做好2024年县镇村绿化工作的通知》提出，要发挥好利用好县的优势、镇的特色、村的资源，县城绿化重点是城区范围，包括公园、广场、城区通往高速公路出入口道路两侧、街道、机关单位、学校、居民小区、江河两岸、高架桥、城郊接合部等；圩镇绿化重点是广场、公园、单位、学校、河岸、道路、闲置地等；乡村绿化重点是"四旁""五边"，包括庭院、房前屋后、村道、村民广场、祠堂周边、水边等[1]。全省各地紧抓重点，攻坚突破，县镇村绿化强力推进。2024年，全省已种植县镇村绿化苗木2337.2万株，其中乡村范围种植1858.4万株，超额

---

① 《广东提前谋划部署做好2024年县镇村绿化工作》，广东省人民政府网，2023年11月7日，http：//www.gd.gov.cn/gdywdt/bmdt/content/post_4278062.html。

完成2024年度县镇村绿化任务目标[①]；建设森林城镇38个、森林乡村159个、绿美古树乡村52个、绿美红色乡村51个；推进绿美公路建设，高速公路、普通国道、普通省道各11条加入绿美公路创建行列，开展643个高速公路出入口绿化品质提升工作，提升交通干线两侧林相2300余公里，达62万亩[②]。

2. 村容村貌

美丽乡村建设是普惠民生生态福祉的重要体现。村容村貌提升是美丽乡村建设的重点。根据《广东省人民政府关于全面推进农房管控和乡村风貌提升的指导意见》《广东省乡村建设行动实施方案》《关于开展农村精神文明创建五大行动助力"百县千镇万村高质量发展工程"的通知》中的目标和要求，广东结合乡村地理、生态、历史、文化等特色，从打造样板示范村庄、分类提升村庄风貌、推进存量农房微改造和新建农房风貌塑造以及沿线连片建设美丽乡村方面，着力提升乡村风貌，推动乡村面貌持续改善，实现了乡村面貌"大变化"、颜值"大提升"。比如，清远佛冈水头镇充分挖掘水头"水"文化、传统乡土文化、民俗文化、产业特色文化等特色要素，按照一村一特色的风格特点，如莲瑶村武艺文化、新坋村农耕文化、王田村红色文化、新联村魔芋产业文化，通过特色构件的"加法"应用，融入院墙、窗框、腰线等改造部位的设计中，丰富农房立面改造的本土内涵，形成有温度、有亮点的连片特色农房风貌。一批具有中国气派、岭南风格、广东特色的宜居宜业和美乡村正在不断涌现，截至2024年7月底，全省共创建美丽宜居自然村118948个，占自然村总数的78.3%[③]。

（二）农村生态环境治理

1. 农村厕所革命

推进农村厕所革命，是开展农村人居环境整治的重要抓手，事关农村居民健康和美丽乡村建设。习近平总书记强调，"十四五"时期要继续把农村厕所

---

① 《广东超额完成2024年县镇村绿化任务目标》，广东省人民政府网，2025年1月10日，http：//www. gd. gov. cn/gdywdt/zwzt/lmgd/gdbs/content/post_4652292. html。

② 《广东：绿美崛起正当时 生态文明绘华章》，广东省林业局网，2025年1月27日，http：//lyj. gd. gov. cn/lmgd/dtzx/content/post_4662188. html。

③ 黄进、彭琳、钟烜新等：《不断开创城乡区域协调发展新局面》，《南方日报》2024年9月25日，第IT07版。

革命作为乡村振兴的一项重要工作，发挥农民主体作用，注重因地制宜、科学引导，坚持数量服从质量、进度服从实效，求好不求快，坚决反对劳民伤财、搞形式摆样子，扎扎实实向前推进①。广东按照国家相关重大决策部署，以《广东省农村人居环境整治提升五年行动实施方案》《广东省农村厕所改造建设技术指南（试行）》《关于建立健全农村厕所长效管护机制的指导意见》等为指导，以巩固和提升改厕质量为目标，强化后期管护，统筹农村改厕和生活污水、黑臭水体治理，持续推进农村厕所革命。截至 2024 年 11 月，全省农村无害化卫生户厕普及率已达到 97% 以上②，部分地区如广州增城区已实现农村无害化卫生户厕普及率 100%③。

2. 农村垃圾革命

农村生活垃圾治理是改善农村人居环境的关键突破口和基础性工程。近年来，广东以健全农村生活垃圾收运处置体系、推进农村生活垃圾分类减量与利用为重点推动农村垃圾革命。一是不断加强农村生活垃圾收运处置体系建设管理。广东省住房和城乡建设厅持续对全省乡村生活垃圾收转运体系运行情况开展跟踪暗访，开展农村生活垃圾收转运体系实地核查，重点跟踪收集点建设管理、镇级生活垃圾转运站建设管理和不规范处理生活垃圾行为；编制印发《广东省县镇级生活垃圾转运站升级改造工作指引》，提高县镇级生活垃圾转运站运营效能。"村收集、镇转运、县处理"的农村生活垃圾收运处置体系已覆盖全省所有行政村，转运设施数量满足"一镇一站"的配置要求。二是整体安排、分类推进农村垃圾分类处理。《广东省城乡生活垃圾管理条例》《广东省农村生活垃圾分类实施方案（试行）》等，对全省农村生活垃圾分类工作进行了统筹安排；以城带乡，在珠三角地区推行垃圾分类城乡一体化。如东莞市，在城区、全市公共机构完成垃圾分类全覆盖的基础上，将垃圾分类覆盖到农村地区，初步建立了以分类投放、分类收集、分类运输、分类处理为主要

① 《习近平对深入推进农村厕所革命作出重要指示》，求是网，2021 年 7 月 23 日，http：//www. qstheory. cn/yaowen/2021-07/23/c_1127686268. htm。

② 《广东锚定"加力提速、全面突破"目标推进"百千万工程"奏响城乡区域协调发展"协奏曲"》，广东省人民政府网，2024 年 11 月 26 日，http：//www. gd. gov. cn/gdywdt/zwzt/bxqzwc/ywsd/content/post_4584764. html。

③ 《增城区创新"增城模式"推进农村人居环境整治》，广州市增城区人民政府网，2025 年 2 月 12 日，https：//www. zc. gov. cn/zx/ztjj/xczxzl/content/post_10112113. html。

内容的城乡一体化生活垃圾管理系统。

3.农村污水革命

推进农村生活污水治理，是污染防治攻坚战的重要任务和农村人居环境整治的重要内容。广东连续四年将农村生活污水治理作为全省十件民生实事统筹推进，并纳入省"百千万工程"重点任务安排部署，印发了《关于贯彻"百县千镇万村高质量发展工程"高水平推动农村生活污水治理的工作方案》，指导各地优化实施市级攻坚行动方案，推动以县域为单元整体实施治理，因村施策明确治理清单，农村生活污水治理率持续提升（见图1），超额完成了"十四五"农村生活污水处理率达到60%的目标任务。同时，广东在推动国家农村生活污水资源化利用政策落地方面率先发力，在全国率先印发《广东省农村生活污水资源化利用技术细则（试行）》，探索出诸多有益经验，如惠州博罗县探索实施农村生活污水处理的土地资源化利用工艺，有效解决了农户分散居住、接入管网难度大、污水处理难的痛点，和农村厕所、厨房污水等同程处理、同步消纳、同时利用的顽症。

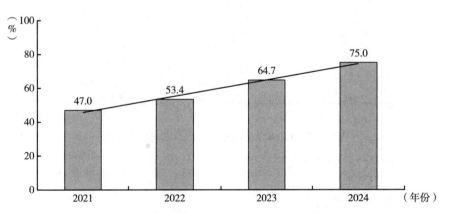

图1 2021~2024年广东省农村污水治理率

资料来源：课题组根据广东省人民政府网站相关资料自行整理。

（三）农业绿色转型

1.农业面源污染治理

农业面源污染治理事关城乡居民"水缸子""米袋子""菜篮子"，是实现农业绿色发展、确保国家粮食安全的有效途径。2012~2022年，广东开展了国内首个利用世界银行贷款实施农业面源污染治理项目，经广东省财政厅综合判定，该项目综合绩效评价等级为"高度成功"，在环境友好型种植和牲畜废弃物治理方面探索出了一条具有鲜明特色的农业面源污染综合治理的"广东路径"，项目的示范效应不断释放。近年来，广东继续以"源头减量、过程拦截、末端治理"为路径，系统推进农业面源污染综合治理。通过重点实施测土配方施肥、水肥一体化、有机肥替代、病虫害绿色防控和统防统治等化肥农药减量行动，加强畜禽养殖废弃物资源化利用和规模养殖场治理设施升级改造等，广东化肥施用量和农药使用量持续下降（见图2），畜禽粪污资源化利用率不断提高，已达80%。

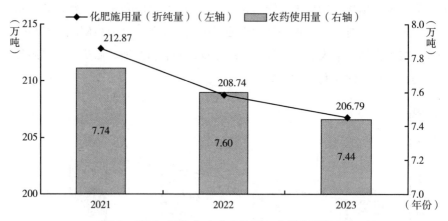

图2　2021~2023年广东省化肥、农药使用情况

资料来源：《广东统计年鉴2024》。

2.农业生产绿色化

绿色是农业高质量发展的底色。以绿色发展为导向，推动农业步入绿色发展道路，需要转变农业发展方式，构建与资源环境承载力相匹配的农业发展格局，实行农业资源保护与高效利用。广东以农业绿色技术集成、生产模式创新、数字赋能为核心，不断推动农业生产向绿色低碳高效转型。在农业绿色技术集成方面，着力于探索适合不同区域、不同作物的节肥节药技术方案，开发节本增效、安全优质、绿色环保型的化肥农药产品，比如，根据不同地区不同作物的病虫害发展情况，全省建立了一批水稻、蔬菜、果树、玉米、茶叶病虫

害绿色防控示范园（区），形成了以"生态调控+""生物防治+""化学诱控+""物理防治+"等为主的全程绿色防控技术模式。在生产模式创新方面，通过开展绿色种养循环试点，引导各地市积极探索"生态循环+"农业生产模式。比如，云浮市云安区生猪产业园探索建立了"猪—沼—林""林—猪—沼—肥—菜"等三位一体、五位一体的种养结合和生态循环种养模式。在数字化赋能方面，积极推动 AI、5G、物联网、云计算等技术与农业领域深度融合，比如，广东省农业农村厅通过推进农作物重大病虫监测预警工作的数字化、智能化，打造"广东省农业有害生物数字平台"，提高了病虫预报准确率和覆盖率。

3. 乡村绿色产业

生态就是资源，生态就是生产力。绿水青山既是自然财富、生态财富，又是社会财富、经济财富。必须树立和践行"绿水青山就是金山银山"的理念，积极探索推广绿水青山转化为金山银山的路径，让绿水青山充分发挥经济社会效益。林业是生态文明建设的主战场，是实现乡村振兴的重要资源，也是绿水青山转化为金山银山的重要途径和载体。近年来，在绿美广东生态建设牵引下，广东积极探索"两山"转化路径，高度重视经济林和林下经济发展，大力发展油茶、竹子、经济林果和林下经济等富民产业，积极拓展生态旅游、森林康养等新业态，致力打造"绿富"双赢的林业三产融合发展新模式。2024年，广东完成油茶新造林 26.75 万亩、低改林 7.4 万亩，超额完成国家下达的油茶生产任务；积极培育林业龙头企业和林下经济基地、森林康养基地，林下经济利用面积超过 3400 万亩，油茶、水果、干果等各类经济林产品产量近1085 万吨[①]；森林旅游产业发展势头强劲。

二 广东推动乡村绿色发展的主要做法与地方特色实践

为加快推动乡村绿色发展，广东不断强化组织领导，突出机制保障，广泛动员社会力量参与，形成了一些广东经验做法和特色实践。

---

① 《广东：绿美崛起正当时 生态文明绘华章》，广东省林业局网，2025 年 1 月 27 日，http：//lyj. gd. gov. cn/lmgd/dtzx/content/post_4662188. html。

（一）主要做法

1. 坚持高位推动，强化组织领导

广东省委、省政府历来高度重视生态文明建设和生态环境保护工作，坚持从政治和全局的高度，把"深入推进绿美广东生态建设打造人与自然和谐共生的现代化广东样板"列入省委"1310"具体部署，把绿色低碳发展和生态环境保护纳入省委"百县千镇万村高质量发展工程"等重大决策部署和考核。构建了省市县贯通、领导有力、统筹有序的指挥体系，成立由省委书记任总指挥、省长任第一副总指挥的"百千万工程"指挥部，21个地级及以上市、122个县（市、区）全部设立由党政主要领导牵头挂帅的指挥部，全面实行省领导定点联系市县、市领导挂钩镇、县领导联系村①。组建省直单位牵头推进的九大工作专班，每年召开推进会、现场会推进工作。健全"1+N+X"的政策体系。从《广东省生态文明建设"十四五"规划》到《中共广东省委关于深入推进绿美广东生态建设的决定》再到《美丽广东建设规划纲要（2024-2035年）》，广东坚持一张蓝图绘到底，一茬接着一茬干，持续高水平谋划建设美丽广东、谱写人与自然和谐共生的美丽中国岭南篇章。

2. 突出机制保障，强化要素支撑

乡村绿色发展必须发挥好资金、技术、人才等关键要素的支撑保障作用。在资金保障方面，广东财政不断优化支出结构，坚持把生态环保投入放在重要位置优先保障，着力推动绿美广东生态建设、乡村绿色发展。广东以美丽圩镇建设和乡村建设行动为抓手，集中资金予以重点支持：全力支持镇村建设，2023年安排35亿元集中建设110个典型镇，示范带动全省打造美丽圩镇；安排10亿元支持16条乡村振兴示范带建设，覆盖58个典型村，打造一批岭南特色乡村样板。2024年安排89亿元，支持提升镇村公共基础设施水平和公共服务能力，补镇村人居环境整治、农房风貌管控等短板弱项。全力推动环境综合整治，2023年投入25.8亿元用于农村生活污水治理，2024年继续加大力度，拟投入40亿元。全力抓好农房风貌管控，2023年安排4亿元，在23个县

---

① 张建军：《短板如何变成"潜力板"——广东省实施"百县千镇万村高质量发展工程"调查》，《经济日报》2024年2月29日，第9版。

开展农房建设试点，严把规划引导、施工设计等关键环节，推动展现美丽乡村新风貌。全力支持乡村绿化工作，2024年全省财政投入4.4亿元，撬动社会资金、村集体投入9亿元①。在技术和人才保障方面，比如，广东省住房和城乡建设厅印发了《广东省美丽圩镇品质提升建设指引图集》《广东省县镇级生活垃圾转运站升级改造工作指引》《广东省存量农房外立面改造技术指引》等技术文件，以技术为支撑，推动乡镇建设，加快提升全省乡镇人居环境品质。除理论指导外，还有技术专家辅以实际指导，广东省住房和城乡建设厅通过组建技术专家团队提供现场技术指导，组织召开全省农房建设试点交流会，协调国家级和省级工程勘察设计大师、建筑设计与规划专业技术团队深度参与全省农房建设试点行动，为试点地区提供技术指导帮扶②。比如，广东省林业局推出乡村绿化"攻略"，联合省委组织部制作乡村绿化工作导图，印发《关于加强县镇村绿化技术指导工作的通知》，并制作科普视频，从专业角度介绍关键种树知识，同时组织抽调省、市、县1323名专家成立县镇村绿化技术指导团队，确保每个行政村、每个镇、每个县都有挂点技术联系人，实现技术指导人员县、镇、村全覆盖③。

3. 广泛动员，撬动社会力量参与

实现乡村绿色发展，需要各方共同参与。广东坚持政府主导、农民主体、社会参与共同推进乡村绿色发展。在推动农民参与方面，比如，通过组织美丽庭院培育和星级文明户评定、完善村规民约、实施积分制等，引导和鼓励广大农民群众积极参与人居环境整治。截至2024年底，农村人居环境整治已基本被纳入各地村规民约，全省57.6%的行政村运用积分制推动环境整治和长效管护，农民共建共享美丽家园的积极性主动性不断增强④。在引导社会力量参与

---

① 《拾阶而上 持续发力 财政支持"百千万工程"强县富镇兴村——访广东省财政厅党组书记、厅长戴运龙》，广东省财政厅网，2024年4月30日，http://czt.gd.gov.cn/tpxw/content/post_4416291.html。

② 《广东：聚力建设高品质县镇村，绘就城乡发展新画卷》，广东省住房和城乡建设厅网，2023年12月7日，http://zfcxjst.gd.gov.cn/zwzt/bxqzwc/mtbd/content/post_4296923.html。

③ 《广东超额完成2024年县镇村绿化任务目标》，广东省人民政府网，2025年1月10日，http://www.gd.gov.cn/gdywdt/zwzt/lmgd/gdbs/content/post_4652292.html。

④ 广东省农业农村厅：《广东省实施"百千万工程"推进宜居宜业和美乡村建设》，《农村工作通讯》2025年第1期。

方面，比如，深入开展"千企帮千镇、万企兴万村"行动、"6·30"助力乡村振兴活动等，动员企业和社会力量参与乡村绿化、美化和生态建设；比如，实施全民爱绿植绿护绿行动，通过深入推进"互联网＋全民义务植树"，不断提高绿美广东生态建设全民参与度。自绿美广东生态建设实施以来，广东认定"互联网＋义务植树"基地138个，全省经认定的义务植树活动超3万场次、287万人次，经国家林草局认定的义务植树场次居全国首位①。

（二）地方特色实践

1. 农村人居环境整治的"广州增城模式"②

近年来，广州增城区聚焦农村厕所、垃圾、污水三大任务目标，因地制宜探索农村人居环境整治"长效机制＋全民参与＋容貌提升"的"增城模式"，取得明显成效，荣获国务院人居环境整治督查激励奖励，获评全国村庄清洁行动先进县和农业农村部认定的农村厕所革命典型范例。

一是扎实推进农村"厕所革命"。坚持"进度服从质量，求好不求快"的原则，持续推进农村厕所革命。2024年上半年，完成5座农村公厕的改造提升，累计建成农村公厕530座，率先完成市级"厕所革命"三年行动计划，逐步形成农村地区"15分钟如厕圈"；大力开展农村厕所问题检查和整改；加强厕所粪污无害化处理及资源化利用，实现农村无害化卫生户厕普及率100%；形成有制度、有标准、有队伍、有经费、有技术、有监督的长效管护机制。

二是全力提升生活垃圾治理水平。通过健全"户集、村收、镇运、区处理"农村生活垃圾收运处理体系，实现生活垃圾100%无害化处理的目标；已完成升级改造农村垃圾投放点3337个，村社覆盖率达100%；每个行政村均建有便民垃圾回收点，极大提高了农村生活垃圾分类处置的便利性；开展农村生活垃圾分类和资源化利用示范创建，持续巩固提升16个示范村和95个样板村的建设成果，并着力新创建提升23个样板村。农村生活垃圾资源化利用率达

---

① 《广东两年开展义务植树活动超3万场次》，国家林业和草原局网，2025年1月9日，https：//www.forestry.gov.cn/c/www/dfdt/603582.jhtml。

② 《增城区创新"增城模式"推进农村人居环境整治》，广州市增城区人民政府网，2025年2月12日，https：//www.zc.gov.cn/zx/ztjj/xczxzl/content/post_10112113.html。

42.4%、回收和无害化处理率达 100%，村庄保洁实现 100%全覆盖。

三是科学深化农村生活污水治理。科学选择"接市政管网、集中式设施、分散式设施、资源化利用"四种技术模式治理农污，建设农村生活污水管网 3515 公里、处理设施站点 746 个和资源化利用站点 576 个，实现了全域自然村生活污水收集率和污水治理率双 100%。同时，持续推进增城区农村黑臭水体排查治理工作，清理污水溢流问题，确保农村水体水质安全。增城区作为农村生活污水治理示范点已在全省推广，增城新塘智慧排水管理系统获得第十五届中国智慧城市大会优秀案例奖二等奖。

四是合力推进乡村绿化美化。发挥基层党组织战斗堡垒作用和党员先锋模范作用，组织开展形式多样的植树活动。带动村民群众利用房前屋后建设美丽庭院 916 个；引导农户因地制宜利用闲置地块建设"三园"（花园、果园、菜园）4383 个，累计创建省定美丽宜居村 262 个，特色精品村 67 个。

五是示范引领乡村风貌提升。着力提升新乡村示范带建设，全区 3 条新乡村示范带被市级综合评价为"优秀"等级；积极推进市级美丽乡村创建，累计完成 116 个市级美丽乡村创建；加强村庄分类建设，按照各村特色进行分类推进，全区 285 个行政村分为集聚提升类（107 个）、城乡融合类（95 个）、特色保护类（20 个）、一般发展类（57 个）和搬迁撤并类（6 个），整体带动乡村风貌明显提升。

2. "两山"转化的清远连南模式

清远连南瑶族自治县是生态环境部命名的第七批"绿水青山就是金山银山"实践创新基地。近年来，清远连南立足得天独厚的生态环境优势，打好污染防治攻坚战，创新探索以绿色发展引领乡村振兴，石漠化修复治理转化经济，集聚优势资源发展生态产业，建立"生态+农业+文旅"的生态产业支撑体系，探索形成了具有连南特色的"两山"转化模式。

清远连南充分发挥当地"山上种茶、山下养稻、稻间养鱼"的特色优势，打造了稻鱼茶、茶药菌两个省级现代农业产业园，聚力推进大叶茶、香菇等特色产业发展，着力建设大湾区优质生态产品输出地。"连南大叶茶"通过国家农产品地理标志认定并荣获广东现代农业博览会农产品金奖。清远连南还挖掘多元价值，依托独特的民族文化和生态资源禀赋，打造万山朝王国家石漠公园、瑶排梯田国家湿地公园、金坑森林康养研学基地等一批"森林+"项目；

依托岭南民族特色高质量发展廊道（连南段），串起万山朝王国家石漠公园、世界排瑶玩坡谷、一生一世廊桥等节点，打造"农业+生态+文化+旅游"融合发展支点，精心打造最美赛道，举办2024连南半程马拉松赛，以绿美生态带动旅游产业高质量发展。

三 进一步推动广东乡村绿色发展的重点方向与建议

立足新发展阶段，广东还需从制度约束、政府支持、科技创新引领、多元主体协同参与等方面持续发力，推动乡村绿色发展不断迈上新台阶。

（一）未来广东乡村绿色发展的重点方向

立足当前和今后一个时期，从国家层面到广东地方层面对乡村绿色发展做出了一系列安排部署。国家层面，中共中央、国务院印发了《乡村全面振兴规划（2024—2027年）》《农业农村部关于加快农业发展全面绿色转型促进乡村生态振兴的指导意见》《生态环境部等关于印发〈美丽乡村建设实施方案〉的通知》等；广东层面，《美丽广东建设规划纲要（2024—2035年）》等，为进一步推动广东乡村绿色发展指明了方向和目标任务。

1. 深入实施乡村绿化美化

乡村绿化是改善农村人居环境的一项重要内容，是改变农村整体面貌的重要手段，也是绿美广东生态建设的重要内容。《美丽广东建设规划纲要（2024—2035年）》提出，构建高品质城乡绿美生态环境。广东需继续围绕推进绿美广东生态建设重点任务，以"绿"为底，以"美"为要，持续提升山边、水边、路边、镇村边、景区边"五边"绿化美化品质，深入开展村旁、宅旁、路旁、水旁"四旁"植绿活动，推进留白增绿、拆违建绿、见缝插绿，加强立体绿化美化，建设公共绿地和美丽庭院，统筹提升县城、圩镇、乡村、道路的绿化水平，科学配置乡土树种和经济林果，织密绿美生态网络。

2. 高标准推进农村人居环境整治提升

随着乡村振兴战略深入实施，农村人居环境整治将逐步升级：目标定位从"干净整洁"向"生态宜居"转变，工作重心从基础设施补短板向系统品质提升转变。《美丽广东建设规划纲要（2024—2035年）》提出，高标准推进农村人居环境整治提升工作，扎实推进农村厕所革命、农村生活污水和生活垃圾治理、村容村貌提升等，进一步推动农村人居环境在全域干净整洁的基础上向生态美丽宜居和特色精品迈进；到2035年，全省行政村达到美丽宜居村标准。

3. 加快农业发展全面绿色转型

《农业农村部关于加快农业发展全面绿色转型促进乡村生态振兴的指导意见》强调，加快农业发展全面绿色转型，促进资源利用高效集约、产业模式低碳循环、乡村环境生态宜居，推动乡村生态振兴，是推进乡村全面振兴、加快建设农业强国的重要任务，是促进人与自然和谐共生的客观要求[①]。农业发展全面绿色转型需以农业资源集约利用水平提升、投入品减量增效、废弃物资源化利用、产业绿色低碳转型为核心，不断推动农业发展与资源环境承载力相匹配、与生产生活生态相协调，实现农业提质增效、农民持续增收、乡村生态振兴。根据《美丽广东建设规划纲要（2024—2035年）》，广东要从高水平提升现代生态农业和多层次创新生态产业化路径两方面发力加快农业发展全面绿色转型。高水平提升现代农业要大力发展生态循环农业，促进投入品减量化、生产清洁化、废弃物资源化、产业模式生态化；推行生态养殖种植，重点发展生态绿色农产品、林下经济、生态养殖等。多层次创新生态产业化路径要拓展生态产品价值多元化实现路径，增强生态优势转化为经济优势的能力，开发高附加值的生态产品，发展"生态旅游+文体教""生态旅游+养老+医疗"等融合新业态。

（二）政策建议

推动乡村绿色发展，既是攻坚战，也是持久战，要坚持绿色发展理念，采取有力措施，把乡村绿色发展不断推向深入。

1. 强化制度约束

一是围绕乡村绿色发展，聚焦农村人居环境治理，加快制修订操作性强、针对性强、易于推广的地方性法律法规和规范性文件；聚焦农业绿色发展转

---

① 《农业农村部关于加快农业发展全面绿色转型促进乡村生态振兴的指导意见》，中华人民共和国农业农村部网，2015年1月14日，https：//www.moa.gov.cn/nybgb/2025/202501/202501/t20250114_6469123.htm。

型，探索制修订一批资源节约型、环境友好型农业标准，健全覆盖从农业生产源头、农业生产过程到农业废弃物资源化利用全过程、全产业链的农业绿色发展标准体系。二是加强监管，严惩违法行为。建立健全农村生态环境保护监管机制，建立健全农村生态环境监测制度、完善监测内容，加强对农村生态环境的日常巡查和监测，加大违法行为的查处和问责力度。三是开展乡村绿色发展水平评价，强化评价结果运用，压实地方绿色发展责任。

2. 强化政策扶持

一是加大财政支持。以系统思维构建支持乡村绿色发展的财政政策体系，聚焦乡村绿色发展重点任务强化资金统筹、创新财政政策模式，围绕激活市场、激活要素、激活主体的政策导向，充分发挥财政资金引导带动作用，加快形成财政优先支持、金融重点倾斜、社会积极参与的多元投入格局。二是强化绿色融资支持。深化融资对接服务，引导金融机构创新绿色金融产品，完善信贷支持政策，优化和完善服务渠道，探索多方合作的金融服务模式，加强对生态旅游、森林康养等新业态的金融服务，打造相匹配的信贷产品体系，助力乡村绿色发展。三是深化生态产品价值实现。完善保护者受益、使用者付费、破坏者赔偿的生态产品价值利益导向机制，实现生态优势转化为经济优势，推动乡村绿色发展。

3. 强化科技创新引领

坚持以科技创新为引领，通过技术突破和模式创新，增强乡村绿色发展动能。一是突破关键核心技术。紧盯世界农业科技前沿，聚焦重点领域和关键环节，鼓励龙头企业和科研院所等开展绿色关键技术联合攻关，着力研发一批环境友好型新品种、绿色低碳新技术、环保节能高效新装备和绿色投入品。二是构建区域特色发展模式。聚焦重点区域及其发展瓶颈，集成推广一批先进适用主推技术，形成具有地域特色的差异化农业绿色发展模式。三是深化数字技术融合。推进物联网、大数据、智能装备等现代信息技术装备与农业生产过程的深度融合，实现农业生产高端化、智能化、绿色化。

4. 强化多元主体协同参与

要切实发挥党委、政府在农村生态环境治理中的引领作用，科学谋划、统筹制定发展规划，强化监管、规范市场，完善支持体系、加大政策供给等；农民群众是主体，是乡村绿色发展的重要参与者、建设者，也是直接受益者。乡村绿色发展，最关键的是要提高农民的参与度，要深入开展农村生态文化建设，提升农民绿色发展认同感，激活乡村绿色发展的内生动力；同时，要进一步发挥市场在资源配置中的决定性作用，激发生产者、经营者、消费者等市场主体共同参与乡村绿色发展的积极性，凝聚合力、协同推进。

B.8
2024年广东农村金融发展报告

刘佳宁*

摘　要： 2024年，广东持续健全农村金融服务体系、创新服务模式与产品、优化金融资源配置、深化农村金融生态建设，在扎实推进乡村全面振兴建设中取得了一定成效，但仍面临金融资源分布不平衡、供需适配度有待提升、支撑体系有待完善等问题。立足新发展阶段，广东金融要进一步下沉聚焦，通过构建特色适配的农村金融服务体系、畅通涉农投融资渠道、深化风险防控与金融文化赋能等路径，为广东实施"百千万工程"注入金融"活水"，助推乡村全面振兴走深走实。

关键词： 金融赋能　乡村全面振兴　"百千万工程"　广东省

金融是服务乡村振兴和农业农村现代化的重要引擎，2024年12月召开的中央农村工作会议明确提出，要健全推进乡村全面振兴长效机制，创新乡村振兴投融资机制，激发乡村振兴动力活力。《乡村全面振兴规划（2024—2027年）》也指出，要健全多元化乡村振兴投入保障机制，激发农村发展活力。2025年广东省政府工作报告和《关于金融支持"百县千镇万村高质量发展工程"促进城乡区域协调发展实施方案》也进一步强调，要统筹推进新型城镇化和乡村全面振兴，充分发挥金融资源要素保障作用，全力推动金融支持"百千万工程"落实到县镇村。2024年，广东持续完善健全农村金融服务体系、顺畅城乡资本融通渠道、创新金融服务模式、优化农村金融生态，积极引导金融"活水"流向"百县千镇万村"，将优

---

* 刘佳宁，博士，广东省社会科学院财政金融研究所所长，研究员，主要研究方向为产业金融、宏观金融。

质金融服务送达"最后一公里",助推广东城乡区域协调发展进一步提质增效。

一 金融支持推进乡村全面振兴的现状与成效

2024年,广东以实施"百县千镇万村高质量发展工程"为牵引,聚焦县镇村金融需求,持续强化金融要素保障,推动金融资源向"三农"领域倾斜,有力支撑乡村全面振兴。

(一)金融服务体系持续完善

目前,广东已构建包含银行信贷、资本市场、基金保险等多种层次分明、优势互补、专业专注的农村金融服务体系,"三农"金融覆盖面与可得性不断提高。

1. 银行市场支农效应显著

2024年,广东涉农贷款达到2.94万亿元,同比增长13%(见图1),其中,农村贷款增长13.3%,农户贷款增长14.2%,融资支持规模与增速均位居全国前列。一是普惠型金融贷款增长显著。2024年,全省普惠小微贷款余额4.5万亿元,同比增长12.8%,累计发放支农支小再贷款、再贴现2741亿元,对接首贷户1.2万户,促成首贷170亿元[①]。二是特色金融产品进一步丰富。2024年前三季度,银保机构累计为"百千万工程"推出1300余种特色信贷产品。聚焦粤字号"土特产",如澄海狮头鹅、新会陈皮、徐闻菠萝等,开发特色信贷产品。结合海洋强省目标,提出海洋牧场"建设贷""发展贷""冷链贷"等特色产品,2024年前三季度海洋牧场建设贷余额425亿元[②]。三是推动金融网点持续下沉。截至2024年6月,全省金融机构陆续成立209个"百千

---

① 广东省分行:《中国人民银行广东省分行举行2024年广东省金融运行形势新闻发布会》,人民银行广东省分行网,2025年1月21日,http://guangzhou.pbc.gov.cn/guangzhou/129136/5572881/index.html。

② 广东金融监管局:《做好"五篇大文章" 金融助力广东经济回升向好——广东银行业2024年三季度新闻通气会召开》,广东银行同业公会网,2024年10月22日,https://huacheng.gz-cmc.com/pages/2024/10/22/SF12799230fb366e7adbe64d17908aaf.html。

万工程"专项工作小组、设立 275 个专业服务部门，制定金融行动方案"一县一策"，县镇村基础金融服务 100% 全覆盖[①]。同时加快推动村镇银行改革，南粤银行及东莞农商行的"村改分"均为全国首例[②]。

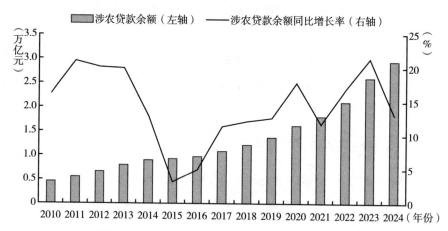

图 1 2010~2024 年广东省金融机构涉农贷款余额

资料来源：根据历年《广东金融运行报告》、国家金融监督管理总局广东监管局、中国人民银行广东省分行相关数据整理。

2. 农业保险服务持续深化

近年来，广东农业保险密度和深度持续上升（见图 2）。截至 2024 年第三季度，全省农业保险原保费收入 64.61 亿元，保险深度为 1.6%，累计提供风险保障 2166.99 亿元[③]，赔款支出 51.1 亿元[④]，成为助力现代农业振兴的"加速器"。一是农业保险组织体系不断优化。截至 2024 年第三季度，辖内平均每个县域有保险网点 30 个，每个乡镇至少有 1 个保险网点，实现了乡镇全覆盖。二是农业保险化险能力不断增强。持续完善"1+1+8"保险制度体系，"保防

---

① 张艳：《金融新动能 赋能"百千万"》，《南方日报》2024 年 6 月 7 日。
② 东莞市金融工作局：《广东加快中小金融机构改革，多项全国首例落地广东》，东莞金融网，2024 年 7 月 31 日，https://mp.weixin.qq.com/s/xcHQktPB0ruzyCrNyPtdIg。
③ 《广东：稳步推进农业保险高质量发展》，中国农村网，2025 年 1 月 9 日，http://journal.crnews.net/ncpsczk/2024n/d22q/dfsj/969292_20250109104129.html。
④ 南方财经：《广东保险业三季度"成绩单"：多项指标保持全国第一，科技保险增长势头强劲》，证券时报网，2024 年 10 月 25 日，https://stcn.com/article/detail/1368931.html。

救赔"全过程深化，辖内保险机构投入农业保险防灾减损资金7801.83万元①，运用"粤农保"等农险信息科技平台精准"防灾救赔"，助力降本增效3.09亿元。三是推动特色保险产品"扩面、增品、提标"。围绕"13+11+3+N"产品险种体系，着眼于关系群众"米袋子""菜篮子"的重要产品，实现主要优势特色农产品保险全覆盖。新增徐闻菠萝产值保险、梅州金柚收入保险、揭阳鲍鱼价格保险等保险产品超200个，实现特色农产品保费收入26.34亿元，占农产品保费收入超过40%②。

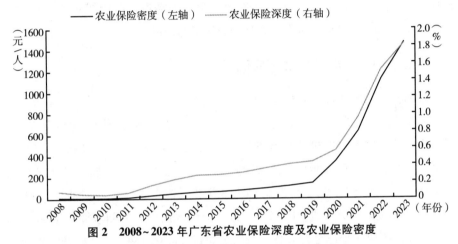

图2　2008～2023年广东省农业保险深度及农业保险密度

资料来源：根据国家金融监督管理总局广东监管局、广东省农业农村厅数据计算。

3.多层次资本市场融资渠道进一步拓展

一是政府债券融资功能凸显。2024年，全省安排农业农村领域财政专项资金256.7亿元，其中，用于"百千万工程"资金超50%；发行农业农村领域地方政府债券627.4亿元③，覆盖发展县域经济、支持新城镇化建设、乡村

---

① 张艳：《保险活水下沉支持"百千万工程"建设》，广东保险网，2024年10月29日，https://mp.weixin.qq.com/s/x5NWgrLqo3zW0b5fj4zOaA。

② 张艳：《保险活水下沉支持"百千万工程"建设》，广东保险网，2024年10月29日，https://mp.weixin.qq.com/s/x5NWgrLqo3zW0b5fj4zOaA。

③ 《广东：实施"百千万工程"推进宜居宜业和美乡村建设》，始兴发布，2025年2月16日，https://mp.weixin.qq.com/s?__biz=MzAwNjA4ODM0Ng==&mid=2650797079&idx=3&sn=dce2ead273d3c964a217acf3031d0573&chksm=82103bfe3f6c5a24711eabde21bb47f346e25c656a9d4b6d76583574ed1a0ef6652e32e9ecb7&scene=27。

全面振兴、加快区域协调均衡发展四大目标。二是涉农基金引导效果显著。国内首支农业供给侧结构性改革基金体量不断壮大，2017～2024年，组建子基金29只，基金管理规模逾300亿元，覆盖省18个地市，落地项目63个，引导撬动社会资本189.25亿元投资"三农"领域①。三是区域股权市场支撑能力持续增强。推进"一板一资金"体系建设，不断拓展直接融资流向乡村发展薄弱环节。乡村振兴板积极探索"科技+普惠+金融"发展模式，截至2024年12月挂牌与后备库在库企业1147家，帮助288家企业获得银行82.23亿元融资授信。省风险补偿资金完成授信9602笔，累计撬动银行授信239亿元，加权平均利率3.55%，融资成本低于合作银行同类型产品②。

（二）科技赋能与模式创新活跃

1. 科技赋能提升服务精准度

一是推进金融服务"门口办""家中办""指尖办"。截至2024年7月，累计投放政务服务自助机"粤智助"2.62万台，同时依托"农融通""粤政交融"等平台，实现精准获客，累计为企业授信近5亿元，覆盖20个地市为超130万人次服务③。二是拓展金融服务场景。广东农信"户户通"创设16种"三农"金融服务模式，围绕"一村一会两区两场"六组场景，为超2300万线上用户提供了普惠金融服务，贷款规模近600亿元④。三是提升涉农资金管理能力。金融科技在农业风险监测管理中的应用不断深化，基于卫星遥感、人工智能，农业风险保障逐步向"保前、保中、保后"全链条覆盖转变，实现实时精准风控。如全国首个青梅AI保险和首个"三农"领域保险AI数字人，探索农业全生命周期风险监测；清远创新水产养殖保险一体化试点，配套

---

① 《省农业供给侧结构性改革基金：创新基金模式 打造广东乡村振兴新高地》，广东乡村发展网，2024年5月8日，https://mp.weixin.qq.com/s?__biz=MzUyNDA0OTA0MA==&mid=2247565121&idx=3&sn=6eb9741b0492c2819d8287e520167da1&chksm=fbb8e078ce7090db5618a51cbfd8c767f866346c2d311bbeb354447cf309bd06a03a4f2f495c&scene=27。

② 广东股交中心：《广东区域股权市场助力乡村振兴持续发力！奏响广东金融支农新篇章，积极助力"百千万工程"》，广州金融业协会网，2025年1月26日，https://mp.weixin.qq.com/s/7xpInp7iyf6qmGj-DH9J8A。

③ 交通银行广东省分行：《以数字金融搭建服务人民和实体经济的桥梁》，新华网，2024年8月1日，https://www.news.cn/money/20240801/399bac0e421846f0bcd9a2e3e463c/c.html。

④ 《广东农信挥洒勤劳金融笔墨》，《南方日报》2024年12月9日。

智慧防灾、智慧养殖科技服务，为农户提供"保防救赔"一体化服务方案。

2.深化乡村融资模式创新

多机构协同打造"政银保担基企"全方位金融支农大格局。一是政府联动其他机构探索新模式。多地采取"政银企""政银担"战略合作方式，结合驻镇帮村和服务点推进"融资+融智"服务，以融资意向金、批量担保贷、农业投资基金等工具支农惠农，如广东金融支农促进会"县镇统筹+村集体+银行+企业"模式、"驿站+自助银行+工银使者"模式，促进了金融资源与社会服务的双向赋能。二是积极探索产业链供应链"链式融资创新"。支持链主企业提供担保增信，带动农户、家庭农场、农民专业合作社，如广东省县域经济高质量发展股权投资基金"金融资本+龙头企业资本+重点项目"新模式，放大"链式"融资效能。三是进一步探索金融风险保障工具的协同创新。以"订单+"和"气象+"数据应用赋能"保险+期货"，由保灾害损失向保价格、保产量、保收入、保全生产链条升级。如肇庆试点"生猪活体抵押+农险保单增信+银行授信"、湛江试点"水产养殖温度指数保险+天气衍生品"产品，发挥涉农资金的叠加、放大、外溢效应。

（三）金融资源配置不断优化

1.助力乡村基础设施建设

集中资金推进农业农村重大基础设施工程，政府投资角色由主导转为更多撬动社会资本，项目谋划由传统的"小而散"转为"整而专"。一方面，聚焦国家和省级重大战略重点项目，强化农村水利建设、交通体系建设等中长期信贷。如向环北部湾广东水资源配置工程、粤东水资源配置工程等提供融资授信150亿元[①]。探索新型基础设施开发贷产品，强化对供水保障、电网提升、现代仓储冷链等项目建设提供信贷支持。如建设银行"高标准农田贷款"，发放贷款40亿元以探索"农村承包土地经营权抵押贷款"。另一方面，大力探索农发基础设施基金项目，加大对农村保障性住房建设、"平急两用"公共基础设施建设、城中村改造等"三大工程"的资金支持。2024年，省政府投入超

---

① 国开行广东分行：《发挥开发性金融功能作用，助推"百千万工程"加力提速》，开行粤章，2024年5月25日，https://mp.weixin.qq.com/s/8afM4_o0_YYp32FtXncsLg。

100亿元专项债券，支持县域地区水利工程建设，撬动超过3300亿元项目投资规模。

2. 助力美丽圩镇与和美乡村建设

一是助推美丽圩镇建设。在农村生活污水治理、垃圾处理、能源产供储销、清洁能源开发利用等配套基础设施建设领域，持续加大信贷支持力度。积极引导信贷资源向国储林、海上风电、抽水蓄能等领域倾斜。如全国6个首批签约之一的国家开发银行中山市生态环境治理与产业融合发展EOD项目①，授信额度为18.62亿元，为广东首例②。二是助力拓展县镇村发展空间。通过建立"百千万工程"项目用地"指标池"，推进全域土地综合整治扩面提质。2024年，全省42个试点已完成投资650亿元，整理农用地6.8万亩、建设用地4.7万亩、盘活农村存量建设用地近6.2万亩③。三是持续改善乡村居住环境。广东积极推动绿色金融发展，助力美丽广东生态建设。截至2024年末，绿色贷款余额达到3.7万亿元，同比增长18.9%。通过碳减排支持等政策工具，广东支持发放优惠利率贷款1236亿元④，推动乡村生态环境可持续发展。

3. 助力农业产业高质量发展

一是深度支持现代农业产业园建设。围绕全省22个国家现代农业产业园、84个国家农业产业强镇⑤，各级金融主体综合运用信贷、债券、股权、租赁等多种融资渠道，推行"一县一园一金融服务方案"，以差异化资金服务解决企业"贷款难、贷款贵"问题。二是积极支持特色产业集群建设。立足化橘红、陈皮、海洋牧场、客家预制菜四大重点产业，打造乡村振兴专属融资平台，将资本运营与特色产业发展相结合，推动地方经济高质量发展。如为海洋牧场产

---

① EOD，即Ecology-Oriented Development，生态环境导向的开发模式。

② 郑秀亮：《全国首批，广东首个美丽中国建设重点项目签约》，《中国环境报》2025年1月16日。

③ 《我省"百千万工程"集成式改革取得成效 为县镇村高质量发展注入强劲动力》，《南方日报》（网络版），2024年10月23日，https：//www. gd. gov. cn/gdywdt/zwzt/bxqzwc/gzbs/tjtzjzgg/content/post_4512379. html。

④ 《广东绿色贷款余额突破3.7万亿元，绿色金融助力低碳转型》，《中国证券报》2025年2月14日。

⑤ 《广东产业发展带活县域经济》，中国经济网，2025年2月22日，https：//baijiahao. baidu. com/s? id=1824709117474577791&wfr=spider&for=pc。

业主体授信 5.16 亿元，为种业产业主体授信 2.51 亿元，有力地支持了重点产业及重点县域的发展①。三是金融赋能农村一二三产业融合。运用"实验主体贷"和"乡村振兴贷"等新产品，推动英德红茶、徐闻菠萝、西牛麻竹笋、新会陈皮等农产品相关产业，由单一种植生产向育种、培育、生产、包装等全过程进行优化。如全国首支省级预制菜产业投资基金体系，规模 45.02 亿元，促进食品生产—加工—销售的一体化②。同时金融机构通过拓展"广东民宿贷"③"文旅贷"产品等覆盖生态旅游、森林康养、休闲露营等新业态金融服务场景，助推地方乡村文旅产业高质量发展。

（四）农村金融生态更加优化

1. 涉农政策服务体系逐渐健全

全省先后发布了《广东省金融支持"百县千镇万村高质量发展工程"工作方案》《关于金融支持"百县千镇万村高质量发展工程"促进城乡区域协调发展的实施方案》《关于实施粤东粤西粤北地区"金融倍增工程"促进区域协调发展和共同富裕的意见》等系列政策，协同中央《关于开展学习运用"千万工程"经验加强金融支持乡村全面振兴专项行动的通知》等文件，认真落实《乡村全面振兴规划（2024—2027 年）》，配套出台金融支持县镇村相关政策文件 70 余份，形成了"百千万工程""1+N+X"政策体系④。广东成立"百千万工程"实体化工作金融专班、金融支持"百千万工程"专项工作领导小组，进一步提升了县镇村金融供给适配性，调动金融"活水"。

2. 金融信用体系建设逐步深化

为破解银企信息不对称、抵质押物不足等融资难题，广东进一步深化信用

---

① 广东股交中心：《广东区域股权市场助力乡村振兴持续发力！奏响广东金融支农新篇章，积极助力"百千万工程"》，广州金融业协会网，2025 年 1 月 26 日，https：//mp. weixin. qq. com/s/7xpInp7iyf6qmGj-DH9J8A。

② 广东恒健投资控股有限公司：《聚力服务"百千万工程"，广东省农业供给侧结构性改革基金的先行实践》，《南方杂志》，2024 年 7 月 15 日，https：//baijiahao. baidu. com/s? id＝1804635123424620922&wfr＝spider&for＝pc。

③ 《未来五年，广东文旅获百亿元意向性融资支持》，人民资讯网，2024 年 4 月 7 日，https：//c. m. 163. com/news/a/IV6R1IHG0530QRMB. html。

④ 《助力新质生产力！看广东金融如何写好高质量发展答卷》，金羊网，2024 年 10 月 26 日，https：//news. ycwb. com/2024-10/26/content_53020555. htm。

村"整村授信"多元应用体系建设。线上联合省发展和改革委员会、省农业农村厅等部门与各大金融机构形成信用联合体；线下借力"金融助理"和"金融村官"，以"大数据+熟人评价+走家串户"的方式推进"一村一授信"。截至2024年上半年，1.12万个行政村获得"整村授信"4659亿元①。

3.金融人才下乡深入推进

结合"千人驻镇助力乡村振兴行动"，大力实施金融人才下乡工程，选派银行干部、金融助理到市、县和各地乡镇交流挂职，奔走田间地头提供"融资+融智"服务。先后协调组织全省农商行与1835个乡镇党委、1.85万个行政村党支部结对共建，派驻乡村金融特派员3.38万名，加速金融资源、服务、人才要素向镇村配置②。

二　金融支持乡村全面振兴存在的问题与短板

2024年，广东金融支持推进乡村振兴取得了显著成效，但对标推进乡村全面振兴的新形势与新要求，仍面临金融资源分布不平衡不充分、金融服务适配度有待提升、金融支持体系有待进一步完善等问题。

（一）金融资源分布不平衡不充分

一是城乡金融资源分布不平衡。截至2024年12月，全省金融机构持有金融许可证网点总数为20803个③，其中，城市金融机构网点数为14075个，占比67.7%；农村金融机构④网点数为6728个，占比32.3%；农村金融机构网点密度（0.81个/公里²）远低于城市金融机构（2.37个/公里²）⑤，农村金融

---

① 黄颖琳、戴曼曼、程行欢：《广东高效推动"整村授信"，"贷"动乡村全面振兴》，广东县域经济研究与发展促进会，2025年1月5日，https：//mp.weixin.qq.com/s/V4EiPnvUSn_1ea7FwWF-QQ。

② 广东省农业农村厅：《广东驻镇帮镇扶村成效几何？》，广东省农业农村厅网站，2024年8月21日，http://www.yangdong.gov.cn/yjjydnync/gkmlpt/content/0/806/mpost_806418.html#1238。

③ 根据国家金融监督管理总局发布的相关数据整理获得。

④ 包括农村合作机构，涉农金融机构中的农村信用社、农村商业银行和农村合作银行；新型农村机构，涉农金融机构中的村镇银行、贷款公司和农村资金互助社。

⑤ 根据广东省统计局发布的相关数据整理计算。

服务可得性和便利性有待提升。二是农村金融资源供给不充分。自 2015 年以来，广东农村合作机构本外币贷款余额占各项贷款余额比重整体呈下降趋势（见图 3），从 2015 年的 12.05% 下降到 2024 年的 10.53%。同时，2022~2024 年，农村合作机构本外币贷款余额增速逐年下降，低于同年度金融机构本外币贷款余额增速，金融资源流向农村地区流速相对下降，金融机构对农村发展的信贷支持力度仍需深化。

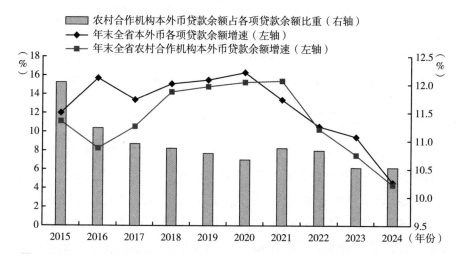

图 3 2015~2024 年广东农村合作机构本外币贷款余额增速及其占全部贷款余额比重

资料来源：数据由作者根据历年广东省国民经济和社会发展统计公报公开数据整理计算。

（二）金融服务适配度有待提升

一是金融产品与农村多元化融资需求不相匹配。当前广东省农村金融机构仍以基本的存贷业务为主，但由于农民的宅基地使用权、土地使用权、耐用消费品等"沉睡资产"还未充分激活释放，因此农民缺少合适的资产抵（质）押物，降低了农村金融机构扩展业务的积极性。2024 年，农村合作机构存贷比不足71%，低于全省金融机构存贷比（77%）①，农村地区资金利用效率较低，难以满足农村多元化的金融需求。二是农村金融服务模式有待创新。从贷款对象看，

————————
① 根据广东省统计局发布的相关数据整理计算。

农户小额普惠贷款发放较多，而对小型农业合作社、家庭农场等新型农业经营主体的投放不足。在农村人居环境整治、生态修复等领域缺乏长期低息专项债支持，部分项目依赖财政拨款，金融工具创新力度仍需深化。"保险+期货"等创新模式虽在部分地区试点成功，但在全省范围内的推广仍面临政策支持不足、市场认知度低等问题。三是投融资渠道有待进一步拓展。尽管广东不断创新 PPP 模式和 EOD 模式，引导社会资本参与支持乡村振兴产业发展，但基于政策激励不足、回报周期长和风险溢价高等原因，社会资本和金融部门的内生动力未能被有效激活。2024 年，省级财政设立的"百千万工程"保障专项资金投入 114 亿元，较 2023 年减少 41 亿元①。在财政资金由过去的相对宽松转为相对稀缺的情况下，进一步拓宽金融资源投向农村地区的渠道也将面临较大挑战。

（三）金融支撑体系有待进一步完善

一是金融政策与其他政策协同性有待提升。广东在更好发挥财政和金融作用方面做出了一系列有益尝试，但主要依靠国有产业基金与风投创投、商业银行、保险公司等传统金融机构的协同，缺乏更大范围的资源系统整合。如"政银保担"合作机制在实际操作中仍面临部门间协同性低、信息共享不足等问题。此外，珠三角地区企业逐渐向粤东西北地区产业园转移，但部分承接地园区的产业政策定位不清晰，且政府引导基金撬动效应较低，财政政策、金融政策与产业政策的联动效应仍需加强。二是投融资体制机制改革有待深化。乡村振兴战略的实施需要大量资金投入，但目前农村地区仍缺乏具有吸引力和可操作性的投资项目抓手。如乡村基础设施建设、环境整治等项目普遍具有前期投入大、回报周期长、不确定性因素多的特点，金融机构在前期项目评估、中期风险管理和后续跟踪方面面临诸多困难。同时，农村投融资的平台载体建设仍不完善，特别是粤东西北地区农村产权交易平台和评估机制不健全，影响了农村资源要素流转，导致社会资本和长期金融资源流入农村的动力不足。三是农村金融生态环境亟待进一步优化。广东农村金融基础设施不断优化，特别是在数字金融基础设施方面成效显著，但仍存在农村数据采集渠道不健全、各部门之间存在信息壁垒等问题。现有农村征信系统的信息覆盖面有待进一步扩

---

① 根据广东省财政厅发布的相关数据整理获得。

展，产权保护、市场准入、公平竞争等市场基础制度需进一步完善，土地、金融、数据等领域制度规则有待健全。

三 金融支持乡村全面振兴的新形势与新需求

2024年12月召开的广东省金融系统会议明确提出，要进一步开创金融服务经济高质量发展和建设金融强省的新格局。当前广东农村金融改革创新进入新发展阶段，正逐步从"扶贫金融"向"普惠金融+产业金融"转换、从政府主导向"政府引导+市场运作"转换、从传统扶持向"科技赋能+场景应用"转换，这就要求金融机构进一步优化资源配置、服务资本下乡，为更精准地推进乡村全面振兴战略、加快农业农村现代化进程，提供高效的资金保障。

（一）新时代农业农村发展新形势，需要金融服务进一步下沉聚焦

乡村振兴，离不开金融服务下沉。《国家金融监督管理总局办公厅关于扎实做好2025年"三农"金融工作的通知》（金办发〔2025〕44号）明确提出，要深化金融体制机制改革，持续增强"三农"重点领域金融供给，持续改善各领域金融服务质效。一是乡村产业振兴提质增效，需要金融赋能。当前，广东农业生产呈融合化、智能化、绿色化、定制化、品牌化发展态势，催生"农业+人工智能+旅游+教育+康养"等多元新兴业态不断涌现，一二三产业融合发展，亟待金融赋能"新产业"赛道转换，进一步拓展产业链、供应链金融辐射"半径"。二是培育发展农村新质生产力，需要深化金融赋能。特别是广东种业技术创新以及农业机械技术自主创新，两大颠覆性科技创新领域融资需求旺盛，需要金融机构给予更加精准、综合、长期的服务体系支撑，助力攻克解决"卡脖子"关键技术。三是新型农业经营主体多样化资金需求，需要进一步深化金融支持。根据广东省农业农村厅《2024年全省新型农业经营主体发展报告》，截至2024年6月，全省注册家庭农场、农民合作社、农业企业等新型经营主体合计24.35万家。新型农业主体的长期性、多元化发展资金需求，要求农村金融产品要从单一的小额短期贷款向交叉性创新性金融产品转变、从传统"存、贷、汇"向满足生产消费理财等综合性需求扩展。

（二）"百千万工程"深入推进，需要金融进一步优化资源配置

当前，广东正以"头号工程"力度，深入推进"百千万工程"走深走实。县城是新型城镇化的重要载体，乡镇是联城带村的关键节点，村域是实现乡村振兴的基本单元。抓好"百千万工程"的核心关键，就是要以强县促镇带村为发力点，整合调动创新资源，破解广东城乡区域发展不平衡难题。这就要求广东金融机构要进一步优化"县—镇—村"三级联动的金融服务体系，深度统筹好县的优势、镇的特色和村的资源，激发县、镇、村经济发展活力。一是在县域层面，就是要聚焦县域的载体枢纽功能，结合县域经济发展特色，深化产业链供应链金融，以金融一县一策、一县多品，精准服务县域现代农业产业园、特色产业集群发展和县域基础设施建设，统筹服务好产业兴县、强县富民和县城带动三大任务。二是在镇域层面，就是要聚焦乡镇联城带村、承上启下的重要节点功能，畅通新型农业主体投融资渠道，精准服务美丽圩镇建设、"一镇一业"产业发展等，通过资金高效配置激发镇域聚人聚商聚产，为把乡镇打造成为"服务农民的区域中心提供资本助力"。三是村域层面，就是聚焦兴村这个基本单元，进一步做好数字普惠金融下沉服务，通过构建覆盖到户的基础金融服务体系，推进和美乡村建设和富民兴村产业发展，支撑"百千万工程"实现"万村焕新"。

（三）全面助力乡村振兴的系统推进，需要进一步优化金融发展环境

推进乡村全面振兴是一项系统工程。从实施主体看，需要政府引导、市场运作、群众参与、共建共享。从建设内容看，需要进一步改革赋能、激活市场，有序推进"五大领域"振兴均衡发展。从要素支撑看，需要资金、技术、人才、土地、政策等协同发力、统筹推进。这也为新时代背景下金融支持广东乡村全面振兴提出了新要求。一是要求在政策支持上做好协同。进一步做好财政、金融、产业、规划等多维政策的衔接与联动，通过发力调整和配套互补形成政策合力，构筑财政优先保障、金融重点倾斜、社会积极参与的多元投入格局。二是聚焦支持城乡要素有序流动。通过盘活农村集体资产资源、加强农村信用体系建设等路径，聚力打破要素流动障碍，推进城乡土地、劳动力、社会

资本、信息数据等资源配置一体化，激励引导更多发展要素"进村入乡"。三是要求做好风险把控，营造良好金融环境。乡村振兴发展涉及投资主体多、资金量大、期限长，这就需要金融机构要进一步强化外部市场监测和合规监管，优化风险防控体系，及时预警与处置潜在的风险点，提升农村金融机构的整体规范性与持续发展能力，打造良好的金融发展生态。

四　广东金融支持推进乡村全面振兴的思路与政策建议

（一）构建层次多元、特色适配的农村金融服务体系

1. 建立多元资金保障机制

一是强化财政资金引导作用。在严控地方政府隐性债务的前提下，强化"省级统筹+市县协同"的财政联动，强化涉农资金统筹整合，重点推进粤港澳大湾区涉农资金与粤东西北生态补偿资金统筹使用，解决乡村振兴领域重大项目投融资需求。二是推动社会资本高效投入。充分发挥广东省农业供给侧结构性改革基金作用，鼓励粤东粤西粤北地区设立生态农业发展子基金，吸引社会资本落地更多重点投资项目。三是继续推进"百社联百村——助力百千万工程"专项行动，引导行业组织高效开展农业生产技术培训、资源对接、战略咨询、民间投资等服务，探索社会资本与村集体合作共赢模式。

2. 深化"县—镇—村"三级金融服务网络

一是聚焦县域金融需求，探索高效服务模式。强化对全省"一县一园"县域产业发展的中长期资金支持，在15个"百千万工程"示范县推行"金融链长制"，围绕产业链打造、绿美生态县域建设做好金融服务。二是以镇村金融需求为导向，精准产品服务供给。聚焦乡镇土特产农业特色发展需求，设立镇村"百千万工程"特色网点，按照"一镇一服务方案""一村一服务清单"，通过"金融特派员、金融顾问+基层组织"联动，积极挖潜镇村有效金融需求，并借助村级惠农点，引导省市国有企业以及市场化优质承贷主体与镇村新型农业主体开展合资合作，提升融资专业化水平。

3. 推进多层次的金融市场体系建设

一是银行金融机构要进一步强化分工协作，建立伙伴式产融关系。持续提

升大中型商业银行综合金融服务能力，加强农村中小银行机构深耕当地、支农支小，突破县域金融服务短板。二是保险机构进一步加大对县域市场的资源投入。积极探索银行、保险和政府担保的长效合作机制，健全利益共享、风险共担机制。三是进一步完善农村资本市场功能，依托广东股权交易中心乡村振兴板，打造"上市苗圃—并购重组—债券融资"全周期服务体系。支持广州期货交易所研发碳汇衍生品，探索红树林蓝碳金融交易机制。最终实现在保险、担保、租赁、证券、期货期权等领域形成全面协同合作机制。

（二）聚焦重点领域关键环节，创新产品和服务模式

1. 金融服务再精细，全力保障重点领域金融需求

一是深化农村基础设施建设金融支持。加大对农村地区分布式新能源、重点村镇新能源汽车充换电设施等项目建设的金融支持，支持珠三角地区发行基础设施领域 REITs 金融产品。二是加大乡村产业高质量发展资金投入。围绕"茶罐子""果盘子"等特色集群，发展"龙头企业+产业基地+合作社+农户+行业协会+农服机构"链式融资，试点"银行+保险+期货+基金"等组合工具，进一步扩大地标农产品全生产周期的金融匹配。在沿海地市探索设立海洋金融"蓝色网点"，强化现代化海洋牧场专属金融服务。三是创新支持乡村建设金融服务。立足乡村建设提质升级，加强对农村厕所革命、"赤膊房"美化等领域资金支持。探索集体经营性建设用地入市的金融支持方式，优化"高标准农田建设+农业经营+土地流转"等融资模式，助力农业基础设施建设。

2. 金融资本再下沉，提升农村普惠金融精准度

一是持续延伸覆盖到户的基础金融服务。支持银行机构绘制农户贷款生态图谱，用好"信贷资本+龙头企业资本+重点项目"模式，优化"网点+自助银行+惠农通服务点+线上服务+流动服务"渠道，持续延伸乡村金融服务触角。完善农业保险基层服务网点建设，加强政府性融资担保体系市县机构建设，鼓励小额贷款、融资担保、融资租赁、商业保理等地方金融组织，结合地方需求提供融资融智融商服务。二是加大对关键领域产业链上下游小微企业支持力度，开发推广适合新型农业经营主体的专属信贷产品，增加首贷、信用贷、无还本续贷业务，探索建立"广东候鸟老人"康养金融服务站。深化开展知识产权质押融资服务，加大对小微企业科技运用和"专精特新"发展的

支持。

3. 金融机构再转型，大力发展农村数字金融

一是加强"三农"数据归集。依托全省数据资源"一网共享"平台建设，推进发改、住建、民政、社保、自然资源、农业农村、市场监督、税务、气象等部门数据汇聚与共享，探索建设"粤农数脑"大数据平台。二是进一步提高农村手机银行、数字支付普及率。依托省联社"户户通"以及"惠农通""裕农通"等国有银行普惠金融工程，大力推进农村线上信贷、担保、保险服务。建设移动支付示范镇，鼓励农户开立数字钱包，实现农村金融服务"家中办""随时办""指尖办"。三是进一步丰富农村数字金融场景应用。鼓励金融机构以"金融+场景+科技"为抓手，主动服务县镇村群众生产经营生活各领域，开发"智慧医疗""智慧公交""智慧商超""智慧养老""智慧食堂"多种"金融+"智慧便民场景。

（三）畅通涉农投融资渠道，盘活农村各类要素资源

1. 整合政银企多方资源，推进多维政策体系联动互补

一是深化政策联动协同。在纵向上，进一步推进省、市、县涉农资金整合，通过政策集成推动资源集聚、项目互补，提升财政支农政策效益。横向上，强化金融、财税、产业等政策联动配合，建立"财政资金统筹+金融资源跨区配置"机制，实施珠三角金融机构对口支援粤东西北"金融飞地"计划。二是整合多方资源，推广"政银企村户"共建模式。推广"千企兴万村"2.0版，建立"国资领投+民企跟投+村集体参股"的联农带农机制，撬动多方资源推进产业发展联村共建。三是建立"项目清单+金融机构+行业协会"协同模式。建立"百千万工程"项目清单向金融机构推送机制，发挥广东省金融支农促进会等行业协会作用，为金融机构实现服务对接提供便利。

2. 赋能农村改革创新，盘活农村闲置资源资产

一是用好现有产权交易平台。继续用好"粤农交"等农村产权流转交易平台载体，有效激活村集体沉睡资金、闲置资产，进一步促进乡村人才、资源和项目信息无缝对接。二是完善农村资产抵质押配套机制。做好与农村承包土地经营权、农民住房财产权"两权"抵押贷款试点的衔接工作，有序推进农村集体经营性建设用地、林权入市改革，建立健全抵押、流转、评估服务机

制。深化农业设施装备、存货、畜禽水产活体等抵质押，进一步满足新型农业经营主体多样化融资需求。三是继续试点和探索建立村级产业发展"共富基金"①，选取优质项目，打造更多"亿元村"，推动新型农村集体经济高质量发展。

3. 深化投融资服务平台，做好载体支撑

一是深化广东"乡村振兴板"建设，进一步优化"孵化培育+政策匹配+融资对接+知识产权+金融路演+股改规范+上市辅导"全链条综合金融服务。二是进一步推进省级金融服务平台建设。支持"中小融""粤信融""信易贷"等金融服务平台开设"百千万工程"专区，加快省农业保险综合信息平台建设，完善省农村产权流转交易管理服务平台系统功能，加快推广应用"农融通"平台，引导金融机构依托平台开发涉农专属金融产品。三是支持引导各地市金融服务平台建设。继续深化乡村振兴金融服务平台②和"百千万工程"金融服务平台③建设，通过联通政府数据、公开数据和商业数据，破解银企信息不对称难题，为中小微企业打造专属特色金融产品。

（四）深化风险防控与金融文化赋能，营造良好金融生态

1. 深化科技赋能，进一步完善金融风险监管体系建设

一是建立金融支持和乡村振兴智能风控管理体系。将人工智能数据挖掘、物联网等技术广泛运用到农业产业生态图谱绘制、全产业链客户需求识别、乡村信用评定、抵（质）押品管理、涉农信贷风险前瞻性预警等环节，全面赋能乡村产业金融服务提质增效，建立智慧风控管理体系，提升风险防控前瞻性和精准性。二是持续推进中小金融机构改革化险，组合运用在线修复、兼并重

---

① 《盘活农村集体闲置资金！佛山禅城在全省率先成立"百千万工程"发展聚富金》，羊城派，2024 年 11 月 19 日，https：//baijiahao. baidu. com/s？id=1816150090938249245&wfr= spider&for=pc。

② 《广州金融发展服务中心印发广州乡村振兴金融服务平台相关工作指引，全面推进金融服务"百县千镇万村高质量发展工程"》，广州市地方金融监督管理局网，2023 年 3 月 17 日，https：//jrjgj. gz. Gov. cn/gkmlpt/content/8/8869/post_8869288. html#1129。

③ 《珠海市推出四大核心举措　构筑全方位多层次金融服务矩阵　金融支持"百千万工程"全面加力提速》，珠海市人民政府网，2024 年 10 月 26 日，https：//www. zhuhai. gov. cn/gkmlpt/content/3/3724/post_3724437. html#1638。

组、收购承接、市场退出等处置策略，稳妥推进村镇银行结构性改革，加大不良贷款处置力度，加快完善内部治理，提升经营和风控能力。

2.打击非法金融活动，营造良好农村金融发展环境

一是坚决查处金融违法违规行为，严厉打击农村地区高利贷、金融诈骗、非法集资等各类非法金融活动，加强电信网络诈骗"资金链""套路贷"精准治理，保持打击农村中小银行逃废债高压态势，坚持严肃监管问责，维护农村地区金融安全稳定。二是努力营造良好金融生态环境。加强农村金融消费者权益保护。创新农村地区防范非法集资宣传教育模式，完善司法救助机制，切实维护农村金融消费者合法权益。依法依规对农村地区严重失信主体采取公开曝光、行业市场禁入、限制高消费等惩戒措施，推动形成"守信受益、失信受限"的社会氛围。

3.积极培育中国特色金融文化，为全面推进乡村振兴凝聚力量

一是引导各类农村金融机构树立正确的经营观、业绩观和风险观。深入学习领会习近平总书记关于金融工作的重要论述，坚持金融工作的政治性、人民性，以做好"五篇大文章"为"三农"领域提供高质量金融服务。二是做好政治体检，深化金融反腐机制建设。引导金融机构强化内控建设，坚持依法经营、合规操作。聚焦选人用人、授信审批、不良资产处置、业务招待、大额采购等腐败易发多发领域和重大环节，开展全面排查，制定防控措施，抓好风险防范。强化经营管理，精准发现、从严处理不作为、乱作为、权力观扭曲、政绩观错位等隐形变异问题，严厉打击金融犯罪、惩治震慑腐败问题，筑牢金融法治屏障，保障群众利益。

B.9
2024年广东农文旅融合发展报告

邹开敏*

摘　要：　2024 年，广东围绕农文旅融合高质量发展，深入挖掘乡村资源潜力，不断丰富农文旅新业态和新模式，深入开展农文旅数字化提升行动，精心打造优质农文旅品牌，激发多元消费活力和乡村振兴内生动力。与此同时，广东农文旅融合仍然存在资源的整体利用率不高、农文旅融合专业人才缺乏和相关配套软硬件设施不足等多重困境。未来，广东要继续加强顶层设计，统筹和规划农文旅融合创新发展；深挖文化内涵，塑造农文旅融合产品核心吸引力；强化链条建设，推动"延链""补链""强链"跨界融合；吸引人才下乡，积极打造农文旅融合发展生力军；完善配套服务，加强农文旅融合软硬件设施建设，提升乡村旅游的活力与动力，推动广东农文旅融合高质量发展再上新台阶。

关键词：　农文旅融合　乡村旅游　"百千万工程"　广东省

　　2024 年的中央一号文件对新时代乡村振兴作出了新部署，提出"促进农村一二三产业融合发展。坚持产业兴农、质量兴农、绿色兴农，加快构建粮经饲统筹、农林牧渔并举、产加销贯通、农文旅融合的现代乡村产业体系，把农业建成现代化大产业"。① 农文旅融合作为全面推进乡村振兴的有效途径和重要抓手，是"乡村产业+乡村空间环境+文化旅游"的深度融合，在培育乡村新产业新模式新业态、推动一二三产业高质量发展、建设宜居宜业美丽乡村等

---

　*　邹开敏，广东省社会科学院环境与发展研究所副研究员，主要研究方向为文化旅游经济、乡村旅游。

　①　《中共中央 国务院关于学习运用"千村示范、万村整治"工程经验 有力有效推进乡村全面振兴的意见》中华人民共和国中央人民政府网，2024 年 1 月 1 日，www.gov.cn/gongbao/2024/issue_11186/202402/content_6934551.html。

方面具有重要的价值意蕴，也是当前我国促消费、扩内需、拉动经济增长的重要力量。广东农业资源丰富、文化资源独特，推动农文旅融合发展具有深厚的基础和独特的优势。随着农文旅融合发展的不断推进，其创新实践在广袤的南粤乡村层出不穷，形成了丰富多样的典型案例和生动样本。但是，农文旅融合并非农业、文化、旅游三者之间的简单相加，而是三者的有机结合，从而真正发挥其促进农业多元化发展、激活地域文化和拉动经济的效用。在推进乡村全面振兴时代背景下，亟须深入挖掘、充分发挥农文旅深度融合在赋能乡村振兴方面的各项功能，推动广东农文旅融合发展再上新台阶，实现农文旅资源高效整合、产业优势互补，达到"1+1+1>3"的更大效益，为助力实施"百千万工程"、促进城乡区域协调发展做出新的贡献。

一 广东农文旅融合发展现状与特征

广东既是经济大省，也是文化大省、旅游大省、农业大省。广东农文旅融合具有得天独厚的优势：一方面，特色农业资源丰富，四季可游览时间较长，分布于全省各乡村的文化历史资源内涵层次丰富，独树一帜；另一方面，广东人口众多，外加毗邻港澳地缘优势，经济发达，消费市场广阔，是农文旅融合发展的强大支撑力和推动力。

（一）2024年广东农文旅融合发展态势与成效分析

2024年是广东"百千万工程"实现全面突破的关键一年。广东以"百千万工程"为牵引，坚持旅游综合带动、文化塑形铸魂，推进农文旅融合发展，大力发展休闲农业和乡村旅游，激发乡村振兴内生动力，助力乡村振兴。2024年，广东接待乡村游客5.1亿人次，同比增长11.3%，占全国乡村旅游接待规模的1/6；实现乡村旅游收入3798.7亿元，同比增长22.5%（见图1和图2）。2024年，全省推动1.64亿辆次自驾车进乡村和景区，超额完成年度1.5亿辆次的预期目标①。

2024年，广东农文旅融合发展迅速，认定了152个省文化和旅游特色镇（入库级）、106个省文化和旅游特色村，投入1000万元择优培育10个文化和

---

① 《广东去年旅游总收入1.1万亿元》，《南方日报》2025年1月25日。

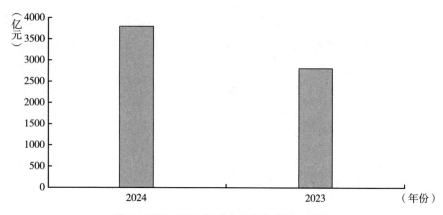

图 1　2023~2024 年广东乡村旅游收入情况

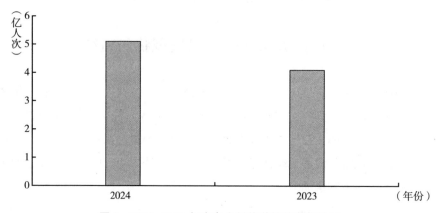

图 2　2023~2024 年广东乡村旅游接待游客情况

旅游特色镇（创先级），培育了 10 条全国乡村旅游精品线路、12 条全国二十四节气美食旅游线路、39 条省级美食旅游精品线路。推出了 200 条乡村旅游精品线路，创建了 45 个全国乡村旅游重点村、6 个全国乡村旅游重点镇、259个广东省文化和旅游特色村、50 个广东省旅游风情小镇。[①] 2024 年 10 月，广东公布了首批 18 个文化产业赋能乡村振兴省级试点（见表 1）。为全方位激活乡村发展新动能，广东作出了整县推进农文旅融合发展的决策部署，首批选择环广州南昆山—罗浮山区域、江门开平—台山、清远清新区—清城区南、梅州蕉岭县等 11 个地方开展整县推进农文旅融合发展试点。

---

① 《广东：文化强省和旅游强省建设跑出"加速度"》，《中国文化报》2025 年 2 月 5 日。

表1 广东省文化产业赋能乡村振兴省级试点

单位：个

地级市	区县
广州市（3）	黄埔区
	增城区派潭镇
	番禺区沙湾镇
佛山市（2）	高明区
	山水区白坭镇
梅州市（2）	大埔县
	梅县区雁洋镇
东莞市（1）	茶山镇
江门市（1）	开平市
茂名市（2）	高州市
	信宜市钱排镇
肇庆市（2）	封开县
	怀集县下帅乡
清远市（2）	连州市
	连山壮族瑶族自治县
潮州市（2）	湘桥区
	潮安区凤凰镇
云浮市（1）	新兴县

2024年，广东各地积极加快培育乡村新产业新业态，推动乡村产业全链条升级，农文旅融合为广东各地的乡村振兴持续注入新动能。广州积极推动"农文旅赋彩乡村盛景"，白云区聚焦农业全产业链发展，从现代种养、观光休闲、冷链加工、科研种质等方面打造千亿级现代农业产业集群；增城区积极发展增城丝苗米、增城荔枝、增城迟菜心等优势特色农产品，全面推动首批12条典型村发展；白山村依托新乡村示范带建设，建成白山村景观主轴绿道慢行系统，推出"山水白山"精品农文旅路线。① 惠州近年来深入推进农村一二三产业融合发展，大力提升典型村产业发展、基础设施、绿化美化等建设水平，启动建设汝

---

① 《农文旅融合共富广州乡村！广州举办都市现代农业暨"百千万工程"典型招商引资引智活动》，中华人民共和国农业农村部官网，2024年6月24日，http://www.moa.gov.cn/xw/qg/202406/t20240624_6457729.htm。

湖、良井、泰美等7个三产融合示范镇，创建13条乡村振兴示范带，高标准高水平推进环南昆山—罗浮山县镇村高质量发展引领区建设，打造三产融合发展样板。① 江门农文旅业态日益丰富，打造了乡村绿廊、都市农业生态园等精品旅游线路，东南村、乌纱村获评市乡村旅游示范村，带动全区接待游客人数增长超200%、旅游收入增长超350%。开平市在连线成片推进县域农文旅资源融合发展方面取得较好成效，2024年，在建重点农文旅项目66个，完成投资36.31亿元，开平借鉴工业园区模式构建产业平台，规划建设了世遗风韵农文旅融合发展产业园。② 云浮打造了南药养生健康之旅、乡村生态康养之旅、古韵休闲"乡约"之旅3条广东省乡村旅游精品线路，将特色农业农产品融合到吃、住、游、购、娱等各环节，促进农民增收创收。中山打造出了南朗街道崖口村、三乡镇雍陌村、五桂山街道桂南村等一批网红村，大涌镇安堂社区通过"吃住游研学"全方位发力，探索出乡村产业融合发展新业态，实现了"村企赋能"推动乡村振兴；板芙镇里溪村则以农文旅的深度融合为引擎，通过大力发展休闲旅游、研学旅游、红色旅游，推动乡村文旅新业态发展。③ 湛江的农文旅融合趋势日益明显，建成了多个国家级、省级的农业休闲生态旅游示范点，如马六良、杨桃沟等。广东北部湾农旅产业园的火龙果灯光秀、徐闻菠萝的海已成为湛江农文旅融合发展的亮丽名片。湛江还举办了中国农民丰收节、菠萝文化节、火龙果采摘节、红橙文化节、荔枝节、金鲳鱼丰收节等特色节庆活动，探索出了一条农产品、民俗等相结合的农文旅产业融合发展之路。

（二）2024年广东农文旅融合发展特征

广东深度挖掘乡村文化资源，推进"乡村+节庆""乡村+非遗""乡村+文创""乡村+演艺""乡村+游乐"等文化和旅游业态融合，推动传统村落、历史建筑、文物古迹、非物质文化遗产等文化资源融入乡村旅游产品及线路，农文旅融合得到快速发展。

---

① 《惠州积极建设和美乡村大力培育典型村，推动优势特色产业发展》，《惠州日报》2025年1月3日。
② 《广东：抓住产业根本 推动县镇村高质量发展》，《南方日报》2025年2月6日。
③ 《两会前奏｜网红村频频出圈，中山凭什么？》，中山网，2025年1月15日，https://www.zsnews.cn/news/index/view/cateid/35/id/744915.html。

1. 资源利用得到加强，农文旅融合新模式新产品频现

一是农业资源的深度挖掘，各地充分立足当地农业资源禀赋，发展壮大特色农业产业，例如增城的丝苗米、云浮的南药、河源的油茶、湛江的生蚝等，发展特色农产品种植、养殖，为农文旅融合提供了产业基础。在加工和销售农产品的过程中，开展农业观光、采摘体验等活动，延伸了农业产业链，还提升了这些特色农产品的附加值，如梅州五华县的双华镇在三华李产业的基础上，创新举办"李花旅游文化节"，打造"春赏花、夏摘果"乡村旅游品牌，走上一条农文旅融合发展的致富路。二是文化资源的整合利用，各地深入挖掘乡村文化资源，包括农耕文化、民俗文化、红色文化、华侨文化、养生文化等，并将其融入旅游项目中，例如江门开平立足华侨文化，丰富"碉楼游"形式，联合"塘口优品"打造碉楼民宿、"微笑乡村"、生态农场等新业态农文旅项目。三是旅游资源的进一步开发利用，各地不断通过改善乡村的基础设施和服务设施，打造乡村文旅消费新场景新空间，提升乡村景区的吸引力和接待能力，如清远鼓励和支持村集体和农民盘活利用农村闲置宅基地和闲置农房变身精品民宿，汕尾通过"蓝海豚6"高速客船的穿梭衔接大力发展"跳岛游"等。

2. 科技赋能效果凸显，农文旅融合发展水平不断提升

一是农业生产科技化水平不断提高。近年来，广东各地不断推进农业现代化进程，不断加强科技在农业生产中的应用，大大提高了农业生产效率和农产品质量。例如，江门市新会区构建了"大基地+大加工+大科技+大融合+大服务"五位一体的陈皮产业园，推动传统的陈皮种植向精深加工、科技创新、文化旅游等领域拓展；云浮郁南县通过创建郁南黄皮科技小院，创新和改良种植技术，研发黄皮果汁、黄皮饼等深加工产品，进一步提升了黄皮的附加值。二是旅游服务智能化水平不断提升。借助数字技术的有效运用，广东持续打造出了一批多元化的智慧景区数字服务，培育出了大批智慧文旅新产品、新业态、新场景，如构建"开平碉楼数字化展示平台"，游客只需点击相应的模块，就可近距离欣赏建筑之美，还可通过VR沉浸式体验碉楼内部场景，感受开平碉楼的独特魅力。2024年9月，作为全国首个乡村旅游服务平台的广东乡村旅游服务平台"真乡"正式上线，进一步提升了广东农文旅融合发展水平。

3.宣传推广持续强化,广东农文旅融合品牌加速出圈

一是强化线下宣传,提升乡村旅游新形象。举办2024年广东文旅推介大会(含旅博会)、"游乡村 促消费"广东省文旅赋能"百千万工程"主会场活动、"粤式新潮流"广东文旅消费新业态热门场景推介交流会等系列活动,对广东农文旅旅游产品进行展示和宣传推介,提升知名度和影响力,为县镇村文旅项目招商引资、区域协作交流搭建了平台。二是强化线上宣传,与抖音等新媒体平台合作,开发"农产品直播+旅游实地体验"项目,如茂名市"千名网红直播 万名游客打卡"活动,通过线上直播与网友共赏荔枝花海,推动地方农旅结合持续发展。近两年以潮汕英歌、佛山醒狮为代表的"非遗+演艺"乡村文化旅游宣传持续爆红网络,"请到广东过大年"春节文旅系列活动吸引不少外地游客来广东旅游打卡。三是持续擦亮"粤美乡村"旅游品牌和"村晚"品牌。在线上线下的协同宣传举措下,广东农文旅融合品牌出圈效果显著,助力文化传播,不断提升广东文旅的影响力。中山的崖口村、花都马岭村、从化龙潭村等网红村频频出圈,吸引游客打卡游览。尤其是清远市清新区三坑镇的"三禾·稻里民宿项目助力乡村振兴"和广州市花都区的"塱头村:文化振兴助力古村蝶变"被收录在世界旅游联盟与中国国际减贫中心联合发布的《2024世界旅游联盟——旅游助力乡村振兴案例》中,更是获得国际认可。[①]自2024年起在全省广泛开展"四季村晚"活动以来,广东共举办"四季村晚"活动1708场,累计服务群众2098万人次,丰富乡村精神文化生活,激发新时代乡村振兴的文化活力。[②]

二 广东农文旅融合发展面临的挑战与趋势

农文旅融合是以农业为依托和基础,通过开展农田观光、乡村文化展示、农耕体验等活动,提升游客体验,促进农业发展,提高农民收入水平,推动农

---

① 《广东省乡村旅游获国际认可 乡村振兴再添新动力》,广东省文化和旅游厅官网,2024年11月29日,https://whly.gd.gov.cn/news_newzwhd/content/post_4606516.html。
② 《广东去年举办1708场"村晚",谱写乡村振兴新篇章》,羊城派,2015年1月21日,https://baijiahao.baidu.com/s?id=1821859240128341950&wfr=spider&for=pc。

村经济全面发展的农业农村新业态。推动农文旅融合已成为当前和未来我国深入实施乡村全面振兴战略的重要抓手。

（一）广东农文旅融合发展面临的挑战

当前，农文旅融合发展已成为广东壮大县域经济和推进乡村全面振兴的重要抓手。然而，在追求产业融合与现代化过程中，广东农文旅也面临着不少挑战。

1. 缺乏统筹与规划，影响区域总体布局与市场定位

一是缺乏统筹与规划。一些农文旅项目是在市场需求的拉动下，由当地农民（或某一个村子）自发而起，因此缺乏科学的规划和市场调查，导致项目上马后与区域内的其他项目雷同，同质化现象严重。加之是农民或某个村子自发建设，因此规模小、档次低，文化和科技含量低，农文旅融合处于粗放式融合阶段，仅能提供一些简单的观光和采摘体验活动。总体而言，广东农文旅项目大多处于散、小、乱的开发状态，影响区域总体布局和市场定位。如肇庆、湛江的一些民宿聚集区，由于缺乏整体规划和规范引导，个体民宿经营者根据自身的需求发展民宿，民宿产业整体呈现规模小、形态散、精品少的特点。由于缺乏统一的管理标准和规范，有的民宿经营者乱搭乱建，不仅影响整体风貌，甚至还基于采光、遮挡、道路等原因相互发生冲突。此外，大部分民宿主体不是专业的运营机构，缺乏专业、规范的运营经验，开发和经营模式都相对单一。二是部门协调不足，资源整合不够。由于农文旅资源分属农业、文化、旅游等多个部门管理，虽然每个部门都有各自的发展规划，但由于部门协调不足，这些各自定制的发展规划衔接并不紧密，导致农文旅资源无法得到有效整合利用。同时，隶属关系的多元化导致各部门之间缺乏有效的沟通和协调，使得一些农文旅项目在审批、建设和运营管理过程中存在诸多问题，如原有的农业、文化和旅游业的标准规范仅适用于各自的行业，农文旅项目的管理规范亟须在各自原有的规范基础上与各部门沟通协调进行补充、修订和完善。

2. 产业互嵌程度不深，农文旅融合产业链条较短

一是农业现代化基础薄弱。一些中小规模农文旅项目中的农业仍然以传统的生产方式为主，农产品加工也停留在简单加工环节，无法将文化和旅游深度

嵌入融合，导致农业与文化和旅游的融合大多只停留在表面，继而导致游客体验性少，游客滞留时间短。二是产业链不够完善。农文旅融合产业链条较短，上下游产业之间的协同不足，没有真正做到"接二连三"。虽然广东目前已经建成一些大型的农业产业园区，但数量较少，多数农文旅项目的经营主体规模小、科技含量低，农业产业化水平不高，特色农产品的生产加工规模小、档次低，农产品的销售仍以初级农产品销售为主，缺乏对农产品的精深加工、创意开发和品牌打造，产加销一体化发展缓慢，无法有效将农产品转化成旅游商品，导致产业附加值不高，经济效益难以提升。

3. 专业人才资源短缺，农文旅融合创新发展后劲不足

一是农文旅融合并非三者简单相加，其本质是以农业为基本依托，通过产业链条延伸、技术渗透、体制创新等方式，将资本、技术以及资源要素进行跨界集约化配置，创新性地将文化和服务融入农业生产、农产品加工和销售过程中，使农业、文化和旅游有机地整合在一起，因此需要一支高素质、具有科学技术知识、先进管理理念和创新思维的人才队伍来支撑。二是乡村人才配套服务滞后，缺乏吸引力。广东大部分的农村地区（尤其是粤东、粤西和粤北经济欠发达的农村地区）由于生活和工作条件的相对滞后，难以吸引到优秀人才长期定居工作。虽然近年来有一些人员返乡创业，但并非急缺的高端复合型人才，因此人才储备严重不足，这导致农文旅融合发展的创新能力和竞争力受到限制。三是政策虽然有，但支持吸引人才的投入少。尽管近年来很多地方都出台了吸引人才的政策，加大力度引进人才，实施人才强村、强镇战略，但受限于财政收入紧张等多重因素，影响了对人才的支持和投入。

4. 相关配套建设滞后，基础设施和公共服务存在短板

一是基础设施不够完善。在粤东、粤西和粤北的一些偏远农村地区仍然存在道路、停车场、厕所等基础设施不足或老化的问题，或是缺乏网络或网络状况不佳，这些给游客在当地旅游带来不便。二是旅游要素配置不够完善。在大部分的乡村民宿聚集区，除了能满足基本的住宿和餐饮外，购物、休闲游乐配套建设滞后，无法满足游客的休闲需求。一些乡村景区住宿、用餐卫生状况不佳，服务员服务意识不够，影响了游客的体验和满意度，服务水平有待提升。一些乡村旅游景区生态环境与经济发展矛盾冲突不断，乡村自然环境面临垃圾乱堆、绿地践踏、农作物受损等问题。三是农村人居环境

整治水平参差不齐。由于各地发展情况及投入资金力度不一，有的镇村已经达到将人居环境整治与当地历史文化风貌和自然生态环境融为一体，而有的镇村整体风貌较差。

（二）广东农文旅融合发展趋势展望

尽管广东农文旅融合发展面临着一些挑战，但随着新一轮科技革命和产业变革以及消费升级给农文旅融合发展带来深刻影响，未来，农文旅模式将通过不断创新和结合当地资源优势，推出更多乡村文旅产品。

1. 农业产业集群将进一步推动农文旅创新发展

当前，深化土地改革，加大土地集中规模流转，推动农业特色优势产业集中连片和规模化发展已成为趋势。尤其是在粤东、粤西和粤北等经济欠发达的偏远地区，各地政府纷纷谋划产业发展空间布局，选取优势主导产业，以点带面，连线成片，提升农业特色产业的规模化、组织化、标准化程度，打造特色精品农业品牌，构建优势特色农产品聚集区。未来依托这些优势特色农产品聚集区，将农业与现代都市户外文化相结合，按整体规划设计推出稻田民宿、田野酒店、家庭农场、农业主题公园、星空营地等农文旅新业态，各种业态整合发展、抱团发展，实现农文旅产业聚集，把农业产业聚集优势转化为文旅产业聚集发展优势。

2. 产业园区模式将进一步激发农文旅消费需求

产业园区作为产业发展的重要载体，具有多元化发展特征。这种多元化不仅体现在产业类型的丰富上，还体现在技术、产品和市场的多元化上。农文旅融合发展在借鉴产业园区思维、构建产业平台的基础上，可深挖特色农业资源多元价值与多种功能，促进农业科技成果的转化和产业化，如新会陈皮产业园不仅提升了"粤字号"农业资源价值，还拓展了陈皮更大的适用范围和多种功能，将陈皮延伸至精深加工、品牌、文化、金融、旅游、康养等领域，形成了陈皮研学之旅、康养之旅等新业态。广东特色农业资源丰富，种类繁多，如英德红茶、云浮南药、翁源兰花产业等均已出现借鉴产业园区模式的趋势，未来将产生更多农文旅新业态和新产品。

3. 乡村夜间经济将进一步提升农文旅消费活力

近年来，夜经济蓬勃发展，正从城市转向乡村，也从传统的以餐饮、购物为主的夜市，向融合文化、旅游、娱乐等多种业态的夜间文旅消费集聚转变。当前，广东各地都在抢抓夜间消费风口，各镇街和各村积极布局，管理规范的乡村夜市在广州花都马岭、肇庆四会、东莞寮步、清远连南等多个乡村旅游聚集区开始涌现，这些夜市因地制宜将餐饮、体育、音乐、文博、民俗等业态注入乡村旅游中，实现多业态有机融合，开发出了夜游、夜集、夜娱、夜秀、夜运动等夜间产品和服务，成功推动乡村夜间经济持续实现量的增长和质的提升，不断丰富村民和游客的夜生活。

三 广东农文旅融合发展对策建议

农文旅融合是乡村旅游和休闲农业发展的一种新模式，是农业农村发展大势所趋。随着农业新质生产力加快发展，农文旅融合也将迎来前所未有的机遇，广东应主动作为、发挥优势，以农文旅融合发展，推进乡村全面振兴，促进城乡融合发展，实现消费提质扩容和农民增收致富。

（一）加强顶层设计，统筹规划农文旅融合创新发展

一是强化统筹规划布局。由地方政府牵头，把农文旅产业总体发展规划纳入县域国民经济和社会发展规划、纳入县委全面深化改革重点任务中。根据县域内农文旅资源禀赋的分布情况，合理划分功能区，明确发展目标和定位，打造特色鲜明的农文旅融合发展聚集区和聚集带，实现差异化发展。统筹规划安排资金和用地，遴选兼具规模、综合效益和发展潜力的重点农文旅项目，优先支持建设具有影响力的农文旅品牌，打造三产融合样板。二是建立健全多部门协调机制。成立由农业农村、发改、财政、文旅、教育、交通、自然资源等部门一把手组成的农文旅融合发展领导小组，根据本地实际情况，加强部门协同，统筹各类资源，形成工作合力，科学合理制定农文旅融合总体发展规划和管理规范。建立健全项目审批制度，深化项目审批流程再造，提升项目审批效能，确保农文旅项目的顺利实施。此外，政府还要出台针对性的政策和规章进行引导支持，如出台税收优惠、财政补贴、贴息补助、土地使用优惠、人才奖励等政策规章，引导社会资本向农文旅融合项目倾斜，推动农文旅产业加速集聚、深度融合。认真研究产业政策，争取国家项目和资金支持，设立县级专项

产业发展基金，用于扶持重点农文旅项目配套、品牌打造、技术研发和基础设施改善等方面。

（二）强化链条建设，推动农业文化旅游三产跨界融合

一是扎实做好"强链"。农文旅融合，根基在农，关键也在农。因此，立足农业资源禀赋，深化土地改革，加大土地集中规模流转，推动特色优势产业集中连片和规模化发展，尤其是在粤东、粤西和粤北等经济欠发达的偏远地区，要科学谋划产业发展空间布局，选准优势主导产业，树立"小品种、大产业、大食物"的发展观念，以点带面，连线成片，提升农业特色产业的规模化、组织化、标准化程度，打造特色精品农业品牌，构建优势特色农产品聚集区和聚集带，打造特色农业精品。二是加快推动"延链"。做好"农头工尾""粮头食尾"文章，重点扶持一批有特色、有前景、有基础、有规模、有实力的特色农业项目（如荔枝、红茶、黄皮、菠萝、梅菜等），按照A级旅游景区标准打造特色农业产业园区，探索农产品的精深加工模式，推进农业从生产初级农产品向生产精深加工的高附加值产品转变，把特色农产品品牌变成旅游商品品牌。三是积极推动"补链"。持续推动价值链的提升，围绕"生产+加工+流通+营销"等环节嵌入更多科技和本土人文元素，开发特色化、多样化的农文旅产品和服务，构建出集农业观光、农耕体验、工业旅游、美食体验、生态休闲等元素于一体的农文旅融合发展新模式，从单纯的"生产/卖产品"转变为乡村风景和文化的体验。

（三）吸引人才下乡，积极打造农文旅融合发展生力军

一是要建立健全农文旅人才培育、引进机制。加强与高校、职业院校合作，开设农文旅相关专业课程和专题培训班，积极促进产教融合，鼓励高校、职业院校和农文旅企业对接，在乡村建立农文旅实践基地，并根据当地农文旅企业的需求为企业制定科学的员工培训计划和课程，如民宿管理与运营专业、茶艺与茶营销等，培养一批农文旅专业人才队伍。广开门路引进人才，政府要出台相关政策吸引农文旅领军人才，在旅游职业经理人、旅游投资人、乡创客、新农人里选拔一批具有潜力的人才作为"头雁"培养对象，通过提供培训教育、项目扶持、资金奖励和技术指导等多种方式，助力他们快速成长，成

为农文旅融合发展的引领者。此外，通过树立返乡创业典型和加大返乡人才政策宣传，鼓励更多本地出去的、具备一定技能技术和创新思维的高校毕业生和退伍青年返乡创办农文旅项目。二是做好人才落地的配套建设和服务，全力保障人才安居乐业。提供人才公寓解决住房问题，组织人才参加医疗体检、培训提升、交友联谊等活动，全力为高层次人才的配偶就业、子女入学、人才贷款、人才项目扶持等提供最优服务和最大保障，全面营造人才扎根基层的良好环境。三是强化资金保障，助推人才吸引。加大财政支持力度，设立人才培养和奖励基金、青年科技基金等专项基金，同时积极发挥财政资金杠杆作用，搭建国资平台撬动更多社会资本投入"三农"领域，通过建立多元投入保障机制，为农文旅人才振兴提供更多的资金支持。

（四）完善配套服务，加强农文旅融合软硬件设施建设

一是要加强基础设施建设。加快道路、水、电、网络等农文旅相关基础设施以及停车场、公共厕所等配套设施的建设，增设观光车、公交车等公共交通设备，完善加油站、充电桩、骑行栈道等交通配套设施。二是完善旅游要素配套。完善农文旅相关住宿、餐饮、休闲娱乐、购物等配套建设，建设不同档次的民宿、精品酒店、餐饮和休闲娱乐设施，满足不同消费层次游客的需求。加强卫生监管，提升服务水平。坚持绿色发展理念，加强乡村生态环境治理。三是提升乡村人居环境档次和镇村风貌。加快乡村环境资源变现旅游新空间新场景。广东乡村坐拥山海自然资源，通过推动农业产业绿色化、加强农村生态环境保护和人居环境整治等措施，盘活乡村闲置资源，塑造乡村美丽景观，改造乡村功能分区，建设宜居宜业宜游的美丽新农村。积极推动农田茶园果园鱼塘变公园研学地、农场牧场变亲子乐园、荒地荒滩变绿地营地、山路河边海边变休闲走廊、乡道村道变运动赛道等，引导乡村旅游连点串线扩面发展，打造类型多样、覆盖广泛的乡村旅游消费新空间和新场景，提供创新型农村消费产品和服务供给，实现单一农业观光旅游向体验式、多元化旅游消费转变。

乡村建设篇

B.10

2024年广东乡村振兴基础设施建设报告

符永寿　张媛媛*

摘　要： 2024年，广东省乡村振兴战略全面贯彻新发展理念，全力推进农村基础设施提档升级，取得了显著成效。"四好农村路"实现新提升，城乡交通一体化加速推进，农村供水"三同五化"全面推进，绿美环境基础设施、农村生活污水治理取得突破，文体设施赋能"百千万工程"，信息通信网络加速覆盖，新能源充电设施建设稳步推进。与此同时，广东农村基础设施建设规划执行、质量和效能、管护机制等方面仍存在短板，亟待创新模式，强化保障，构建全周期建管护体系，为乡村全面振兴提供坚实支撑。

关键词： 乡村振兴　基础设施　广东省

2024年，广东省统筹实施"百县千镇万村高质量发展工程"与乡村全面

---

* 符永寿，广东省社会科学院港澳台研究中心副主任，副研究员，主要研究方向为基层治理、社科情报；张媛媛，广东省社会科学院机关党委办副主任，主要研究方向为基层党建、乡村振兴。

振兴战略，聚焦农村公共基础设施补弱提质，全力推进提档升级，助力打造干净整洁村、典型村、乡村振兴示范带，推动全省农村基础设施全面补短板、提质效，以乡村基础设施的提档升级助力打造具有岭南风韵的宜居宜业和美乡村，为实现"让农民就地过上现代文明生活，让乡村成为人人向往的美好之地"① 提供有力支撑。

一　全面推进农村基础设施提档升级

2024 年，广东统筹开展"百千万高质量发展工程"、乡村全面振兴战略，推动农村公共基础设施补弱提质、提档升级。农村公路全面改造，延伸提升村内道路，持续创建"四好农村路"，促进城乡交通一体化发展。谋划推动农村供水规模化和城乡供水一体化，实现农村供水"三同五化"，开展新一轮农村电网改造升级，建设数字乡村，将农村光网、5G 网络、移动互联网与城市同步规划建设。

（一）推进新一轮"四好农村路"高质量发展

广东省以新一轮农村公路提升行动为抓手，全力推动"四好农村路"高质量发展。省财政统筹省级及以上补助资金 55 亿元，支持各地完成农村公路新改建、危桥改造、村道安全提升工程、美丽农村路建设等攻坚任务。通过提升骨干路网，完善基础路网延伸，着力增强通达能力，构建覆盖县域城乡主要节点、联农带农的公路网络，畅通农业农村发展微循环，促进降本增效，提升安全保障能力，推动农村公路建、管、养水平全面提升。

2024 年年中，中共广东省委召开省委农村工作领导小组会议，专题研究推动"四好农村路"高质量发展。将"推进'四好农村路'建设和增强高速公路配套基础设施服务能力"列为省政府 2024 年十件民生实事之一。同年 8 月，全省"四好农村路"高质量发展现场会在惠州召开，总结十年发展成效，部署实施新一轮农村公路提升行动，深入实施农村公路"八大提升行动"，推动农村公

---

① 2024 年 1 月 23 日，广东省省长王伟中在广东省第十四届人民代表大会第二次会议上作《政府工作报告》时，提出的乡村振兴愿景。

路路网水平、管理水平、养护水平、服务能力大幅提升。截至 2024 年 12 月 31 日，新改建农村公路超 5000 公里，改造农村公路危旧桥梁 240 座，完成农村公路安全生命防护工程 1000 公里，按期完成年初发布的"民生礼包"①。

2017 年以来，交通运输部联合有关部门持续开展"四好农村路"全国示范县创建工作。2024 年 3 月发布的第四批"四好农村路"全国示范县名单中，广东河源市龙川县，江门市台山市、开平市，梅州市兴宁市，汕尾市海丰县、陆丰市共 6 个县（市）入选。至此，广东已有"四好农村路"全国示范县 21 个（见表 1）。此外，2024 年，江门恩平市、佛山市高明区、新兴县、云浮市、龙川县分别以政企联动、区镇村三级力量统筹、加强信息化管理、客货邮融合和创建"龙川 1 号公路"特色品牌入选全国"四好农村路"高质量发展典型案例②。南雄市、梅县区、四会市入选第二批全国城乡交通运输一体化示范创建县。一系列典型品牌的成功创建，为广东农村交通基础设施高质量建设提供示范、注入动能。

表 1 广东"四好农村路"全国示范县

第一批(2018 年,4 个)	第二批(2019 年,3 个)	第三批(2022 年,8 个)	第四批(2024 年,6 个)
河源市紫金县,惠州市惠阳区、惠东县,佛山市三水区	广州市增城区、韶关市乐昌市、汕尾市陆河县	广州市番禺区、韶关市南雄市、佛山市高明区、湛江市廉江市、肇庆市四会市、梅州市梅县区与蕉岭县、河源市源城区	江门台山市、开平市,梅州兴宁市、汕尾陆丰市、海丰县、河源龙川县

资料来源：根据交通运输部官方网站信息综合整理。

（二）补齐农村水利基础设施短板

广东虽河网密布、降雨充沛，但受天气、环境变化以及山区地形、设施老

---

① 省交通运输厅：《奋力加快建设交通强省》，"广东交通"微信公众号，https://mp.weixin.qq.com/s/qscFcvBxU8P6xGuWuVQzIQ。

② 《交通运输部、农业农村部、文化和旅游部、国家邮政局联合发布"四好农村路"高质量发展典型案例》，中国政府网，2024 年 11 月 5 日，https://www.gov.cn/lianbo/bumen/202411/content_6984883.htm。

旧等因素影响，农村饮水安全问题一度凸显。自 1984 年启动农村饮水系列工程以来，经过多年努力，农村供水基础设施不断完善①。近年来，广东扎实推进农村供水高质量发展，农村供水工作取得显著成效。2019 年起，启动全域自然村集中供水工程，推动供水从分散到集中，并解决进入自然村入户"最后 100 米"问题。"十三五"期间，全省投入资金 182 亿元，至 2019 年，全省已建成 5.89 万宗各类农村饮水工程，行政村自来水覆盖率达 94%，农村自来水普及率达 91.5%，农村集中供水入户率达 85%，有 11.6 万个自然村实现集中供水，自然村集中供水覆盖率 75%。截至 2020 年底，建成各类农村供水工程 2.06 万宗，受益人口涵盖全省 20390 个行政村 6300 多万人，2020 年新增集中供水人口 125 万人，14.23 万个（占全省 92.7%）自然村通上自来水②。

"十四五"时期，广东继续保持工作力度，2022 年出台《广东省农村供水"三同五化"改造提升工作方案》③，明确至 2025 年，农村自来水普及率稳定在 99.5% 以上，水质合格率达到 95% 以上，农村供水规模化覆盖人口比例、标准化建设工程比例、县域统管覆盖人口比例、专业化管理工程比例、智慧化服务人口比例均达到 90% 以上，基本建成农村供水"三同五化"保障体系④，涌现出基层首创、行之有效的经验做法（见表 2）。2023 年，全省农村供水总投资超 100 亿元，实施大批农村供水工程改造提升，农村自来水普及率基本稳定在 99% 以上，农村供水规模化率从 2021 年初的 68% 提升至 83%，小型集中供水工程减少 3000 余宗，水质合格率连续三年稳定达到 90% 以上，广东农村供水保障水平从全国中下游提升至上游位置，越来越多的农村群众喝上优质放心的自来水。

2024 年 3 月 1 日起施行《广东省农村供水条例》，标志着广东农村供水事业迈入了法治化新阶段，明确了农村供水"三同五化"发展方向，夯实规范农村供水用水活动、维护供水用水各方合法权益、保障农村饮水安全的法制基础。2024 年 9 月 23 日，广东省委常委会召开会议，研究强化水资源利用，加

---

① 广东于 2005 年解决农村 734 万人饮水困难，2010 年解决 1199 万人饮水安全问题。
② 谢庆裕：《粤 2 万余个行政村全部通上自来水 农村 6300 多万人实现集中供水》，《南方日报》2021 年 1 月 4 日。
③ 农村供水"三同五化"，"三同"是指同标准、同质量、同服务，"五化"是指规模化发展、标准化建设、专业化运作、一体化管理、智慧化服务。
④ 广东省水利厅网站，http：//slt.gd.gov.cn/attachment/0/502/502631/4017029.pdf2022-09-22。

快完善水资源配置网，着力补齐农村供水基础设施短板。2024年，广东全省完成水利建设投资1061.6亿元，再创历史新高，连续两年投资规模超千亿元，持续推进农村供水"三同五化"改造提升，农村供水格局不断优化，规模化率提升至87.64%。目前，全省涉及农村供水任务的县域基本建立了统一管理机制，其中有60个县（市、区）已全面实现专业化管理。同时，树立典型样板工程，推动20个省级农村供水"三同五化"示范县建设①。深圳、珠海、佛山、东莞、中山5市已实现城乡供水一体化，广州、汕头、江门等市农村供水规模化率接近100%。部分县（市、区）建成了互联互通的安全供水网络，鹤山市、新会区、坡头区、吴川市基本实现城乡供水一体化②。截至2024年底，农村规模化工程供水人口覆盖率提升至87%，县域统管工程覆盖农村人口比例提升至85%，自来水普及率达到99.3%③。

表2 农村供水"三同五化"典型经验做法

典型经验	具体做法
强化水资源统一调配和供水管道城乡联通	全面实施城乡供水提质增效工程,升级改造水厂制水设备,更新改造旧供水管道,农村供水水质、水压、水量进一步得到提升。通过并购规模以上(镇级)供水工程、实施城镇供水管道联网和乡镇制水厂升级改造、供水管网铺设及改造完善水厂设备设施工程等措施,整合水源、水厂、管网资源,基本实现城乡供水一体化
建立"一张图"养护智慧平台	建立全省首个县级"农村饮水工程维修养护智慧平台",以信息化建设为契机,将全区10个饮用水源地、14宗农村集中供水工程基础数据,整合形成农村供水管理"一张图",有效破解点多、面广、线长,农村供水设施管护难、监管易存在漏洞等痛点问题。发挥智慧平台效能,将"智能监测+安全警铃+精准报障"功能嵌入全区水厂和供水管网
推行供水运维和服务新模式	通过"资本金+融资"方式,大力加强资金投入,推进供水改造提升工程。将水质检测数据、检测报告接入智慧平台,创新城乡"同标准、同质量、同服务"供水模式。新会区还积极探索拓宽线上服务,创设"网上服务台"。依托智慧平台,实行"日报告"制度、个性化水单和自助缴费,让村民喝"放心水"、缴"明白费"、享"好服务"

---

① 《省水利厅奏响水利发展最强音》，《南方日报》2025年2月5日。

② 《我省农村供水总投资再超百亿元》，《南方日报》2023年12月14日。

③ 《治水兴水，让"百千万工程"成色更足》，《南方+》，2025年2月7日，https：//www.nfnews.com/content/EynP9jOM6Z.html。

　　农村水利建设提档加速，立足水资源时空均衡配置，系统谋划水网"纲、目、结"，水网高质量发展迈出坚实步伐。2023 年，广东水利建设投资首次突破千亿元，全年完成水利投资 1006 亿元，落实、完成投资规模均居全国第一位，是 4 年前的 3 倍[①]。2024 年，投资额再创历史新高，全年完成水利建设投资 1061.6 亿元，连续两年投资规模超千亿元。珠江三角洲水资源配置工程 2024 年 1 月提前通水、6 月供水，工程安全、稳定运行，累计供应 3.26 亿立方米西江水。环北部湾广东水资源配置工程全部进场施工，9 条施工支洞顺利贯通，环北二期总体方案和建设计划印发实施，试点项目全面开工（见表 3）。韩江榕江练江水系连通后续优化工程管线施工累计完成 76%。广州北江引水工程 7 月通水，有效解决广州北部片区供水需求。37 宗灌区获得中央资金 19.20 亿元，资金增量是 2023 年的 4.6 倍，新增恢复及改善灌溉面积 132.22 万亩，是 2023 年的 1.35 倍，中央支持力度和改造规模均创历史新高。灌溉水有效利用系数提升至 0.535，提前完成"十四五"目标[②]。广东水网建设规划编制完成，谋划了总投资超 1.3 万亿元的省级水网骨干项目。在全国率先出台水利高质量发展指标体系。水网先导区建设成效显著，省级水网先导区建设评估成绩在全国名列前茅，茂名高州市入选全国第一批县级水网先导区建设名单，东深供水工程入选全国首批标准化管理调水工程。随着一条条跨区域输水通道穿山越岭，一座座水库助力实现水资源的跨期调节、以丰补枯，广东水资源时空分布不均衡、人口经济重心与水资源重心"错配"等问题将得到彻底解决。

表 3　广东两大重大水利工程简况

工程	简况
环北部湾广东水资源配置工程	2022 年 8 月 31 日开工，目前，环北广东工程二期总体方案和建设计划也已开始实施，试点项目开工建设。该工程是广东迄今为止引水流量最大、输水线路最长、建设条件最复杂、总投资最高的跨流域引调水工程，将造福 1800 万人，彻底解决雷州半岛千百年来苦旱问题。总投资超 600 亿元的这项工程从西江干流云浮段引水至雷州半岛，供水范围涉及湛江、茂名、阳江、云浮 4 市，输水线路总长 490.33 公里

---

① 《治水兴水，让"百千万工程"成色更足》，《南方+》2025 年 2 月 7 日，https://www.nfnews.com/content/EynP9jOM6Z.html。
② 《省水利厅奏响水利发展最强音》，《南方日报》2025 年 2 月 5 日。

工程	简况
珠江三角洲水资源配置工程	2024年6月1日,珠江三角洲水资源配置工程正式开始供水,有效解决广州南沙、深圳、东莞等地生产生活缺水问题,并为香港等地提供应急备用水源,受益人口超3200万。这个投资超300亿元的巨无霸民生工程,攻克了长距离深埋引调水工程智慧建管关键技术等多项技术难题,填补多个行业空白,创造多项全国纪录、世界之最

（三）绿美环境基础设施全面提升

面对污水治理、垃圾处理等环境基础设施的欠账,广东省政府明确要抓好农村厕所、垃圾处理和生活污水"三大革命"。因地制宜实施农村生活污水治理,新增完成1000个以上自然村生活污水治理提升工程,全省自然村生活污水治理率达到75%以上。

推动农村生活污水治理全覆盖。将"加快推进农村和城镇生活污水治理"纳为2024年十件民生实事之一,推动全省各地因地制宜实施农村生活污水治理,计划新增完成1000个以上自然村生活污水治理提升工程,确保全省自然村生活污水治理率达到75%以上。全省农村生活污水治理取得显著成效。2023年底,自然村生活污水治理率即从2022年的53.4%[①]提升至64.7%[②]（见图1）,领先全国平均水平,提前2年完成"十四五"任务目标[③],为"十五五"美丽乡村建设打下坚实基础。率先发力推动国家农村生活污水资源化利用政策落地,推动农村生活污水治理攻坚取得明显成效。以韶关市翁源县为例,2024年初农村生活污水处理率为34%,到当年11月,已快速提升到98.2%[④]。2024年11月11日,广东省农业农村厅在韶关翁源召开全省农村生

---

① 《超额完成任务！粤去年自然村生活污水治理率升至53.4%》,南方新闻网,2023年5月9日,https://baijiahao.baidu.com/s?id=1765374378204439316&wfr=spider&for=pc。

② 《广东农村生活污水治理率提至64.7%》,《广东建设报》2024年2月2日。

③ 广东印发的《深化我省农村生活污水治理攻坚行动的指导意见》,明确2025年,珠三角地区基本完成农村生活污水治理,全省农村生活污水治理率达到60%以上。

④ 《持续优化农村生活污水治理模式 建设宜居宜业和美乡村》,广东省生态资源厅网站,2024年12月30日,https://gdee.gd.gov.cn/hbxw/content/post_4641286.html。

活污水治理工作推进会暨培训班，总结推广生活污水处理资源化利用模式，加大农村生活污水治理攻坚工作推进力度。

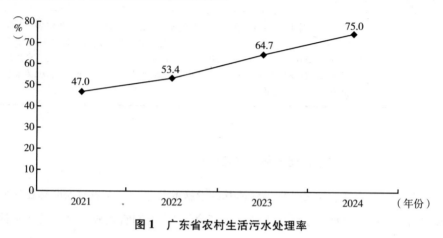

图1 广东省农村生活污水处理率

资料来源：根据广东省生态资源厅网站相关信息综合。

2024年，广东五级河湖长责任体系持续压实，省市县镇村五级3.8万名河长2024年度累计巡河274.8万人次，发现和整改12.3万个问题。深入推进河湖库"清四乱"常态化规范化，全年完成整治3636宗，累计完成4.26万宗河湖库"四乱"问题清理整治，清理违规侵占建筑物面积1434万平方米。截至2024年底，全省年度新增万里碧道930公里，累计建成万里碧道7209公里。在此基础上，升级打造绿美碧带，重点推进32宗省级绿美碧带项目，建设总长度达336.8公里。与此同时，加快建设幸福河湖，建成全国首批幸福河湖广州市南岗河、第二批幸福河湖汕头市莲阳河，加快建设第三批全国幸福河湖广州派潭河、湛江大水桥河、云浮大南河项目和29条省级幸福河湖。2024年，广东"10+2"省级水经济试点项目建设成效明显，累计完成投资37.3亿元，13宗项目已开始投入运营，2024年度累计吸引游客2404万人次，实现运营收入8.3亿元，新增就业岗位超1500个，实现治水兴水的良性循环，探索了"以水兴城、以水兴产"的高质量发展之路①。

---

① 《省水利厅奏响水利发展最强音》，《南方日报》2025年2月5日。

（四）文体设施赋能"百千万"工程

广东实施文旅赋能"百千万工程"，持续推动场馆服务覆盖、提升。实施乡村文化更新计划，打造镇村两级乡村文化新空间，推动市、县文化馆、公共图书馆与公共文化新空间资源整合、互联互通，织密公共文化设施网络。为有效促进县域优质公共文化向镇村两级流通共享，广东加快完善县级文化馆图书馆总分馆体系，推动全省共建成文化馆总馆 120 个、分馆 1606 个、服务点 6042 个，建成图书馆总馆 120 个、分馆 1783 个、服务点 5979 个。[①] 全省共建成乡镇（街道）综合文化站 1617 个、行政村（社区）综合性文化服务中心 2.6 万个，基本实现镇村公共文化基础设施全覆盖。持续深化县级文化馆图书馆总分馆制建设，全省共有 121 个县（市、区）建立文化馆、图书馆总分馆制，带动镇街文化站建设分馆 3803 个，乡镇覆盖率达 93%，有力促进优质公共文化资源和产品延伸到乡镇。乡村文体场馆服务提档升级，目前全省文化站达到二级站及以上标准的有 1544 个，行政村（社区）综合性文化服务中心建成标准服务的有 1.88 万个。[②] 开展"第十次广东省乡镇（街道）综合文化站评估定级"，评定特级站 581 个、一级站 489 个、二级站 537 个、三级站 9 个[③]，以评促建、以评促管、以评促提升，进一步加强乡镇（街道）综合文化站标准化、规范化建设和管理。

支持粤东西北地区学校体育场地设施建设改造工作。广东省教育厅印发的《支持粤东西北地区学校体育场地设施建设改造实施方案》明确，2024 年，广东一次性投入资金 3 亿元，用于支持汕头、河源、梅州、惠州、汕尾、江门、阳江、湛江、茂名、肇庆、清远、潮州、揭阳、云浮等 14 个地市改善义务教育学校体育场地设施，包括 68 个县（区）的 552 所中小学校体育场地。逐步补齐广东城乡义务教育学校体育场地设施短板，满足学校日常体育教学和课外体育活动需求，提高义务教育学校体育工作水平。确保改造项目 2024 年 9 月 1 日前完工

---

① 谭志红：《城乡一体 提质增效》，《中国文化报》2024 年 3 月 26 日。
② 《广东省文化和旅游厅关于广东省十四届人大二次会议第 1818 号代表建议协办意见的函》，广东省文化和旅游厅网站，https：//whly.gd.gov.cn/open_newrdjy/content/post_4414069.html。
③ 《第十次广东省乡镇（街道）综合文化站评估定级上等级站名单》，广东省文化和旅游厅网站，https：//whly.gd.gov.cn/special/xy/ggfw/content/post_4481051.html。

验收并交付使用。此前，在 2022 年、2023 年，广东省教育厅共计投入 1.35 亿元，对河源、云浮等 5 个地市 206 所农村面上小学体育场地进行改建。[①] 2024 年 11 月 28 日，省十四届人大常委会第十三次会议修订通过了《广东省公共文化服务促进条例》，明确县级以上人民政府应当在资金投入、设施建设、服务提供、人才培养、交流合作等方面，加强对农村地区公共文化服务的扶持。

（五）信息通信网络和其他设施

广东推进信息通信网络深度覆盖，构建完善乡村信息服务平台，全省行政村 4G 网络基本实现全覆盖[②]，5G、光纤宽带等高速通信网络布局加快，确保乡村地区能够享受到与城市同等质量的网络服务。构建和完善乡村信息服务平台，为乡村产业发展、社会治理和公共服务提供有力支撑。打造的"农友圈"平台，从 2023 年底开通至 2024 年 4 月，全省已有 9000 余家机构和超 2.2 万名农业技术专家、乡土专家、农技人员等技术力量入驻，服务内容涵盖种植、畜牧、农机、渔业等各生产领域，开展需求对接服务超 1800 次，服务里程超 2.3 万公里。[③] 新能源充电设施也加强建设，2024 年 10 月 9 日，位于从化鳌头镇龙潭村田园综合体的超级快充综合能源站送电成功，标志着广东省首个乡村超级快充综合能源站投入运营。

二　广东农村基础设施建设的短板弱项

城乡区域发展不平衡是广东高质量发展的最大短板，乡村地区的基础设施和公共服务设施建设相对滞后的问题还有待解决。在推进乡村全面振兴发展新形势下，广东农村基础设施建设存在如下突出短板弱项。

（一）规划执行和保障力度有待加强

村庄规划编制滞后，部分地区存在"走形式"现象，导致基础设施布局

---

① 《广东拟投入 3 亿元改造 552 所农村学校体育场地》，《南方日报（网络版）》2024 年 1 月 5 日。

② 《省文化和旅游厅关于省政协十三届二次会议第 20240350 号、20240458 号提案会办意见的函》中提到，全省行政村 4G 网络覆盖率达 99.97%，广东省文化和旅游厅网站，https：//whly. gd. gov. cn/open_newzxta/content/post_4393183. html。

③ 《省农业农村厅回应民生关切问题 让农民拥有"田头滴滴"》，《南方日报》2024 年 4 月 3 日。

碎片化。建设用地指标分配未切实向农村农业倾斜，制约乡村基础设施配套建设。粤东西北地区经济总量与珠三角差距大，财政依赖中央和省转移支付，地方财政规模小、配套能力不足（见图2、表4），即使是珠三角地区各市，惠州、肇庆等市的民生公共财政支出能力也受限。"巧妇难为无米之炊"，地方公共预算支出制约基础设施建设标准的提升，一些地方乡村基础设施建设相对滞后，面临资金不足问题。

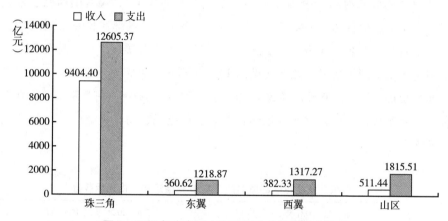

图2　2023年广东四大经济区公共预算收支情况

资料来源：《广东统计年鉴（2024）》。

表4　2024年粤东西北各市生产总值与公共预算收支情况

单位：亿元

地市	汕头	汕尾	揭阳	潮州＊	河源	湛江＊
GDP	3167.97	500.89	2529.70	1402.83	1407.72	3839.93
一般公共预算收入	139.94	74.27	101.79	59.65	76.04	155.61
一般公共预算支出	385.77	283.18	350.55	201.79	370.69	543.33
地市	茂名＊	阳江	梅州＊	韶关	清远＊	云浮
GDP	4072.04	1629.58	1508.18	1647.56	2253.07	1309.19
一般公共预算收入	145.47	83.62	92.72	104.90	151.97	62.30
一般公共预算支出	512.60	254.96	425.16	380.99	429.01	257.19

资料来源：各市统计局关于2024年经济运行情况简报、《梅州市统计年鉴（2024）》；梅州、潮州、湛江、茂名、清远（含＊）一般公共预算收支为2023年数值。

（二）基础设施质量和效能存在短板

在基础设施全面建设、全面覆盖的基础上，设施的品质和效能还有待提高。截至 2024 年 8 月，广东农村公路通车总里程为 18.35 万公里，实现百人以上自然村通硬化路，全面实现砂土路清零，但行政村通双车道比例仅为83.5%。全省共有市辖区、县级市、县、自治县等 122 个县级行政区，仅有 21个获评"四好农村路"全国示范县（全国共有 548 个），仅有阳西县、紫金县、南雄市、梅县区、四会市 5 个县（区）获交通运输部"城乡交通运输一体化示范县"命名（见表 5）。此外，污水处理率提升缓慢，目前尚有 25% 的农村地区未实现污水集中处理（见图 1）。生活垃圾无害化处理率、农村集中供水率也还不够高。基础设施数字化改造、管理以及数字、信息基础设施建设城乡差距明显，城乡数字鸿沟依然存在。农村电网、物流设施尚未达到"全域覆盖"。

表 5　广东获交通运输部命名的"城乡交通运输一体化示范县"

批次	第一批（2021 年，全国共 41 个）	第二批（2024 年，全国共 53 个）
县市	阳西县、紫金县	南雄市、梅县区、四会市

资料来源：根据交通运输部网站相关信息汇总得到。

（三）基础设施管护机制不够健全

农村基础设施存在"重建设、轻管护"现象，区镇村级管理权责不够清晰，管理有所分散，统一的技术标准尚未建立。专业管护队伍普遍缺乏，养护队伍中专业技术人员比例低，多为兼职或临时聘用人员，缺乏系统培训，技术水平参差不齐，影响养护质量。部分农村公共基础设施因管护不足造成损耗，部分农田灌溉设施等超期服役，修复工程因资金不到位而延迟。

三　提升农村基础设施建管用效能

提升农村基础设施建管用效能是一项系统工程，需要政府、社会和村民的共同努力。亟待创新乡村基础设施建设管理运营模式，加强组织保障，压紧压实各级政府主体责任，理顺管护机制、强化部门协同、增强要素保障。同时，要积极争取各类政策和资金支持，充分激发市场、行业和全社会参与建设的积极性主动性，汇聚起推进乡村振兴基础设施建设的强大合力。

（一）强化规划统筹与执行保障

科学合理的村庄规划是农村基础设施建设的前提。要切实强化村庄规划的编制与执行，确保规划落地生根。设立省级专项管护基金，优先保障经济薄弱地区的基础设施维护，助力这些地区补齐短板。积极探索土地出让收益、农村集体经营性建设用地入市收益按比例反哺管护经费的模式，拓宽管护资金来源渠道。同时，创新市场化融资渠道，引入社会资本参与数字基站等设施运营，为基础设施建设注入新的活力。总结推广农村小型公益性项目建设以奖代补的做法经验，多渠道聚集乡村基础设施建设资源支持。全面提升对村内道路、机耕路、产业路、农村生活污水治理、小型农田水利、村容村貌改造、公共区域照明、饮水工程、环卫设施、村庄绿化美化、防灾减灾、应急避难设施、文化体育设施等的资金保障，确保农村基础设施建设的全面性和可持续性。

（二）技术赋能提升基础设施

城乡融合是乡村振兴的必由之路，技术赋能则是提升农村基础设施水平的关键。要突出城乡融合理念，充分发挥技术的力量，提升基础设施配套和基本公共服务的质量和水平。积极探索"农村新基建"，完善5G基站、分布式光伏、"互联网+"等的支撑设施，为农村发展提供强大的技术支撑。加强设施的智慧管护和资源统筹，搭建省级农村基础设施数字监管平台，利用物联网技术实时监测设施运行状态，实现"线上巡查+线下处置"联动。通过数字化手段，提升农村基础设施现代化水平，推动农村基础设施从"基础覆盖"向"高效服务"转型，让农村居民享受到与城市居民同等质量的基础设施服务。

（三）细化构建设施管护体系

农村基础设施管护体系的完善是确保基础设施长期稳定运行的关键。要着力解决权责不清、资金短缺、技术薄弱等瓶颈问题，推动管护体系从被动应急向长效可持续转型。进一步明确区镇村三级权责，避免多头管理与责任真空，确保每一项设施都有明确的责任主体。推动"以用促管"，将设施管护、利用与镇村基层治理工作紧密挂钩，形成相互促进的良好局面。加强乡风文明宣传，引导村民转变"重使用、轻维护"的观念，形成共建共治的良好氛围。增强村民参与，通过积分制、红黑榜等方式激励村民参与日常维护，让村民成为基础设施管护的积极参与者。推行设施管护公示制度，强化村民对公共设施的自主监督，保障村民的知情权和监督权。探索建立第三方机构评估机制，定期对管护质量进行专业考核，确保管护工作的质量和效果。完善管护标准与规范，制定分类管护技术指南，明确养护周期、质量标准和应急响应机制，为管护工作提供科学依据和操作规范。

参考文献

郭跃文、王廷惠主编《广东经济社会形势分析与预测（2025）》，社会科学文献出版社，2025。

广东省统计局、国家统计局广东调查总队编《广东统计年鉴2024》，中国统计出版社，2024。

广东省人民政府：《广东省推进农业农村现代化"十四五"规划》，2021年8月。

B.11
2024年广东乡村振兴品牌矩阵建设报告

刘伟　廖胜华*

摘　要： 近年来，广东省以推进"百千万工程"为主线，大力促进县镇村联动，着力激发改革、创新、开放三大动能，推动乡村全面振兴，在此进程中逐步形成了广东乡村振兴品牌矩阵，有力推进了品牌强农。在实践中，广东充分借鉴浙江"千万工程"经验，紧密结合自身实际，塑造了具有岭南特色、面向国际、多层次、多维度的乡村振兴品牌体系，让品牌成为助力广东解决"三农"问题，促进农业转型升级、提质增效的有效支撑，有力加快了农业农村现代化进程。

关键词： 乡村振兴　品牌矩阵　品牌强农　"百千万工程"　广东省

广东将"百千万工程"作为优势塑造工程、结构调整工程、动力增强工程和价值实现工程，促进培育了地理标志产品、农业区域公共品牌、农文旅融合品牌、特色产品品牌等多层次品牌体系，形成了乡村振兴品牌矩阵。这些品牌不仅提升了农产品的市场竞争力和区域知名度，还促进了工商资本下乡和科技下乡，推动了乡村产业的多元化和高质量发展，展示了品牌兴农强农的内涵与趋势。

一　广东省乡村振兴品牌矩阵建设成效显著

"百千万工程"内涵丰富、任务多元，随着实践深入，乡村振兴品牌矩阵

---

* 刘伟，博士，广东省社会科学院国际问题研究所所长，研究员，主要研究方向为产业与区域经济；廖胜华，广东省社会科学院《新经济》杂志总编辑，研究员，主要研究方向为党的理论、国家治理。

逐步成形。"百千万工程"是广东省为推动县镇村高质量发展实施的重大举措，以推动高质量发展为主题，以乡村振兴战略、区域协调发展战略、主体功能区战略、新型城镇化战略为牵引，以城乡融合发展为主要途径，以构建城乡区域协调发展新格局为目标，着力壮大县域综合实力，全面推进乡村振兴。①

（一）成功塑造发挥统领作用的乡村振兴总品牌——"百千万工程"

近年来，广东以"百千万工程"为抓手，阔步迈向乡村振兴全国第一方阵，"百千万工程"的引领作用得到充分发挥，产生了巨大驱动力，成效显著。广东已布局建设 22 个国家现代农业产业园、84 个国家农业产业强镇，建成 10 个千亿级、20 个数百亿级的优势特色产业集群，打造了一批各具特色的乡村振兴示范带②；叫响了广东荔枝、徐闻菠萝、梅州柚等一批"粤字号"农产品。"百千万工程"成为广东推进乡村全面振兴的标志性品牌，影响力和认可度持续提升，为深化打造乡村振兴品牌矩阵提供了坚实基础和有力支撑。

从品牌传播和认知来看，"百千万工程"作为具有广泛传播度和知名度的品牌，已快速吸引社会各界的关注和参与，有效整合了广东乡村振兴的各类项目、产品和服务，汇聚成了统一的品牌形象和传播声音，降低了品牌传播成本，提高了市场认知度和美誉度，增强了消费者对广东乡村振兴品牌的信任感和认同感，有效促进了相关产品和服务的市场推广和销售。

从品牌矩阵视角看，"百千万工程"涵盖了城镇提能、产业振兴、城乡融合等多个方面，围绕特色资源和优势产业，孵化出特色农产品、乡村旅游、人才振兴等一系列子品牌，形成层次分明、相互关联的品牌体系。这一品牌矩阵，既能突出"百千万工程"的整体性和系统性，又能体现各地的特色和差异，实现品牌效益最大化。为总结提炼"百千万工程"经验，广东省社会科学院在吴川市成功举办"百千万工程"论坛，为广东扎实构建"百千万工程"品牌矩阵，推动县镇村高质量发展取得更多突破性进展和标志性成果集智聚力、建言献策。

实践表明，作为广东乡村振兴品牌矩阵总品牌，"百千万工程"不仅符合

---

① 《中共广东省委关于实施"百县千镇万村高质量发展工程"促进城乡区域协调发展的决定》，《南方日报网络版》2023 年 2 月 7 日。

② 《兴产业、强县域、促协调 幸福"百千万"今年初见成效》，《广州日报》2025 年 2 月 6 日。

国家乡村振兴政策导向和战略目标，而且具有强大影响力和市场基础，能有效推动广东乡村振兴高质量推进。

（二）成功打造"五位一体"子品牌，形成矩阵效应

将广东乡村振兴品牌矩阵按照"五大振兴"归类，可以更清晰全面地理解各品牌在乡村振兴中的作用和定位（见图1）。"百千万工程"作为总牵引，统领乡村产业振兴、人才振兴、文化振兴、生态振兴和组织振兴。区域公用品牌、地理标志产品品牌、示范点与示范带品牌及其他特色品牌则分别在五大振兴中发挥重要作用，共同推动广东乡村振兴战略实施。

在"百千万工程"总品牌的带动下，广东乡村振兴取得了显著的经济、社会、生态成效。经济方面，一是县域经济活力增强。2024 年，广东设立省产业转移基金 240 亿元，安排 1 万亩用地指标支持 15 个主平台建设，新承接产业转移项目超 650 个、总投资超 3200 亿元，57 个县（市）整体经济增速快于全省。二是产业转移成效显著。粤东、粤西、粤北地区涌现出翁源、徐闻等多个活力四射的县域增长极。社会方面，一是城乡差距缩小。2024 年，全省基本消除年收入 10 万元以下的集体经济薄弱村，城乡居民收入比缩小至 2.31∶1，17 个区、2 个县（市）、124 个镇获评全国百强区、百强县、千强镇。[①] 二是公共服务能力水平进一步增强。基本公共服务资源下沉，激发了乡镇活力，推动了农村经济社会全面发展。生态方面，农村人居环境进一步改善。绿美乡村建设取得显著成效，以环南昆山—罗浮山县镇村高质量发展引领区建设为代表的农文旅融合发展模式，极大促进了生态与经济协调发展。

1. 产业振兴硕果累累

"粤字号"地理标志产品价值彰显。2024 年，广东省在"百千万工程"的推动下，地理标志产品建设取得显著成效，影响力和经济效益不断提升。截至 2024 年 11 月，广东省累计已有地理标志产品 166 个，核准使用地理标志专用标志市场主体 1935 家；累计获批建设广东新会等 6 个国家地理标志产品保护示范区，打造了韶关黄磜、梅州三圳、江门会城等 6 个地理标志

---

① 王伟中：《坚定不移推动高质量发展 扎实推进中国式现代化的广东实践》，《新华每日电讯》2025 年 3 月 6 日。

图1 "百千万工程"品牌矩阵示意

特色镇①。英德红茶成为全国唯一入选农业农村部农业品牌精品培育计划名单的红茶品牌；台山蚝和台山青蟹入选中国地理标志农产品（水产）区域公用品牌声誉TOP100。地理标志产品平台建设上，举办了亚洲知识产权营商论坛粤港澳大湾区分论坛、粤港澳大湾区知识产权交易博览会暨国际地理标志产品交易博览会等活动。这不仅提升了地理标志产品的数量和质量，还通过品牌建设和市场推广，增强了市场竞争力和经济效益，为"百千万工程"提供了有力支持。

"粤种强芯"工程成果显著。广东扎实推进"粤种强芯"工程，大力培育突破性品种、提高育种水平，提升种业核心竞争力。2024年，在种业领域成就显著：建设了四大农业种质（遗传）资源库，保存种质资源36.8万份，综合保存能力全国第一；在新品种培育方面实现突破性进展，5个畜禽主要品种为国内同类品种首个自主育成突破性新品种，30个肉鸡新品种（配套系）在全国占比超四成；在水稻、蔬菜、猪等种质资源DNA分子指纹图谱库和特征

---

① 粤市监：《省市监局扎实推进"百千万工程"以高水平市场监管助力区域发展》，《大湾区资讯》2025年1月10日。

库建设上也取得重要进展，育成世界首个龙眼荔枝杂交新品种"脆蜜龙眼"。广东还积极扶持种业企业发展，推动龙头企业与优势科研院校深度融合，构建实体化运行的育种创新联合体，共10家次畜禽企业和12家次水产企业入选国家种业阵型企业，分列全国第一、第二位。

"反向飞地"新模式推动区域协调发展。广东积极推动制造业进一步从珠三角有序转移到粤东西北地区。截至2024年底，粤东、西、北县域承接珠三角制造业转移项目超300个，投资总额超1100亿元，涵盖电子信息、装备制造、生物医药等多个领域，为当地创造大量就业机会，推动产业链完善升级。"反向飞地"模式创造性地提出，打破了传统"飞地经济"概念，让欠发达地区在发达地区设立产业园区，利用后者资源、技术和市场优势，推动本地产业发展。粤东、粤西、粤北等地在珠三角已建设超110个"反向飞地"产业园区，这不仅为本地企业提供了对接珠三角产业资源的平台，还通过技术合作、市场拓展等方式，显著提升了竞争力。通过有序产业转移和创新协作模式，广东正在奏响区域协调发展的"产业协奏曲"，不仅促进珠三角地区产业升级，也为粤东粤西粤北地区带来发展机遇，为全省高质量发展奠定了坚实基础。

2. 人才振兴措施有力

实施科技特派员制度。累计派出2812名农村科技特派员，推广农业新技术4700余项，针对性解决实际生产过程中的技术难题；以技术培训、现场示范等方式，提升农民科技素养和生产技能，培养了一批懂技术、会管理的新型农民，帮助8.2万低收入人口就业。积极探索智慧农业发展路径，拥抱数字化、智能化转型，利用物联网、大数据、人工智能等现代信息技术，推动农业生产管理精准化和智能化。鼓励建设智慧农业引领区，通过引进培育一批智慧农业技术研发、装备制造、推广服务等各类主体，打通智慧农业技术装备从研发到制造应用的堵点卡点。

推行"百校连百县"工程。按照"县域所需、高校所能"原则，推动高校与县域紧密合作，组织省内百家高校院所与109个涉农县（市、区）结对共建，促进高校人才、技术、资源下沉，实现校地人才、技术、资源有效对接共享，强化乡村振兴科技人才支撑。校地合作项目涵盖了基本公共服务支持、产业发展科技支撑、基层人才培养培训等多个领域，切实回应了当地实际需求和群众期盼。该工程强力推动了乡村人才振兴。如华南农业大学与紫金县、广东技术师范大学与仁化县等形成对接协作，高校组建专家团队、开设培训班、设立学历提升班等，为乡村培养大量专业人才，推动乡村产业升级。高校还参与乡村治理和规划工作，提供科学的决策支持，提升乡村治理的科学化、规范化水平。

实施"头雁工程"。2018年，广东印发《广东省加强党的基层组织建设三年行动计划（2018—2020年）》，"头雁工程"应运而生。对全省1.9万个村党组织书记履职情况进行摸底，重点在红色村等地拓宽选人视野，选拔优秀人才。持续开展村（社区）干部大专及以上学历教育，通过组建培训学院、挂职锻炼等方式加大培训力度。大力实施"党员人才回乡计划"，选拔外出务工经商人员、创业致富带头人等担任村党组织书记，建立后备队伍。"头雁工程"成效显著，一大批优秀基层党组织书记与乡村产业振兴带头人脱颖而出，形成"头雁领航、雁阵齐飞"的良好局面。2022年，农业农村部和财政部联合启动乡村产业振兴带头人培育"头雁"项目，广东依托三所高校资源，2022年、2023年共培育2100名乡村产业振兴带头人。2024年，开设17个培育专题，增强培育精准性。各高校搭建交流平台，促进"头雁"间交流合作。"头雁工程"全方位提升基层党员干部素质，推动农村经济社会发展，为乡村振兴注入新活力，成为引领乡村振兴的强劲引擎，涌现了许多典型案例（见表1）。

表1　激励干部群众投身"百千万工程"典型案例

序号	典型案例
1	广州市荔湾区细化实化"三个区分开来"为担当者担当
2	珠海市珠海高新区创新"四大机制"激励干部群众投身"百千万工程"
3	汕头市金平区推动人才入县下乡赋能"百千万工程"
4	韶关乐昌市创新干部序事评价机制激励干部投身"百千万工程"改革
5	河源市连平县探索"1+N+X"综合帮扶机制
6	梅州市梅县区探索基层治理机构人员编制管理改革
7	梅州市平远县"五动工作法"抓好粤闽赣省际边界农房管控和风貌提升
8	东莞市塘厦镇构建社会力量助力"百千万工程"合作共赢机制
9	肇庆市端州区探索多元主体协同发力治理人居环境
10	云浮市云城区用好"兵支书""兵委员"推进"百千万工程"

资料来源：广东省委改革办。

3. 组织振兴扎实推进

创建"驻镇帮镇扶村"帮扶新品牌。该政策自 2021 年实施以来，不断创新机制、精准施策，有效推动了乡村振兴。通过组团式帮扶、资源整合和要素下沉，促进镇村产业、基础设施和公共服务全面发展。省直单位、珠三角城市、高校和企业等组成工作队，驻点帮扶全省部分欠发达镇，每镇派驻约 10 人的团队，涵盖党政干部、科技特派员和金融助理等，形成"党+政+企+社"协同模式。每年每镇投入 2000 万元财政资金，重点用于产业培育、基础设施建设和公共服务提升。通过盘活撂荒地、发展特色农业和建设乡村振兴车间，推动"一镇一业"发展，带动乡村经济发展。截至 2023 年，部分村集体收入显著增加，河源义合镇的村集体收入从不足 10 万元增至超 30 万元。土地流转复耕撂荒地超 2 万亩，推动"沉睡资源"转化为产业基地。教育医疗方面，建立结对帮扶关系，提升乡村教育和医疗服务水平。广东驻镇帮镇扶村机制通过制度创新、资源整合和精准施策，成为全国乡村振兴的典型范例。其以产业振兴为核心、以镇域统筹为抓手的模式，有效促进了城乡融合与区域协调发展，为破解"三农"问题提供了广东经验。

打造乡村基层治理体系"广东样本"。广东基层党建工作以提升乡村治理体系和治理能力现代化为主线，全力夯实乡村振兴基础，形成"广东样本"。坚持党建引领，全面推行"村到组、组到户、户到人"三级党建网格，把党支部建到自然村，强化了党组织在乡村治理中的领导核心地位。通过"三治融合"凝聚乡村治理合力，构建共建共治共享的治理格局。注重创新治理手段，推广乡村治理积分制、清单制，让工作可量化、有抓手，提升了治理效能。强化公共服务均等化，将非户籍人口纳入治理范围，享有村居任职资格，享受就业创业支持和积分入学政策，促进了外来人口社会融入。注重对优秀传统文化进行当代性转化，深度挖掘宗祠文化，拓展其治理能级，激活了乡村治理内生动力。打造数字化基层组织，加强数字化支撑能力，实现基层社会治理信息实时智慧管理，有效支撑乡村全面振兴。

4. 生态振兴展现新貌

农村人居环境整治焕发新容颜。科学规划生态建设，将造林绿化与抚育放在突出位置，精心规划绿化用地，储备优质苗木，统筹调配资金，全力推进森林质量精准提升行动。注重城乡道路、圩镇与乡村绿化美化，广泛种植乡土树种与经济林果，匠心打造绿美示范带，巧妙融合生态资源与文旅产业，绘就生态宜居的乡村画卷。借鉴浙江"千万工程"成功经验，着力破解"有新房无新村"难题。如云浮市通过开展"三清三拆三整治"行动，涌现出一批如诗如画的"网红村"，成功推动"美丽乡村"向"美丽经济"华丽转身。提升基础设施品质步履不停。2024 年，提前完成"十四五"规划老旧小区改造任务，并规划至 2027 年使县道三级及以上公路比例超 80%。清远佛冈与湛江等地相继启动系列基础设施提升工程与行动，为乡村繁荣发展注入强劲动力。环境治理成效显著。2024 年，全省城市空气质量优良率高达 95.8%，国考断面水质优良率更是达到 93.2%，2025 年农村生活污水治理率计划超过 60%。基础设施持续完善，老旧小区焕然一新，县道公路等级提升计划稳步推进，乡村面貌增"颜值"、提"气质"。

生态宜居乡村展现新画卷。《美丽广东建设规划纲要（2024—2035 年）》确立了宏伟目标：到 2027 年，一批美丽乡村标志性成果将惊艳亮相；至 2035 年，人与自然和谐共生的美丽广东将基本建成。2024 年，广东超额完成县镇村绿化目标，种植苗木超 2337.2 万株，2025 年，将再打造 100 个森林乡村、50 个绿美古树乡村及 50 个绿美红色乡村。在生态宜居美丽乡村建设中，广东积极创新，亮点纷呈。"三清三拆三整治"行动成效卓著，梅州市大埔县 245 个行政村均达到干净整洁标准，开创性推出农村污水资源化利用新模式，节约村级运营成本超80%；汕尾市陆河县另辟蹊径，通过"微改造"、绘制主题墙等手段，美化农房9000 多栋，超九成行政村达到美丽宜居村标准；惠州市横河镇则充分挖掘自身优势，打造"山好、水好、人好"的文旅融合特色村镇，巧妙串联罗浮山与南昆山旅游资源，形成独具魅力的精品旅游观光带。在追求生态与经济双赢的道路上，广东同样成果丰硕。清远英德市积极引进劳动密集型企业，实现 21 万人就近就业。未来将继续深入推进绿美广东"示范带"建设，持续深化农村厕所革命、垃圾治理和污水管网建设，积极探索"生态+文旅"模式，全力推动乡村全面振兴，努力打造人与自然和谐共生的现代化广东样板。

"环两山"绿色发展塑造新样板。环南昆山—罗浮山引领区，以广州从化区、增城区及惠州博罗县、龙门县为核心区域，凭借南昆山与罗浮山生态资源优势，全力打造粤港澳大湾区生态花园及世界级森林温泉康养目的地。作为广东省"百千万工程"的关键组成部分，该区域承载着通过绿色发展模式推动城乡融合及区域协同发展的重要使命，旨在树立起具有岭南特色的现代化建设样板。环两山经济带坚持守护生态根基，确保森林覆盖率稳定在 53.03%，为区域生态平衡与可持续发展筑牢坚实基础，通过一系列科学有效的生态保护行动，区域内的青山绿水持续焕发生机，成为生态宜居的典范；积极推动产业绿色变革，大力促进农业、文化与旅游产业深度融合，充分挖掘域内丰富的自然资源和文化底蕴，打造独具特色的农文旅融合产业项目；高度重视城乡一体化发展，全力促进基础设施与公共服务均等化，加大对农村地区投入，改善交通、水电、通信等基础设施条件，提升教育、医疗、文化等公共服务水平，让城乡居民都能享受到优质生活资源，缩小城乡差距，实现共同繁荣。从化区的森林康养与温泉旅游项目，巧妙结合清新森林空气与天然温泉资源，为游客提供放松身心、享受自然的绝佳体验；增城区的现代农业与生态旅游项目，以现代化农业为基础，融入生态旅游元素，让游客在欣赏田园风光的同时，还能体验农事活动的乐趣；博罗县的生态农业与乡村再造，通过发展生态农业，提升农产品品质，并对乡村进行整体规划改造，打造出独具魅力的乡村风貌。这些充分展示了环两山经济带在绿色发展道路上取得的显著成效。

5. 文化振兴焕发生机

保护与活化展现古村落新活力。广东地区分布广泛的古村落是岭南文化重要的物质载体，承载着深厚历史记忆与独特地域文化特征。广州花都瓦头村对明清古建筑群进行了系统性的修缮保护，在有效保护岭南建筑文化遗产的同时，创新性地将古老祠堂、书院等转化为文化展示与体验场所。春阳台艺术文化中心的建成，进一步促进了艺术与古村落的有机融合，形成了"古村+艺术+民宿"的新型发展模式。该模式不仅为游客提供了沉浸式体验岭南建筑文化的机会，通过光影展、文化市集等活动，使其深入了解古村落文化内涵，还为当地村民开辟了增收渠道，实现了经济效益与文化传承协同发展。东莞涌头村依托文天祥文化广场，通过举办醒狮邀请赛、设立村史馆等文化活动，深入挖掘和传承本地历史文化。这些活动不仅激活了传统文化的精神内核，而且增强了村民的文化认同感和归属感，为乡村文化的可持续传承与发展奠定了坚实基础。

节庆活动激发群众文化振兴热情。节庆活动作为乡村文化的重要表现形式，是展示乡村文化特色与魅力的重要窗口。2024 年，广东省组织开展的"四季村晚"活动，覆盖范围广泛，为广大村民提供了自我展示的平台，集中呈现了乡村精神风貌。"四季村晚"等活动，将地方特色节庆与群众文化活动有机结合，不仅激发了村民的文化创作热情，而且生动展现了乡村的独特风土人情和深厚农耕文化底蕴。江屯镇举办的特色农产品文旅美食文化节，采用"美食+体育+文化"联动模式，在弘扬农耕文化的同时，增强了乡村社会凝聚力，有效推动了乡村产业多元化发展。非物质文化遗产的传承与创新应用也是广东乡村文化振兴的重要内容。番禺沙湾北村通过活化飘色、醒狮、鱼灯等非遗项目，致力于打造非遗特色古镇，塑造地方文化品牌，使传统非遗在现代社会中焕发新活力。河源龙川县田心镇结合畲族文化，举办竹竿舞、乌饭宴等特色活动，促进少数民族文化在乡村振兴中融合与发展。

农文旅融合成为乡村发展新引擎。农文旅融合是将农业、文化、旅游深度融合，产生"1+1+1>3"的协同效应。激活乡村资源，推动产业升级和农民增收。清远佛冈水头镇将魔芋种植与乡村景观相结合，吸引游客，带动民宿、餐饮等产业发展，实现农旅双赢。同时，融合促进城乡互动，城市游客通过乡村旅游体验乡村生活、购买农产品，缩小城乡差距，促进文化交流。广东打造田园综合体，游客从稻田画、果园采摘等项目中感受乡村乐趣；优化金融服务体系，肇庆"碳账户"助力低碳农产品与文旅融合，推动乡村绿色发展；着力挖掘文化资源，变传统手工艺、节庆为旅游项目，如番禺沙湾北村的飘色、醒狮表演吸引众多游客。各地"百千万工程"示范带通过树立特色文化 IP、重视乡村生态保护、造林绿化等打造生态旅游线路，推广绿色出行等理念，推动文旅与生态保护相结合，实现经济与生态效益协调发展。

（三）成功培育各地区知名品牌，实现百花齐放

"粤字号"农业品牌建设和非遗文化传承发展借力"百千万工程"实施东风，再上新台阶，一大批区域公用品牌和特色农产品优势区走上高质量发展之路，广东农业品牌含金量与产业带动力不断上升；一批以非遗文化传承发展为核心的农文旅特色村镇异军突起。

1. 增城丝苗米

2004 年成为国家地理标志保护产品，2018 年注册国家地理标志证明商标，增城丝苗米是广州市首个双重认证的地标农产品。近年来，增城区借助省级丝苗米产业园这一契机，推进生态种植和数字农业建设，打造了农旅一体的现代农业产业园，实现了全产业链提质增效，品牌价值充分释放，成为增城农业现

代化的亮丽名片。

2. 清远麻鸡

作为"清远名片"，清远麻鸡先后入选国家地理标志保护产品、2017 中国百强农产品区域公用品牌、全国名特优新农产品名录等。在品牌建设上，清远市一方面强化种业和标准化养殖提升产品品质；另一方面加强市场推广和品牌宣传，组织参加展销活动和品牌赛事，扩大品牌影响力；强化地理标志保护运用，提升品牌公信力；搭建品牌推广平台，开拓消费场景。通过多措并举，清远麻鸡在提升品质的同时实现了市场拓展和品牌影响力提升，积蓄起更强劲的品牌发展动能。

3. 新会陈皮

新会陈皮于 2006 年被列入国家地理标志产品，后入选《中欧地理标志保护与合作协定》。"百千万工程"启动后，新会区积极推动产学研合作，致力于生产规范化研究，确保质量稳定，通过"陈皮+"模式延伸产业链，增强整体效益。依托证明商标，建立新会陈皮数字化溯源管理系统，以加强品牌保护和监管；举办新会陈皮文化节等活动，提升品牌知名度；此外，江门市颁布《江门市新会陈皮保护条例》等法规，以强化知识产权保护，有效打击了假冒伪劣产品，提高了品牌公信力。这些努力使得新会陈皮的品牌价值和市场竞争力显著提高，成为全国知名农产品品牌。

4. 徐闻菠萝

徐闻种植菠萝 35 万亩，被誉为"中国菠萝之乡"。近年来，通过创新建设"12221"市场体系，徐闻菠萝实现了品牌打造和销量提升的双重目标，成为网红水果，破解了销售难题，品牌影响力大增。借助云直播、云发布等数字化营销新模式，实现了销售主动化、自动化和精准化，相关话题全网阅读量超30 亿，主题曲《菠萝的海》在全球 200 多个平台上线，实现了文化与农业的破圈联动。建立产销对接大数据平台，精准对接产销信息，提高市场响应速度和销售效率。徐闻菠萝还积极拓展国际市场，并推进标准化种植和生产，建立菠萝标准体系，提升产品质量和品牌形象。此外，"中华名果"等荣誉也进一步提升了品牌市场竞争力和影响力。

5. 英德红茶

借助市里设立的产业发展基金，英德着力与科研机构合作创新，培育优良品种，并通过智慧生态茶园建设提升茶叶品质。英德红茶采取"媒体宣传+茶事活动+出访推荐+跨界融合"的品牌推广模式，扩大影响力，通过举办中国茶业经济年会等活动，广泛传播红茶文化。习近平主席曾以英红9号红茶款待到访广州的法国总统，极大提升了英德红茶的国际美誉度。英德红茶推动从育苗到精深加工全产业链一体化发展，并以"茶文化+旅游"模式提升产业附加值，通过"企业+基地+茶农"模式促进农民增收。2024年，英德红茶品牌价值达47亿元，位列全国红茶类第二。英德红茶致力于打造中国红茶领军品牌，让世界铭记这一抹"中国红"。

6. 韶关宰相粉

这门自唐代起历经千年的传统技艺一度面临失传危机。转机出现在2023年，始兴县首批非遗工坊在隘子镇挂牌成立，以"企业+工坊+农户"模式，推动技艺保护与产业融合。标准化生产的"非遗工坊"年产量达1600吨，产值超1900万元，并迎合现代消费需求创新推出速食宰相粉，实现非遗"破圈"。如今，始兴县米粉加工企业达50余家，形成产业集群，带动上千名村民就业，户均年增收超万元。非遗工坊的活力还源于"产学研"深度融合。暨南大学国际商学院与始兴县共建"张九龄宰相粉"区域公共品牌，挖掘文化基因，设计IP形象，推动市场从"品类认知"转向"品牌认知"。2024年，该案例荣获广东省"双百行动"乡村产业高质量发展典型案例二等奖，成为校地合作的典范。始兴宰相粉非遗工坊入选广东省十大优秀非遗工坊案例，成为全省非遗助力乡村振兴的标杆，有望成为全国知名地标产品，助力县域经济高质量发展。

除以上案例外，依托当地特色资源、成功发展特色产业、打造地区乡村振兴品牌的案例还有不少（见表2）。

表2　广东省乡村振兴品牌案例一览

地区	特色资源	发展模式
广州市派潭镇	白水寨国家4A级旅游景区、森林海省级旅游度假区、舞貔狮等非物质文化遗产	打造"民宿+森林康养+现代农业"产业集群，形成乡村酒店集聚模式
广州市沙湾镇	沙湾古镇(中国历史文化名镇)、沙湾飘色等非遗项目	以文化体验为核心，发展古镇旅游与文创产业
佛冈县水头镇	魔芋种植基地、生态农业	发展"农业+旅游"融合模式，打造乡村景观与产业基地

地区	特色资源	发展模式
罗定市苹塘镇	喀斯特地貌田园风光,"中国美丽田园"称号,海惠生态农业观光示范园,蝴蝶泉,龙龛岩摩崖石刻	利用生态优势发展精细农业和乡村旅游,开展农产品展销、美食体验等活动
仁化县石塘镇	双峰寨等红色革命遗址,石塘古村,堆花米酒酿造技艺等非遗,优质水稻等农产品	以红色文化和古村文化为核心,推动农产品开发与红色旅游和古村观光相结合
梅县区雁洋镇	叶剑英纪念园,雁南飞茶田度假村,桥溪古韵等自然人文景观,金柚等特色农产品	以茶文化和红色文化为特色,发展茶与红旅融合,带动金柚等农产品销售

二 广东省乡村振兴品牌矩阵建设的特征

新时代广东乡村振兴品牌建设突破了传统农产品范畴,拓展到农文旅融合新业态、美丽乡村建设新面貌、乡村振兴示范带等领域,形成了以"百千万工程"为标志,涵盖农业、农村、农民各个领域的乡村振兴品牌矩阵,体现了广东品牌强农的新特征、新成就。

(一)地域特色鲜明

广东乡村振兴地域特色突出,"一镇一业"成效显著。农业品牌塑造通常与当地自然环境和文化传统紧密相连,如岭南地区以热带水果为主,具有浓郁岭南风情;沿海地区以海鲜为主,富含海洋文化元素;山区则以茶叶、中药材、山珍等为主,体现了山区生态优势。"英德红茶""新会陈皮"等,就是依托当地丰富的自然资源和深厚的岭南文化,打造出的具有地域特色的品牌。其充分挖掘地域文化内涵,将文化元素融入品牌设计、包装、宣传等环节,使品牌更具地域特色和文化魅力,增强了消费者的认同感和忠诚度。近年来,各县(区)、镇、村及农业产业园都在积极塑造品牌独特性,讲述品牌背后的故事,在"特"字上做文章,成功创建了一系列具有鲜明地域特色和丰富文化背景的省级农业品牌。

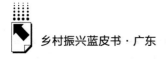

（二）科技赋能作用突出

广东乡村振兴品牌建设注重以科技创新提升农业科技含量，增强品牌竞争力。种植养殖环节推广智能化温室大棚、精准灌溉施肥、病虫害智能监测等技术，提高产品产量和质量；加工环节采用先进的保鲜、加工工艺，延长产业链，提升产品附加值；品牌营销环节利用互联网、大数据、人工智能等技术，开展精准营销、个性化推荐，拓宽销售渠道，提高市场占有率。通过产品全环节科技创新和数智赋能，提高了品牌农产品质量和附加值，提升了广东农业品牌市场竞争力。广东大力支持培育"新农人"，鼓励有技术有资本的乡贤返乡创业，扶持 30 万大学生下乡融入乡村振兴浪潮，加强培训与创业扶持，开展电商、社工服务、设计等业务，这将大大提升新时代广东农村人才素质，形成"广东新农人"品牌，积淀广东乡村振兴软实力。

（三）联农带农效果显著

广东乡村振兴品牌建设始终坚持以农民为主体，注重联农带农机制建设。各县（区）、镇、村依托各自地域资源特色，致力于将具有高增长潜力和强大带动能力的产业及特色农业，培育成为区域经济的重要支柱和农民增收的关键战略产业。通过"公司/合作社/基地+农户"等模式，将农民纳入品牌建设产业链，分享品牌增值收益。企业还为农民提供培训、就业机会，提高农民素质和技能，促进全面发展，实现企业与农民互利共赢，增强品牌建设可持续性。强化农业品牌是解决广东省发展不平衡和不充分问题的关键途径，随着品牌建设的深入，优势和特色品牌不断壮大，集聚效应有效发挥。这不仅使农民获得更高的品牌收益，而且为农民持续增收提供了更加坚实、更有保障、更可持续的支撑。在实践中，为更好促进联农带农，政府逐步形成的"驻镇帮镇扶村"这一广东特色鲜明的乡村帮扶品牌，对促进城乡融合、富民强镇作用巨大。

三 广东省乡村振兴品牌建设的短板

总的来看，广东省乡村振兴品牌矩阵中，品牌虽多却不够精、不够强，品牌竞争力、影响力、带动力仍有待提升。

（一）对品牌农业价值的认识有待提升

对提升品牌农业和农产品品牌的作用认识不足。一些地方市场经营主体重商标而轻品牌，缺乏对品牌内涵的深入挖掘、对品牌形象的塑造和对品牌口碑的维护。广东省农产品商标不少，但有影响力的品牌不多，原因之一是一些品牌内涵单薄，缺乏对自身产品定位和市场定位的规划认识，容易被仿冒、滥用，出现"一品多牌"的乱象，进而引发同质化竞争及劣币驱逐良币等不良影响。

（二）品牌培育生态圈亟须完善

广东品牌培育生态圈亟须完善，品牌保护和监管力度仍需加大，市场体系有待深化。区域公用品牌存在重申报而轻监管的问题，相应的监管制度及授权、退出机制未能完善，行业标准化建设滞后，基层企业缺乏技术指导，一定程度上导致农产品质量参差不齐。虽然"12221"市场体系建设取得了显著成效，但离高质量发展要求仍有一定差距，存在诸多痛点问题。如实施机制不够健全，涉农资源需进一步加强统筹协调，解决重生产轻市场的问题；资金保障不足，缺乏市场体系建设专项资金，工作开展受限；人才资源存在缺口，基层急需理解品牌建设和市场工作的人才。

（三）品牌保护和市场价值拓展力度有待加大

农业品牌保护力度不够，部分农业品牌市场竞争力不强，品牌价值较低，除极少数知名品牌外，多数品牌的影响力停留在局部，在省外影响力较低，缺乏国际知名品牌。如广东农产品地位与粤菜地位不适配，粤菜驰名中外，其精髓本源于广东优质农产品，但多数人只知粤菜，而对广东农产品知之甚少。因此，如何拓展广东农业品牌在外省甚至国际知名度的问题亟待解决。

四 广东乡村振兴品牌矩阵发展对策思考

为激发社会各界对品牌建设的热情与支持，形成积极参与、共谋发展的良好氛围，共同营造一个健康、活跃的品牌建设生态环境，应从以下方面发力。

（一）深化品牌认识，提升品牌竞争力

1. 完善"百千万工程"整体品牌策划

必须深刻认识乡村振兴品牌策划的核心价值，要把"百千万工程"打造为类似浙江"千万工程"的乡村振兴样板，大力探索农业农村现代化的广东路径。"百千万工程"涉及农业农村农民的方方面面，是复杂的系统工程，要在品牌成长的初期阶段，对核心内容、结构设计、传播渠道等关键因素进行细致审查和全面规划。对区域行业产品等子品牌独特性应基于区域资源独特性，采用品牌细分的差异化发展策略，推动乡村振兴工作高质量开展及高品质农业和优质品牌的形成。通过品牌规划，确保各地充分发挥优势，避免同质化竞争及重复建设，减轻市场压力，促进乡村和谐发展、优质农业品牌持续壮大。

2. 营造乡村振兴品牌培育氛围

提高全社会对品牌农业的认识和重视程度，强化品牌教育与宣传培训体系，通过品牌建设专题研讨会、实操培训班及线上论坛等，面向地方政府、农业企业及农户，系统传授品牌战略规划、市场营销及管理体系构建等核心技能。充分利用电视、网络、社交媒体等多元渠道，广泛展示品牌建设的亮点案例与成功实践，树立一批具有示范效应的品牌标杆。

（二）转变政府职能，强化品牌服务意识

1. 加强标准引领、强化品牌监管

增强对标准化建设的认识，营造标准化生产氛围，加大宣传力度，提升标准化生产意识。积极开展多样化、多层次的农业标准化生产培训，确保生产经营单位能够学习和认识到标准化的优势和作用。根据农业高质量发展的需求，因地制宜优化标准体系，鼓励引导行业组织和企业参与制修订工作，确保标准制定的科学性、前瞻性和可行性，以适应生产实际和市场需求。规范品牌认证流程，加强质量监管，确保所有参与者遵守规定，为品牌提供坚实质量保障。

2. 加强市场品牌服务机构建设

培育和发展一批专业的市场品牌服务机构，包括品牌策划设计、市场调研、营销推广、品牌评估、法律咨询等机构，提供全方位、多层次的服务，满

足品牌企业在不同发展阶段的服务需求。政府通过资金扶持等方式，鼓励社会资本参与市场品牌服务机构建设，提高机构的服务质量和专业水平。加强品牌服务机构监管，规范市场秩序，防止虚假宣传、恶意竞争等现象，保障品牌企业的合法权益。

（三）汇聚社会力量，加大品牌建设力度

1. 形成立体传播体系

整合传统和新兴媒体各自优势，构建全方位、多层次、立体化的品牌传播矩阵。加强与电视台、报纸、杂志等传统媒体合作，深度报道品牌建设的成果和经验。积极利用互联网、社交媒体、短视频平台等新兴媒体，提高品牌的曝光度和影响力。加大力度与抖音、快手等短视频平台合作开展"广东乡村振兴品牌直播周"活动，邀请网红主播、品牌企业负责人等走进直播间，推介广东乡村振兴品牌产品，以取得更加显著的传播效果。

2. 制定优惠政策吸引社会资本参与乡村振兴品牌建设

设立品牌基金专项支持推广与运营。加强企业品牌意识培训，鼓励企业增加策划、设计、宣传等品牌投入，建立激励机制，表彰奖励投入大、成效显著的企业。推动产学研合作，加强高校、科研机构与企业、乡村合作，共同开展品牌建设研究与实践，为企业提供理论指导、技术支持和人才培养服务，促进科研成果转化应用，为品牌建设注入更多智慧和创新力量，汇聚各方资源要素，全面推动"百千万工程"乡村振兴品牌建设迈上新台阶。

参考文献

程虹：《中国"农产品区域公用品牌"怎么干》，武汉大学出版社，2024。

金仁昱：《乡村生态振兴：缘起、价值与实现》，《山西财经大学学报》2024年第S2期。

何梅雪：《文化品牌赋能乡村振兴》，《农家致富》2025年第4期。

B.12
2024年广东海洋牧场建设报告

胡晓珍 孙小哲*

摘　要： 2024年，广东深入践行大食物观，坚持"疏近用远、生态优先"，着力培育万亿级现代化海洋牧场产业集群，构建起从种业、养殖到装备及精深加工的全产业链条，呈现开局良好、起步稳健与蓬勃发展的态势。2025年，广东将高起点推进海洋牧场、"粤海粮仓"建设，探索深蓝科技、三产融合、陆海统筹、全要素支撑等方面的政策突破和体制机制创新，激活现代化海洋牧场全产业链体系能，打造现代化海洋牧场发展的"广东新标杆"。

关键词： 现代化海洋牧场　深蓝科技　产业融合　陆海统筹　广东省

　　2023年4月，习近平总书记在广东视察时强调："解决好吃饭问题、保障粮食安全，要树立大食物观，既向陆地要食物，也向海洋要食物，耕海牧渔，建设海上牧场、'蓝色粮仓'。"① 广东省政府工作报告明确要求"大力发展海洋牧场和深远海养殖"，将其作为发展海洋经济的新抓手。广东处于南海之滨，渔业人口和渔船数量均位居全国前列，九大海湾生物资源丰富，全年适合海水养殖，复养率高，建设现代化海洋牧场的条件得天独厚。2024年，广东全面推进海洋强省建设，打造海上新广东，深入践行大食物观，坚持"疏近用远、生态优先"，推进现代化海洋牧场建设，拓展深远海资源利用新空间，打造"粤海粮仓"。2025年，广东将聚焦养殖规模集约化、技术驱动智

---

* 胡晓珍，经济学博士，广东省社会科学院经济研究所副所长、副研究员，主要研究方向为产业经济、海洋经济；孙小哲，经济学博士，广东省社会科学院经济研究所助理研究员，主要研究方向为海洋经济。

① 《习近平在广东考察时强调　坚定不移全面深化改革扩大高水平对外开放　在推进中国式现代化建设中走在前列　蔡奇陪同考察》，《人民日报》2023年4月14日，第1版。

慧化、产业发展融合化、空间开发全域化、服务体系标准化，激活现代化海洋牧场全产业链体系动能，为全面推进海洋强省建设、打造"海上新广东"作出更大贡献。

一 广东海洋牧场建设总体态势

2024年，广东加速现代化海洋牧场建设，已构建起从种业、养殖到装备及精深加工的全产业链条，海洋牧场产业整体呈现开局良好、起步稳健与蓬勃发展态势。

（一）海水养殖产量领跑全国，"粤海粮仓"作用凸显

1. 海水养殖品类全产量高

2024年，广东海水养殖总产量为376.83万吨，较上年同期增长5.47%（见图1）。其中，海水鱼养殖产量为97.54万吨，同比增长7.93%，约占全国总产量的50%。在全国八大重点海水鱼中，除大黄鱼和鲆鱼之外，金鲳鱼、鲈鱼、石斑鱼、鲷鱼、黑斑红鲈、军曹鱼等6个特色优势品种产量均位居全国第一。以南美白对虾和斑节对虾为主要品种的海水甲壳类养殖量达80.7万吨，以生蚝、扇贝、蛤为主要品种的海水贝类养殖量达180万吨，以江蓠、紫菜为主养品种的大型海藻养殖量达5.3万吨，海参、海胆等特色品种的养殖也形成一定产业规模。

2. "深蓝种业"竞争力持续提升

广东作为我国海水种业大省，海水鱼、虾类苗种产量连续多年稳居全国首位，在种质改良、新品种培育等方面持续创新。2023年，广东海水鱼类苗种产量67.71亿尾，约占全国的51%，是全国第一大海水苗种产区（见图2）。在"粤强种芯"工程带动下，广东于2024年7月启动现代化海洋牧场适养品种核心技术攻关项目，首次与国内63个顶尖水产科研团队，围绕28个现代化海洋牧场适养品种开展联合攻关，进一步筑牢海洋种业根基。自2023年起，广东加快建设国家现代海洋牧场（南方）种业创新基地，在南海大黄鱼、章红鱼、黄金鲹、巴浪鱼和黄唇鱼人工苗种繁育上获突破性进展，红瓜子斑和海鲈鱼成功实现从育苗到成鱼的全周期人工培育，展现全国领先的海洋渔业科技创新实力；

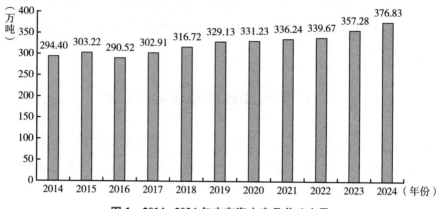

图1 2014~2024年广东海水产品养殖产量

资料来源：历年《中国渔业统计年鉴》。

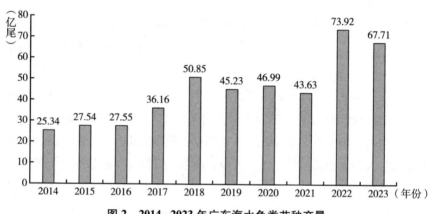

图2 2014~2023年广东海水鱼类苗种产量

资料来源：历年《中国渔业统计年鉴》。

成功培育一批适合深远海养殖的优良品种，凡纳滨对虾"中兴2号"和扇贝"橙黄1号"两个海水新品种获得国家审定，实现海水养殖领域又一重大突破。

3.国家级海洋牧场建设不断完善

2023年以来，广东先后启动90个现代化海洋牧场项目，总投资额超过200亿元，海洋牧场建设稳步推进。2015~2024年，广东已成功创建16个国家级海洋牧场示范区，占全国的8.5%，数量位居全国第四；所占海域面积超过12.5万公顷，是国家级海洋牧场示范区面积最大的省份。这些示范区已成为助推广东现代化海洋牧场高质量发展的"海上良田"。其中，湛江雷州市流沙湾海域农发国家级海洋牧场是广东首个增殖型国家级海洋牧场和首个国企创建的国家级海洋牧场，其余 15 个均为养护型海洋牧场（见表1）。

表1　2015~2024 年广东国家级海洋牧场示范区名单

序号	示范区	批复时间	海域面积（公顷）	生态类型
1	广东省万山海域国家级海洋牧场示范区	2015 年（第一批）	31200	养护型
2	广东省龟龄岛东海域国家级海洋牧场示范区	2015 年（第一批）	2028	养护型
3	广东省南澳岛海域国家级海洋牧场示范区	2016 年（第二批）	3000	养护型
4	广东省汕尾遮浪角西海域国家级海洋牧场示范区	2016 年（第二批）	2100	养护型
5	广东省陆丰金厢南海域国家级海洋牧场示范区	2017 年（第三批）	3200	养护型
6	广东省阳江山外东海域国家级海洋牧场示范区	2017 年（第三批）	6800	养护型
7	广东省茂名市大放鸡岛海域国家级海洋牧场示范区	2017 年（第三批）	3308	养护型
8	广东省遂溪江洪海域国家级海洋牧场示范区	2017 年（第三批）	6700	养护型
9	广东省湛江市硇洲岛海域国家级海洋牧场示范区	2018 年（第四批）	438	养护型
10	广东省珠海市外伶仃海域国家级海洋牧场示范区	2018 年（第四批）	983	养护型
11	深圳市大鹏湾海域国家级海洋牧场示范区	2018 年（第四批）	748	养护型
12	广东省惠州小星山海域国家级海洋牧场示范区	2019 年（第五批）	960	养护型
13	广东省阳西青洲岛风电融合海域国家级海洋牧场示范区	2019 年（第五批）	49730	养护型
14	广东省吴川博茂海域国家级海洋牧场示范区	2019 年（第五批）	1940	养护型
15	广东省阳江南鹏岛海域中广核国家级海洋牧场示范区	2022 年（第七批）	11910	养护型
16	广东省雷州流沙湾海域农发国家级海洋牧场	2024 年（第九批）	695	增殖型

资料来源：农业农村部，课题组根据九批国家级海洋牧场示范区名单整理。

（二）发展模式亮点纷呈，"海洋牧场+"前瞻布局

近年来，广东创新推动海洋牧场多元融合发展，将海洋牧场和风力发电、

光伏发电、波浪能开发相结合，同时融入休闲渔业和生态观光等业态，探索三产融合、渔能融合、渔旅融合等发展新模式，走好现代化海洋牧场融合化发展之路。

1. "渔业+"模式海洋牧场

"渔业+"模式海洋牧场是一种专注于海洋生物养殖，以获取渔业产品为目标的海洋养殖方式，不涉及与其他产业如新能源、旅游等的融合，具有养殖专注度高、技术相对成熟、成本投入较低、产品单一等特点。

湛江"海威"系列深远海养殖平台建设案例

"海威1号""海威2号"投放于湛江市雷州流沙湾深水网箱区，是湛江地区最早建成并投入使用的两个深远海养殖平台，展现了湛江深远海养殖的技术创新与产业升级。

（1）打造绿色智能养殖模式。平台搭载自动化养殖装备，借助4G/5G数据通信技术，助力养殖智能化升级。生态环保方面，搭载太阳能电力系统实现绿色能源的自给自足，最大限度节能减排。

（2）探索"1+N"深远海养殖新模式。两个养殖平台均具有充足的基本养殖水体，同时在平台周围的巨大水域中，布放一系列深水养殖网箱，形成网箱矩阵。网箱矩阵从平台获取能源供应及饲料物资等，共同组成一套大型、由绿色能源支撑、可开展现代化作业的深远海养殖系统。

2. "生态+"模式海洋牧场

"生态+"模式海洋牧场通过营造海洋生物的理想生存环境，强化海洋渔业资源的养护和可持续发展。在此基础上，协同发展休闲渔业、科普教育、渔业贸易等业态，实现生态保护与经济发展双赢。

深圳大鹏湾"生态+渔旅"海洋牧场建设案例

深圳大鹏湾国家级海洋牧场示范区是全国首个以珊瑚礁修复为主题的公益性国家级海洋牧场，在国家级海洋牧场示范区评价复查中获最高等级"好"。

（1）突破人工培育珊瑚关键技术。依托广东海洋大学深圳研究院开展珊瑚礁生态修复技术研究，成功攻克石珊瑚规模化海底培育和原位种植的关键技术，完成2.76万空方、688个人工鱼礁投放，累计投放人工生态礁68座。同时，开展石珊瑚种质资源建设，为解决珊瑚种质资源"卡脖子"问题奠定了基础。

（2）开展生态资源增殖放流。举办"我在深圳海底认养珊瑚，成为一名珊瑚守护者""9·20全国珊瑚日"等公益性增殖放流活动，每年百万尾鱼虾苗"安家"大鹏湾。

（3）发展休闲渔业新业态。搭建集生态种业科研实验、海洋生态观光旅游等功能于一体的智能化海上综合渔业平台，创新培育海洋水族、海底酒店、海底餐厅、文化演艺等多元业态。

3."休闲+"模式海洋牧场

"休闲+"模式海洋牧场是一种将休闲渔业与海洋牧场建设相结合的创新模式，依托养殖平台、养殖工船等大型装备，通过发展休闲娱乐、观光旅游、科普教育等活动，实现第一产业和第三产业深度融合，提升海洋牧场的综合效益。

珠海"海之舱"渔旅融合平台建设案例

"海之舱"作为珠海首台综合渔旅平台，于2024年12月正式开工建设。平台采用半潜式结构设计，长100米，宽36米，主体高19米，养殖水体达4万立方米，配套海上休闲旅游设施，融合海钓、潜水、住宿、餐饮、研学等应用场景，为海岛游客提供多样化的海上文旅、休闲、科教体验。同时，根据珠海市"低空经济+休闲海钓"的产业布局，"海之舱"搭载无人机起降平台，可开展低空旅游、活鲜运输、岛海联运等服务，打造"海岛酒店度假+海上渔旅休闲"文旅新模式。

4."新能源+"模式海洋牧场

"新能源+"模式海洋牧场是一种将新能源开发与海洋牧场建设相融合的现代海洋产业发展模式，利用海上风能、太阳能等再生能源发电，为海洋牧场的养殖设备运行、管理平台供电以及相关产业活动提供清洁电力。

阳江"海洋牧场+海上风电"融合发展案例

阳江创新海洋空间综合利用思路，拓展深远海立体海域开发利用，加速海

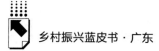

洋牧场与海上风电融合发展，为现代高效农业与新能源产业的跨界发展注入新活力。

（1）推动现代化海洋牧场和风电竞配一同谋划。调动三峡、华电、中广核等央企积极性，加速现代化海洋牧场建设，有效解决单一海域资源开发模式瓶颈问题，最大化利用海域资源。

（2）开展新型养殖装备技术探索。推动全球首台"导管架+网箱"渔风融合一体化装备"明渔一号"建成投产，首批捕获近万斤金鲳鱼。推动国内首创渔风融合"华电泓胜一号"智慧渔业养殖平台项目开工，总投资约1亿元，养殖水体6万立方米，技术创新和应用走在全省前列。

（三）深远海养殖装备基础扎实，"工业化"思维贯穿发展

2016年以来，广东重点升级改造和推广重力式深水网箱装备、桁架式大型养殖装备和大型养殖工船，全面开启现代化海洋牧场深远海装备研发制造。广东海洋研发基础好，已建覆盖海洋渔业、海洋生物技术、海洋防灾减灾、海洋药物、海洋环境等领域省级及以上涉海研发平台和重点实验室150个，拥有中山大学、广东海洋大学、南方海洋科学与工程广东省实验室等一批涉渔涉海高校、科研院所和中央驻粤单位，建成农业农村部南海水产育种创新基地、广东省现代化海洋牧场装备技术创新中心、广东省现代化海洋牧场种业创新中心等多个创新平台，基本形成"实验室+高校+科研院所+企业"的海洋渔业科研创新体系。广东高端船舶和海洋工程装备产业基础雄厚，形成了从船舶设计、零部件制造、总装建造到海洋工程装备研发、生产、服务的较为完整产业链，汇聚了广船国际、黄埔文冲、南洋船舶、中集集团、三一重工、明阳智能等众多行业领军企业，以及众多生产船用发动机、推进器、通信导航设备等关键零部件企业，在浮式生产储卸装置、深水半潜平台、12缆深水物探船、绿色智慧型移动浮岛、海洋可再生能源和矿产资源开发装备等海洋高端装备制造领域具有较强竞争力，为深远海养殖装备产业提供了"硬实力"支撑。

广东沿海各地市在10米等深线以深或离岸（大陆及有居民海岛岸线）3千米以上的海域划示深远海养殖规划区面积2.55万平方千米（见表2），为深远海养殖装备提供了广阔的应用舞台。

表2 广东各地市深远海养殖规划区一览①

序号	地市	深远海养殖规划区面积（平方千米）	占全省比重（%）
1	湛江	6451	25.34
2	茂名	1660	6.52
3	阳江	7242	28.45
4	江门	1584	6.22
5	珠海	2345	9.21
6	深圳	287	1.13
7	惠州	1307	5.13
8	汕尾	2522	9.91
9	揭阳	609	2.39
10	汕头	1327	5.21
11	潮州	120	0.47

注：各地市海域面积根据《广东省海岸带综合保护与利用总体规划》（2017年10月）工作范围统计，不作为权属争议依据。养殖规划区与相关法定规划动态衔接，因自然保护地、海岸带及海洋空间规划等调整，国家、省关于自然保护地法律法规政策变化，养殖规划区相应做出调整，同时与海砂可采区、储备区时序兼容。

资料来源：《广东省海岸带综合保护与利用总体规划》（2017年10月）。

截至2024年11月底，广东共建设重力式深水网箱5678个，重力式深水网箱数量占全国20%，位居全国第一；建成桁架式养殖平台11个，"恒燚一号""格盛一号""伏羲一号"等"拔海而起"成为耕海新代表，彰显强大的市场竞争力。

（四）产业链环节完整，"品牌化"战略引领发展

1. 现代化海洋牧场全产业链升级成效显著

广东以全产业链升级为重点，不断完善和延伸产业链关键环节，现代化海洋牧场全产业链协同发展的深度和广度持续提升。广东构建了生产工艺先进、保种设施完善、品种选育优良、育繁推能力强的现代海洋种业发展体系，海水鱼苗和水产饲料产量稳居全国第一位。深远海养殖设施装备制造实力突出，已投入使用"德海1号""澎湖号""海威1号""海威2号""联塑L001""明渔一号"等多个桁架类网箱及养殖平台，成功研发出水下清洗机器人、无人

203

投喂船等深远海养殖配套装备。依托水产品精深加工和海洋生物企业，推动海洋牧场产品由简单粗加工向精深加工转型，海洋预制菜产业发展迅速，多个以海产品为主的省级预制菜产业园建成运营。海水产品贸易增长显著，产品远销美国、加拿大、欧盟、日本、东盟等国家和地区。

2."广东鲜品"影响力持续扩大

广东抓住节庆经济、会展经济、年鱼经济等活动契机，着力打造"广东鲜品"区域公共品牌，通过系统培育与全球推广，助力广东现代化海洋牧场产品走向国际市场。"广东鲜品"以"全球领鲜"为品牌战略，致力于打造涵盖多种特色水产品的品牌矩阵，实现"品牌全域联动、资源全域协同、价值全域提升"。自2024年首次亮相以来，"广东鲜品"通过制定行业认证标准、品牌准入标准和使用管理准则，建立了高标准品牌管理体系，确保产品的安全与新鲜；借助官方视频号和抖音直播间等线上平台，组织线上直播销售和短视频推广等数字化营销活动，有效提升品牌知名度和市场占有率；通过设立品牌管理中心，开展"广东鲜品"公用品牌的创建、管理保护、日常运营、宣传推广和营销等工作。

3.地方海域特色"标志—产品—品牌—产业"稳步推进

广东沿海各地市依托独特的海洋资源禀赋，积极开展地理标志培育、认证和品牌化建设工作，推动地理标志与海洋牧场发展有机融合，成功打造"湛江金鲳""白蕉海鲈""台山鳗鱼""潮州海鮸""南沙青蟹""程村蚝""惠来鲍鱼"等多个地方特色海产品品牌。同时，积极探索海洋牧场地理标志产业发展新模式新路径，鼓励生产企业申请使用地理专用标志，推动形成行业协会、地理标志产品龙头企业、专业合作社、农户等主体之间多种形式的产业联结机制，促进商标品牌应用转化，加大商标品牌推广力度，助力地理标志产业加快发展。

（五）政策指引相继出台，"全域化"理念保障发展

1.出台系列政策、指引和技术规范

实施《关于加快海洋渔业转型升级 促进现代化海洋牧场高质量发展的若干措施》，提出全面构建海水种业体系、开展核心技术攻关等17条政策措施。出台全国首个海洋渔业全产业发展规划《广东省现代化海洋牧场发展总体规划（2024—2035年）》，对用海措施、海域使用金优惠政策、海洋牧场建设标

准、生态健康养殖等重点工作制定技术标准和政策指引。

2. 形成"科学选址—生境营造—资源养护—安全保障—融合发展"技术体系

广东高度重视技术引领，通过整合优势资源，鼓励企业和科研院所组建高水平创新联合体，聚焦海洋牧场"卡脖子"技术难题和重大科学问题，共同开展海洋牧场的选址规划、经济动物原/良种保护、人工生境营造、食物网结构优化、生物承载力评估、自动化监测与智能化采捕等关键核心技术研发创新，整体性重塑海洋牧场技术架构，建立起可复制、可推广的海洋牧场"科学选址—生境营造—资源养护—安全保障—融合发展"全链条产业技术体系，为海洋牧场科学有序发展提供有力支撑。

3. 打造"可视、可测、可控、可预警"立体观测体系

近年来，广东在大数据、人工智能、云计算、卫星遥感、新兴通信与工程技术等"硬实力"的强力支撑下，加快建设高精度、多参数的海洋牧场立体观测网，将海底观测站、5G技术、海上平台、深水智能网箱等要素深度融合，通过对海洋牧场作业状态、资源环境、水文气象等状态参数进行实时监控，并利用大数据技术对采集的多元数据进行深度挖掘，为海洋牧场的科学管理与海洋灾害的预警预报等提供数据支撑，有效解决海洋牧场海面以下海洋生物"看不见、测不到、不可控"的问题，海洋牧场正步入智能养殖新时代。

二　当前广东海洋牧场建设存在的问题

广东海洋牧场建设虽然走在全国前列，但与国内外先进水平相比还有一定差距，仍面临诸多问题和挑战，亟须进一步拓展升级。

（一）养殖空间受限，生产方式相对传统

一是海洋牧场建设布局不合理。广东海洋牧场建设多集中在近岸海域，部分适宜建设海洋牧场的深远海海域尚未得到有效利用，海水养殖空间受到严重挤压。根据广东省2021年养殖用海调查结果，全省养殖用海超九成集中在水深不超过10米的潮间带和近浅海区域，深远海养殖相对滞后。在陆域与近海养殖空间趋紧的情况下，亟须加快推动海洋牧场建设和海水养殖从近海向深远海拓展。二是海洋牧场传统发展模式亟须现代化转型。广东海洋牧场仍以普通

网箱、筏式、底播等传统养殖方式为主，部分海域利用方式粗放、效率偏低，亟须加快由单一养殖向立体养殖、"捕猎型"粗放养殖向"农牧型"精致养殖、高污染养殖向绿色生态养殖转变；养殖用海主体以个人、村集体为主，渔业生产经营组织化、专业化、装备化和规模化程度不高，适配现代化海洋牧场发展的生产经营模式仍待探索。

（二）领军企业不多，市场主体有待完善

广东海洋牧场产业化程度仍然较低，企业参与积极性不高，市场主体呈现"二元结构"怪象：以湛农集团、九洲集团、格力集团、海威集团为代表的国企和大型民企参与较多，但普通养殖户仍处于"迟疑观望"阶段。从成本层面剖析，深远海养殖装备造价高昂，叠加巨大的设施建设、安装及运维成本，共同导致投资回收周期漫长。市场调研揭示，一个深水大网箱的成本约为50万元，一座智能养殖平台造价2000万元至数亿元不等，一艘养殖工船造价高达上亿元。此外，南海海域存在峡湾少、开放性海域多且台风频发等自然不利条件，增加了安全维护方面的投入。从收益角度来看，海洋牧场深远海养殖往往增产不增收，"风光渔融合""渔旅融合"等新模式盈利链条和机制不清晰，产能管理与运营效益未能充分体现。由于收益和成本的不匹配，市场主体积极性未能有效激发。

（三）智慧养殖滞后，关键技术亟待突破

广东海洋牧场在数智化技术应用方面虽有一些尝试，但整体仍处于起步阶段。部分海洋牧场虽然引入了饲料智能精准投喂系统、养殖鱼群监控识别系统以及养殖环境感知系统等，但应用范围较为有限。在监测方面，主要依赖传统的人工监测和简单的传感器设备，难以实现对海洋牧场全方位、实时、精准地监测。例如，对于海洋牧场的水质、水文等环境参数的监测，尚未达到先进数智化牧场所具备的高频次、高精度数据采集水平，对牧场生态环境变化的掌握不够及时和全面。同时，广东海洋牧场发展尚处于探索阶段，有许多技术和科学问题尚未解决，现代化海洋牧场建设的科技支撑有待加强。例如，良种选育、科学防病、高效投饲等核心养殖技术发展相对滞后，与发达国家相比仍存在较大差距；抗风浪养殖装备、高强度防附着网衣、水下清洗机器人、自动精

准投喂、机械化聚鱼收获、产品加工、仓储保鲜冷链等养殖设施设备"卡脖子"现象依旧存在，设施设备国产化率有待提高，部分核心技术和关键零部件仍需要从国外进口。

（四）社会服务不足，治理能力有待提升

一是服务于海水养殖的政策性金融和保险产品、品牌建设和市场销售、饲料动保集中采购、海上运输、装备运维养护等社会化服务供给仍待加强。比如，由于海水养殖的保险产品种类有限、条款设置复杂、理赔门槛高，保险覆盖不足；受制于缺乏品牌培育、营销策划等专业服务机构，部分广东海水养殖特色产品未能形成强大的全国性品牌；缺乏有效的集中采购组织，议价能力不足导致采购成本居高不下；海水养殖装备运维服务体系不健全，存在机构少、服务范围有限、质量参差不齐等问题。二是海上执法监管力量薄弱和执法成本高等问题仍旧存在。由于机构改革后一些部门职责进行了调整，加上海洋牧场多功能平台、海域内旅游经营等新生事物的不断出现，因此，海洋牧场管理职责边界模糊、归序不明；有关法律法规尚不健全，无法为监管工作提供有力的法律保障。

三　2025年广东海洋牧场建设发展趋势

2025年，广东将聚焦养殖规模集约化、技术驱动智慧化、产业发展融合化、空间开发全域化、服务体系标准化，引领产业要素集聚、技术模式创新、空间治理革新、标准体系建构，在空间维度实现近海生态化与深远海规模化的协同布局，在功能维度达成生态修复、资源养护与产业开发的动态平衡，在价值维度构建起经济产出、社会服务与生态效益的增值闭环，打造支撑"海上新广东建设"的"广东范式"。

（一）养殖规模集约化：从零散布点到集群布局的战略升级

历年出台的中央一号文件多次强调建设和发展现代海洋牧场，为广东海洋牧场发展提供明确方向和目标。广东将依托海洋资源丰厚的自然禀赋优势、雄厚的产业创新能力和制造基础、便捷的交通网络和物流体系，不断扩大"耕海牧

渔"规模，大力推行科学高效养殖，支持拓展高价值品种，培育壮大一批产业关联度高、品牌影响力强、创新能力突出的"航母型""旗舰型"企业，创建一批技术先进、特色鲜明、链条完整、效益显著的现代化海洋牧场产业园和创新试验区，围绕产业链关键环节补链延链强链，形成"前海、中港、后园"的集约化生产模式，实现海洋牧场由近海小散养殖向深远海规模化集群转型的跨越式发展，以"藏粮于海""屯鱼戍海"保障粮食安全和海产品高质量供给。

（二）技术驱动智慧化：从经验养殖到数智管控的质效跃迁

现代化海洋牧场是实现海洋渔业转型升级的重要载体。广东将以技术创新为引领，协同构建集种业突破、装备升级、数字智慧与绿色转型的全链条创新矩阵。在种业培育方面，针对养殖全流程的苗种供应、病害预警、种苗产业化等"卡脖子"环节进行联合攻关与专项突破，形成"育繁推一体化"的种苗产业化应用链条，保障种业种源安全。在养殖装备方面，加强设施装备、精深加工、软件系统等领域的应用型创新，着力研发重力式网箱、桁架类网箱及养殖工船等深远海养殖装备，实现全链条规模化养殖、机械化生产、智能化管控，提高养殖效率和水产品质量。在数字智能方面，构建"数字孪生+人工智能"深度赋能产业全链条，运用"智慧监测""智慧工厂""智慧管理大脑""库网链融合"等数字技术提高养殖效率和产品质量，加速产业形态重构。

（三）产业发展融合化：从单一生产到三产贯通的价值聚变

发展模式融合化是现代化海洋牧场发展的重要趋势。海洋牧场突破了传统渔业单一生产功能的边界，以全要素整合、全链条贯通、全场景覆盖的融合发展模式，构建起多维度、立体化的现代化海洋牧场全产业链协同体系。在纵向维度上，现代化海洋牧场通过"一产提质、二产升级、三产增值"的协同发展，形成"种质研发—苗种繁育—装备制造—高效养殖—精深加工—冷链物流—贸易营销—专业服务"的全生命周期产业链闭环，实现了"一条鱼"牵出的"一条链"的产业集群培育、附加值提升、价值链中高端攀升。在横向维度上，"海洋牧场+"跨界联动装备制造、海洋能源、数字信息、文化旅游、休闲娱乐等行业发展，催生出"风渔文旅""海洋碳汇""观光研学"等新型复合场景和业态，拓展了海洋经济的外延新赛道，培育海洋经济更多新增长极。

（四）空间开发全域化：从平面开发到立体拓展的维度突破

在海洋经济高质量发展与生态保护双重目标驱动下，海洋牧场空间布局和开发模式加速演变。广东加快构建"陆海联动、立体开发、区域协同、梯度拓展"的全域化空间格局，不断激活用海空间潜能。横向拓展方面，注重打造"陆港岛海"梯度开发体系，通过统筹陆基、滩涂、近海、岛礁到深远海的空间规划布局，形成陆基工厂化育苗、近岸驯化标苗、近海重力式网箱、远海养殖工船的立体式开发格局。垂直分层方面，推动"海域使用权立体分层确权"，大力发展多营养层级综合立体养殖，推动形成"表层风光发电+中层网箱养殖+底层人工鱼礁"立体开发模式，拓展海域空间的利用效率和增值效益。区域协同方面，打造珠三角现代都市渔业区和粤东粤西两翼深蓝渔业区，加强技术、人才、资金、信息交流，鼓励省内"双向飞海""双向飞地"合作。

（五）服务体系标准化：从粗放供给到标准赋能的系统进化

海洋牧场作为海洋经济的新业态，规则体系、组织形态正处于探索构建期。广东将推进海洋牧场"标准筑基+组织优化+品牌突围"三维建设，以输出"粤海鲜"产品和"广东标准"提升全球深远海养殖竞争力和话语权。标准体系构建方面，逐步建立健全符合广东实际的海洋牧场全产业链标准体系，加快出台重力式网箱、桁架类网箱及养殖工船的全生命周期管理规定，指导现代化海洋牧场规范化、标准化建设运营。组织与品牌跃升方面，整合政府、海洋牧场开发主体和产业链核心企业，组建产业发展联合体，打造基础设施标准、技术工艺标准、高效养殖标准的现代化"标准海"示范产业园，实行"统一苗种、统一技术、统一管理、统一收购"的生产管理探索，实现海洋牧场从"生产粗放"到"体系可控"、从"地域产能"到"品质出海"的快速扩张和升级。

四 加快推进广东现代化海洋牧场建设的对策建议

认真落实省委"1310"具体部署，强化海洋牧场基础研究和共性技术研发创新，高起点推进海洋牧场、"粤海粮仓"建设，促进海域资源优化配置和节约集约利用，构建现代化海洋牧场全产业链体系，形成"陆海统筹、区域联动、开放共赢"的立体式空间格局，打造现代化海洋牧场发展的"广东新标杆"，为全面推进海洋强省建设、打造海上新广东作出更大贡献。

1. 深入实施"深蓝种业"创新工程

开展全省海洋水产种质资源普查工作，发布海洋水产种质资源分类分级保护名录，提升海洋水产适养品种种质资源长期保藏能力。聚焦金鲳鱼、鲈鱼、石斑鱼、生蚝、扇贝、江蓠、紫菜等优势养殖品种，开展突破性水产养殖新品种的研究与培育，突破金枪鱼、舒氏猪齿鱼、日月贝等一批高价值潜力品种全人工规模化繁育技术攻关。持续优化海洋牧场"保育繁推"一体化良种体系布局，统筹推动水产原良种场、种质资源场、遗传育种中心、无规定水生动物疫病苗种场等种业基础设施建设，集成水质调控、亲本培育、制种育种、苗种扩繁、饵料培养、质量控制等环节，打造广东现代化海洋牧场种业"南繁硅谷"。完善"企业出题出资—创新团队揭榜挂帅"激励机制、科技成果转化收益分配机制，重点支持新设施装备首台（套）投产、新技术工艺首次应用、新金融保险产品首批推广等首次创新成果落地。健全"政产学研"海洋牧场科技全链条服务体系，加强知识产权保护和科技金融支持力度，实现海洋创新链、产业链、价值链无缝对接。

2. 充分激活海洋牧场全产业链发展动能

围绕海洋牧场产业链重点环节，培育适合深远海养殖的当家品种，稳步扩大海水鱼类、经济贝类等海上养殖规模，推进海产品精深加工和高值化利用，促进冷链物流提质增效，加快新型重力式深水网箱、桁架类网箱以及养殖工船等深远海养殖装备研发和制造修造，大力发展安全性、经济性与智能化的辅助设施装备产品，因地制宜推动风光渔、渔文旅多元业态有机融合，拓展"海洋牧场+低空经济+北斗产业"应用新场景，构建起覆盖"研发—生产—加工—流通—服务"的产业链，培育集生产制造、产业融合、价值拓展于一体的现代化海洋牧场综合体，以产业链"接一连二带三"贯通延伸最大化提升产业综合效益。

3. 健全海洋牧场市场交易、品牌培优和质量体系建设

打造广州、深圳、湛江3个具有国际影响力的大宗海产品集散交易中心，

高水平建设珠海、汕头全国海产品交易中心，加快建设汕尾、阳江区域海产品交易中心，完善交易中心准入、价格形成、信息公开、支付结算、金融服务、海洋碳汇等运行机制，探索形成权威的海产品价格指数。推进地理标志产品申报、农产品地理标志认证和"粤字号"海产品品牌创建工程，提升"品牌名企""粤海鲜品"知名度、美誉度和影响力。加强对国内国际先进标准的跟踪研究和对标分析，推广海洋牧场产品、设备设施、技术工艺认证。加强对海产品质量检测、环境检测等全链条质量安全监管，完善海产品"一品一码""一码溯源"的全产业链电子追溯码标识管理，实现海产品"从苗种到餐桌"全过程质量可追溯。

4. **持续推动海洋牧场"走出去""引进来"**

依托中国（广东）现代化海洋牧场博览会、深圳国际渔业博览会，开展"广东鱼游世界""喊全球吃广东海鲜"等系列活动，打造面向全球的实现产品、技术和服务双向互促的引领性平台。鼓励企业"组团出海"参与全球海洋渔业交流展会，积极发展海产品跨境电商，打通"买全球、卖全球"的产销通道。鼓励与RCEP成员国、共建"一带一路"国家合作建设以海水养殖为重点的海洋经济示范区，高质量推动印尼"国家鱼仓"等项目建设；加强与挪威、荷兰等国在三文鱼苗种繁育、养殖生产、装备技术等领域的交流合作，共建中欧海洋渔业产业创新园；深化与全球南方国家"蓝色合作"，谋划一批现代化海洋牧场国际合作项目，打造多功能综合服务基地。

5. **全面提升海洋牧场数字化、智慧化水平**

谋划建立以卫星遥感、无人机、浮标、水下机器人等为基础的"空天岸海"立体化观（监）测预报预警系统，实现对灾害风险、突发事件的及时研判和"靶向式"预警预报。夯实网络设施、数据中心、感知设备等智慧海洋牧场数据底座，探索搭建全域海洋生态数字孪生系统，提高海洋牧场数据采集、传输、存储与应用效率。依托岸基高塔、桁架类网箱及养殖平台、无人机、海底光缆、北斗卫星等载体，建设融合光纤、卫星通信、智能物联网等接入方式的岸海一体通信网络，提供智慧化通信、导航、搜救保障能力支持。加强"海洋牧场+人工智能"应用，推进人工智能大模型应用于鱼脸识别、生长预测、灾害预警、价值评估等场景，建设集生态监测、资源评估、生产管理、

运营决策、智能控制、技术推广、物流调度、交易营销等功能于一体的"智慧管理大脑"。

参考文献

黄进、彭琳：《构建现代化海洋牧场全产业链体系》，《南方日报》2024 年 12 月 18 日。

孙绮曼、许悦、王建霖等：《"粤字号"海洋牧场平台技术引领全国》，《羊城晚报》2024 年 12 月 24 日。

王建惠、赵万里：《我国海洋牧场高质量发展管理机制研究》，《中国渔业经济》2025 年第 2 期。

伍家祺、王利伟、陈柳云：《海洋牧场建设类型比较及发展对策研究——以广东、辽宁、山东为例》，《河北渔业》2024 年第 2 期。

杨红生、丁德文：《海洋牧场 3.0：历程、现状与展望》，《中国科学院院刊》2022 年第 6 期。

杨红生、章守宇、张秀梅等：《中国现代化海洋牧场建设的战略思考》，《水产学报》2019 年第 4 期。

易卫华、李思阳：《我国海洋牧场发展现状及典型模式研究》，《中国渔业经济》2024 年第 4 期。

B.13
2024年广东新型城镇化建设报告

何亦名　李庆瑜*

摘　要：　广东新型城镇化紧抓"百千万工程"重大契机，以县域为重要载体，建强镇域枢纽节点，通过"强县促镇带村"的广东模式有效破解全省城乡区域发展不平衡、不充分的历史难题。在该模式带动下，广东县域经济快速发展，镇村活力充分释放，新型城镇化建设取得了历史性成就。在县镇村进一步培育创新的内生动力，促进高水平要素市场的建设，推动农文旅深度融合，以高质量的基础设施与公共服务集聚人才，以全面深化改革释放城乡基层活力和全要素生产率，是进一步推动广东城乡区域协调发展、新型城镇化再上新台阶的关键。

关键词：　"百千万工程"　新型城镇化　强县促镇带村　城乡融合　广东省

党的十八大以来，习近平总书记先后5次考察广东，每到广东发展的关键节点、重要时刻，都为广东把脉定向、掌舵领航，寄望广东在推进中国式现代化建设中走在前列；深刻指出城乡区域发展不平衡是广东高质量发展的最大短板，要求广东下功夫解决城乡二元结构问题、下功夫解决区域发展不平衡问题。深入贯彻落实习近平总书记重要讲话和重要指示精神，广东在学习借鉴"千万工程"经验做法的基础上，结合实际提出实施"百县千镇万村高质量发展工程"（以下简称"百千万工程"）的重大工作部署，重点抓住县域这个发力点，推进强县促镇带村，破解城乡区域发展不平衡难题，推动城乡区域协调发展、融合发展。

* 何亦名，博士，广东金融学院公共管理学院院长，教授，主要研究方向为公共政策；李庆瑜，广州市农业农村科学院农村政策发展研究部农艺师，主要研究方向为农村发展规划与政策、农业技术推广、农业经济管理。

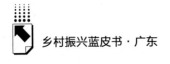

一　发展情况

近年来，广东省在推动城乡融合发展方面取得了显著成效。省委、省政府高度重视城乡差距问题，不断加大投入，采取了一系列积极措施，以促进农村产业发展、基础设施建设、就业环境改造等方面的全面提升。在此大背景下，城乡产业协同发展、基本公共服务普惠共享以及基础设施一体发展等方面均取得了积极进展，为广东城乡融合发展奠定了坚实基础。

（一）城乡产业协同发展

进入 21 世纪以来，广东省委、省政府不断加大对城乡差距较大地区的农业农村领域投入，在农村产业发展、基础设施建设、就业环境改造等方面采取积极措施。新时代以来，广东以产业振兴切实推动农村旺起来、农民富起来，把县镇村建设发展治理一体贯通起来，用工业武装农业、用城市带动乡村，把构建新型工农城乡关系落实到具体工作上、具体民生实事上，加快改善乡村生产生活生态环境，让乡村发展加快跟上现代化步伐，让农民就地过上现代化生活，农业经济综合实力显著提升，农民收入持续较快增长，城乡区域发展协调性明显增强。

2024 年，广东农村居民全年人均可支配收入为 26769 元，比上年增长 6.3%，高于城市居民 2.4 个百分点。广东农村居民全年人均可支配收入增速连续 12 年快于城市居民，除 2017 年城镇居民和农村居民人均可支配收入增速持平外，其余 11 年，广东农村居民人均可支配收入增速均跑赢了城镇居民，城乡居民收入比从 2013 年的 2.67：1 缩小至 2024 年的 2.31：1，相比上年继续减少 0.05（见图 1）。

（二）城乡基本公共服务普惠共享

推动基本公共服务资源下沉，聚焦群众需求，着力加强薄弱环节，完善公共基础设施。

近年来，县镇村教育资源配置进一步优化，基础教育质量不断提升，优质生源开始向县镇村"回流"。通过推动资源下沉、促进服务共享、优化就医体验"三张处方"，促进优质医疗资源扩容下沉和均衡布局，基层医疗卫生服务能力进一步巩固提升。综合施策，切实降低农村居民医疗负担取得明显成效，

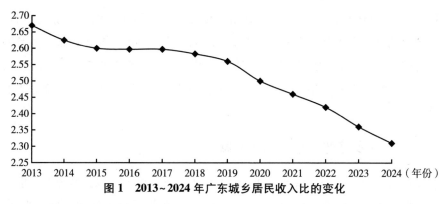

图1　2013~2024年广东城乡居民收入比的变化

资料来源：广东省农业农村厅。

　　其中，广州市村卫生站医保定点和"一元钱看病"覆盖率均达100%。全省组织73家三甲医院组团帮扶60个县（市、区）113家县级公立医院，以重点专科和急诊急救"五大中心"建设牵引提升46家县级综合医院、6家县级中医院达到三级医院服务水平。通过"百名首席下基层"、订单定向医学生服务基层、巡回医疗队等"一揽子"举措，建立稳定的人员下沉服务长效机制，高水平医院实现对57个县（市、区）县级公立医院、疾控中心全覆盖帮扶，全省县级综合医院国家基本标准、推荐标准符合率均达到100%；紧密型县域医共体集成式改革经验被纳入中央改革办推广典型案例，全省57个县域医共体已有56个达到紧密型标准，1.8万间村卫生站被纳入医保定点管理；920项适宜技术在全省推广，薪火培基项目覆盖全部县（市、区）；执业医师服务基层制度全面施行，全年下沉县域医师达1.2万人次。探索乡镇医务人员管理制度改革，建立"县招县管镇用"的管理机制，完善基层卫生人才职称评价制度，设立基层卫生人才职称评审标准，实行单列评审。

　　优化社会救助制度，确保符合条件的困难群众"应保尽保"。推进实施城乡居保"镇村通"工程、兜底民生服务社会工作双百工程①和村级综合服务设

---

　　①　广东兜底民生服务社会工作双百工程于2020年11月启动实施，以实现"全省社工站（点）100%覆盖、困难群众和特殊群体社会工作服务100%覆盖"为主要目标，明确用两年时间打造一支近3万人的基层社会工作人才队伍，在重点保障数百万困难群众和特殊群体基本生活的基础上，为他们统筹提供情绪疏导、心理抚慰、精神关爱、关系调适、社会融入等专业服务，进一步改善他们的生活品质，不断满足他们对美好生活的需要。

施提升工程。健全县镇村衔接的三级养老服务网络，因地制宜发展养老服务，推进乡镇综合养老服务中心建设，至2024年，全省乡镇（街道）综合养老服务中心覆盖率76%，提前完成"十四五"规划指标任务。加强对农村留守儿童和妇女、特殊困难老年人、残疾人的关爱服务，广泛开展乡村全民健身赛事活动。

（三）城乡基础设施一体化发展

基础设施建设差距是城乡发展不平衡最为直观的体现。以县域为整体推动水电气路网等基础设施一体化布局，实现城乡基础设施统一规划、统一建设、统一管护以及推动城乡基本公共服务逐步实现标准统一、制度并轨是"百千万工程"统筹推进城乡融合发展的重要路径之一。

近年来，广东先后出台系列政策，强调要把公共基础设施建设重点放在农村。目前，广东57个县（市）均可在30分钟内上高速公路，平均用时15分钟左右，基本实现全省100人以上自然村通硬化路，行政村通双车道比例达到77%，村内主干道基本实现硬底化；农村自来水普及率达99%，饮用水水质合格率达90.48%；在全国率先实现20户以上自然村全部通百兆光纤；乡村广播电视网络基本实现全覆盖；全省行政村基本实现3个以上品牌快递基本服务全覆盖。

二 以县城为重要载体的新型城镇化

县城是连接城市、服务乡村的重要纽带，是城乡融合发展的关键支撑。目前，广东省"百千万工程"已进入提档加速期，以县城为重要载体的新型城镇化呈现新特点：县城承载人口数量不断增加、县城建成面积不断扩大、产城融合速度加快、县城基础设施和基本公共服务不断改善。2018~2023年，57个县（市）常住人口由922万增加到1073万，增加151万人。

（一）城乡融合发展中的县城角色

县城作为连接城市与乡村的关键节点，扮演着至关重要的角色。近年来，广东布局建设 22 个国家现代农业产业园、84 个国家农业产业强镇，建成 10 个千亿元级、20 个数百亿元级的优势特色产业集群，打造了一批各具特色的乡村振兴示范带，成效显著。2024 年，广东 57 个县（市）整体经济增速快于全省。

县城建成区面积不断扩大。不少县城与工业园区连片建设，同周边主要镇街互联互通，建成区呈加快扩大趋势。57 个县（市）国土空间城镇化率从 2018 年的 6.5% 上升到 2023 年的 8.36%，增幅达 1.86 个百分点。目前，建成区面积平均 33 平方公里，较 2018 年大幅拓展。产城融合速度加快。随着支持帮扶力度不断加大，县域产业园区建设加快。57 个县（除南澳县外）均已建立省产业园，园区基础设施升级改造取得阶段性成果，创造出大量就近就地就业机会，为人口向县城集聚提供了产业支撑。例如，开平、阳西、鹤山产业园区（高新区）已同城区连成一片，博罗园洲、揭西棉湖、开平水口等中心镇依托产业园区及传统商贸集聚，逐步发展成为县域副中心。

县城是城乡要素流动、信息交换、文化交融的重要平台，通过完善交通基础设施、优化公共服务资源、促进产业协同发展等方式，有效打通了城乡之间的壁垒，推动了城乡资源的自由流动和高效配置。肇庆四会市依托当地的特色产业优势，如玉器加工、柑橘种植等，吸引了大量城市资本和人才进入乡村，促进了乡村经济的繁荣，助力四会市迈入全国百强县（市）行列。县城作为区域经济的重要组成部分，其发展水平直接影响着整个区域的综合实力和竞争力。惠州博罗县作为"全国百强县"之一，通过实施创新驱动发展战略，积极培育电子信息、新能源等战略性新兴产业推动了县域经济的转型升级。江门鹤山市积极探索农村集体产权制度改革、农村土地制度改革等创新路径，为城乡融合发展提供了制度保障。

（二）推进首批15个以县城为重要载体的新型城镇化建设试点

2024 年 5 月，广东开展首批 15 个以县城为重要载体的新型城镇化建设试点（见表 1），坚持从生产生活生态的实际需求出发，以基础设施和公共服务为重点，全面提升县城综合承载能力，谱写县城加速更新、面貌日新月异的新篇章。

表 1 广东省首批以县城为重要载体的新型城镇化试点 15 县

序号	县名	序号	县名	序号	县名
1	韶关南雄市	6	河源市东源县	11	梅州市蕉岭县
2	惠州市龙门县	7	汕尾市海丰县	12	江门台山市
3	阳江市阳西县	8	湛江廉江市	13	茂名信宜市
4	茂名高州市	9	肇庆四会市	14	清远连州市
5	潮州市饶平县	10	揭阳市惠来县	15	云浮市新兴县

资料来源：广东省"百千万工程"指挥部办公室。

2024 年以来，15 个试点县积极推进以县城为重要载体的新型城镇化建设，加快补齐县城公共服务、市政公用、环境基础、产业配套等设施短板，推动县城扩容提质，增强县城联城带乡功能，助推"百千万工程"深入实施，已开工改造县城老旧小区 209 个，建成"口袋公园"2591 个，县城污水处理率提高至 97.4%。其中，云浮新兴县通过实施旧城改造，进一步拓展了城市空间、改善了人居环境、优化了产业结构，大大提升了城市综合承载能力和城市形象，让"老城市"焕发了新活力，庙街成为网红打卡点，小食、饮品和服饰等业态临街铺展；清远连州市聚焦"民生福祉"，健全公共服务供给机制，连州推进紧密型县域医共体建设，打造全市医学影像、心电等六大资源共享中心，形成"基层检查、基层收费、上级诊断"就医联动机制，紧密型县域医共体建设连续 3 年入选国家级典型案例；茂名高州市以国家农产品主产区县为战略定位，持续实施特色优势产业培育、市政基础设施建设、公共服务供给优化、人居环境质量提升、县城辐射带动乡村、深化体制机制改革六大行动。

（三）持续发力做好县域农文旅融合文章

广东开展整县推进农文旅融合发展试点，按照多主体参与、多业态打造、多要素集聚、多利益联结、多模式创新的方式，统一规划、集中打造，探索县（市、区）特色发展新路径。加快形成区域协同、陆海统筹、城乡一体的旅游空间布局，点线面结合丰富旅游产品供给，推动点上靓化景区景点、线上串珠成链成网、面上处处皆景皆美。例如，开平市以创建国家乡村振兴示范县为目标，借鉴工业园区开发模式，规划建设"世遗风韵农文旅融合发展产业园"。围绕"侨联五洲"战略定位，突出"华侨文化+滨海资源"主题主线，通过串联开平、台山两地资源，重点打造世界文化遗产体验核心区，着力构建"5+3+N"产业体系①。2024年，开平市新开业农文旅市场主体2208家，在建农文旅项目66个，完成投资36.31亿元；园区内4个镇行政村集体经营性收入同比增长25.22%。现代农业、乡建、住宿、餐饮、文创、演艺等企业、联盟、商协会在此汇聚。肇庆封开县全力打造全域旅游示范区，活用贺江碧道画廊，深化"景村一体、政企协作"改革，把农村人居环境整治融入景区建设运营管理中，推动乡村与景区一体化发展，实现村庄变美、农民变富、产业兴旺。贺江碧道画廊先后获得入选广东省十大乡村振兴示范带、广东省"交旅融合发展"十佳案例，以及全国乡村旅游精品线路、国家文化和旅游赋能乡村振兴优秀案例等47个荣誉，其中全国荣誉11个、省级荣誉24个。

三 建强镇域枢纽节点

镇域作为连接城市与乡村的枢纽节点，促进了资源优化配置和区域协调发展。广东是全国镇域经济最发达的地区之一，星罗棋布、门类齐全的专业镇、特色镇是驱动广东经济前行的重要力量，农业、制造业、服务业在镇域融合交汇，是城乡融合的关键一环。据统计分析，镇域户籍人口约占全省的2/3，②镇域对全省经济的贡献率约占总量的50%，有56.8%的工业企业、54.3%的规上工业企业落户镇域。③

（一）镇域成为承载广东现代化产业体系的重要空间

广东重视发挥标杆镇域带动作用，在产业链条中积极作为，引领镇村产业转型升级，打造更多的"千亿镇""千强镇"，将镇域这个最大的"潜力股"

---

① "5"指壮大现代农业、景区游览、民宿酒店、餐饮美食、文化创意5大主导产业；"3"指培育影视、演艺、会展3大新兴产业；"N"指延伸文旅+农业、文旅+教育、文旅+体育、文旅+新经济（水经济、夜间经济、低空经济、低碳经济、数字经济）N个农文旅融合产业。
② 根据2023年相关统计数据计算所得。
③ 根据2022年相关统计数据计算所得。

转化为高质量发展的巨大优势，提升龙头强镇的支撑引领力和辐射带动力，夯实现代化产业体系。一是广东现有镇域标杆突出。2024 年，广东有百强镇 31个、千强镇 124 个，分别较上年增加 3 个、12 个，东莞长安镇地区生产总值首次突破千亿元，广东千亿镇数量占全国一半。佛山拥有全省最多的专业镇，41个专业镇对佛山经济总量的贡献率长年保持在 80% 以上。二是促进综合发展。佛山市南海区狮山镇依托其优越的地理位置和完善的产业配套，形成了汽车整车及零部件制造、高端装备制造、光电、新材料、有色金属、生物医药等多个年产值超百亿元的产业，经济总量与云浮、梅州等地市相当。三是完善产业链条。长安镇以 OPPO、vivo 为龙头，大力发展智能手机、平板电脑等智能终端产品制造产业，带动产业链上下游 1000 多家配套企业协同发展，打造了 500亿级的五金模具产业集群。

（二）擦亮镇域特色打造现代化产业体系独特品牌

"特色"因差异而产生，独特性是特色产业的优势所在，特色产业是镇域把握自身在现代化产业体系中定位的关键所在。广东镇域明确自身在区域经济发展中的产业定位，以新理念新思维新模式，走专业化、差异化、现代化的特色化发展道路。一是以业兴镇，根据自身资源禀赋和比较优势，发展具有地方特色、有竞争力的农业、手工业、旅游业等产业。中山市古镇镇擦亮"中国灯饰之都"的金字招牌，连续举办 32 届"古镇灯博会"，形成了以古镇为中心、覆盖周边三市 11 镇区、年产值超千亿元的灯饰产业集群，全镇规上工业企业占 875 家工业企业的 26%；肇庆市鼎湖区沙浦镇加快优化永久基本农田集中布局，为黄布沙果蔬产业示范园适度预留建设用地和设施农业用地空间，打造农文旅融合的乡村产业示范园。二是塑造品牌，依托特色产业塑造有影响力的"广东制造"品牌、"粤字号"农业品牌、文旅融合热门目的地。东莞市石排镇打造潮玩产业集群，打造国家高新企业 35 家、省专精特新企业 17 家，拥有原创 IP 超 100 个，工业产值年均增速 21.5%；梅州市长潭镇作为蕉岭县丝苗米产业的核心区，通过政府规划与企业带动，扩大了种植面积，打响了"寿乡米"品牌。三是加强协同，共同推动镇域产业"耦合成链、聚链成群、集群成势"。河源市柳城镇在华南农业大学教授罗锡文院士团队技术支持下，以良田、良法、良机、良种"四良"融合模式，推动丝苗米全产业链升级，成功打造水稻智慧无人农场；中山市小榄镇在行政区划调整后与发展较差的东升镇合并，实施镇内结对帮扶推动共同富裕。

（三）镇域正成为广东要素集聚的新增长极

镇域作为城乡人口流动的重要载体，具有典型的低成本就业创业空间特征，是吸引资本、人才等要素集聚的新增长极。

一是成为人才资源蓄水池。当前，广州、深圳等特大城市就业竞争日益激烈，通过引导人才向镇域流动，可以合理配置人才资源，缓解城市就业压力，实现人才的均衡分布，为高质量充分就业打开新局面，为广大优秀学子、有志青年干事创业提供了广阔舞台，为"百万英才汇南粤行动计划"提供充足纵深。

二是营造创新创业生态圈。随着城市化进程的加快和传统产业的变革，随着产业链的延伸和产业的升级，镇域为人才提供了更多的就业机会和创业空间，也将成为吸引资本集聚的新增长极。广东先发镇域已经展现出高层次人才吸引力，北滘镇已吸引2万多名硕士研究生和3000余名博士研究生，占顺德区高层次人才的2/3以上。

三是激活人口吸引力。随着镇域产业体系日益现代化，人口也将进一步向镇域集聚，从而增加镇域人气、激活市场潜力。作为普宁市的县域副中心，里湖镇在引育产业，探索"茶+温泉"融合的基础上，谋划打造"农贸+商住+美食餐饮"的商业综合体，常住人口从2021年的7.9万人增长到2023年的8.7万人，年均增长4.9%。

四　面临的挑战

在城乡融合的过程中，广东仍面临诸多挑战，这些挑战不仅制约了城乡发展的协调性，也影响了广东整体经济的持续健康发展。

（一）区域差异明显

广东城乡融合面临的首要挑战是区域发展不平衡。珠三角地区作为广东经济的核心区域，其经济总量、产业结构、公共服务水平等方面均显著优于粤东、粤西、粤北地区。这种区域发展的不平衡导致了资源、人才、技术等要素的单向流动,使得珠三角地区愈加繁荣,而欠发达地区则相对滞后。这种不平衡不仅加剧了城乡差距,也制约了广东整体经济的协调发展。具体而言,珠三角地区的城市化水平高、现代化程度高,拥有众多高新技术企业和先进的制造业基地。这些地区吸引了大量的人才、资金和技术,形成了良性循环。相比之下,粤东、粤西、粤北地区的城市化水平较低,产业结构相对单一,以农业和传统工业为主。这些地区缺乏足够的吸引力,导致人才流失、资金短缺和技术落后,进一步拉大了与珠三角地区的差距。

但近年粤西、粤北地区城镇化速度高于全省平均水平,是全省城乡融合的"潜力板"。全省城镇人口占常住人口的比例由 2018 年的 71.81% 增长到 2023 年的 75.42%,增加了 3.61 个百分点;粤西地区由 42.21% 增长到 49.25%,增加了 7.04 个百分点;粤北地区由 48.26% 增长到 54.42%,增加了 6.16 个百分点;而同期珠三角仅增加了 2.17 个百分点,从 85.66% 增长到 87.83%(见图 2)。

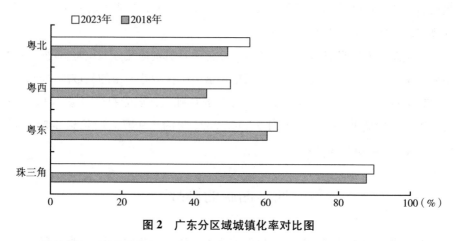

图 2 广东分区域城镇化率对比图

资料来源:广东统计信息网。

从城镇化水平上看,珠三角近 88%,粤东约为 62%,粤北约为 54%,粤西城镇化水平接近 50%,与全省城镇化水平差距较大。分地市看,21 个地级以上市中,仅深圳、佛山、东莞、珠海、中山、广州高于全省平均水平;云浮、茂名、湛江均不足 50%(见图 3)。

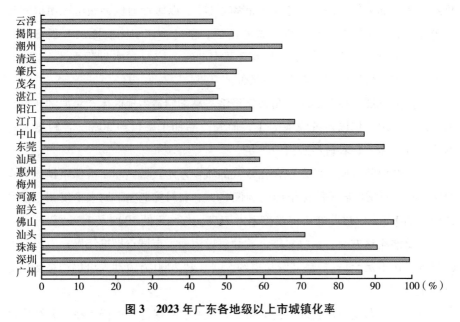

图3 2023年广东各地级以上市城镇化率

资料来源：广东统计信息网。

（二）城乡二元经济结构仍然突出

城乡二元经济结构是指城市经济和农村经济在资源配置、生产方式、生活方式等方面存在的显著差异。尽管广东持续推进新型城镇化建设，但城乡二元经济结构仍然显著。城市地区拥有完善的公共服务体系、先进的生产设施和丰富的生活资源，而农村地区则相对落后，缺乏足够的公共服务和基础设施支持。城乡二元经济结构的存在导致了城乡居民在收入、教育、医疗、养老等方面的巨大差距。

从收入角度看，广东的城乡居民收入差距仍然高于全国水平。2024年，广东城乡收入比达2.6∶1，高于2.5∶1的全国城乡收入比。同时，粤东西北农村居民收入增速（约5.5%）仍低于珠三角城镇农村居民收入增速（7%）。此外，农村居民收入来源60%依赖务工，抗风险能力弱。

从公共资源配置方面看，也存在明显的城乡不均。以教育为例，珠三角地区集中了全省大多数重点中小学，师资力量强大，而农村中小学教师缺编问题仍然存在，部分偏远地区仍存在"麻雀学校"。以医疗为例，城市三甲医院集中分布。农村基层医疗机构设备普遍落后，部分乡镇卫生院无法开展常规手术。以基础设施为例，农村自来水普及率89%，农村污水处理率不足75%，与城市近100%的污水处理率差距显著。

从产业发展方面看，珠三角数字经济、高端制造占地区生产总值的比重较高，而粤北山区仍以传统农业为主，但农产品加工率约30%，乡村旅游等新业态发展滞后，农村经济活力不足。

在社会保障方面，广东也存在较大的城乡差距。城镇职工医保报销比例在75%左右，而城乡居民医保报销比例仅60%。农村养老金平均水平仅相当于城镇职工的1/5，农村养老机构覆盖率为71%，与城市的100%仍有差距。

在要素流动方面。农村集体经营性建设用地入市试点推进缓慢，农民财产性收入占比不足5%；户籍城镇化率约55%，超2000万流动人口仍难享受均等公共服务。

显然，广东城乡在收入、公共服务、产业、社保等方面仍存在二元结构鸿沟，城市居民享受着相对优越的生活条件和发展机会，而农村居民则面临着生活压力大、收入来源单一、公共服务不足等问题。这种差距不仅制约了农村居民的生活质量提升，也阻碍了城乡融合发展的进程。

（三）县域经济发展滞后

县域经济作为国民经济发展的基本单元，在广东城乡融合发展中扮演着重要角色。然而，广东县域经济发展滞后，成为制约城乡融合发展的重要因素。与江浙等省份相比，差距明显：2024年，江苏有24个百强县，占县域总数的60.0%；浙江有22个百强县，占县域总数的41.5%；而广东仅有2个县（市）入列，仅占全部57个县域的3.5%。

一方面，县域经济总量较小，增长较慢，无法为城乡融合发展提供足够的经济支撑。另一方面，县域产业结构单一，以农业和传统工业为主，缺乏高新技术产业和现代服务业的支撑。这种产业结构的不合理限制了县域经济的发展潜力和竞争力。此外，县域经济发展还面临人才短缺、资金不足、技术创新乏力等问题。这些问题导致县域经济在城乡融合发展中处于劣势地位，难以与城市经济形成良性互动和协同发展。

（四）城乡资源要素流动不畅

城乡资源要素流动不畅主要表现在人才、资金、技术等方面。一方面，城市地区由于经济发达、生活条件优越，吸引了大量的人才、资金和技术。而农村地区则由于经济落后、生活条件艰苦，难以吸引和留住人才、资金和技术。这种单向流动加剧了城乡差距，制约了城乡融合发展的进程。另一方面，城乡之间缺乏有效的合作机制和利益共享机制。城市地区往往更加注重自身的发展，而忽视了与农村地区的协同发展。农村地区则由于缺乏足够的资源和支持，难以与城市地区形成良性互动和共同发展。镇域配套设施不足，服务圈不够完善，商业圈不够兴旺，生活圈不够便捷。如全省镇域每万人拥有营业面积50平方米以上的商店或超市20.1个，但仍有7%的镇域每万人不足1个，狮山作为产业强镇，不及全省平均的一半。镇域内文体场所设置、文艺演出举行、日常生活消费等与大城市差距明显。这种缺乏合作和共享的机制导致了城乡资源要素流动的不畅和城乡融合发展的受阻。

五　对策建议

广东要深入实施"百千万工程"，奋力实现"三年初见成效"目标。统筹推进新型城镇化和乡村全面振兴，全面提高城乡规划、建设、治理融合水平，以县镇村高质量发展推动城乡区域协调发展。

（一）以创新育动能，促进新旧动能有序衔接

坚定不移地把创新作为引领高质量发展的第一动力，通过创新来培育新动能，推动广东经济由要素驱动向创新驱动转变，促进新旧动能的有序衔接和转换。

一是因地制宜培育创新内生动力。结合县镇村传统产业优势，制定差异化的产业转型升级策略。对于农业地区，推广现代农业技术，发展特色农业和农产品加工业；对于工业基础较好的地区，引导企业加强技术创新，提升产品附加值；对于服务业潜力大的地区，大力发展乡村旅游、健康养老等现代服务业。鼓励县镇村结合自身资源禀赋，积极培育新兴产业。如利用当地自然风光

和文化资源发展旅游业，利用农业资源发展生物科技产业等。同时，加大对新兴产业的政策扶持力度，提供财政补贴、税收优惠等支持措施。加强县镇村创新平台建设，如建立科技企业孵化器、众创空间等，为创新创业者提供物理空间、技术支持和融资服务。同时，加强知识产权保护，营造良好的创新氛围。针对农村电商、乡村旅游、特色农业等优势产业，发挥市县两级政府的统筹作用，设置激励措施，鼓励新业态在县镇村竞相迸发。

二是优化产业结构。结合县镇村传统产业优势，力争传统产业、新兴产业、未来产业一体发展。加大对传统产业的改造升级力度，推动其向高端化、智能化、绿色化方向发展。同时，加强对新兴产业的培育和发展工作，推动其成为广东经济的新增长点。

三是促进创新资源外溢。建立广州、深圳等创新资源密集地区与县镇村之间的合作平台，促进科技成果的转移转化。如组织科技人员到县镇村开展技术咨询、技术培训等活动，推动科技成果在县镇村的落地应用。探索建立创新合作的长效机制，如通过利益共享、风险共担等方式，促进创新资源的有效对接和高效利用。同时，加强创新政策的协同配套，为创新合作提供制度保障。加大对县镇村科技成果产业化的支持力度，提供融资担保、风险投资等金融服务。同时，加强科技成果的评估和评价工作，确保科技成果的实用性和可行性。

（二）化解发展失衡难题，更好统筹提升质量和做大总量

广东不仅需要建成农业强省、制造强省，发展现代服务业，还要推动不同区域、不同产业、不同环节之间协同融通、高效运行，在做大总量中提升质量，在进一步提升质量中做大总量，全方位提升生产力水平。

一是加大对发展地区的帮扶力度。加大对粤东、粤西、粤北地区的财政转移支付力度，支持这些地区的基础设施建设、公共服务和产业发展。组织产业帮扶活动，通过投资建厂、技术转让等方式，带动当地经济发展。同时，加强对帮扶企业的政策扶持和跟踪服务工作，确保帮扶活动的顺利开展。

二是培育经济增长极。以县域为单位，推动一批经济实力较强、发展潜力较大的县（市）成为百强县。扶持一批具有发展潜力的镇域成为千亿镇、千强镇，加大产业培育力度，推动形成特色鲜明的产业集群和竞争优势。加强珠

三角地区与粤东、粤西、粤北地区的区域协同发展，推动区域间产业分工合作、资源共享和优势互补，健全区域合作机制和政策体系。

三是提升发展质量。加大对生态文明建设的投入力度，深入推动"绿美广东"建设，让岭南大地逐绿向美、生机盎然。

（三）聚人才、积后劲，打造城乡融合的人才高地

世间一切事物中，人是第一宝贵的。将县城与经济强镇打造成为人才下乡第一平台，夯实镇域现代化产业体系的人才基座、人才底座，展现出新时代城乡一体化发展的多元生活与工作场景。

一是塑造人才在县镇村干事创业的文化氛围，以文化软实力激发人才对镇域的向往和归属感。通过媒体宣传、文化活动等方式，加强对县镇村干事创业文化的宣传引导工作。树立一批干事创业的先进典型和榜样人物，激发广大干部群众干事创业的热情和积极性。为到县镇村干事创业的人才提供住房补贴、子女教育等政策支持和服务保障。通过授予荣誉称号、表彰奖励等方式，加强对到县镇村干事创业人才的社会认可和激励，提高其社会地位和荣誉感，激发更多优秀人才投身县镇村的建设和发展事业中来，切实增强人才到县镇村干事创业、奋发作为的荣誉感、使命感、获得感。

二是深化产教融合新形态。面对人才培养的新形势新要求，充分发挥广东县镇一二三产业门类齐全的特点优势，以县镇龙头产业为基础，深化新工科、新医科、新农科、新文科建设，建强产教联合体、行业产教融合共同体，推动校企在县镇办学、育人、就业等方面深度合作，推进理工结合、工工贯通、医工融合、农工交叉，在县镇一线立德树人、立业育人，畅通教育、科技、人才的良性循环。结合县镇村的实际需求和特点，创新开展订单式培养、工学交替等教学模式。

三是统筹珠三角与粤东西北地区人才资源，充分调动各类人才的智慧力量，建立健全珠三角与粤东西北地区之间的人才交流机制。通过组织人才招聘会、交流会等活动方式，加大对人才流动的政策支持和引导力度，推动珠三角地区的人才向粤东西北地区流动和聚集。加强珠三角与粤东西北地区之间的人才培养合作工作，通过共建培训基地、共享教育资源等方式，推动两地之间的人才培养工作实现优势互补和资源共享。同时，加强对人才培养项目的跟踪服

务和绩效评估工作，确保其顺利实施并取得实效。完善人才到粤东西北地区工作的激励机制，通过提供优厚的薪酬待遇、良好的工作环境和广阔的发展空间等方式，吸引更多优秀人才投身粤东西北地区的建设和发展事业中来。同时，加强对人才的关爱和服务工作，提高其归属感和忠诚度。

（四）完善基础设施与公共服务，推动城乡一体发展

一是加强农村基础设施建设。推动农村公路、桥梁等交通设施的建设和改造升级，提高农村交通的便捷性和通达性。兴修水利设施、改善灌溉条件，提高农业生产的稳定性和抗灾能力，推动农村水资源的可持续利用。推动农村电力、燃气等能源设施的建设和改造升级工作，推进分布式光伏、"光伏+"建设，提高农村能源的供应能力和使用效率。

二是推动城乡基本公共服务均等化。加大对农村教育的投入力度，吸引更多优秀教师投身农村教育事业，加强对农村学生的关爱和服务工作。继续强化农村医疗质量。完善农村社会保障体系，提高农村居民的社会保障水平。通过扩大社会保障覆盖面、提高保障标准等方式，保障农村居民的基本生活和权益。

（五）全面深化改革，释放城乡基层活力和全要素生产率

广东高水平新型城镇化建设需进一步深化户籍、土地、财政等方面的综合改革，推动"百千万工程"落地，促进城乡融合发展。

一是要深化户籍改革，推动"人的城镇化"。在广东全域积极探索全面放开落户限制，除广州、深圳外，在珠三角城市群实行"零门槛"落户，粤东西北地区推行"居住证+社保年限"弹性落户政策，确保农业转移人口"进得来、留得下"，不断缩小全省户籍人口城镇化率与常住人口城镇化率的差距。探索逐步剥离户籍附加福利，建立"人地钱挂钩"机制，将财政转移支付与农业转移人口市民化规模直接绑定，确保教育、医疗等公共服务按实际人口配置；试点"电子居住证"，赋予非户籍人口同等享受保障性住房、社区养老等权益。

二是要进一步创新和推动土地制度改革，着重激活农村要素市场。深化农村土地"三权"分置的制度安排，全面推进农村集体经营性建设用地入市交

易，允许就地发展工业、文旅等产业，推动"农文旅"深度融合，并让农民享受合理比例的增值收益；支持返乡创业者以宅基地使用权抵押融资；建立城乡统一用地市场，探索"点状供地"模式，破解乡村产业用地碎片化难题，尝试珠三角城市跨区域购买粤东西北地区的节余建设用地指标，反哺乡村振兴。

三是要重构财政体制，强化城乡均衡投入。鼓励省级财政统筹下沉，将全省20%的税收收入定向用于县域补短板，重点支持农村道路、冷链物流等基础设施；建立"项目池+资金池"机制，县级可自主申报"百千万工程"项目，省级财政竞争性分配；同时，撬动社会资本参与，推广"设计—采购—施工—运营"一体化合作模式，鼓励国企、民企联合开发县域产业园区，政府以土地、政策入股分红；发行专项乡村振兴债，支持农村光伏、数字农业等绿色项目。

四是要促进金融资源向县镇村有效下沉，以金融资源促进当地经济增长。增加广东省经济欠发达地区的涉农贷款额度，或通过设立"百千万工程"专项贷款来降低当地企业的贷款成本。加大力度开发特色农业保险，扩大碳金融试点，在粤东西北设立生态资源收储中心，推广"生态银行"等绿色金融模式，不断创新将"绿水青山"转化成"金山银山"的有效价值实现路径，帮助农民和农村集体经济实现"资源—资产—资本"三级跳。

B.14
2024年广东网络强村建设报告

文远竹　李继霞*

摘　要：　2024年，广东省积极响应国家乡村振兴战略，通过"网络强村"实践模式，利用互联网和新媒体平台，推动乡村产业、文化和治理现代化。通过"政府+企业+高校"联合培育模式，培养了众多"粤式新农人"。积极运用现代科技手段，推动乡村产业数字化转型，探索数字乡村建设，打造"数字村史"。广东"网络强村"模式注重挖掘和利用乡村资源，通过直播带货、线上推介等方式，将农产品推向更广阔的市场。广东"网络强村"还存在一些突出问题，如资源统筹与规划不合理、专业人才资源短缺、相关配套建设滞后、基础设施和公共服务存在短板等。今后应采取以下对策措施：加强顶层设计，统筹和规划农文旅融合创新发展；深挖文化内涵，塑造农文旅融合产品核心吸引力；强化链条建设，推动"延链""补链""强链"跨界融合；吸引人才下乡，积极打造农文旅融合发展生力军；完善配套服务，加强农文旅融合软硬件设施建设。

关键词：　网络强村　"百千万工程"　乡村振兴　数字化治理　粤式新农人

习近平主席指出："当今时代，数字技术作为世界科技革命和产业变革的先导力量，日益融入经济社会发展各领域全过程，深刻改变着生产方式、生活方式和社会治理方式。"① 如今，网络传播等数字技术已广泛渗透并应用于农业生产、农村电商、直播带货等多个领域，激活乡村振兴内生动力。面对城乡区域发展不平衡的突出难题，广东部署实施"百县千镇万村高质量发展工

---

*　文远竹，广东财经大学人文与传播学院/网络传播学院/出版学院副院长、教授，传播学博士，主要研究方向为网络传播；李继霞，广东省社会科学院法学研究所研究员，主要研究方向为社会法。
①　《习近平向2022年世界互联网大会乌镇峰会致贺信》，新华社，2022年11月9日。

程"（以下简称"百千万工程"）。自 2023 年 7 月开始，广东省委网信办统筹开展"网络强村"行动，助力"百千万工程"，以网络作为"新农具"，把数字变为"新农资"，让直播成为"新农活"，推动乡村振兴搭上网络"快车"。"网络强村"从 2023 年惠州作为唯一试点城市，到 2024 年覆盖惠州、河源、梅州、潮州、珠海等 5 市的 30 余个村，共 36 个项目，扩容的同时也提质增效。

一 广东"网络强村"发展现状与成效

"网络强村"作为助推"百千万工程"的创新性实践，以互联网之"长"补城乡区域发展不平衡之"短"。

（一）助力乡村经济

1. 直播带货助农惠农

随着移动互联网的普及和直播技术的成熟，直播带货作为一种新兴的电商模式，在助力农产品销售、促进农民增收、激活乡村经济活力方面发挥了显著作用。在广东省，众多乡村利用这一模式，有效缩短了农产品从田间到餐桌的距离，实现了经济效益和社会效益的双重提升。

以梅州市兴宁市径南镇陂蓬村为例，该村党支部书记陈焕新利用个人社交媒体账号"新哥聊振兴"，以一口地道的客家普通话，在百香果园现场直播带货，不仅成功销售了当地特色农产品，还吸引了大量网友关注，提高了陂蓬村的知名度。陈焕新的直播带货模式，不仅解决了农产品滞销问题，还带动了乡村旅游的发展，为乡村经济注入了新活力。类似的成功案例不胜枚举。奥运冠军全红婵的哥哥全进华、清远的瑶族姑娘房欣、云浮的"精致小春姐"顾春芳等，都以各自独特的方式，通过网络直播平台为家乡的美景好物"引流"，促进了地方经济的发展。这些乡土达人的成功，不仅激发了更多村民参与直播带货的热情，还形成了良好的示范效应。他们不仅自己成为网红，还成为"网络强村"实操班的讲师，通过传授经验、培训新学员，助力孵化更多"镇村推荐官"。惠州市博罗县在这一方面尤为突出。该县发动当地达人，在罗阳街道观背村、莲湖村设立网络强村电商直播基地，结合脱贫地区农副产品产销对接活动，成功举办了电子商务人才培训会。同时，发起的"罗浮山下新农人"抖音话题，热度超过3600万，进一步扩大了博罗县农产品的知名度和影响力。此外，惠州市还通过"波仔走乡村"系列活动，利用短视频帮助果农销售滞销的三华李，2024年在三华李上市季节，仅7天就销售近5万斤，有效缓解了农产品销售难题。这些成功案例，不仅展示了直播带货的强大潜力，也为其他地区提供了可借鉴的经验。

广东省各级政府部门高度重视"网络强村"实践工作，积极与互联网企业、网络社会组织等合作，共同推动乡村经济发展。2024年7月，"网络强村·百家互联网企业助力百千万工程"启动仪式在惠州市博罗县举行，标志着广东"网络强村"战略进入了一个新的发展阶段。在这一战略框架下，省内重点互联网企业、网络社会组织及粤港澳网络名人将深入全省各地，建立对接机制开展结对活动，赋能更多地方"网络强村"工作。直播带货助农惠农的成功实践促进了乡村产业结构的优化升级，推动了乡村经济的多元化发展。同时，直播带货作为一种新兴的商业模式，也为乡村青年提供了更多的就业机会和创业平台，有助于缓解乡村人才流失的问题。

2.百千万网红助力"百千万工程"活动

2024年11月，"网络强村·百千万网红助力'百千万工程'"在梅州兴宁市正式启动，标志着广东省在探索乡村经济新发展模式上迈出了坚实的一步。该活动由广东省委网信办精心指导，广东财经大学网络传播学院与南方新闻网、南方杂志社、南方农村报、省互联网业联合会、省农村电子商务协会、腾讯等多方机构携手共建，得到了相关地市党委网信办的积极协助，不仅深化了"网络强村"的实践模式，也为乡村振兴战略的实施注入了新的活力。这一跨界合作的模式，充分展现了政府引导、高校参与、企业助力、社会协同的乡村振兴新路径。

活动聚焦"三农"，通过精准对接自媒体大V资源，搭建起多个功能完备的直播间，开展了一系列公益直播活动。在梅州市，精心挑选的20余种农特产品成为直播间的"明星"，借助网红主播的影响力，这些产品迅速转化为热销商品，实现了从"流量"到"销量"的华丽转身，部分单品销量更是突破了千件大关。这一转变不仅直接带动了农产品的销售增长，更将传播力有效转化为生产力，为乡村经济的持续发展注入了强劲动力。

正能量网红、广东财经大学网络传播学院青年教师朱立芳（网名"青椒姐姐"）及其带领的"孵化星"重点团队，在此次活动中发挥了关键作用。他们不仅全程参与活动的组织与执行，还联合腾讯"为村"团队、广东省农村电商协会的专家，共同开展了"粤式新农人"直播技能培训活动。培训内容涵盖了视频号 IP 打造、自媒体内容创作与运营等多个方面，旨在提升乡村地区居民的数字素养与电商技能，真正实现"授人以渔"。自 2023 年 7 月以来，广东省委网信办便着手统筹地市网信部门、广东财经大学网络传播学院以及短视频平台等多方媒体资源，在惠州、潮州、梅州等地连续举办了新媒体特训营。这些特训营不仅为参训的新农人提供了技术与运营上的全方位支持，更通过实战演练与经验分享，帮助他们掌握了利用新媒体工具促进农产品销售与品牌推广的实用技能，做到"授人以渔"。累计已有近千人次的新农人接受了此类培训，他们正逐步成为推动乡村经济发展的新力量。

（二）助力乡村文化

1."粤式新农人"：技能培训提升村民网络素养

在 2024 年的广东乡村振兴蓝图中，"网络强村"实践作为一股强劲的动力，深刻改变着乡村文化的面貌与传播格局。其中，"粤式新农人"群体的崛起，成为推动这一变革的关键力量。例如，河源龙川县四都镇东江湿地公园，在旅行博主、财经主播及大 V 们的镜头下，从一个默默无闻的小镇公园转变为网络热门打卡地，不仅吸引了大量游客，还引起了互联网头部企业的关注，为当地的乡村旅游和露营经济的发展注入了新的活力。

广东省委网信办联合广东财经大学网络传播学院等多方力量，共同推进"粤式新农人"直播技能培训项目，旨在培养一批既熟悉农业生产又精通网络传播的新型职业农民。这些培训活动不仅涵盖了直播技巧、内容创作、人设定位等专业技能，还强调了如何利用乡土元素打造具有地方特色的网络品牌形象。如朱立芳老师及其团队，通过面对面教学、现场演示等多种方式，将理论知识与实践操作紧密结合，有效提升了学员们的网络素养和创业能力。

"网络强村"实践活动并非单向的知识输出，而是一个双向互动、共同成长的过程。广东省互联网业联合会发起的送培训、送技术、送流量、送医疗、送物资的"五送"活动，不仅为乡村送去了技术、流量等资源，更重要的是，通过师生的实地调研、直播推广、MV、H5、VR 等形式，将外界的关注与资源引入乡村，同时也促进了师生对乡村文化的深入理解和尊重。这种深度的文化交流与融合，为乡村文化的创新性转化与发展提供了肥沃的土壤。在此过程中，涌现出一批如林航正这样的返乡创业青年，他们利用自身的网络影响力和创意才华，以新颖的方式讲述乡村故事，如"英文+方言"的乡村日常记录，既展现了乡村的多元魅力，又拉近了城乡之间的心理距离。这些正能量网络名人的参与，不仅拓宽了乡村文化的传播渠道和丰富了内容形态，也激发了更多年轻人的乡土情怀和返乡创业的热情。为了进一步挖掘和推广广东美丽乡村的亮点，系列"粤见美丽乡村"网络强村行活动应运而生。这些活动组织网络名人、媒体记者等组成观察团，深入"百千万工程"示范村，通过文字、图片、视频等多种形式，全方位展示广东乡村在生态保护、旅游发展、产业升级等方面的成就，有效提升了广东美丽乡村的知名度和美誉度，为乡村赢得了更多发展机遇和合作可能。

2. "数字村史"为乡村文化传承与创新提供新的平台

网络赋能"百千万工程"，不止于"带货"农产品，还通过 VR、H5、MV、AIGC 等数字化新形式，"带活"传统文化、"带火"乡村文旅。广东财经大学网络传播学院团队运用 VR、H5 等手段，整活"数字村史"，成为连接过去与未来、传统与现代的桥梁，为乡村文化的深度挖掘与广泛传播开辟了新空间。

在广东财经大学团队的引领下，一系列基于 VR、H5 等先进技术的数字化项目在惠州等地落地生根，为乡村文化的活态传承提供了有力支撑。以惠州市博罗县福田镇徐田村为例，这个拥有 300 多年历史的客家古村，因广东财经大学网络传播学院陈小晰博士及其学生实践团队的介入，正经历着一场文化与科技的深度融合。陈小晰博士的团队，被村民们亲切地称为"草帽军团"，他们深入徐田村的每一个角落，走访五经魁、四德堂及徐兆麟故居"都尉第"等历史建筑，运用 VR 全景视图技术，将古村的风貌与韵味完美呈现于云端。游客只需轻点屏幕，即可身临其境地游览这座充满崇文尚武传统的古村落，感受其深厚的历史底蕴。此外，团队还利用 H5 技术，设计了以武将文化为主题的交互式体验，让网友在指尖点击中穿越时空，体验古代武举考试与清代官员生活的点滴。这些创新形式不仅让徐田村的村史"活"了起来，更让传统文化以更加生动、直观的方式走进现代人的生活。

不仅如此，团队还创作了《徐田的小美满》MV，以音乐与影像的结合，展现了徐田村的独特风光与淳朴民风，为"广东的大理"这一文旅新标签增添了浓厚的文化底蕴。从2024年开始，团队已拍摄制作了7条短视频及6幅VR视图，这些作品在网络上迅速传播，引起了广泛关注与好评，为徐田村的知名度和美誉度带来了显著提升。与此同时，企业也积极参与到了"数字村史"的建设中来。深圳三二数字内容有限公司以"我在徐田有块田"为主题，借助AI技术创作了一首趣味盎然的歌曲，不仅丰富了徐田村的文化内涵，也为乡村品牌的建设与传播注入了新的活力。公司联合创始人施晴曼表示，未来还将运用AIGC（人工智能生成内容）技术推动乡村教育与智能未来的发展，为乡村青年干部提供更多的培训与指导，助力乡村文化的持续繁荣。

在潮州市潮安区归湖镇凤东村，另一场由广东财经大学吴雁副教授带领的实践团队策划的"瓷塘凤影——写在家乡大地上的摄影展"，不仅为村民提供了手机摄影培训，还引导他们用镜头记录家乡的美好瞬间，并通过展览的形式进行展示。这场摄影展不仅让村民们重新审视自己的家乡，更激发了他们对乡村文化的热爱与自豪感。吴雁副教授认为，"授之以鱼不如授之以渔"，通过教会村民自己拍摄、自己展示，乡村文化得以在村民的日常生活中自然传承与创新。

"数字村史"不仅是对乡村历史的记录与再现，更是对乡村文化的深度挖掘与创新表达。它打破了时间与空间的限制，让乡村文化以更加多元、开放的方式呈现在世人面前。在"网络强村"战略的推动下，"数字村史"正逐步成为乡村文化传承与创新的重要平台，为乡村的全面发展注入了新的活力与动力。

（三）助力乡村治理

1. "陂蓬模式"与智慧村居建设

在广东省乡村振兴的宏伟蓝图中，乡村治理现代化是不可或缺的一环。其中，"陂蓬模式"作为数字治理在乡村层面的典范实践，不仅深刻改变了一个昔日问题频发的山区村落，更为全省乃至全国的乡村治理数字化转型提供了宝贵经验。

梅州市兴宁市径南镇陂蓬村，一个典型的山区村落，曾一度面临人口外流、基础设施落后、社会治理薄弱等多重挑战。然而，自 2011 年起，随着在外经商多年的乡贤陈焕新带着浓厚的乡土情结回归，陂蓬村的发展轨迹悄然发生改变。陈焕新以捐资安装智能路灯为起点，逐步引领村庄走向光明，这不仅照亮了乡村的夜晚，更点亮了乡村治理现代化的火种。他带领村民流转荒地，发展特色种植业，建立合作社，并通过网络直播带货，不仅激活了农村经济，也提升了个人威望，成为村民心中的"叔公头"，成为解决矛盾的"中间人"。然而，陈焕新深知，个人的力量有限，要实现乡村的长治久安，必须依靠法治的力量。2019 年，陂蓬村迎来了关键转折——全国首个智慧村居法律服务公共平台正式入驻，其以"法律机器人"小法通为核心，通过远程连线法律团队，实现了矛盾纠纷的智能化、高效化调解。这一创新举措，不仅解决了村民在法律知识上的匮乏，还极大地提升了乡村治理的法治化水平，使陂蓬村连续多年实现了"矛盾不上交"，成为新时代"枫桥经验"在基层的生动实践。

"陂蓬模式"的核心在于数字化赋能乡村治理，它不局限于法律服务的智能化，而是一个涵盖党建、政务、经济等多方面的综合治理体系。在兴宁市委网信办的推动下，陂蓬村搭建起"互联网+党建信息平台""互联网+农村政务平台""互联网+农产品出村进城平台"等数字化平台，极大地提升了乡村治理的效率和透明度。这些平台的建立，不仅方便了村民办事，减少了行政成本，还促进了农产品的线上销售，带动了乡村经济的多元化发展。在广东韶关、东莞、清远、潮州等地，部分乡镇开始借鉴并推广这一模式，通过数字化手段优化乡村治理结构，提升治理效能。"陂蓬模式"还跨越省界，走进了江西井冈山、湖南韶山等地，成为全国乡村治理数字化转型的标杆案例。

深入分析"陂蓬模式"的成功要素，不难发现，其关键在于以下几点：一是充分发挥乡贤的引领作用，乡贤的回归和投入，为乡村治理引入了新的理念和资源；二是创新运用数字化技术，特别是智能化法律服务平台的引入，有效弥补了乡村法治建设的短板；三是注重平台建设的综合性和可持续性，通过构建多元化的数字化平台体系，为乡村治理提供了全方位的支持；四是注重模式的可复制性和可推广性，通过在不同地区的实践探索，不断完善和优化治理模式，形成了具有广泛适用性的乡村治理数字化解决方案。

2. 数字化平台在乡村治理中的作用

在广东省"网络强村"发展中，数字化平台正以前所未有的深度和广度融入乡村治理的各个环节，为乡村振兴注入了新的活力与动能。生动展现了数字技术在缩小城乡"数字鸿沟"、促进区域协调发展中的重要作用。

阳江阳春市岗美镇黄塘村的数字乡村智慧大屏成为乡村治理的"智慧大脑"。AI摄像头能实时监测火灾风险、乱丢垃圾等不文明行为，并自动推送警示，有效提升了乡村治理的智能化水平和应急响应能力。这一创新应用不仅增强了乡村的安全防范能力，还促进了村民环保意识的提升，为构建美丽宜居乡村提供了有力支撑。而在广州市从化区，智慧荔枝果园则利用"5G+AI模式"搭建了产区数据标准体系，实现了对农机等生产资源的智能化指挥调度。通过精准感知、智能分析、快速响应，果农的生产效率和管理水平显著提升，为乡村产业数字化转型树立了典范。这一实践不仅推动了农业生产的智能化升级，还带动了乡村经济的多元化发展，为农民增收致富开辟了新渠道。

二 广东"网络强村"发展特征分析

（一）政府、企业、高校三方联动机制

探讨"网络强村"的发展特征，尤为值得关注的是政府、企业、高校三方联动机制所展现出的强大协同效应。这一机制不仅为广东乡村的数字化转型提供了坚实的支撑，更为乡村振兴战略的深入实施开辟了新路径。广东省各级政府部门积极响应国家乡村振兴战略，充分发挥政府的主导作用，通过制定一系列政策规划和实施方案，为乡村的数字化转型和"网络强村"建设提供了明确的指导和有力的支持。同时，各级政府还积极搭建平台，引导企业、高校等社会力量参与乡村振兴，形成了政府引导、社会参与的良好氛围。

在这一背景下，腾讯等科技型企业凭借其强大的科技优势和丰富的资源积累，成为推动广东"网络强村"发展的重要力量。腾讯运用其科技优势，汇聚向善力量，通过创办腾讯SSV为村共富乡村项目，为乡村振兴和低收入人群增收提供了数字化手段。依托微信视频号、村庄云服务小程序、特色农产品

云认养等村庄数字化经营工具，腾讯不仅帮助乡村实现了农产品的线上销售，还通过直播带货等形式，提升了乡村的知名度和影响力。此外，腾讯还与团省委、中国农大共同发起广东"百千万工程"青年兴乡培育计划，通过"政府+企业+高校"三方联合培育模式，为乡村振兴事业输送了大量有志青年和人才。这些青年不仅成为乡村创业的主力军，还通过直播带货等形式，为乡村文旅产业带来了关注度和客流，让广东的美丽乡村成功"破圈"。

除了企业的积极参与，高校也在广东"网络强村"发展中发挥了重要作用。广东财经大学作为全国首家也是目前唯一一家"办校共建"网络传播学院的高校，充分发挥其在网络传播领域的专业优势。学校协同省内主流网络媒体和数字平台，组建了60支"网络强村"突击队，分赴省内基层乡村，开展了一系列数字化赋能工作。这些突击队整合了"高校+网信"的优势资源，聚焦乡村文化、组织、人才与产业振兴，通过村史挖掘与乡村价值提升、乡村治理与乡村文明提升、村民数字素养与技能培训、乡村影像记录与网络传播等系列工作，为乡村的数字化转型和全面发展提供了有力支持。广东财经大学的这些举措不仅提升了乡村的文化内涵和治理能力，还通过技能培训和网络传播等手段，帮助乡村实现了产业升级和人才聚集，为乡村振兴注入了新的活力。广东财经大学在"网络强村"建设中的积极探索和实践，也得到了社会的广泛认可和赞誉。学校先后获得广东基层党建"精品案例奖"、获2024年"广东省工人先锋号"荣誉称号。

（二）新媒体平台与乡村产业深度融合

在广东"网络强村"的发展历程中，"新媒体平台+乡村产业"的融合趋势不仅体现在新媒体技术在乡村产业中的应用，更在于新媒体平台作为信息传播、品牌推广、产品销售的综合载体，与乡村产业形成了互利共赢的紧密关系。

近年来，随着移动互联网技术的快速发展，新媒体平台如微信、抖音、快手等已成为人们获取信息、交流互动、消费购物的重要渠道。广东作为互联网大省，其乡村地区也积极拥抱新媒体时代，通过搭建乡村官方账号、开展直播带货、打造乡村IP等方式，将新媒体平台与乡村产业紧密结合，实现了从"线下"到"线上"的转型升级。在新媒体平台的助力下，广东乡村地区的农产品销售迎来了新的机遇。通过微信视频号、抖音直播等新媒体渠道，乡村农户与合作社能够直接面向广大消费者展示农产品的生长环境、种植过程、品质特点等信息，有效提升了农产品的知名度和信誉度。同时，直播带货作为一种新兴的电商模式，也为农产品销售开辟了新的路径。乡村主播通过生动地讲解和演示，吸引了大量粉丝关注和购买，实现了农产品的快速销售和品牌推广。通过打造乡村 IP、拍摄乡村美景、分享乡村故事等方式，新媒体平台将广东乡村的独特魅力和文化内涵展现得淋漓尽致。这不仅吸引了大量游客前来观光旅游，还带动了乡村民宿、农家乐等产业的发展，为乡村经济注入了新的增长点。

（三）数字化技术在乡村治理中的创新应用

《数字乡村发展战略纲要》提出要"通过数字化手段推动乡村治理现代化，提升乡村公共服务水平"。[①] 在广东"网络强村"的发展进程中，数字化技术的创新应用成为乡村治理现代化的重要驱动力，为乡村社会的精细化管理和高效服务提供了有力支撑。这一趋势不仅体现在数字化技术在乡村治理各个环节的渗透，更在于其带来的治理理念、治理方式和治理效能的深刻变革。

数字化技术在乡村治理中的首要应用体现在信息平台的搭建与整合上。广东各地积极利用云计算、大数据等现代信息技术，构建起覆盖乡村治理各领域的信息平台，实现了数据的集中管理、共享和分析。这些平台不仅整合了乡村的人口、土地、环境、公共服务等多维度信息，还通过数据分析和预测，为乡村治理决策提供了科学依据。例如，一些乡村通过建立智慧乡村管理系统，实现了对乡村环境、公共设施、村民生活等多方面的实时监测和预警，有效提升了乡村治理的精准度和效率。数字化技术还推动了乡村治理方式的智能化转型。在广东的一些乡村地区，智能监控、人脸识别、物联网等技术的应用，使得乡村治安、环境保护、农业生产等方面的管理更加智能化、自动化。在广东的一些乡村地区，数字化技术的应用使得公共服务更加便捷、高效。例如，通过数字化平台，村民可以实现在线办理社保、医保、教育等公共服务事项，无须再到政府部门排队等候。

---

① 中共中央办公厅、国务院办公厅：《数字乡村发展战略纲要》，2019。

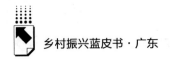

三 广东"网络强村"面临的问题

（一）资源统筹与规划不合理，导致农文旅资源缺乏充分整合利用

在 2024 年广东"网络强村"的发展进程中，尽管互联网技术的广泛应用为乡村振兴带来了前所未有的机遇，但在农文旅资源统筹与规划方面仍存在明显短板。从资源统筹的角度来看，广东在推动"网络强村"的过程中，虽然各地积极尝试将农业、文化与旅游资源相结合，但往往缺乏有效的统筹机制。这导致各地在资源开发和利用上各自为战，难以形成规模效应和品牌效应。在规划不合理方面，广东部分地区的农文旅项目存在盲目跟风和简单复制的现象。部分项目在规划时忽视了生态环境保护的重要性，对当地的生态环境造成了不可逆的损害。由于缺乏有效的整合机制，各地的农文旅资源往往处于分散状态，难以形成完整的产业链条和产业体系。这导致游客在体验过程中难以获得全方位的乡村休闲旅游体验，也限制了乡村经济的多元化发展。

（二）乡村数字化基础设施不足

乡村数字化基础设施是实现"网络强村"战略的基础支撑，然而，广东在推进乡村数字化基础设施建设方面仍面临显著挑战。尽管近年来广东不断加大对农村及偏远地区网络覆盖的投入，但乡村数字化基础设施的整体水平仍然滞后于城市，难以满足乡村振兴的迫切需求。由于缺乏农业农村大数据平台，相关农业数据平台存在各自建设、信息孤岛突出、数据融合及共享性差等问题，制约了乡村数字化治理和服务的效能提升。乡村数字化基础设施建设在推进过程中，还面临着资金短缺、规划滞后等难题。

（三）乡村网络人才短缺与技能有待提升

乡村网络人才是实现"网络强村"战略的关键要素，然而，广东在乡村网络人才队伍建设方面仍存在显著短板。一方面，乡村地区数字化环境和薪资水平均处于劣势，难以吸引和留住数字化人才。同时，乡村地区的经济发展水平相对较低，薪资水平难以与城市相抗衡，使得数字化人才更倾向于流向城市。另一方面，乡村地区数字化人才培训体系尚不完善，难以有效提升乡村网络人才的技能水平。尽管近年来广东不断加强农业农村数字化相关专业人才培养，但培训体系仍存在诸多不足。例如，培训内容与实际需求脱节，缺乏针对性和实用性；培训方式单一，缺乏创新性和互动性；培训资源分布不均，部分地区和群体难以享受到优质的培训资源。

（四）乡村文化与旅游产品创新不足

乡村文化与旅游产品是实现"网络强村"战略的重要载体，然而，广东在乡村文化与旅游产品创新方面仍存在诸多不足。尽管广东拥有丰富的乡村文化资源，但在实际开发中，往往缺乏对文化资源的深度挖掘与整合，导致文化产品缺乏独特性和创新性。部分乡村地区在开发旅游产品时，缺乏市场调研和需求分析，导致旅游产品与游客需求脱节。同时，乡村旅游产品的推广渠道有限，缺乏有效的营销策略和手段，导致旅游产品知名度不高，难以吸引游客前来体验。在乡村文化与旅游产品创新方面，还面临创意人才短缺、创新能力不足等问题。

四 广东"网络强村"发展对策建议

（一）加强顶层设计，推动跨界融合

1. 统筹和规划农文旅融合创新发展

政府应出台相关政策措施，明确农文旅融合发展的目标和路径。通过政策引导和支持，推动农业、文化和旅游产业的深度融合，形成相互促进、协同发展的新格局。在具体操作中，可以借鉴成功案例，如惠州市龙门县通过打造环南昆山—罗浮山引领区农文旅融合板块，推动当地健康农业产业的发展，进而通过"两端延伸"形成生产农业、科技农业、服务农业，实现农文旅深度融合驱动县域经济以及乡村振兴。

2. 强化链条建设，推动"延链""补链""强链"跨界融合

产业链是乡村振兴的重要支撑，通过延长产业链、补齐短板、强化关键环节，可以提升乡村产业的竞争力和附加值。广东应依托现有的产业基础，进一

步深耕智能网联与新能源汽车、装备制造、半导体和集成电路等重点产业链，同时发挥链主企业的龙头作用，强化补链延链强链，实现产业链的协同发展。在农文旅融合领域，可以通过整合农业资源、挖掘乡村文化、提升旅游品质等方式，延长产业链条，增加产业附加值。此外，推动跨界融合也是顶层设计中不可忽视的一环。农业、文化和旅游产业的融合不仅仅是产业内部的协同，更需要跨行业的合作与创新。广东可以积极探索"农业+""旅游+""文化+"等发展模式，通过"农业+旅游"，发展观光农业等新型业态，引导县镇村以多种形式发展特色产业。

（二）加强乡村数字化基础设施建设

1. 加大投入，提升网络覆盖率

乡村数字化基础设施是"网络强村"战略的基础和支撑。广东乡村一些偏远地区仍存在网络信号不稳定、带宽不足等问题。因此，需要继续加大投入，提升网络覆盖率，确保乡村地区能够享受到稳定、高速的网络服务。首先，政府应加大对乡村数字化基础设施建设的财政投入，优先支持偏远地区和贫困地区的网络建设。通过建设更多的基站、铺设更宽的光纤网络，提升乡村地区的网络覆盖率和带宽。可以鼓励社会资本参与乡村数字化基础设施建设，形成多元化的投资格局。其次，应加强乡村数字化基础设施的规划和布局，确保网络建设的针对性和有效性。注重网络建设与乡村规划、土地利用等规划的衔接，避免重复建设和资源浪费。最后，应加强对乡村数字化基础设施的维护和管理，保障乡村网络的安全和稳定。

2. 完善数字化平台功能与服务

数字化平台是乡村数字化建设的重要载体和工具。当前，广东已经建立了一批乡村数字化平台，但在功能完善和服务优化方面仍有提升空间。因此，需要进一步完善数字化平台的功能和服务，提升平台的实用性和便捷性。一方面，应加强对数字化平台的功能开发和创新。根据乡村地区的实际需求和发展趋势，不断丰富平台的功能模块和服务内容。例如，可以开发农业信息服务平台、农产品电商平台、乡村旅游预订平台等，为乡村地区提供更加全面、便捷的信息服务。另一方面，应优化数字化平台的服务体验。注重平台的用户界面设计和交互体验，提升平台的易用性和友好性。加强对平台数据的分析和利用，为乡村地区提供更加精准、个性化的服务。例如，可以通过大数据分析技术，为农民提供更加精准的农业种植建议和市场预测信息。

（三）加强乡村网络人才培养与引进

1. 开展网络技能培训与创业教育

人才是乡村数字化建设的关键。当前，广东乡村地区普遍缺乏具备网络技能和创业能力的人才。因此，需要加强对乡村网络人才的培养和引进，提升乡村地区的人才素质和创新能力。应加强对乡村网络技能的培训和教育。通过举办培训班、开展网络技能竞赛等方式，提升乡村地区居民的网络技能水平。可以依托高校、职业院校等教育机构，开设网络技能课程，为乡村地区培养更多的网络技能人才。此外，还应加强对乡村创业教育的支持和引导。通过设立创业基金、提供创业指导等方式，鼓励和支持乡村地区居民开展网络创业活动。同时，可以加强与电商企业、互联网企业的合作，为乡村创业者提供更多的创业机会和资源。

2. 吸引青年人才返乡创业就业

政府应出台更加优惠的创业就业政策。例如，可以提供税收减免、场地租金补贴等政策支持，降低青年人才的创业成本和就业门槛。同时，可以加强对青年人才的创业指导和培训，提升他们的创业能力和就业竞争力。加强对乡村地区的宣传和推广。通过举办乡村文化节、乡村旅游节等活动，展示乡村地区的自然风光和人文魅力，吸引更多青年人才关注和了解乡村地区。同时，可以加强与高校、职业院校等教育机构的合作，开展校园招聘和人才引进活动，为乡村地区输送更多的青年人才。建立健全青年人才服务机制，为他们提供生活、工作等方面的便利和支持。同时，应注重培养青年人才的归属感和认同感，让他们更好地融入乡村社会和生活。

（四）推动乡村文化与旅游产品创新

1. 挖掘乡村文化资源，打造特色旅游产品

乡村文化资源是乡村旅游的重要支撑和亮点。一方面，应加强对乡村文化资源的普查和保护。通过开展文化遗产普查、建立文化遗产名录等方式，摸清乡村文化资源的底数和分布情况。另一方面，应加强对乡村文化资源的开发和

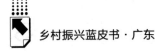

利用。根据乡村文化资源的类型和特点，开发不同类型的旅游产品。例如，可以依托乡村的自然风光和人文景观，开发乡村休闲度假产品；可以依托乡村的传统手工艺和民俗文化，开发乡村旅游体验产品。同时，应注重提升旅游产品的文化内涵和附加值，增强旅游产品的吸引力和竞争力。

2.加强乡村旅游品牌建设与营销推广

品牌是乡村旅游的核心竞争力。为了提升乡村旅游的知名度和影响力，需要加强乡村旅游品牌建设和营销推广工作。加强对乡村旅游品牌的规划和设计。根据乡村地区的实际情况和发展定位，打造具有地方特色和辨识度的乡村旅游品牌。同时，应注重提升乡村旅游品牌的文化内涵和品质水平，增强品牌的吸引力和美誉度。还应加强对乡村旅游品牌的营销推广，通过线上线下相结合的方式，开展多渠道、多层次的营销推广活动。例如，可以利用互联网、社交媒体等线上渠道，开展乡村旅游线上宣传活动；依托旅游展会、节庆活动等线下渠道，推广乡村旅游。

乡村治理篇

B.15

2024年广东农村基层党建工作报告

聂娟 夏辉*

摘　要： 在接续实施两轮基层党建三年行动计划之后，广东启动强基工程，为推进"百千万工程"、提升乡村治理水平、实现乡村产业振兴、促进绿美广东建设筑牢根基，形成大抓基层的鲜明导向、以提升组织感召力为重点、以高质量党建促进乡风文明等经验。广东应继续发力使用新技术，持续提高组织感召力，积极对接现代化产业体系建设，推动乡村党建迈上新台阶。

关键词： 党的建设　强基工程　数字党建　"百千万工程"　广东省

　　党的二十届三中全会强调，实现党的领导是进一步全面深化改革、推进中国式现代化的根本保证。习近平总书记视察广东时要求广东锚定强国建设、民族复兴的伟大目标，围绕高质量发展这个首要任务和构建新发展格局这个战略任务，全面深化改革，以农村基层高质量党建推动高质量发展。2024年，广

---

* 聂娟，社会学博士，广东省社会科学院精神文明研究所副研究员，主要研究方向为农村社会学、城乡劳动力；夏辉，广东省社会科学院精神文明研究所所长、副研究员，主要研究方向为文化社会学、文化产业。

东锚定走在前列总目标，以钉钉子精神落实省委"1310"具体部署，切实担负起抓党建促乡村振兴的政治责任，谱写广东农业农村现代化新篇章。

一　广东抓党建促乡村振兴的实践与成效

2024年，广东以"百县千镇万村高质量发展工程"（以下简称"百千万工程"）为主要抓手，聚焦政治引领、组织覆盖、队伍优化等核心任务，深入推进抓党建促乡村振兴（见表1），取得了显著成效。

表1　2024年以来中共中央、广东省委出台的乡村党建相关文件

时间	名称	主要内容
2024年1月10日	《中共中央、国务院关于学习运用"千村示范、万村整治"工程经验有力有效推进乡村全面振兴的意见》	坚持和加强党对"三农"工作的全面领导，锚定建设农业强国目标，以学习运用"千万工程"经验为引领，以确保国家粮食安全、确保不发生规模性返贫为底线，以提升乡村产业发展水平、提升乡村建设水平、提升乡村治理水平为重点，强化科技和改革双轮驱动，强化农民增收举措，打好乡村全面振兴漂亮仗，绘就宜居宜业和美乡村新画卷，以加快农业农村现代化更好推进中国式现代化建设
2024年4月22日	中共广东省委办公厅、广东省人民政府办公厅《关于开展县镇管理体制改革试点助力"百县千镇万村高质量发展工程"的实施方案》	加大县镇管理体制改革探索力度，统筹优化管理层次、管理幅度和资源要素配置，健全完善管理体制和运行机制，强化强县强镇人员、编制和职能配置，培育树立弱变强、强更强、冲百强的县域标杆示范
2024年5月13日	广东省人民政府办公厅《关于推进"社村"合作助力新型农村集体经济试点方案》	加强党的全面领导。坚持把党的领导贯穿到推动"社村"合作的全过程各方面，确保合作发展的正确方向。强化党建引领，凝聚各方力量，发挥党组织战斗堡垒和党员先锋模范作用，协同推动"社村"合作，提高农村集体经济组织实力
2024年7月25日	《广东省基层党组织建设强基工程行动计划(2024—2026年)》	以"构筑基层党建新优势服务广东现代化建设"为目标，通过3年接续努力，推动基层党员干部干事创业精气神进一步勃发，基层党组织政治功能和组织功能进一步增强，团结凝聚群众大抓发展效能进一步彰显，强基固本、积厚成势，奋力为广东在推进中国式现代化建设中走在前列提供坚强组织保证

续表

时间	名称	主要内容
2024年9月13日	《中共广东省委关于贯彻落实党的二十届三中全会精神 进一步全面深化改革、在推进中国式现代化建设中走在前列的意见》	健全基层党组织领导的基层群众自治机制,推进基层党务公开、村(居)务公开、财务公开制度化规范化。坚持和发展新时代"枫桥经验",健全党组织领导的自治、法治、德治相结合的城乡基层治理体系,深化"1+6+N"基层社会治理工作体系建设,完善共建共治共享的社会治理制度。加强党建引领基层治理,创新城乡社区治理。深入实施基层党组织建设强基工程,增强党组织政治功能和组织功能。全面建立乡镇(街道)履行职责事项清单,健全为基层减负长效机制
2024年9月18日	《中共广东省委办公厅、广东省人民政府办公厅关于推进环南昆山—罗浮山县镇村高质量发展引领区建设的意见》	坚持系统治理、依法治理、综合治理、源头治理,健全党组织领导下的自治、法治、德治相结合的乡村治理体系。通过党建引领、政策支持、宣传引导等方式,激发群众参与引领区建设的积极性主动性创造性,形成人人参与、多方支持、共商共建的良好局面
2025年1月22日	中共中央、国务院《乡村全面振兴规划(2024—2027年)》	以提升乡村产业发展水平、提升乡村建设水平、提升乡村治理水平为重点,强化科技和改革双轮驱动,强化农民增收举措,扎实推进乡村产业、人才、文化、生态、组织"五个振兴",加快农业农村现代化,推动农业全面升级、农村全面进步、农民全面发展,为全面建设社会主义现代化国家提供坚强支撑

资料来源:广东省人民政府网站、中共广东省委组织部网站。

(一)持续建强基层党组织,引领乡村党建工作展现新气象

2024年,广东在接续实施两轮基层党建三年行动计划的基础上,以实施强基工程行动计划为牵引,持续用力抓基层、打基础,坚持把政治建设摆在首位,不断深化党的创新理论武装,扎实开展党纪学习教育,引领带动基层党组织和广大党员干部更加自觉坚定拥护"两个确立"、坚决做到"两个维护",更好发挥战斗堡垒和先锋模范作用,全省乡村党建工作取得新成绩、展现新气象。

1. 深入实施铸魂工程,推动乡村党组织坚持"两个确立"、做到"两个维护"的自觉性得到新提高

广东农村基层党组织巩固拓展学习贯彻习近平新时代中国特色社会主义思

想主题教育成果，把学习贯彻习近平新时代中国特色社会主义思想作为首要政治任务和农村党组织书记、党员培训首要内容，完善领导带头讲、专家辅导讲、支部书记讲、普通党员讲"四讲"机制，实现党的创新理论直达基层。其中，"南粤党员大讲堂"以送党课下基层的方式，辅导全省 2.6 万个村（社区）的党员进一步学懂弄通党的创新理论。广东还在创建"百个镇街党校示范点"的基础上，深化推进"百万党员进党校"，持续大范围组织村（社区）党员进镇街党校学习，推动理论武装走深走实（见图 1）。

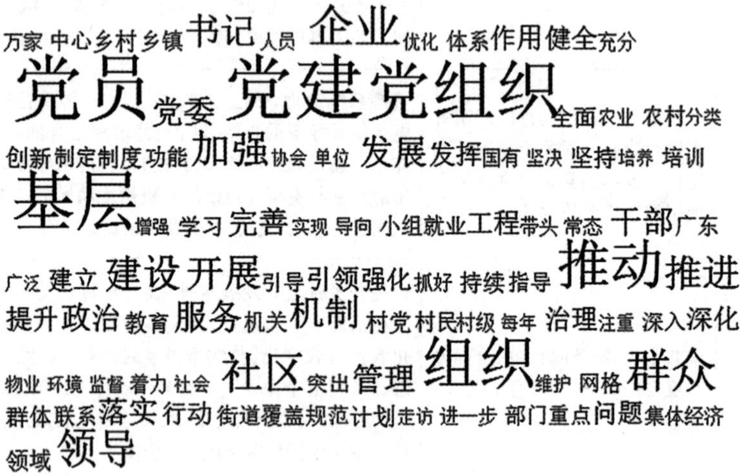

图 1　关于强基工程的高频词云图

2.织密上下贯通、执行有力的组织体系，提升乡村干部队伍战斗力

广东坚持"五级书记"抓基层党建，省委书记亲自安排部署，压实市委书记责任，推动县委书记当好"一线总指挥"、镇街书记做到"阵地在村、岗位在村"、村（社区）党组织书记直接抓落实。一些地区探索村组高质量运行机制，让党的领导贯穿村组一级"神经末梢"。如惠州市惠阳区创新设立 213 个片区党支部，每个片区平均管理 5 个村民小组，由村"两委"干部兼任片区党支部书记的占 71.4%，延伸和拓展行政村党组织对村民小组的组织覆盖和工作覆盖；设立村监察站，实行农村各类组织向行政村党组织报告工作制度。这一做法还入选 2024 年度全国党建引领乡村治理典型案例。

在队伍建设方面，一方面，广东大力推进实施南粤党员先锋工程，加大在农民、乡镇公务员中发展党员力度，广泛开展党员联系农户、党员户挂牌、承诺践诺等活动，鼓励引导党员带头创办领办农民合作社、家庭农场，焕发基层党员新风貌；另一方面，下功夫建强基层党组织带头人队伍，注重选配熟悉党的建设、"三农"工作等方面干部进入县级党政班子，着力培养选拔"有干劲、会干事、作风正派、办事公道"的村（社区）党组织书记，强化对"三个一肩挑"村党组织书记的管理监督，实施村（社区）党组织带头人后备力量培育储备三年行动、选派驻村第一书记等，不断优化村（社区）党组织书记队伍。广东还进一步健全基层党组织书记长效化激励机制，21个地级及以上市普遍开展面向村（社区）党组织书记招聘事业编制人员、专项考录乡镇（街道）公务员工作，有效提升村（社区）党组织书记干事创业积极性。

3. 加强作风建设和纪律建设，走好新时代党的群众路线

习近平总书记强调："党的最大政治优势是密切联系群众。"[1] 2024 年，广东着力发扬密切联系群众的优良作风，完善联系服务群众和组织发动群众制度机制。据暨南大学乡村振兴研究院调查，全省各镇平均拥有政务服务中心和党群服务中心 23.62 个，各中心平均拥有 6 位工作人员。乡镇（街道）领导干部包村联户，坚持每周深入走访群众，村（社区）"两委"干部开展普遍走访。例如，汕头市结合实际推行"千名干部联千村进万家"，由 30 名市领导带头，示范带动 7 个区（县）和 134 个市直单位共 1033 名市管干部每人挂点联系 1~2 个村（社区），实现全市 1091 个村（社区）挂点联系全覆盖。每名市管干部每年直接联系 10 户左右群众，示范带动各级党员干部走访群众 26 万人次、办成民生实事 1.6 万件，把在一线解决问题转化为凝聚群众合力的强大动力。[2]

广东还瞄准县镇村党组织存在的不正之风和腐败问题，推进"打伞破网"常态化机制化，推动基层纪检监察组织同村务监督委员会有效衔接，充分发挥各级巡察"利剑"作用、积极稳妥推进对村（社区）巡察全覆盖，加强对惠民富民政策落实情况的监督检查。其中，十三届省委第三轮巡视组对粤东粤西粤北 12 个市、27 个县（市、区）党委开展专项巡视，督促被巡视地区党委立

---

① 《中共中央政治局召开专题民主生活会强调　巩固拓展主题教育成果　为强国建设民族复兴伟业汇聚强大力量　中共中央总书记习近平主持会议并发表重要讲话》，《人民日报》2023 年 12 月 23 日，第 01 版。

② 《千名干部联千村进万家》，《南方日报》2025 年 1 月 3 日，第 A05 版。

行立改问题 67 个、现场整改问题 1103 个。十三届省委第五轮巡视组对粤东粤西粤北 47 个县（市、区）党委开展专项巡视，推进被巡视党组织进一步掀起强县促镇带村的火热实践。据暨南大学乡村振兴研究院调查，全省 99.51% 的行政村设立村务监督委员会，97.55% 的行政村在重大事项中完全落实"四议两公开"制度。

（二）强化党建引领，助力"百千万工程"深入推进

2024 年，广东"百千万工程"迈出坚实步伐、取得明显进展：惠州博罗县、肇庆四会市上榜"全国百强县"，124 个建制镇入围"全国千强镇"，农村产业发展活力持续迸发。在这一过程中，广东县镇村党组织发挥核心作用，推动城乡区域协调发展开创新局面。

基层党组织在"百千万工程"中发挥战斗堡垒作用。广东既注重构建领导有力、统筹有序的各级指挥体系，发挥县委书记"一线总指挥"、镇党委书记"一线施工队长"、村党组织书记"领头雁"作用，省、市、县成立指挥部并设立实体化运作的办公室，"一把手"亲自抓、党委副书记亲自抓；尊重基层首创精神，充分激发基层干部群众干事创业的积极性，为县镇村高质量发展注入澎湃动能。省委全面深化改革委员会逐批公布全省基层推进"百千万工程"集成式改革的典型案例，40 个生动鲜活的实践做法从全省各地涌现出来，激发了广大干部群众加力提速推进"百千万工程"的干事热情。

"典型引路、以点带面"是广东推进实施"百千万工程"的成功经验。在试点改革中，广东将加强党的建设与"百千万工程"相互衔接，通过赋能放权县镇村党组织增添城乡区域协调发展新动能。全省确定韶关南雄市等 12 个县镇管理体制改革试点，在县（市）部门整合设置、乡镇街道党（工）委管理职责、村级组织工作事务、支持建立各类编制周转池等方面赋能放权。支持佛山建设广东省城乡区域协调发展改革创新实验区，支持茂名高州市建设广东省农业农村现代化改革创新实验区，推进建设环南昆山—罗浮山县镇村高质量发展引领区，赋能放权三地党组织在推进农业农村现代化、实现城乡区域协调发展上闯出一条新路子。

"百千万工程"是一项系统工程，需要广泛凝聚各方力量。广东坚持走好新时代党的群众路线，一方面，引导党员带头创办领办新型农业经营主体，大

力推动"人才下乡、干部返乡、能人回乡"。如广州花都区瑞岭村党支部开辟"党支部+村集体+合作社+企业+种植户"的模式，推动广州瑞岭盆景农业专业合作社发展壮大，2024年合作社共接待游客40余万人次，并入选第六批全国新型农业经营主体典型案例。另一方面，各级党组织积极参与纵向横向帮扶和驻镇帮镇扶村工作，扎实开展百校联百县"双百行动"、"组团式"教育医疗帮扶、建筑业企业助力、金融支持等行动。省、市、县三级近三年来共派出7174个组团单位参与驻镇帮镇扶村工作，有8000多名干部和9000多名"三支一扶"人员、大学生志愿者、金融助理下沉帮扶，形成各方力量踊跃参与"百千万工程"的生动局面。广东还协调组织全省农商行与1835个乡镇党委、1.85万个行政村党支部结对共建，派驻乡村金融特派员3.38万名，以党建引领支持1.55万个行政村获得整村授信4702亿元。①

（三）以高质量党建持续引领高水平乡村治理

2024年，广东持续提升党建引领乡村基层治理效能，健全村党组织领导的村级组织体系，引导村级各类组织在党组织统一领导下规范有序运行，强化村规民约激励约束功能，推动抓党建促农村宗教治理，持续防范和整治"村霸"。全省行政村积分制运用率为57.6%，清单制运用率为87.3%，"1+6+N"基层社会治理工作体系推进情况良好，高质量党建持续引领高水平基层治理，夯实县镇村高质量发展的根基。

一是社会工作观察制度从试点迈向全局。2024年3月，省委社会工作部在清远设立全省首个社会工作观察站，先后聘任107名社会工作观察员，充分发挥"摄像头"、"传感器"和"连心线"的作用，广泛开展宣传倡导、观察调研、联络沟通、协助监督及征集建议等工作，有效助力推动党建引领基层治理。如阳山县太平镇沙陂村党总支深入基层观察收集村中青年的需求和期盼，推动成立阳山首个村级社会服务组织"阳山县太平镇沙陂新青年促进会"，为基层治理注入新的青年力量。10月，省委社会工作部总结提升清远相关做法经验，部署全省建立社会工作观察制度，标志着社会工作观察制度从试点迈向全面推广。

---

① 《广东驻镇帮镇扶村成效几何？》，《南方日报》2024年8月16日，第A07版。

二是数字党建持续赋能乡村治理。2024年，广东发挥数字政府基础支撑作用，优化党群服务中心数字化支撑能力，推动基层社会治理信息实时智慧管理，推进农村"三务"信息化建设，支持有条件地区创新开展积分制、清单制、数字化、接诉即办等治理方式。"粤治美"平台广泛进入乡村治理场景，如在茂名信宜市实现370个村社全覆盖。借助该平台，党员干部公开日常工作进展，通过数字化、信息化的方式将乡村治理中的零散个体联结在一起，打通服务群众的"最后一公里"；村民随时随地通过平台反映情况、解决问题，了解村里的大事小情，为村里发展出谋划策。

（四）提高基层党建质量，促进乡村产业振兴和绿美生态建设

2024年，广东坚持问题导向，有针对性地提高基层党建质量，在乡村产业振兴、绿美生态建设等方面取得硕果：乡村产业蓬勃发展，农村环境越来越靓，改革动力越来越足，村民腰包越来越鼓，2024年，全省农村居民人均可支配收入26729元，同比增长6.3%，城乡居民收入比缩小至2.31∶1①。

一是抓党建促乡村产业振兴。2024年，广东不断发展壮大新型农村集体经济，探索多样化发展途径，引导村党组织在整合资源要素、做好"土特产"文章上竞标争先。

依托"能人"的引领和组织等核心力量的驱动，是推动村集体经济发展的高效途径。广东通过实施人才激励机制和组织引领策略，有效激发了村集体经济发展的内在活力与动力。自2022年"头雁"项目实施以来，广东依托华南理工大学、华南农业大学、仲恺农业工程学院3所高校的资源力量，共完成2100名乡村产业振兴带头人的培育任务，初步形成了"头雁领航、雁阵齐飞"的良好格局。广东还学习运用浙江"千万工程"经验，加快培育农村职业经理人（又称"农村CEO"），推进乡村全面振兴。广州市花都区从"谁来兴村"难题入手，培育全区"农村CEO"，建立职业经理人与"强村公司"有机融合的工作机制。肇庆高要区建立"镇党委+党支部+企业+党员+农户"的工作推动机制，赋予村集体整合资源、宣传推广签约职能，获得"保底收入+推广费+利润分红"。此外，将村集体分红的10%～20%用于村"两委"干部、

① 《广东推动乡村全面振兴取得实质性进展》，《南方日报》2024年12月18日，第A03版。

村小组长的年度绩效奖励,进一步激发村干部等能人的积极性。

持续深化农村改革为广东乡村全面振兴注入强劲动力。广东稳步推进第二轮土地承包到期再延长30年试点,坚持"大稳定,小调整"原则,推动广州、珠海、湛江、云浮、惠州、梅州等6个地市先后开展整村、整镇或整县(市、区)延包试点,积累了可复制可推广的经验。在省农业农村厅牵头推动下,珠海斗门区、惠州龙门县等6个地区完成国家宅基地制度改革试点,在宅基地集体所有权行使、农户资格权保障、宅基地使用权流转等方面形成一批制度性成果,推动农村用地更为集约、闲置房地资源盘活更加高效。

二是以绿美生态建设为引领,推动乡村面貌显著改善,全社会爱绿、护绿、兴绿热情不断提升,为城乡区域协调发展注入了强劲动力。

推进县镇村绿化工作,凝聚各方力量是关键。为此,广东充分发挥基层党组织战斗堡垒作用和党员先锋模范作用,广泛汇聚社会各界力量,推动县镇村绿化工作取得扎实成效。如林业系统将党建责任与林长制结合,开展林长制工作述职,严格实施林长制考核,各级林长巡林超过150万人次,形成齐抓共管格局。清远市连山福堂镇太平村党组织编制乡村绿化示意图,发动县、镇、村党员干部、乡贤群众100余人次认捐认种认养苗木1100余株,对农村人居环境、绿美生态建设实施清单化赋分,带动500余名村民群众参与积分制活动,探索出一条党建赋能绿美乡村建设的路径。

广东着力创建一系列绿美广东生态建设党建品牌,走出一条"红绿"交相辉映的乡村党建之路。2024年,全省以"红色、绿美、乡村"为主题,挖掘各地红色革命遗址(迹)资源,建设绿美红色乡村51个。全省绿美红色乡村总数达101个,成为开展乡村红色教育和生态文化宣传的窗口。广东还大力推进南粤红绿径建设,印发《广东省南粤红绿径发展规划(2024-2028年)》,公布广州帽峰山南粤红绿径、深圳沙头角南粤红绿径、怀集岳山南粤红绿径、乐昌长征历史步道南粤红绿径等首批8条南粤红绿径名单。

二 广东抓党建促乡村振兴的经验

2024年,广东在接续抓好乡村党建工作的基础上,因时而动、因地制宜,探索出一系列行之有效的经验做法,有效促进乡村振兴。

（一）坚持大抓基层的鲜明导向

习近平总书记在党的二十大报告中指出："坚持大抓基层的鲜明导向，抓党建促乡村振兴。"广东全面贯彻落实习近平总书记、党中央关于加强党的建设的决策部署，坚持大抓基层的鲜明导向，推动党组织进一步强基固本。

一是明确政策指引，树立鲜明导向。广东部署实施"基层党组织建设强基工程"，坚持补短板、填空白与提质量、强功能并举，有力推动党的组织和党的工作全覆盖；着力加强基层党员干部队伍建设，全面提升队伍战斗力；着力走好新时代党的群众路线，持续深化基层正风肃纪反腐，切实维护和保障群众利益。广东提出通过3年接续努力，推动广东基层党员干部干事创业精气神进一步勃发，基层党组织政治功能和组织功能进一步增强，团结凝聚群众大抓发展效能进一步彰显，强基固本、积厚成势，奋力为广东在推进中国式现代化建设中走在前列提供坚强组织保障。这树立了大抓基层的鲜明导向，为全省县镇村党组织大抓基层提供明确的政策指引。

二是大抓组织建设，推动力量延伸。广东把农村基层党组织建设摆在突出的位置，通过治理农村软弱涣散党组织，建强基层战斗堡垒，进一步推动党建力量向基层延伸。向基层延伸，不仅仅是到村镇，更是向村组延伸，真正把党的领导落实到农村工作全过程、各领域。如广州20849个综合网格全覆盖11个区、177个镇（街）和2822个行政村（社区），构建起"镇（街）党（工）委—村（社区）党组织—综合网格党支部—楼栋（党员）党小组—党员责任区"五级基层组织架构。[①] 云浮市村民小组党小组覆盖率由2023年初的10.31%跃升至2024年底的96.05%。

（二）以提升组织感召力为重点加强乡村党建

组织感召力是一种潜移默化的吸引力和号召力。2024年，广东提出以提升组织感召力为重点加强乡村党建，取得了显著成效。

一是在为人民服务过程中提升组织效能与群众认同。广东乡村党组织结合

---

① 《以高质量党建赋能"百千万工程"！广州基层党建一线报告（2024）》，《南方日报》2024年6月28日，特08版。

实际建立民生微实事清单，常态化开展"我为群众办实事"，广泛建立党员志愿服务站点，高质量推进村党群服务中心建设，从而有效增强了群众对党组织的认同。如云浮市开展试点红色村建设，试点村的党群服务中心面积比试点前均增加50%以上。其中，桂圩村党群服务中心增设党建展示厅、红色书吧、群体空间（妇女之家）等特色功能室，成为群众热门"打卡地"；雄强村推行"云城服务不打烊"服务，延伸为民办事时段和渠道，获得办事群众一致认可。

二是探索优化村干部的考核激励机制。广东探索通过奖优罚劣、优进劣退，提升党组织对村干部的感召力，健全上下贯通、执行有力的组织体系。如21地市普遍开展面向村（社区）党组织书记招聘事业编制人员、专项考录乡镇（街道）公务员工作，有效提升村（社区）党组织书记干事创业的积极性。江门对全市1056名农村党组织书记实施评级定档，通过设置岗位级别档次，将他们的工作表现与级别档次挂钩、级别档次与薪酬待遇挂钩，充分调动广大农村党组织书记干事创业的内生动力，形成争先创优、比学赶超的良好氛围（见图2）。①

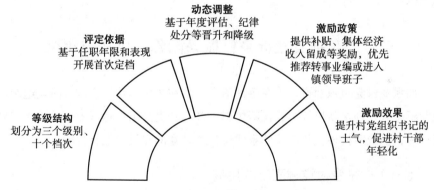

图2　江门对村党组织书记的分级定档工作机制

（三）以高质量党建促进乡风文明

广东县镇村党组织在推进乡村振兴的过程中，高度重视文化的作用，致力

---

① 郑琦：《江门探索破解农村党组织书记"干多干少一个样、干好干坏一个样"难题：做得好升级升档 做不好降级降档》，《南方日报》2024年8月25日，第1版。

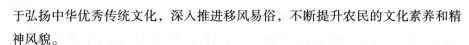

于弘扬中华优秀传统文化，深入推进移风易俗，不断提升农民的文化素养和精神风貌。

党的创新理论"飞入寻常百姓家"。全省乡村党组织从群众需求出发，通过一系列新举措开展党的创新理论宣传，在潜移默化中浸润乡风文明。如潮州市湘桥区利用民宿、茶馆等地方特色资源，开设"微讲堂"和"五老红色讲台"等理论宣传活动，积极推动基层群众的思想政治教育。佛山高明区聚焦党建引领，结合"主题党日""红色教育基地研学"等活动，引导党员担当移风易俗宣传员、乡风文明指导员。

党员干部"带头示范做在前"。广东在文明乡风建设中推进移风易俗，发挥农村党员、干部带头作用，实施农村党员、干部操办婚丧喜庆等事宜报备制度。督促党员、干部自觉抵制超标准、超规模的婚丧宴席和人情往来，为农民群众作表率，对违反移风易俗规定的党员、干部进行相应处理。如清远英德市动员组织当地镇村党员干部，实行公开承诺制、制定落实标准、带头监督制止，成为喜事新办、丧事简办等新风的示范者和引领者，用优良的党风带动社风民风。

三　广东抓党建促乡村振兴面临的挑战与建议

加强乡村党组织建设，重在落细落实，贵在久久为功。广东乡村党组织应把握新态势、迎接新挑战、抓住新机遇，进一步提高组织感召力，善用人工智能技术，积极对接现代化产业体系建设，推动党的建设迈上新台阶。

（一）广东乡村党建面临的挑战

一是现代化产业体系建设对乡村党建提出了更高要求。2025 年初，广东发布《广东省建设现代化产业体系 2025 年行动计划》，提出加快构建产业科技互促双强、三次产业融合发展、内外市场齐头并进、具有广东特色优势的现代化产业体系。现代化产业体系要求三次产业融合发展，与部分乡村党组织对数字经济、科技创新的引领能力不足之间存在不协调。未来产业（如低空经济、商业航天）向县域延伸，与乡村党员队伍老化、缺乏懂技术善经营的复合型人才之间存在不协调。产业用地整合（如现代农业产业园建设）可能引发土地流转矛盾，对乡村党组织协调农民利益、调解基层矛盾的能力提出更高要求。这都给广东乡村党建带来新挑战。

二是在数智化时代，乡村党建工作遇到了新的机遇和挑战。人工智能等信息技术的发展，为基层党建的信息分析研判、党员信息管理、党员群众互动等工作提供便利，但同时带来多方面问题：广东城乡数字基础设施差距、部分乡村老党员对 AI 技术的抵触心理、区域文化适配不足等可能引发"数字鸿沟"，制约数字党建的发展；部分乡村盲目引入"AI 党建考核系统"，过度依赖线上打卡、数据填报等量化指标，可能导致基层疲于应付技术流程，反而弱化实际党建效果；乡村党建涉及党员信息、组织数据等敏感内容，但部分乡村缺乏数据加密和权限管理机制，存在泄漏风险，等等。

三是基层党组织软弱涣散现象依旧突出。在组织建设层面，部分农村党组织存在老龄化严重、学历结构失衡的结构性缺陷，导致政策执行力弱化。在思想意识层面，个别村支书将招商引资、土地流转等经济工作置于党建之上，组织生活流于形式。

（二）广东乡村党建的提升思路

一是进一步提高乡村党组织的感召力，为"百千万工程"提供坚强组织保证。经过接续实施两轮基层党建三年行动计划和启动实施强基工程行动计划，广东乡村党组织在基层的全面领导地位已经得到大大强化。接下来，要继续学习浙江"千万工程"的好经验好做法，进一步提高乡村党组织的感召力。通过优化基层党组织设置模式，选优配强村党组织书记，推动党员"亮身份"示范，形成"头雁领航、群雁齐飞"格局。推行"网格化管理+组团式服务"，将组织动员延伸至产业发展、生态治理一线，如中山以党旗引领"工改"、治水等项目落地，让群众直观感受党建效能。深化群众参与，践行"四下基层"工作法，通过常态化"我为群众办实事"行动，建立利益联结机制，引导村民共商共建共享。

二是以人工智能技术赋能乡村党建。当下，以 DeepSeek 为代表的人工智能技术快速发展，不仅重塑信息技术乃至产业格局，也考验着党建工作者的智慧。广东乡村党组织应通过"政策引导—场景落地—人才支撑—数据驱动—风险管控"五位一体策略，将 AI 深度融入党员教育、管理和乡村治理，最终实现党建引领下的乡村振兴质效双升。应从政策层面明确技术应用场景与资金保障机制（如专项党费支持），鼓励开发适配粤语的 AI 党建工具；依托"百千万工程"，在数字乡村示范点优先部署 AI 党建项目，形成可复制的经验；依托镇街党校开设 AI 技术课程，重点培训村书记、驻村第一书记掌握基础应用技能，吸引技术专家参与乡村数字化项目；建设乡村党建数据库，运用 AI 模型分析党员结构、群众需求等，为组织优化、资源配置提供依据；明确 AI 工具的辅助定位，避免弱化党组织主体责任（如保留线下传统工作方式作为备份）。

三是积极引导乡村党建工作与现代化产业体系建设相衔接。广东应以组织力提升推动生产力变革，通过党建引领资源整合、科技赋能和利益协调，破解城乡二元结构，实现乡村党建与现代化产业体系建设的双向奔赴。建议在县域产业集群中设立跨村联合党委，统筹资源调配与利益分配；将"新兴产业培育成效""农民技能转化率"纳入党建考核指标；推广基层治理平台，通过党建数字化系统实时监测产业项目进展与群众反馈，发挥党建与现代化产业建设的协同效能。

参考文献

广东省直机关工委课题组：《广东机关党建服务乡村振兴研究》，《机关党建研究》2024 年第 10 期。

陈健鹏：《构筑基层党建新优势，服务广东现代化建设》，《南方》2024 年第 16 期。

陈志国：《广东美丽乡村建设中存在的深层次问题与对策》，《南方》2024 年第 1 期。

B.16
2024年广东乡风文明建设报告

周爱华*

摘　要： 乡风文明建设是乡村振兴战略的重要组成部分，是推动农业农村现代化、实现农民精神生活共同富裕的重要抓手。广东省始终高度重视乡风文明建设，将其作为全面推进"百县千镇万村高质量发展工程"（以下简称"百千万工程"）的重要内容。2024年，广东乡风文明建设通过创新实施农村精神文明创建五大行动取得显著成效，为"百千万工程"提供了强有力的精神动力和文化支撑。然而，广东乡风文明建设仍面临文化服务供需错配、人才队伍不足、保障机制不完善等挑战，需进一步系统推进文明乡风建设工程、强化资源下沉、加强文化运营、健全工作机制等。

关键词： 乡风文明　"百千万工程"　乡村振兴　广东省

推进农村现代化，不仅物质生活要富裕，精神生活也要富足。推动乡风文明建设意义深远：一是为全面推进乡村振兴提供思想保障，让广大农民在思想上与乡村振兴战略同频共振；二是通过文化熏陶和教育培训，为加快农业农村现代化培养高素质人才；三是以丰富的文化活动和精神滋养，为促进人民精神生活共同富裕提供多元途径；四是通过打造特色乡村文化，为提升乡村文化软实力提供有效载体。因此，要从战略和全局的高度出发，充分认识加强乡风文明建设的重大意义，加快推动乡风文明建设实现质的飞跃。

习近平总书记对广东精神文明建设高度重视、寄予厚望，历次视察广东都对精神文明建设提出明确要求，要求广东努力交出物质文明建设和精神文明建

---

* 周爱华，博士，广东省社会科学院精神文明研究所助理研究员，主要研究方向为文化人类学、精神文明建设。

设两份好的答卷。为进一步贯彻落实习近平总书记视察广东重要讲话精神，广东紧紧围绕省委"1310"具体部署和"百千万工程"要求，创新实施农村精神文明创建五大行动（村庄清洁行动、农房风貌品质提升行动、乡村文化空间营造提升行动、文旅融合特色村镇建设行动、农村移风易俗深化治理行动），以"小切口"带动"大变化"，实现点上出彩、线上成景、面上示范，思想道德建设深入人心，美丽乡村建设成效显著，乡村文化空间提档升级，移风易俗蔚然成风，农文旅融合态势良好，有效助力"百千万工程"深入实施。2025年5月，汕头、韶关、河源、茂名、清远5个地级市，韶关乳源、江门鹤山、湛江廉江、清远英德和佛冈5个县（县级市）成功入围第七届全国文明城市，124个村镇、153个单位、34户家庭、48所校园成功入围新一届全国文明村镇、文明单位、文明家庭、文明校园。南粤大地劲吹文明新风，"百千万工程"的壮美画卷闪耀着崇德向善的时代光芒。

一 广东乡风文明建设的态势与成效

2024年是推进实施"百千万工程"的关键一年，各地加力提速、苦干实干，将农村精神文明建设工作纳入本地经济社会发展大局、融入"百千万工程"一体部署、一体落实，推动农村实现由表及里、形神兼备的全面提升。

（一）深化价值引领，思想道德建设深入人心

在乡风文明建设中，思想道德建设是极为关键的一环，它为"百千万工程"提供了坚实的精神支撑与价值引领。广东坚持把理想信念教育摆在农村精神文明建设的重要位置，在基层广泛开展理论宣讲活动，推动社会主义核心价值观在农村落地生根。

一是搭建立体宣讲矩阵，筑牢理论传播阵地。广东推动新时代文明实践中心（所、站）与文明单位、重点马院、高等院校等结对共建，着力构建"思政教师+理论骨干+百姓名嘴"的多元宣讲矩阵，组建"百千万工程"宣讲团、模范宣讲团、好人宣讲团、青年宣讲团等2000余支，实现"专家讲透核心要义、干部讲清政策转化、群众讲活身边故事"的立体化传播，共计开展2万余

场基层宣讲活动①，让党的创新理论扎根田间地头，结出惠民富民的"金果子"，酿出乡村振兴的"好日子"。

二是培育特色宣讲品牌，激活理论传播动能。各地紧扣基层群众认知特点与精神需求，创新艺术表达，江门"音乐党课"、肇庆"肇城宣理"、潮州"韩江潮声"等20余个基层宣讲品牌实现理论传播"带着泥土味、飘着文化香"。2023年，茂名高州将习近平总书记视察足迹作为"柏桥讲堂"的核心内容和生动教材，通过实景化、沉浸式教学将殷殷嘱托转化为奋进力量，截至2024年底已吸引全国各地学员超60万人次走进讲堂，入选中国政研会2024年度基层思想政治工作优秀案例。

三是强化典型示范引领，激发崇德向善潜能。广东持续办好"广东好人"发布、"微文明之星"致敬礼等活动，各级媒体网络平台总触达量超1亿人次，推动"学有标杆、行有示范"蔚然成风。潮州市湘桥区全域推进"星级文明户"创评活动，据统计自2021年以来，湘桥区共评出四星级以上"星级文明户"178户，同时通过微信公众号、小视频、善行义举榜等载体，将崇德向善的鲜活故事搬上云端、嵌入街巷，感染每一个家庭、教育每一个成员，充分发挥"星级文明户"示范作用，营造了争"星"创"星"、群"星"璀璨的浓厚氛围，入选第四批全国"文明乡风建设"典型案例。②

（二）改善人居环境，美丽乡村建设成效显著

改善农村人居环境是实施乡村振兴战略的重点任务，事关高质量发展、高品质生活、高效能治理。广东以村庄清洁行动和农房风貌品质提升行动为抓手，用心用情用力答好环境综合整治优先题、风貌管控必答题、美丽圩镇建设加分题、绿化美化基础题，全省创建美丽宜居自然村近12万个，完成农房风貌品质提升约23万户。③

---

① 《汇聚文明星光 彰显文明力量：广东书写新时代精神文明建设崭新篇章》，中国文明网，2025年1月17日，http://www.wenming.cn/20250117/d9afc5a6ecbf46cdb881a5e29e2e36af/c.html。

② 《潮州湘桥："五星联创"树全国乡风文明样板 动态管理赋能百千万工程》，《潮州日报》2024年3月1日。

③ 《农房增颜提质绘新景 文明浸润乡土树新风》，《南方日报》2025年2月20日。

锚定环境整治，打造宜居宜业美丽家园。广东以治理村庄垃圾、厕所、污水、"三线"、乱搭乱建等环境卫生问题为重点，稳步开展村庄清洁行动，大力改善生态环境，致力于让广袤乡村成为广大农民宜居宜业的美丽家园。梅州市大埔县采取了"三清三拆三整治"的措施，清理违章建筑、垃圾和水体等。垃圾治理和污水处理工作走在了全省前列，获评 2023 年度全国村庄清洁行动先进县。① 广州市增城区聚焦农村厕所、污水、垃圾三大任务目标，创新"网格化包干+积分制激励"全民共治模式，累计建成农村公厕 530 座、污水管网 3515 公里，全域无害化卫生户厕普及率、生活垃圾回收无害化处理率、生活污水收集率及治理率实现"四个百分百"，荣获国务院人居环境整治督查激励奖励和农业农村部"农村厕所革命典型范例"双料荣誉。②

重塑乡愁地标，彰显岭南风貌特色。广东在推进农房风貌提升过程中，通过"风貌管控守底色、深挖文脉提成色、激活美丽经济添亮色"，正书写"望得见山水、留得住乡愁、融得进时代"的乡村振兴新篇章。制定《岭南新风貌·广东省农房设计方案图集》等技术指导文件，确保农房建设与乡村整体风貌相协调。对于新建房，茂名采用切实管用的工作方法——"一户一宅、建新拆旧、带图审批、现场办公、管好工匠、管住材料"，实现农房建设全流程闭环管理。与此同时，广东省还加大了对乡村建设工匠的培训力度，截至 2024 年 7 月底，全省共培训合格发证的乡村建设工匠 2.5 万人，其中 2023 年后新增 1.7 万人，实现"工匠有传承、农房有品质"。广东在乡村景观设计、风貌塑造中充分体现岭南文化内涵和美学追求，让乡村有景观更有韵味、有"颜值"更有气质。加强传统村落保护，对 186 个省级传统村落实施挂牌保护，推动清远连州市入选国家传统村落集中连片保护利用示范。汕尾陆河县通过风貌提升引进华发等企业投资 20 亿元建设乡村酒店集群，建成 4A 级景区村庄 1 个；梅州大埔县将红色文化、南宋古村元素植入乡村肌理，打造"乡村艺术部落"……随着这些政策的落实，乡村的整体面貌焕然一新，吸引了更多的社会资本与游客，实现"颜值"与"产值"双提升。

---

① 《梅州市大埔县：全国村庄清洁行动先进县炼成记》，《南方日报》2024 年 8 月 7 日。
② 《广州增城：探索走出农村人居环境整治"增城模式"》，《广州日报（数字版）》2025 年 2 月 13 日。

（三）推动阵地下沉，乡村文化空间提档升级

农民群众的精神文化生活充实了，业余时间"占"住了，就能有效抵御赌博、封建迷信、非法传教等不良风气乘虚而入。广东以满足群众高品质、多样化文化需求为导向，加强规划布局，着力营造有特色、有品位的乡村文化空间，深入实施文化惠民工程，打造优质文化资源直达基层的窗口。

开展多层次、多样化的文化阵地建设，构筑乡村文明新高地。截至2024年12月，建成新时代文明实践中心（所、站）2.8万个，打造行业文明实践特色阵地800多个，文明实践带、文明实践综合体、文明实践街区15个，实现省市县镇村五级公共文化设施全覆盖。加大力度拓展新型文化空间建设，21个地级及以上市建成特色书院，以5000家新华"悦读空间"等各类共享新型文化空间为带动，构建形成"书院+书房+书吧"三级阅读供给体系，有效推动了全民阅读的普及。湛江"咱村铺仔"等特色载体赋予村民议事、文化休闲、暖心服务、文明积分超市等功能，成为接地气、聚人气的新型文化空间，莫村"咱村铺仔"成为全省优质文化供给文明实践巡礼专题报道案例。

实施文化惠民工程，推动优质文化资源下沉基层。实施文明单位结对新时代文明实践中心助力"百千万工程"行动，推动各级文明单位、马克思主义学院、文艺院团、国有企业等优质文化资源下沉基层。完成海关、气象、文化、税务、电力、交通、银行等265个全国和省级文明单位与177个文明实践中心结对，1.4万个省、市、县级文明单位与文明实践所（站）结对，举办"经典诵读""艺美课堂""红色文艺轻骑兵""书香飘万家""新时代乡村阅读季"以及农村电影放映、道德春联进万家等文艺活动10余万场次，惠及群众3200余万人，以丰富的文化滋养人心、涵养文明。扎根乡土文化，以民俗活化引领乡风文明新风尚。培育"村晚""村歌""村史"等特色文化品牌，举办客家山歌、英歌舞等民俗活动10万余场。2024年，广东省揭阳市榕城区渔湖街道渔江村等12个举办地入选全国"四季村晚"示范展示点名单，全年共举办"四季村晚"活动1708场。① 创新打造粤港澳大湾区龙舟邀请赛、广

---

① 广东省文化和旅游厅：《广东"村晚"谱写乡村振兴新篇章》，广东省文化和旅游厅官方网站，2025年1月20日，http://dwhly.gd.gov.cn/zwdt/content/post_4312146.html。

东乡风民俗趣味运动会、首届农事运动会等文化 IP，实现农耕文明与现代文明要素深度融合。

（四）厚植社会基础，移风易俗行动持续推进

广东坚持把"移风易俗"作为农村精神文明的重要抓手，持续整治陈规陋习，厚植文明乡风、良好家风、淳朴民风，推动乡村文明不断焕发新气象，探索形成具有广东特色的移风易俗融合型治理模式①，主要体现在以下几个方面。

强化需求导向，架起民生需求连心桥。从解决群众"急、难、愁、盼"问题入手，为农民婚丧嫁娶、养老敬老等提供普惠性社会服务，将个体利益整合为集体利益，并与政策目标构成移风易俗改革的互惠网络与持续动力。作为全国首批也是唯一一个全市域的全国婚俗改革实验区，广州实施"12345"婚俗改革五大工程，健全从婚姻登记、新式婚礼到婚姻家庭辅导等各项服务措施，推动婚俗改革与新时代群众需求有机结合。东莞沙田镇《打好婚俗改革"四张牌"，营造疍家婚俗新风尚》入选第四批全国"文明乡风建设"典型案例。大力营造孝亲敬老的社会氛围，广泛开展形式多样、内容丰富的"敬老月""九九重阳"全民健身等活动，全省建成长者饭堂超 3000 家，让"老有所养"的期盼转化为满载温情的风景。

嵌入村庄熟人社会，构建文明新风传导链。家风、党风、政风直接影响和带动着社风、村风、民风，移风易俗有效治理需要在村庄熟人社会场域中营造以点带面的示范效应。党员干部率先垂范，带头宣传和践行移风易俗类村规民约，严格执行党员干部婚丧事宜报备制度，推动实现"关键少数"引领"千家百户"。充分发挥家庭涵育文化、塑造品德、润泽心灵的作用，推动家风与民风同步改善。各地大力弘扬中华民族传统家庭美德，深化拓展家教家风实践基地和家庭文明建设示范点建设，广泛开展"好家风好家训"活动，开展好媳妇、好公婆等群众评议活动，以好家风带民风促社风。中山市南朗街道家风家训传承基地打造了"家风学堂""家风家训亲子研学游""女子书法大赛"等三大品牌活动，2024 年举办各类特色活动 20 场次，服务群众近 5000 人次，

---

① 已有研究论证资源保障和主体协同是农村移风易俗高治理绩效实现的必要条件，主要路径分别为政府主导、资源引导和多元主体协同。朱晨：《农村移风易俗专项治理绩效的影响因素研究——基于典型案例的模糊集定性比较分析》，《乡村科技》2023 年第 21 期。

好家风"吹"进千家万户。

创新形式引导群众广泛参与。广东推广应用积分制、清单制、数字化、网格化等务实管用的治理方式，截至 2024 年 11 月，21 个地市行政村"积分制"运用率达 57.6%，"清单制"运用率达 87.3%。① 汕尾成立全市乡风文明建设（移风易俗）专班，推进乡风文明建设数字化，推动全市 852 个村（社区）"一约六会"上线"善美村居"，上线率达 98.73%。"有喜事来种树""公益捡跑""新式婚礼"等活动已蔚然成风，文明仪式既有心意又有新意，化州市新安镇《喜事新办来种树 移风易俗见实效》、化州市南盛街道谢村《书香飘到我门前》文明村镇建设特色做法入选中央精神文明建设办公室"文明村镇巡礼主题宣传"典型案例。2024 年，茂名在"年例"期间开展非遗文化展演、文体竞赛活动，筹集超 4000 万元用于助学，从过去比排场、比菜肴变成现在比文化、比助学。

（五）坚持文化赋能，农文旅融合态势良好

广东坚持文化赋能，推动乡村文旅产业高质量发展，文旅产品业态愈加丰富，服务配套进一步完善，内涵品质明显提升，文化产业对乡村经济社会发展的综合带动作用更加显著，对乡村文化振兴的支撑作用更加突出。2024 年全省乡村旅游呈现持续增长势头。仅国庆假期 10 月 1~7 日，全省就累计接待游客 5848.1 万人次，乡村旅游点和历史古村落接待人数同比增长 4.3%。

持续推进乡村旅游连片聚集发展，精绣乡村旅游全域版图。2024 年，获评广东省文化和旅游特色镇（创先级）31 个、第四批广东省文化和旅游特色村 106 个。截至 2024 年底，全省共培育了 51 个全国乡村旅游重点村（镇）、259 个广东省文化和旅游特色村、30 个乡村研学旅行特色村。大力发展乡村自驾游，打造了 136 条文化文物游径，39 条美食旅游精品线路，20 条红色、非遗旅游精品线路。支持环南昆山—罗浮山区域、梅州市蕉岭—梅县等地开展农文旅融合发展试点，助推"百千万工程"走深走实。惠州于 2024 年启动的环南昆山—罗浮山高质量发展引领区战略中，将构建一条全长 218 公里的交旅融合示范性工程，覆盖 200 余处旅游节点，形成"快进慢游"交通网络。

丰富"旅游+"业态，积极培育文旅新增长点。推进"乡村+节庆""乡

---

① 黄进、粤农轩：《筑牢"压舱石""三农"谱新篇》，《南方日报》2024 年 11 月 26 日。

村+非遗""乡村+文创""乡村+演艺""乡村+游乐""乡村+美食"等文化和旅游业态融合，推动传统村落、历史建筑、文物古迹、非物质文化遗产等文化资源融入乡村旅游产品及线路。揭阳等地繁荣节日文旅市场消费，推出"看英歌到揭阳"特色文化活动，越来越多的游客为了一场英歌舞奔赴一座城市。珠海万山海洋开发试验区桂山镇依托桂山岛自然禀赋和人文资源，以节庆美食造势、以非遗文创增值、以演艺游乐引流，入选省级"百千万工程"首批典型镇，成功创建国家4A级旅游景区。

打造特色文旅产品，深耕乡村美学。广东省出台《关于促进乡村酒店（民宿）高质量发展的实施意见》，制定20项具体措施。通过发放民宿客房消费补贴券、提供民宿优惠客房等方式，积极促进乡村民宿业的发展。开展乡村酒店（民宿）等级评定工作，2024年安排3000万元对评定达标的50家乡村酒店和150家民宿进行奖励，提升乡村民宿的艺术性和文化性。惠州市博罗县横河镇的"民宿小镇"通过"村委+企业""村民+企业"等合作模式，打造了上良民宿、下河湾、壹壹埔舍等41家民宿，吸引游客前来体验，通过打造和利用文化资源，村民也在家门口端起"文化碗"、吃上"旅游饭"。

二 广东乡风文明建设面临的挑战

当前广东省乡风文明建设整体趋势向好，但也存在诸多与"百千万工程"目标要求不适应的状况，如公共文化服务供需错配、人才队伍建设不足及机制不够健全等问题，影响了农村精神文明建设向纵深发展及助力"百千万工程"的实效。

（一）文化供给与农村群众精神文化需求仍不完全适应

供需错配仍然是当前农村公共文化服务的突出矛盾，供给失位、供需错位、效能不高的情况依然存在，优质文化资源直达基层机制尚未健全。

1. 供需总量匹配度较低

广东开展了一系列文化下乡活动，但这些活动在数量上不足以满足广大农村地区的需求，在覆盖面上仍不充分。公共文化资源仍然集中在珠三角、城市地区。广东与东部其他省份地区相比，以2022年为例，组织文艺活动次数以及群众覆盖面处于相对中游水平，远落后于浙江、山东和江苏等省份（见图1）。

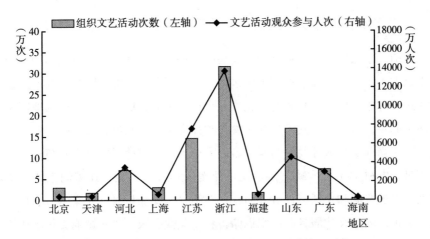

图1　2022年广东与其他地区组织文艺活动情况对比

资料来源：《中国文化及相关产业统计年鉴（2023）》。

2. 供需内容匹配度较低

一些项目更多地强调标准化和统一化的推进，而忽视了农民的文化需求和审美习惯，难以获得农民的情感认同和积极参与，存在有效供给不足、无效供给过剩问题。现有一些文化产品和服务存在创新性不足、内容同质化、质量不高等问题，缺乏真正吸引人、打动人、感染人的文化产品。调查发现一些农家书屋因选址不便、图书老旧、管理不善等问题普遍闲置；"送戏下乡""送电影下乡"等存在形式单一和内容老旧等问题。

3. 供给效能不高

基层文化阵地和设施建起来之后，下一步就是要从有形覆盖转为有效覆盖。以文明实践阵地建设为例，存在明显的"建管用"失衡现象，使用效率有待提升。主要体现在三个方面：一是"建了用不了"，一些行政村空心化严重，人口稀少，实践站发挥作用很小。二是"建了没管好"，一些阵地由于缺乏有效运营管理和活动组织、开放时间（与村民空闲时间冲突）与选址（设置在党政办公地点）不当等，利用率低。三是"建了没用好"，已建成的文明实践阵地整合利用不充分。目前新时代文明实践阵地多在基层党群服务中心、村委、文化站等挂牌成立，总体处于"搭伙过日子"的状态，未能充分整合基层公共文化资源。

（二）农村人才队伍建设与高质量发展要求仍不完全适应

当前广东公共文化服务社会化发展的显著特征是各地发展阶段不同，规划水平参差不齐。珠三角、城市地区进入"加速跑"，广州、深圳等城市探索社会化运营岭南书院、孵化培育文化类社会组织和志愿服务项目。边远地区和农村还未起步，有的地区找不到几家文化类社会组织，只能依赖行政力量。归根结底在于当前文化人才总量与素质难以完全满足文化建设需求。县镇村内生动力不足，农村文化人才缺乏，导致"种文化"转化不足，在编制束缚、待遇偏低、发展资源和生活条件等方面存在差距，因此乡村对人才吸引力不足。现有基层镇村公共文化服务队伍知识储备和专业性有限，最终影响文化活动的组织和动员能力。即使有外部的文化资源输入，也难以在本地生根发芽，形成具有本土特色的文化生态，送文化不能有效转化为"种文化"。相较而言，浙江实施乡村文旅运营"五百计划"，推广乡村社区"文化管家"等模式，有3000多名文化专家、3万多支业余文体队伍、61.4万名业余文体骨干经常活跃在农村"种文化"活动中。① 以乡村旅游住宿业为例，《广东省民宿产业发展报告（2022）》显示当前广东旅游民宿的总数量突破11000家，处于快速增长阶段，中高端民宿逐步崛起，然而选址、设计、运营、销售、民宿管家等专业人才缺口较大，影响民宿行业进一步升级。

（三）现有保障机制与加强乡风文明建设要求仍不完全适应

"百千万工程""五大行动"融合了项目制和常规治理的优势，实现农村社会治理的创新。② 项目制是一种事本主义的动员、组织和管理方式，采用专项支付或者项目资金的形式，通过项目形式进行资源的再分配和任务的部署。原有科层体制和常规治理侧重自上而下的行政命令、日常性管理和服务。二者有着差异化的执行过程和运作逻辑，在资源分配、跨部门协作、绩效评估等方面存在张力，导致现实中农村精神文明建设面临人员经费保障不足、统筹协调

---

① 《浙江省深入推进美丽乡村和农村精神文明建设》，浙江省人民政府网，2016年11月3日，https：//www.gov.cn/xinwen/2016-11/03/content_5127972.htm。

② 项目制作为一种新型资源配置方式，已成为公共服务领域的重要治理技术，因而被广泛推广。参见渠敬东《项目制：一种新的国家治理体制》，《中国社会科学》2012年第5期。

机制不健全等问题。

1. 人员经费保障不足

基层人员配置和经费保障是基层精神文明建设能够有效执行的关键。当前，人员与经费不足是加强农村精神文明建设的主要短板之一。在人员保障方面，基层普遍存在专职人员不足、队伍老化、素质偏低等问题。县级文明办和村镇工作人员基本身兼数职，分身乏术，难以全身心投入精神文明建设工作中。文明实践活动主要依靠社区工作人员，以志愿服务的形式开展。基层缺少稳定的专门经费保障，难以常态化推进工作。中央、省专项资金只拨付到市直，县镇村开展文明实践活动的经费来源多靠自行筹措，缺乏相应的激励和补助性资金。

2. 跨部门统筹协调机制仍未完善

"五大行动"作为一个系统工程，需要多部门协调联动。推进"百千万工程"需要突破原有的行政体制框架和常规治理，围绕核心任务集中动员和跨部门调度人员、资源和权责。然而"九龙治水"问题仍然存在，条块之间的协作困境仍然是主要挑战。现实中，省市层面协调统筹机制到了资源漏斗末梢的基层难以理顺，面临机构和人员配置不足的问题，同时还受属地政府管理调配，囿于日常事务，其发挥统筹协调和资源调度能力十分有限，难以形成助力"百千万工程"的合力。[①]

三 广东乡风文明建设助力"百千万工程"的提升路径

为进一步推动乡风文明建设与"百千万工程"深度融合，广东仍需系统推进文明乡风建设工程、优化文化供给、加强人才队伍建设、完善工作机制，以推动乡风文明建设的高质量发展。

（一）系统推进文明乡风建设工程

党的二十届三中全会审议通过的《中共中央关于进一步全面深化改革 推

---

① 游宇：《地方政府如何通过工作专班改善城市基层治理？——基于一项小区综合治理专班的案例研究》，《公共管理学报》2024 年第 3 期。

进中国式现代化的决定》强调，要改进创新文明培育、文明实践、文明创建工作机制，实施文明乡风建设工程。在全面推进乡村振兴的时代征程中，广东应建立完善"11234"文明乡风建设体系，系统推进"思想铸魂、新人培育、移风易俗、家风家教、基层治理、美丽乡村、文化润心、文旅兴农、能人培育、科教助农"文明乡风十大行动，扎实推进文明乡风建设工程，通过强化思想政治引领，筑牢农民精神之基；推动"三治"融合，营造良好治理生态；鼓励基层创新，探索多元发展路径。

1. 建强用好宣讲平台，推动党的创新理论传播走深走实

思想政治引领是乡风文明建设的核心任务。建强用好宣讲平台，结合"百千万工程"实践案例和工作方向，开展形式多样、深入浅出的宣讲活动，广泛开展"听党话、感党恩、跟党走""强国复兴有我"等群众性主题宣传教育活动，厚植爱党爱国爱社会主义情怀。以通俗易懂的语言和贴近生活的案例，向农民传递党的政策方针和先进文化，使之成为"有文化、懂技术、会经营"的新型农民。创新形式载体和方法手段，制作推出浅显易懂的乡土教材、通俗读物和融媒产品，利用新媒体平台传播乡村振兴政策和先进文化，扩大宣传覆盖面。

2. 强化"三治"融合，大力推进移风易俗

坚持党建引领下，自治为基、法治为本、德治为先，构建共建共治共享的乡村治理格局，引导农民群众主动参与，推动乡村社会风气和农民精神风貌不断向好。因地制宜出台移风易俗指引政策，推动县镇村制定符合实际的红白喜事操办等规范标准，建立"事前报备—过程监督—事后评议"全流程管理机制，把群众受益多、基层反映好、社会效果佳的举措办法用村规民约、居民公约固化下来，确保具有可操作性和约束力。强化党建引领，推动党员干部率先垂范，带头执行相关规定，示范带动广大农民群众移风易俗。要加强农村法治宣传教育，提高农民的法律意识，推动农村社会治理法治化。通过设立法治宣传台、提供法律咨询服务、开展法律知识讲座、发放普法宣传资料等方式，帮助农民了解与自身利益相关的法律法规，增强其依法办事的意识。道德模范是农村德治的重要载体，要深化农村道德典型选树，建好用好好人馆、乡贤馆、道德长廊、名人文化公园等，营造崇德向善的社会氛围。强化群众自治，健全村规民约激励约束功能，大力推广红白理事会、积分制、"红事一杯茶、白事

一碗粥"等做法，推动形成让村民自己说事、议事、主事的良好局面。开展"德润南粤"助力乡村治理行动，重视发挥乡规民约作用，推广积分制、道德银行等做法。

3. 注重因地制宜，鼓励基层治理创新

广东各地农村情况各异，乡风文明建设应注重因地制宜，鼓励基层探索创新治理模式，形成各具特色的乡风文明建设方案。鼓励基层干部和农民参与治理创新，探索适合本地实际的治理模式。基层干部和农民是乡风文明建设的主体，应通过培训、交流等方式，提升治理能力，激发创新活力。要总结推广"五大行动"成功经验，形成可复制、可推广的乡风文明建设模式。通过经验交流、现场观摩等方式，将有效的治理模式推广到更多地区，提升乡风文明建设的整体水平。

（二）强化资源下沉，推进优质文化资源直达基层

践行文化惠民，实现优质文化资源向基层的有效输送，需从优化结对共建、整合基层文化空间、活化乡土文化资源等多维度发力，让文化滋养润泽乡村的每一寸土地，助力乡村实现从物质富足到精神富有的全面提升。

1. 优化结对共建，丰富公共文化服务供给

广东应通过优化城乡结对共建机制，推动优质文化资源向农村倾斜，丰富农村公共文化服务供给。支持城市图书馆、博物馆等文化机构与农村文化中心合作，共享文化资源。通过建立图书流动站、文化展览巡回展等方式，将城市优质文化资源引入农村，满足农民的文化需求。利用数字化技术，建设乡村数字文化平台，为农民提供在线文化服务。通过互联网、移动终端等现代技术手段，打破地域限制，让农民随时随地享受优质文化资源。

2. 整合基层文化空间，健全阵地功能

以文明实践阵地为依托，整合优化文化站、农家书屋、村史馆、文化祠堂、文化广场、乡村学校、少年宫等公共文化资源，实现共建共用共管，因地制宜打造文明实践综合体、文明实践带，构建点多面广、功能完备的"乡村文明实践服务圈"。通过合理规划布局，将不同功能的文化设施集中在一起，提升文化阵地的使用效率，打造多功能文化空间。鼓励农民参与文化阵地的管理和运营，以建立农民志愿者队伍、文化兴趣小组等方式，增强阵地活力。

3. 活化乡土文化资源，强化造血功能

农村地区承载着历史悠久的中华农耕文明，是中华优秀传统文化的根脉所在。广府、潮汕、客家等地域文化和民俗源远流长，具有深厚的影响力和传承度，是我们推进农村精神文明建设的源头活水。广东应通过活化乡土文化资源，推动乡村文化产业发展，增强乡村文化的自我造血功能。发展乡村文化旅游，持续做大做强"粤美乡村"文化旅游品牌，差异化打造民俗村、乡村乐园、田园综合体。深度挖掘岭南农耕文化价值，推动非物质文化遗产融入乡村旅游各环节，支持利用非遗工坊、传承体验中心等场所，培育一批乡村非物质文化遗产旅游体验基地。通过开发文化体验项目、举办文化节庆活动等方式，吸引游客前来观光，推进农文旅融合发展。

（三）引入社会力量，提升文化运营能力

乡村振兴，关键在人。新时代的乡风文明建设对乡村人才数量与质量均提出了更高要求。应建立激励和培育人才的有效机制，形成"人才集聚县域、辐射带动乡村"的乡村振兴人才空间格局。

1. 完善人才激励政策，引入专业化运营团队

建立完善人才入县下乡激励机制，覆盖人才的引进、管理、培养、保留等方面，吸引更多年轻人返乡创业，吸引专业化运营团队参与乡风文明建设。制定人才激励政策，吸引文化人才返乡创业，如提供住房补贴、创业扶持等，解决文化人才的后顾之忧，提高其参与乡风文明建设的积极性。引导文化产业从业人员、企业家、文化工作者、文化志愿者、开办艺术类专业的院校师生等深入乡村对接帮扶和投资兴业，以人才为引擎驱动理念创新、内容创新、机制创新、手段创新，为农业农村现代化注入新鲜血液和创新动力。鼓励普通高等学校、职业学校、研究机构在乡村设立文化和旅游类实习实践实训基地。坚持社会效益优先，创新社会化运营模式，鼓励以购买服务方式，引入有实力的高等院校、媒体机构、文化企业、社会团体等组织，提供高品质专业运营服务，提高乡村文化空间服务能力和水平。

2. 注重培训教育，培育乡土文化人才

乡村本土人才构成乡村振兴人才的主体，是农业生产经营人才、二三产业发展人才等的主要来源，对于乡村振兴具有发展要素和受益主体双重属性，既

是推动乡村振兴和农业农村现代化建设的关键投入要素，也是乡村振兴事业的最大受益群体。广东应通过赋能教育，培育本土乡村文化人才，培育新型职业农民队伍，增强乡风文明建设的内生动力。开展文化人才培训，如文艺创作、文化管理等，提升本土人才的专业能力。组织全省新时代文明实践中心（所、站）、文化馆、文化站等公共文化空间负责人定期开展专题培训，不断提高基层公共文化人才队伍业务素质。支持农民参与文化产业发展，如手工艺品制作、文化演出等，增加农民收入。依托全民数字素养与技能培训基地开展电商直播、短视频拍摄等培训，培育乡村文化传播和农产品销售"达人"。采取建立文化人才库，建立人才档案、定期组织交流等方式，提升文化人才的管理水平，为乡风文明建设提供持续的人才保障。注重吸纳民间文艺团体、文化企业等资源，挖掘培育本地党员干部、乡村文化能人、"五老"人员等文化人才，充实乡村公共文化服务力量。推广广州市增城区"双培"工程做法，将具备乡村企业经营能力的党员培育为乡村 CEO，并注重从政治立场坚定、经营实绩突出的乡村 CEO 中发展培育党员。

（四）健全工作机制，形成助力"百千万工程"的合力

为实现乡风文明建设目标，广东应以强化协调联动为切入点，凝聚各方力量，以健全保障机制为支撑点，夯实工作基础，全方位推动乡风文明建设工作稳步、高效开展。

1. 强化协调联动，构建大工作格局

广东应通过强化协调联动，构建乡风文明建设的大工作格局，形成合力。通过部门间的协同合作，以清单形式明晰部门权责分工，提升乡风文明建设的整体效果。建立乡风文明建设联席会议制度，定期研究解决工作中的问题。确保各项工作顺利推进。发动党政机关、国有企事业单位、大中小学、社会组织、民营企业及人民群众等参与乡风文明建设，在资金、人员、活动等方面助力文明实践。

2. 健全保障机制，充实工作力量

广东应通过健全保障机制，确保各项任务落到实处。各地应结合地方财政和工作实际，统筹现有资金，加大对乡风文明建设的经费投入力度。鼓励多渠道筹措资金，引导社会资本以捐赠、赞助、设立文明实践基金等方式，参与公

共文化服务设施和公益文化项目建设，为乡风文明建设提供物质保障。整合和发动各方力量，形成三级联动、快速响应的工作队伍，核心层为市区文明办工作人员、镇街实践站专职人员；骨干层为道德模范、楼栋长/街坊会代表、物业管理人员等；扩展层为新时代文明实践志愿者、老党员先锋队、社区协管员、热心居民互助小组等。

当前，全省上下正深入学习贯彻党的二十届三中全会精神，以走在前列的担当进一步全面深化改革，深耕乡风文明沃土，为"百县千镇万村高质量发展工程"注入强劲精神动能。放眼南粤大地，文明新风将深入催生治理效能之变、驱动产业升级之势、书写城乡融合之美，绘就产业兴、环境美、文化强、乡风好、治理优的协调发展新画卷。

2024年广东乡村文化建设报告

程丹阳*

摘　要： 2024年，广东扎实推进乡村文化建设。公共文化服务建设走在全国前列，特色文化产业繁荣发展，乡村文化保护体系逐渐完善，乡村文化活动丰富多样，移风易俗好风气落地生根。展望未来，报告提出应从优化乡村文化产品和服务供给机制、健全优质文化资源直达基层机制、完善乡村特色文化产业开发体系、促进乡村文化活态传承等方面进一步推动广东乡村文化高质量发展。

关键词： 文化建设　文化服务　文化产业　岭南文化　广东省

2024年中央一号文件强调："繁荣发展乡村文化。推动农耕文明和现代文明要素有机结合，书写中华民族现代文明的乡村篇。"乡村文化振兴作为乡村振兴的关键一环，对于推动农业农村现代化建设和社会主义文化强国建设具有重要意义。2024年，广东加力提速推进乡村文化建设，率先探索和实施了一系列制度创新和举措创新，乡村文化建设在全国走在前列，农村居民文化获得感幸福感持续增强。面向未来，广东将继续深化文化体制机制创新，健全优质文化资源直达基层机制，因地制宜发展乡村特色文化产业，延续好乡村历史文脉，奋力书写中国式现代化广东实践的乡村文化新篇章。

一　2024年广东乡村文化建设成效

2024年，广东深化推进乡村文化建设，乡村公共文化服务提质增效，先

---

* 程丹阳，博士，广东省社会科学院文化产业研究所助理研究员，主要研究方向为文化产业、马克思主义文艺理论。

行探路建设公共文化共同体；乡村文化产业蓬勃发展，农文旅融合活力迸发；乡村文化保护传承成效明显，传统文化活态保护、活化利用进入新阶段；乡村文化活动更加丰富，开创乡村文化繁荣发展新局面。

（一）乡村公共文化服务水平持续提升

乡村公共文化服务是保障乡村人民群众文化权益、繁荣社会主义新农村文化、推动乡村文化振兴的重要基础性工程。2024年，广东大力提升乡村公共文化服务水平，在完善健全公共文化服务体系、创新拓展乡村公共文化空间、探索打造公共文化共同体等方面走在全国前列，推动乡村公共文化服务高质量发展迈上新台阶。

一是公共文化服务体系逐渐完善，政策保障机制不断健全。广东持续完善乡村公共文化服务顶层制度设计，先后出台、修订系列政策性文件和法规，在制度轨道上推进乡村公共文化服务高质量发展。2024年11月28日，省十四届人大常委会第十三次会议修订通过了《广东省公共文化服务促进条例》，自2025年1月1日起施行。该条例新增"促进优质文化资源向基层延伸"等内容，围绕加强建设公共文化设施、优化供给公共文化产品和活动等作出一系列制度安排，从法治层面加强对农村地区公共文化服务的扶持。11月3日，广东省人民政府印发《美丽广东建设规划纲要（2024—2035年）》。纲要提出要深入实施新型城镇化战略和乡村振兴战略，加快实现基本公共服务全面均等覆盖，计划到2035年，全省行政村达到美丽宜居村标准。

二是乡村公共文化空间创优扩容，基础设施布局更加均衡。乡村公共文化空间是提供乡村公共文化服务的主要载体，基础设施网络体系是实现优质文化资源直达基层的关键抓手。近年来，广东高度重视乡村公共文化的创新拓展，乡村公共文化空间建设在数量和质量上都走在全国前列。2024年，深入实施"乡村文化更新计划"，从顶层设计优化布局，提供近千万元专项资金推进乡村公共新空间建设，补助"百千万工程"首批22个典型县和15个粤东、粤西、粤北地市①，涌现出一批"美""好""新"的乡村公共文化空间。广东省教育厅印发《支持粤东西北地区学校体育场地设施建设改造实施方案》的

---

① 《探索公共文化新空间建设的"广东经验"》，《南方日报》2024年12月27日，第A08版。

通知，明确一次性投入资金3亿元改造552所农村学校体育场地①，补齐了城乡基础文体设施短板，提升了基层公共文化设施的均衡性和可及性。

三是率先打造"公共文化服务共同体"，共建共享新格局加快形成。打造公共文化服务共同体是以政府、社会、市场等多元主体为载体，为推动公共文化服务共建共享、提升公共文化服务体系效能、构建公共文化服务新生态而提出的新举措。广东省文化和旅游厅在全国率先发布《广东省公共文化服务共同体建设指南》，创新性阐明了"公共文化服务共同体"等相关概念。广东公共文化服务共同体建设对于推动乡村公共文化设施、资源和服务优化配置，提升乡村公共文化服务效能和品质有着重要作用，为全国公共文化服务高质量发展贡献了广东方案。

（二）乡村特色文化产业蓬勃发展

文化引领，产业带动。党的二十届三中全会明确提出，要培育乡村新产业新业态，优化文化服务和文化产品供给机制。广东加快推动乡村文化产业发展，农文旅融合活力迸发，新产业新业态方兴未艾，旅游精品路线逐渐形成品牌。数据显示，2024年广东农村居民人均可支配收入26729元，同比增长6.3%（见图1），增速快于城镇居民2.4个百分点，城乡居民人均可支配收入比进一步缩小②。广东乡村特色文化产业的高质量发展，让乡村全面振兴底色更亮、成色更足。

一是深度开发特色文化资源，农文旅融合擦亮地域招牌。广东地域文化丰富多彩，各地通过深入挖掘提炼，走特色化、差异化发展之路，农文旅多业态融合，助力乡村振兴驶入"快车道"。首先，加强规划布局，发挥引领区先行示范作用。9月，广东省委办公厅、省政府办公厅印发《关于推进环南昆山—罗浮山县镇村高质量发展引领区建设的意见》，部署深入推动环南昆山—罗浮山县镇村高质量发展引领区建设，大力发展生态旅游、森林康养、温泉疗护等高端产业集群，要求引领区到2027年，县镇村面貌走在全省前列，建成人与

---

① 《广东拟投入3亿元改造552所农村学校体育场地》，广东省人民政府网站，2024年1月5日，http：//www.gd.gov.cn/gdywdt/bmdt/content/post_4327300.html。

② 《2024年广东居民收入和消费支出情况》，广东省人民政府网站，2025年1月20日，http：//www.gd.gov.cn/zwgk/sjfb/mssj/rjkzpsr/content/post_4657190.html。

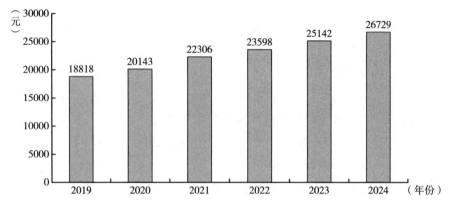

图1 2019~2024年广东农村居民人均可支配收入情况

资料来源：根据广东省人民政府网站相关资料整理。

自然和谐共生的广东现代化样板。其次，建设联盟平台，强化协作效应。2月，广东省乡村旅游联盟正式成立。作为区域性乡村旅游发展协作机制，该联盟加强了乡村文旅平台建设，完善了行业资源整合机制，对擦亮"粤美广东"乡村文旅品牌、助力乡村文旅产业高质量发展具有重要意义。最后，选树先进典型，扩大乡村文旅品牌影响力。11月，广东省两个案例——《清远市清新区三坑镇：三禾·稻里民宿项目助力乡村振兴》和《广州市花都区塱头村：文化振兴助力古村蝶变》入选世界旅游联盟与中国国际减贫中心联合发布的《2024世界旅游联盟：旅游助力乡村振兴案例（中英文双语版）》。本次入选对进一步扩大广东乡村知名度、增强乡村旅游吸引力有着积极的意义。

二是新产业新业态方兴未艾，文化科技融合激活新引擎。乡村文化新产业新业态是指依托乡村独特的自然和人文资源，依靠创新打破传统产业边界和业态模式，形成的现代文化产业组织形态。2024年，广东加快以新质生产力赋能文化产业，乡村文化新产业新业态蓬勃发展。一方面，以乡村振兴示范带为主抓手，推动文化科技深度融合。1月，广东省"百千万"指挥部乡村振兴专班办公室印发《关于开展千名农技特派员精准对接"百千万工程"典型村暨百条乡村振兴示范带农技推广服务驿站建设工作的通知》，要求全省各地创新实施"乡村振兴示范带"工程，全面推动科技创新和产业创新的深度融合，连通联动农业、文化、教育等产业，推动乡村文化产业转型升级。另一方面，以电商直播赛事为契机，培育乡村文化新产业新业态。12月，广东省第一届农事运动会乡村直播大赛圆满落幕。赛事秉持"以赛促训、以才兴农"理念，创新策划办赛。大赛聚焦"地方土特产"和"村BA"主题，吸引了近10万名乡村主播积极参加，覆盖广东21个地市，线上话题流量过亿，锻造了一批广东"村播"主力军，有力推动广东农村电商直播新产业发展，引起了广泛关注。

三是多措并举释放消费潜力，乡村文化消费扩容增量提质。2024年，广东农村居民人均消费支出23057元，恩格尔系数为38.4%，消费水平总体上持续提高。与往年相比，广东居民教育文化娱乐消费支出加快增长，尤其是人均教育文化娱乐消费支出同比增长12.0%，消费结构进一步优化[1]。作为推动乡村文化振兴的新动能，文化消费对增强人民群众文化获得感、带动文化产品和服务的生产供给、促进文化产业的繁荣发展，具有重要意义。广东出台一揽子促文化消费政策，乡村文化消费扩容增量提质，乡村文化市场持续繁荣。一方面，推出消费惠民活动，鼓励乡村文旅消费。广东省各级工会充分发挥组织优势，开展职工乡村疗休养工作，并通过活动消费券、门票减免、积分兑换等优惠方式，鼓励职工群众进行乡村旅游、乡村餐饮、农业产品采购等消费。2024年，广东省各级工会累计投入5.5亿元，组织了4390批次、76.3万次职工群众参与乡村疗休养活动，带动乡村文旅消费超7.7亿元[2]。乡村疗休养工作组织情况被纳入广东工会实施"百千万工程"的常态化调度机制，为进一步激活乡村文旅消费市场，创造新经验。另一方面，丰富乡村文化供给，优化农村居民消费结构。广东省商务厅等17部门出台《关于加强县域商业体系建设 促进农村消费的实施意见》，完善县域商贸流通服务体系，优化县域文化产品和服务供给，充分激活农村文化消费，满足了农村居民对美好生活的需求，释放乡村文化市场新活力。

（三）乡村文化保护传承成效明显

乡村文化蕴含着丰富的文化资源、思想观念和精神财富，是中华优秀传统

---

[1] 《2024年广东居民收入和消费支出情况》，广东省人民政府网站，2025年1月20日，http://www.gd.gov.cn/zwgk/sjfb/mssj/rjkzpsr/content/post_4657190.html。

[2] 《广东工会一年来累计投入5.5亿元组织乡村疗休养》，《广州日报》2024年12月25日，第005版。

文化的重要组成部分，也是中华民族现代文明的重要文化根基。加强乡村优秀传统文化的保护传承和创新发展，对推进乡村文化振兴具有重要意义。广东传承保护南粤农耕文化，乡村历史文化保护体系逐渐完善，乡村非物质文化遗产创新发展，红色革命文化焕发新活力，助力广东乡村文化振兴高质量发展。

一是乡村历史文化遗产保护稳步推进，守护好根脉乡愁。广东乡村历史文化遗产资源丰富。截至2024年12月，广东已有57个广东省历史文化名村、113处广东省历史文化街区①，是岭南文化绵延传承的生动见证，是不可再生的宝贵文化资源。一方面，加强制度建设，完善保护体系。广东出台历史遗产相关保护条例，持续规范历史文化遗产保护传承工作。各地市积极出台政策举措，加力保护历史文化遗产，发布《广州市历史文化名城保护条例》《东莞市历史文化名城、名镇、名村保护管理规定》《佛山市历史文化街区和历史建筑保护条例实施细则》《汕头经济特区潮汕传统民居保护条例》等文件。这些地方性法规和规章、行政规范性文件构建了保护法治建设机制，完善了保护制度体系。另一方面，坚持以用促保，活化利用文化资源。广东按照"修旧如旧"的原则分步有序做好村落修缮和维护，不断推动乡村历史建筑可持续保护，各地古村落成为乡村文化会客厅。通过活化利用，广东历史文化名城名镇名村保护利用工作与实施"百千万工程"有机结合起来，有效激发乡村文化生命力。

二是乡村非物质文化遗产出彩出新，焕发时代新活力。广东非物质文化遗产资源丰富。截至2024年9月，广东共有入选联合国教科文组织人类非遗代表作名录项目5项，国家级非遗代表性项目165项、省级816项②，在非遗数量和影响上均处于全国"第一方阵"。其中，大量非遗项目保存于乡村。广东乡村非遗工作体制机制不断健全完善，乡村非遗在助力经济社会发展方面卓有成效。首先，坚持系统观念，促进可持续发展。乡村非遗保护法律法规日益健

---

① 《广东公布新一批省级历史文化名村、街区 广东省历史文化街区增至113处》，广东省人民政府网，2024年12月26日，http://www.gd.gov.cn/zwgk/zdlyxxgkzl/whjg/content/post_4639494.html。

② 《非物质文化遗产保护与传承发展工作情况的报告出炉 粤共有国家级非遗代表性项目165项》，中国人大网，2024年9月30日，http://www.npc.gov.cn/c2/c30834/202409/t20240930_439915.html。

全，形成系统性保护格局。9月，广东省文化和旅游厅向社会公开征求《广东省非物质文化遗产传承基地管理办法（征求意见稿）》。征求意见稿对规范广东省非物质文化遗产传承基地的设立与管理工作作出规定，将与《广东省非物质文化遗产条例》《关于进一步加强我省非物质文化遗产保护工作的实施意见》《广东省省级非物质文化遗产代表性传承人认定与管理办法》等一系列政策文件共同组成相对完善的法规体系，筑牢乡村非遗保护工作的"四梁八柱"。其次，加大宣传，非遗保护观念深入人心。广东充分利用互联网、社交媒体等新媒体平台，通过展览、比赛、演出等方式，拓宽非遗传播渠道，宣传和推广乡村文化。4月，白鹅潭大湾区艺术中心启用。其中，广东省非物质文化遗产馆建筑面积2.6万平方米，展陈面积1.04万平方米，充分展现了广东非遗代表性项目的保护传承实践成果，成为游客热门"打卡点"。最后，创新发展，非遗保护"见人见物见生活"。11月，广东省非物质文化遗产工作站（振兴传统工艺工作站）公布10个"美丽非遗乡村旅游目的地"。通过非遗乡村旅游目的地吸引更多人走进这些美丽的乡村，体验独特的非物质文化遗产，推动乡村文旅的发展。

三是红色文化资源创新性转化，照亮乡村振兴路。红色资源孕育红色文化，红色文化赋能红色乡村。红色文化资源蕴含深厚的历史文化与精神力量，成为全面推进乡村振兴的精神财富。广东是全国为数不多的红色资源全域覆盖省份，在深入挖掘全省红色文化资源的基础上，找到了红色文化与乡村振兴的结合点，为乡村振兴注入红色动力。一方面，用好红色资源，打造绿美红色乡村。出台《广东省南粤红绿径发展规划（2024—2028年）》，提出要着力打造集自然景观、红色文化、历史遗迹、学习园地于一体的南粤红绿径品牌，明确到2028年，全省评定南粤红绿径100条、建设南粤红绿径文化驿站100个、培养解说员100人、开发特色课程100套的工作目标，全力创建绿美广东生态建设党建知名品牌。另一方面，数字技术赋能，打造红色文化品牌矩阵。广东积极探索通过数字赋能，创新表现形式和传播方式，建立红色文化品牌矩阵，使红色文化焕发新活力。广州市文化广电旅游局打造的"花城红图——广州市不可移动革命文物数字化展示应用平台"入选2024年全国红色旅游新技术应用优秀案例。广州"花城红+"红色文化品牌矩阵再添重要力量。

（四）乡村文化活动更加丰富

乡村文化振兴，离不开多种多样的乡村文化活动的开展。乡村文化活动不仅能丰富人民群众精神生活，增强农民群众文化获得感、认同感，也可以营造乡村文旅新场景，激发乡村文化消费新动能。广东创新利用人民群众喜闻乐见的民间文化载体和活动形式传播发扬乡村文化，开展乡村文化活动，以文化人、以文惠民、以文兴业，将"文化流量"转为"经济增量"，从而实现物质与精神的双丰收。

一是"村晚""村超"频频出圈，群众文体活动繁荣发展。2024年，广东各地广泛开展"村晚""村超"活动，持续引发关注，收获大量好评，丰富乡村文化活动，带动乡村文化产业发展。据统计，广东有近75.5%的行政村在传统节日、重要节庆日等节点举办"村晚""村超"等群众自办文体活动①。首先，强化示范引领，擦亮"村晚"品牌。2024年，广东共举办"四季村晚"活动1708场，累计服务近2098万人次。② 其中，12地入选2024年全国"四季村晚"示范展示点，69地入选省级示范展示点，展现乡村文化活动繁荣活跃的势头。其次，千村千面有特色，网络直播引流量。广东"村晚"深挖当地乡村文化特色，展现传统节庆民俗，通过短视频、直播等新媒体形式，创新表现地方特色，增强村民凝聚力，弘扬岭南乡村文化。清远市佛冈县"村晚"以当地丰富非遗项目为抓手，组织狮王争霸赛，开展舞龙、舞被狮、鲤鱼灯、豆腐节等特色节目。活动在国家公共文化云、网易平台等平台直播，吸引100多万人次在线观看，形成独特的乡村文化宣传窗口。最后，文化搭台经济唱戏，乡村文化活动成为文旅流量新入口。广东以举办"村超""村BA"演出为契机，精心策划一系列文化活动，为打开农产品销路、打造特色文旅品牌开辟了新路径。佛山三水以"西甲"足球联赛为媒，联动举办具有当地特色的啤酒节、雪梨瓜节、冬瓜节、开渔节等节庆活动，吸引大批线上线下观众，相关文化消费不断增长，探索助力"百千万工程"的新路径。

---

① 《广东各地"村晚"玩出新花样 丰富村民文化生活 撬动文旅资源助力乡村振兴》，广东省人民政府网，2024年1月18日，http：//www.gd.gov.cn/gdywdt/dsdt/content/post_4336203.html。

② 《粤味"村晚"端出新春文旅大餐》，《南方日报》2025年2月1日，第A01版。

二是文化惠民工程扎实推进,移风易俗好风气蔚然成风。文化养分可滋润基层社会治理,文化活动可助力移风易俗。以文化助推乡村治理现代化,以文化活动提升农村现代治理水平,是深入推进国家治理体系和治理能力现代化的重要内容。广东以文化惠民工程为抓手,探索文化融入乡村治理新路径。将"农村群众性文化活动开展情况"列入乡村振兴战略实绩考核,把开展乡村文化活动与实施"百千万工程",与赋能乡村全面振兴结合起来。村级综合性文化服务中心成为乡村文化生活的孵化器、组织文化活动的主阵地。充分保障民众的文化参与权,形成共建共治共享新局面,大力激发群众的文化创造力,凝聚起乡村文化向心力。

二　广东乡村文化建设的思路和特色

广东在推进乡村文化振兴的过程中,不断深化对乡村文化建设的规律性认识,以敢闯敢试、先行一步的勇气,积极探索乡村物质文明和精神文明的协调发展,促进农民群众物质富足和精神富有相统一。广东坚持科技改革双轮驱动,加强文产深度融合,破解城乡文化发展不平衡、乡村文化发展不充分等问题,形成了既符合乡村文化建设普遍规律,又体现广东特色的经验思路,不断满足农村居民日益增长的精神文化需要。

(一)科技改革双轮驱动,开启文化振兴新局面

习近平总书记指出:"建设农业强国,利器在科技,关键靠改革。"[1] 科技改革双轮驱动是有效推进乡村全面振兴的内在要求,是新时代推动乡村文化建设的关键路径。广东科技基础扎实,创新能力领先,改革先行先试,文化领域新质生产力集成多种前沿技术,文化体制机制改革激发创新创造活力,成为推动乡村文化建设的重要动能,开启文化振兴新局面。

1. 整体推进文化振兴,健全乡村文化建设的政策支持体系

广东深化文化体制机制改革,优化文化服务和文化产品供给机制,完善优质文化资源直达基层机制,健全乡村文化建设的政策支持体系,为推动乡村文

---

[1]　习近平:《加快建设农业强国 推进农业农村现代化》,《求是》2023年第6期。

化振兴提供制度保障。一是完善优质文化资源直达基层机制，构筑乡村公共文化新生态。以"乡村文化更新计划"为方法，从顶层优化设计，强化资金保障，精心规划布局，实现省、市、县、镇、村五级公共文化设施全覆盖；以拓展阵地空间建设为路径，整合农村公共服务设施，因地制宜打造镇村两级乡村文化空间新阵地；以文化惠民工程为抓手，组织开展文艺汇演、送戏下乡等活动，促进优质公共文化资源下沉流通，推动文化信息资源共享共建。二是完善城乡公共文化服务协同发展机制，形成城乡文化一体发展新格局。广东从推进文化强省建设的战略高度，探索推动城乡文化一体发展的制度路径。出台《广东省公共文化服务促进条例》《广东省公共文化服务共同体建设指南》等系列法规和政策文件，提高公共文化服务的覆盖面和实用性，保障农村居民文化权益。以启动公共文化共同体建设为契机，以深入实施"百千万工程"为抓手，推动县域、乡镇、基层公共文化高质量发展，推动各区域、各级别公共文化机构、联盟和体系在公共文化服务领域实现深度合作、协同发展。三是健全社会力量参与乡村文化建设机制，形成群策群力新局面。落实《"百社联百村——助力百千万工程"专项行动实施方案（2023—2027年）》，通过"千企帮千镇、万企兴万村"等方式，引导社会组织和企业等充分发挥资本、技术、人才和市场优势，投身支持"百千万工程"，推动乡村文化焕发新活力。

2. 深化数字技术赋能，推动乡村特色文化新繁荣

数字技术融入经济社会发展各领域全过程，迅速渗透文化建设的各个方面，深刻改变着生产方式和生活方式。作为国内最早布局数字科技与产业的省份之一，广东以创新驱动作为核心战略，推动数字技术赋能乡村文化建设，在培育乡村文化新产业新业态、推动乡村传统文化保护传承活化利用等方面走在前列，探索出一系列高质量发展的创新经验。一方面，以数字化推动乡村文化产业发展。广东充分发展新质生产力，培育乡村文化新产业新业态，激发乡村传统文化产业活力。依托现代科技手段，提升乡村文化产品和服务水平，创新经营模式和营销策略，构建现代乡村文化产业链和特色文化产业集群，发展乡村文化体验旅游、线上线下相结合的乡村农特产品电商销售等新产业新业态。另一方面，以数字化赋能乡村文化保护传承。广东提升农村网络基础设施供给能力，激活优秀乡村文化资源，加快乡村文化文物资源数字化，推动乡村传统文化数字化保护与活化利用。推进乡村传统文化"上网入云"，完成广东省可

移动革命文物数字化保护利用平台、文化广东平台等省级数字平台建设，推进非遗代表性传承人数字化记录工程，形成省级传承人基础性记录数据库，实现了乡村文化数据资源云共享。

（二）加强文产深度融合，构建乡村文化新场景

以文促产，以产兴文。广东文化产业实力、文化产业增加值已连续多年位于全国第一。在推动乡村振兴的过程中，广东充分发挥产业规模大、创新动力足、区域协作强等优势，推动文产深度融合，以集群化战略打造乡村文旅产业升级版，以跨区域协作机制实现文旅资源"一盘棋"，做大做强乡村特色文化产业，构建乡村文化新场景。

1.以集群化战略打造乡村文旅产业升级版

产业集群是指在某一特定领域内，因共用性和互补性而相互联系的公司和机构在空间上接近而形成的地理集聚体。[1] 实践证明，产业集群可以提高区域产业的竞争力，促进乡村产业转型升级，推动乡村全面振兴。广东在乡村文旅产业建设规划中，着力解决乡村文旅同质化现象突出、文旅资源相对分散等问题，以"集点、连线、扩面"的思路培育产业集群，串珠成线、连线成面地连片开发建设，形成集聚程度高、产业链较为完整、服务能力强的文旅产业集群，推动乡村文旅升级发展。一是特色引领、互补发展，构建乡村文旅融合生态。广东打造了一批文化和旅游特色镇，引导乡村深挖文化资源，全域联动发展文旅，明确酒店餐宿、乡村康养、红色研学等产业发展布局，并结合当地乡村特色进行产业配套规划，打通上下游环节，构建"文旅+"融合产业集群。二是错位发展、互利共赢，打造文旅精品路线。广东促进乡村旅游线路整合，加快分工协作错位发展，统筹规划乡村文旅集群，推进清远"清新区—清城区南"全域、环南昆山—罗浮山县镇村高质量发展引领区等试点建设，走出差异化发展的文旅融合之路，擦亮"粤美广东"乡村文旅品牌。

2.以跨区域协作机制实现文旅资源"一盘棋"

随着人们的文旅消费需求日益增长，资源相对单一、区域相对封闭的传统乡村文旅产品已难以完全满足游客"一线多游""一票到底"的需求，乡村文

---

[1] 龙花楼：《论土地整治与乡村空间重构》，《地理学报》2013年第8期。

旅产品亟须优化升级。广东凭借"一核一带一区"的区域发展格局的有利条件，构建多层次、跨区域的协作机制，推动文旅资源整合与协同发展，盘活文旅资源"一盘棋"。一是建立联合工作专班，制定相关政策体系。广州市荔湾区与佛山市禅城区、南海区融合发展文旅产业，出台《佛山市禅城区、佛山市南海区、广州市荔湾区联合创建国家级文化产业和旅游产业融合发展示范区建设方案》，成立"荔禅南"三区工作专班，下设文产融合、区域规划等专项工作组，围绕基础设施、产业协作、工作机制等领域开展全面合作，共同推动文旅融合协作发展，成为粤港澳大湾区首批入选全国示范区名单的项目。二是加强基础设施建设，构建资源共享平台。河源市连平县乡村振兴南部片区示范带，预计投资5亿元，以"一心一带"为核心规划，全面提升改造村落风貌，以32公里乡村振兴精品碧道贯穿4个镇、12个行政村、3个重点景区及1个核心产业园区，全方位打造示范带，形成区域协同、资源共享的乡村文旅"大格局"。

三　广东乡村文化建设的对策和建议

2025年是"十四五"规划的收官之年，也是广东省推动"百千万工程"实现"三年初见成效"重要节点目标的关键之年。面向未来，广东应继续加大力度推进乡村文化建设，深化推进文化机制体制改革创新，优化乡村文化产品和服务供给机制，持续建设公共文化服务共同体，加强乡村文化人才队伍建设，以新质生产力赋能乡村特色产业高质量发展，盘活用好乡村历史文化资源，以乡村文化建设赋能新时代乡村振兴，奋力打造乡村文化振兴的广东样板。

（一）持续增加乡村优秀文化产品和服务供给，促进人民群众精神共富

1. 推进"公共文化服务共同体"建设，推动更多优质文化资源直达基层

推动乡村公共文化服务高质量发展，亟须解决强基础、补短板、促均衡的实际问题。广东需要持续推进公共文化服务共同体建设，完善健全优质文化资源直达基层机制。建设多圈层公共数字文化服务网络，助力城乡公共文化服务

体系一体发展。强化常态化公共文化服务合作交流，推动建立城乡在文献资源、活动项目、人才培养等方面的帮扶机制。

2. 加强文艺创作组织引导，推出更多乡村题材精品力作

文艺能为乡村全面振兴铸魂，激活乡村发展动力。组织开展文艺实践活动，创作更多增强乡村民众精神力量的优秀作品，是推动乡村文化建设的内在要求。要进一步推动广东"新时代山乡巨变创作计划"、文学赋能乡村振兴"百千万"工程，引导文艺创作者从新时代乡村振兴中取材创作，推动文艺创作进一步反映广东生动实践。组织动员文艺志愿者深入农村，以"文明实践+志愿服务+文化艺术"为主要方式，策划开展了多类型文艺活动，开展艺术特色县镇村创建、乡土文艺能人培养等实践活动，激发乡村文艺活动的内生动力。

3. 强化文化阵地平台建设，优化乡村文化人才队伍

文化阵地建设是乡村文化建设的基础工程，人才队伍建设是推动乡村文化振兴的必由之路。加强乡村文化空间建设，拓展新型文化空间建设，持续推动资源整合与设施创新，开展阵地平台的长效机制建设，规范建设和管理，提升文化服务效能，积极打造新时代乡村文明新高地。要进一步完善人才驿站平台体系，完善乡村人才激励机制，构筑农业专业技术人才交流平台，健全农村文化人才培训教育机制，为推动广东乡村文化建设提供有力人才支撑。

（二）因地制宜发展特色文化产业，以新质生产力赋能产业高质量发展

1. 加强配套基础设施建设，助力乡村文化产业转型升级

新质生产力是以科技创新为主导、为实现关键性颠覆性技术突破而产生的生产力。其在文化领域带来的影响是深刻复杂的。广东乡村应积极加强配套基础设施建设，积极拥抱新质生产力。深入实施《广东省数字乡村建设试点方案》，组织开展数字乡村建设试点，扎实推进5G网络、千兆光网等网络基础设施建设，加强公共文化设施数字化、智能化建设，开展乡村旅游数字提升行动。提高农村居民信息素养，增强农村居民利用信息技术开展生产、管理、商贸、采购等活动的素养与能力，加速乡村文化产业数字化升级转型，让农村居民切实分享到信息红利。

2. 孵化培育"文旅 IP",做大做强乡村特色文旅集群

培育壮大特色产业集群,是做大做强乡村经济的关键。广东要以点带面推动文旅产业融合发展,创建壮大优势特色文旅集群。要深化落实《广东省乡村休闲产业"十四五"规划》,推进形成"四边三道两特一园"乡村休闲产业"4321"空间布局,打造千亿规模美丽经济产业集群。要拓展乡村文旅产业链条,研发美容康养、自驾车露营等乡村文旅新型项目,增强文旅产业集群企业内部间的关联度,推动文旅产业集群融入乡村全产业领域价值链。

(三)盘活用好乡村历史文化资源,延续好乡村历史文脉

1. 促进文化资源上"网"入"云",加快乡村文化数字化建设

文化数字化是加快建设文化强国的战略选择,是乡村文化建设的重要内容。要推动乡村优秀传统文化资源数字化建设。以开展农业农村领域第四次全国文物普查工作为契机,全面盘点乡村各类传统文化资源,建立乡村文化遗产数字资源长效保护与利用机制。运用虚拟现实技术,实现全景展示,利用 3D 扫描、VR、AR 交互技术实现传统乡村文化全景展示,打造沉浸式、交互式文化新空间,让传统乡村文化"活起来"。

2. 推动乡村非遗"出圈""出海",用心用情讲好岭南文化故事

推动非遗"出圈""出海",是推动岭南文化创新发展、提升中华文化国际影响力的重要路径。要创新传播方式,拓展传播渠道,把非遗的宣传展示对接短视频等新媒体平台,多路径传播和传承乡村非遗文化,共同构筑村落非遗文化新业态。要优化开发思路,延长非遗产品产业链。开发古村落多元数字化创意产品,通过文物主题游径,运用虚拟现实(VR)数字化技术、开发文创产品等方式加强非遗活化利用。

B.18

2024年广东法治乡村建设报告

周联合　潘星容*

摘　要： 广东围绕立法制规、依法行政、公正司法、法治宣传等关键领域
持续发力，在乡村治理现代化、农民权益保护和乡村法治文化建设等方面形
成了创新性经验，取得显著成效。然而，法治乡村建设仍面临机制优化、信
息化建设、基层落实等挑战，亟须通过完善共建共治共享机制、加强法治信
息化建设、细化责任分解、壮大基层法治人才队伍等措施，进一步提升法治
乡村建设水平，助力乡村治理体系和治理能力现代化，为全面推进乡村振兴
和加快农业农村现代化注入法治动力。

关键词： 法治乡村　乡村治理　乡村留守儿童　广东省

　　法治乡村建设是乡村振兴的重要保障，是提升广东乡村治理现代化水平、
保障农民权益、建设和美乡村的基础。2024年，广东把提升乡村治理法治化
水平置于重要战略位置，围绕立法制规、依法行政、公正司法以及法治宣传等
核心领域持续发力，积极探索符合国情、省情的法治乡村建设路径，取得了一
系列令人瞩目的成效。当然，广东在法治乡村建设征程中，也面临着一些挑战
与亟待突破的瓶颈，诸如法治乡村建设机制优化、体系协同、基层落实、乡村
留守儿童法治保护等方面，都有深入探索的需要和广阔的发展空间，并将为广
东法治乡村建设注入新的活力，助力广东乡村全面振兴战略的深入实施。

　＊　周联合，博士，广东省社会科学院法学研究所所长、研究员，主要研究方向为民商法、经济
　　　法、法律与政制史；潘星容，博士，广东金融学院法学院副院长、副教授，主要研究方向为
　　　乡村振兴法治。

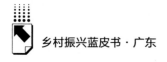

一　广东法治乡村建设的主要做法和成效

2024 年，广东省围绕乡村治理法治化水平提升，重点在立法制规、依法行政、公正司法、法治宣传、乡村治理和乡村留守儿童保护等方面，不断出台工作举措，取得了显著成效。

（一）围绕乡村振兴精准立法，发挥立法引领推动作用

广东注重发挥法治在乡村振兴中固根本、稳预期、利长远的作用，针对乡村发展中的实际需求，围绕乡村振兴、粮食安全、动物防疫等重点领域积极推进涉农地方性法规和省政府规章的立法工作，为推进乡村振兴战略提供有力法治保障。据统计，近三年来，广东省制定和修订《广东省新型农村集体经济发展促进条例》《广东省动物防疫条例》《广东省乡村振兴促进条例》《广东省省级储备粮管理办法》《广东省农村宅基地和农村村民住宅建设管理暂行规定》《广东省渔业捕捞许可管理办法》等涉农法规 20 余部，有效填补了乡村法治建设的立法空白。2024 年 12 月出台的《广东省新型农村集体经济发展促进条例》，聚焦新型农村集体经济运行机制和多样化发展途径两大方面加强制度设计，在促进产业发展、强化土地保障、加大资金扶持、增强人才支持等方面细化护航乡村全面振兴，为新型农村集体经济发展提供了明确的法律指引，有力地推动了农村集体经济的壮大。[①] 2024 年，河源市围绕做好"土特产"文章，高质量完成对地方性法规《河源市农业气候资源保护和开发利用条例》的立法审查，在全省率先以"小切口"立法对农业气候资源的探测、区划和规划、保护和开发利用做出规定，推动板栗、猕猴桃、油茶等特色农产品品牌创建，因地制宜促进特色优势农业发展，护航绿色崛起，以法治方式践行"两山"理念。

（二）规范涉农行政执法，提升行政执法效能

首先，规范涉农行政执法是推进乡村振兴法治化的重要抓手。为此，全面

---

① 闫然、马海棋：《地方立法统计分析报告：2024 年度》，《地方立法研究》2025 年第 1 期。

深化农村基层行政执法体制改革，推动执法力量下沉基层，优化执法资源配置，强化基层执法队伍建设，构建权责明晰、运行高效的基层执法体系。通过发布《广东省人民政府关于乡镇街道综合行政执法的公告》，依法将包括农业技术推广使用在内的县级行政处罚权授权乡镇街道行使，确保执法行为规范有序。同时，健全农业农村领域执法工作投诉举报处理机制，完善行政处罚裁量基准制度，进一步落实行政执法公示、执法全过程记录、重大执法决定法制审核等制度，确保有权必有责、用权受监督、违法必追究、侵权须赔偿，切实保障执法公正性和透明度。在此基础上，不断提升基层行政执法人员素质，加强业务培训，严格实施行政执法人员持证上岗和资格管理制度，提高执法人员法治意识和职业素养。通过强化执法规范化建设，推动严格规范公正文明执法，将政府涉农管理全面纳入法治化轨道，为乡村振兴提供坚实的法治保障。

其次，推进执法信息化建设，规范涉农行政执法信息手段。广东深化省一体化行政执法平台（"粤执法"）的普及应用，完善和优化其应用功能，加快推进四级应用全覆盖，并加快与粤省心"12345"政务服务便民热线、社会综合治理等平台的业务联动，完善行政执法投诉举报处理机制，实现快速响应、精准执法。[①] 此外，还推进行政执法数据共享互认，促进"粤执法"与国家相关平台的数据标准相互兼容，加快建设行政执法数据主题库，建立健全行政执法数据归集共享机制，持续深化数据赋能，推动数字政府和法治政府深度融合。

最后，加强执法监督。广东积极构建完善的执法监督机制，确保上级农业农村部门能够有效地对下级农业农村部门及其执法机构的执法工作进行监督。通过不断优化内部监督流程，明确监督的重点环节和关键节点，提高监督的针对性和实效性。明确规定建立领导干部违法干预执法的责任追究制度，对于违法干预执法活动的领导干部，依法依规追究其责任，确保执法的独立性和公正性。此外，还建立了应急处置机制，对于执法过程中可能出现的突发问题，能够迅速响应、妥善处理，及时化解矛盾，维护社会秩序。通过完善对执法工作的指导以强化监督，加强对农业行政执法公示、执法全过程记录、重大执法决

---

① 王琳琳、包万超：《数字治理与行政执法改革：技术、制度与价值》，《中国行政管理》2024 年第 1 期。

定等工作的指导，确保执法工作规范有序进行。5495 家行政执法主体已使用广东省行政执法信息公示平台，共公示执法清单 15486 份。①

（三）妥善处理涉农案件，提供有力司法保障和服务

近年来，广东省法院积极履行审判职责，依法审结大量涉及农民权益与农村集体利益的案件。2023~2024 年，全省法院系统共审结涉农案件超过 2.3 万件，为"百千万工程"的顺利推进和乡村全面振兴提供了坚实的司法支撑。

2025 年 1 月 6 日，广东省高级人民法院发布第二批共 10 个服务保障"百千万工程"的典型案例，涵盖特色农产品保护、乡村产业培育、耕地资源守护、农村集体资产监管、土地承包权益维护以及新型农村集体经济促进等多个方面。② 这些案例充分展现了广东司法机关在服务国家战略中的责任担当，彰显了法治力量对县域经济高质量发展、和美乡村建设以及城乡融合进程的深度赋能。

典型案例具体如下。在梅州金某公司销售代理合同纠纷案中，针对广州楚某公司拖欠梅州金某公司货款的情况，兴宁市人民法院不仅判决欠款方还款，还要求其关联股东广州优某公司承担连带清偿责任，为地方特色农产品产业的稳定发展提供了司法护航。此类判决有效遏制了资金链断裂风险对乡村特色产业的冲击。在林某与黄某合同纠纷案中，肇庆高要区法院依法认定在永久基本农田上发展林果业的合同无效，以司法裁判明确耕地保护的法律底线，强化了粮食安全的法治保障。该案例为同类农地用途纠纷提供了具有示范效应的裁判规则。广州从化区法院在徐某与陈某买卖合同纠纷案中创新采用"示范诉讼+巡回审判"模式，成功化解从化区非物质文化遗产吕田头酒产业链上的批量货款纠纷。通过"解剖麻雀式"的示范判决，法院实现了"化解一案、规范一类"的治理效果，为传统手工艺产业链的健康发展提供了系统性司法解决方案。

这些案例表明，广东省法院通过精准司法供给，将法治力量深度嵌入乡村

---

① 《2024 年度行政执法工作统计数据》，广东省司法厅网站，http://sft.gd.gov.cn/sfw/zwgk/sjfb/tjsj/content/post_4655722.html。

② 苏依绚、刘诗盈：《广东：发布服务保障"百千万工程"典型案例》，《人民法院报》2025 年 1 月 8 日。

振兴的多元场景，构建起从资源保护到产业培育的全链条司法服务网络，为农业农村现代化建设贡献了法治智慧。

（四）加强乡村法治宣传教育，深化法治乡村示范建设

第一，充分利用"法律进乡村""宪法宣传周""民法典宣传月"等活动契机，组织法律专家、律师、基层法律工作者等专业力量组成法治宣传队伍，深入乡村开展形式多样的法治宣传教育活动。[①] 通过举办法律讲座，围绕与乡村生产生活密切相关的法律法规，如宪法、民法典、农业法、土地管理法等，为村民进行系统讲解，提高村民的法律意识和法治观念。开展法律咨询活动，在乡村集市、村委会等人员密集场所设置法律咨询点，现场解答村民在生产生活中遇到的法律问题，为村民提供个性化的法律建议。通过精心制作并广泛发放法治宣传资料，使法律知识走进千家万户，有效提升村民的法律素养。例如，深圳市乡村振兴和协作交流局在 2024 年结合"民法典宣传月""宪法宣传周"等活动契机，充分发挥农村大喇叭工程、"法律明白人"和学法用法示范户等法治宣传品牌的作用，积极提升群众的法律意识和防范法律风险的能力，切实增强群众学法、懂法、守法的主动性和自觉性。

第二，加大对乡村法治文化阵地建设的投入力度，在乡村建设法治文化广场、法治文化长廊、法治宣传栏等特色法治文化阵地。这些阵地将法律知识与乡村文化元素有机融合，通过设置法律知识展板、法治雕塑、法治标语等形式，营造浓厚的法治文化氛围。例如，在一些乡村的法治文化广场上，以图文并茂的方式展示法律法规条文、法治典故、典型案例等内容，让村民在休闲娱乐的同时，潜移默化地接受法治文化的熏陶。在法治文化长廊中，融入本地乡村历史文化、民俗风情等元素，将法律知识以故事、漫画等形式呈现，增强法治文化的吸引力和感染力。

第三，大力推进农村"法律明白人"培养工程，通过严格选拔、系统培训、规范管理等措施，培养了一支数量充足、素质较高的农村"法律明白人"队伍。在选拔环节，优先从村（社区）干部、人民调解员、网格员、致富带头人等群体中选拔具有一定文化基础、热心法治工作的人员作为"法律明白

---

① 陈雪华：《推进农业农村现代化的时代意蕴与实践路径》，《农业经济》2025 年第 3 期。

人"培养对象。在培训方面，制定分层分类的培训计划，采取集中授课、线上学习、实地观摩、案例研讨等多种方式，对"法律明白人"进行法律法规知识、法治实践技能、矛盾纠纷化解技巧等方面的培训，提高其法律素养和业务能力。广东创新性地推行"法律明白人"培养机制，通过建立工作台账，清晰界定其职责与任务，为乡村法治建设筑牢根基。同时，对表现卓越的"法律明白人"予以表彰和奖励，充分激发其积极性，使其在普法宣传、矛盾纠纷调解以及法律服务引导等关键环节发挥示范引领作用，成为推动乡村法治化进程的重要力量。截至2024年底，广东已成功培育"法律明白人"11.6万名。他们在普及法律知识、化解基层矛盾等方面发挥了不可替代的作用，成为提升乡村法治化水平、推进乡村振兴战略实施以及助力"百千万工程"的关键力量。①

第四，积极开展民主法治示范村（社区）创建活动，制定科学合理的创建标准，从组织建设、民主管理、法治建设、经济发展、社会和谐等多个维度对村（社区）进行综合评价。在创建过程中，加强对创建村（社区）的指导和支持，帮助其完善民主决策机制、规范村务公开制度、加强法治宣传教育、提升依法治理水平。通过创建活动，涌现出一批民主氛围浓厚、法治环境良好、经济发展有序、社会和谐稳定的民主法治示范村（社区），这些示范村（社区）发挥了典型引领作用，为其他村（社区）提供了可复制、可推广的经验模式，带动了全省乡村法治建设水平整体提升。全省共有53个村（社区）荣获司法部、民政部联合授予的第九批"全国民主法治示范村（社区）"称号。这些示范村（社区）的创建成果，不仅为乡村治理提供了法治化样本，更为"百千万工程"注入了强劲动力，成为推动乡村振兴的重要引擎。②

（五）推进乡村依法治理，助力构建乡村治理新格局

第一，严格按照法律法规和相关政策要求，依法依规推进村"两委"换届工作。在换届前，加强对换届政策法规的宣传培训，提高基层干部群众对换

---

① 章宁旦：《奏响法治最强音 凝聚发展正能量》，《法治日报》2025年2月5日。
② 何生廷：《广东推进民主法治示范村（社区）创建，助推乡村法治化治理》，《南方都市报》2023年2月27日。

届工作的认识和理解。在候选人资格审查环节，建立严格的资格联审机制，组织纪检监察、公安、司法、民政等多部门对候选人进行全面审查，坚决把不符合条件的人员挡在门外，确保选出政治素质高、工作能力强、群众认可度高的村"两委"干部。在换届选举过程中，严格规范选举程序，加强选举现场监督，保障村民的选举权和被选举权，确保换届选举工作公平、公正、公开进行，为乡村治理提供坚实的组织保障。

第二，充分发挥基层党组织在乡村依法治理中的领导核心作用，将党建工作与法治乡村建设深度融合。加强农村基层党组织建设，提高党员干部的法治意识和依法办事能力，通过开展党员法治培训、设立党员法治示范岗等方式，引导党员干部带头尊法学法守法用法，发挥模范带头作用。推动基层党组织参与乡村重大事务决策，将法治理念贯穿于决策全过程，确保决策依法依规进行。同时，通过党组织发动群众、组织群众，引导广大村民积极参与乡村依法治理，形成党建引领、党员带头、群众参与的乡村依法治理良好局面。

第三，积极推动村级议事协商工作，建立健全村级议事协商机制，引导村民有序参与乡村事务决策。各地结合实际制定村级议事协商规则，明确议事协商的主体、范围、程序和方式等。通过召开村民会议、村民代表会议、村民议事会等形式，对乡村基础设施建设、土地流转、产业发展、环境卫生整治等事项进行民主协商，广泛听取村民意见和建议，充分保障村民的知情权、参与权和决策权。在议事协商过程中，注重发挥法律顾问、"法律明白人"等专业力量的作用，为议事协商提供法律支持和指导，确保议事协商结果合法合规，提高乡村治理的民主化和科学化水平。2024年，广东省"一村（社区）一法律顾问"工作迎来十周年。十年间，全省村（居）法律顾问累计为村（居）委会和群众提供法律咨询近400万人次，办理法律援助案件1.5万件，直接参与调处矛盾纠纷13.8万件，开展法治宣讲108万场次。得益于法律顾问的深度参与，全省多数村（居）实现了"小事不出村、大事不出镇、矛盾不上交"的治理目标。[①] 据相关统计，开展村（居）法律顾问工作后，一些地方群众上访数量显著减少，基层刑事案件发案率也明显降低。

---

① 章宁旦：《让法律顾问走进寻常百姓家 广东开展一村（居）一法律顾问工作十年成效显著》，《法治日报》2024年12月24日。

第四，积极构建乡村全方位、多层次的公共法律服务体系。在全省乡镇（街道）、村（社区）实现公共法律服务工作站（室）全覆盖，配备专业的法律服务人员，为群众提供涵盖法律咨询、法律援助申请受理以及人民调解等全方位的一站式法律服务。在热线平台方面，完善"12348"公共法律服务热线运行机制，增加坐席数量，加强话务人员培训，确保热线24小时畅通，随时解答群众的法律疑问，为群众提供及时的法律帮助。① 在网络平台建设方面，打造功能完备的广东法律服务网。群众可通过该平台在线咨询法律问题、申请法律援助、办理公证业务等，轻松实现公共法律服务的"网上办""指尖办"。这一举措极大地提升了公共法律服务的可及性和便利性，有效满足了乡村群众日益增长的法律服务需求。

（六）多措并举加强乡村留守儿童的法律保护

在构建法治和美乡村的过程中，广东对乡村留守儿童的教育和法律保护格外重要。揭阳市"1+4+N"青少年法治教育模式，对乡村留守儿童犯罪的预防起到显著作用，它采取"一个平台，四项措施，多种普法形式"，以检校合作共建"法治校园"为依托，实施派驻一名法治副校长、设立一间驻校检察官工作室、建立一个未成年人观护基地，以及派出一支专业的法治巡讲队伍等创新举措，通过符合青少年需求和接受力的多种普法形式，着力转变"被动型"法治宣传方式，建立多元化、长效性的青少年法治教育模式。这种模式有利于缓解乡村留守儿童急需关爱的压力。加强了青少年学生法治教育，有助于他们的健康成长，有效预防乡村留守儿童违法犯罪。

一方面，针对乡村留守儿童涉嫌犯罪往往存在家庭责任缺失的问题：家教不严、监管缺位、关爱缺失等，根据《中华人民共和国未成年人保护法》《中华人民共和国预防未成年人犯罪法》《中华人民共和国刑事诉讼法》等相关法律规定，广东省人民检察院依法向相关父母发出"督促监护令"，立足督导而不替代，督促其履行法定监护人职责，强化家庭教育责任，帮助可能的"问题儿童"回归正常成长轨道。广东省深圳市南山区检察院还开展临界预防、

---

① 陈柏峰、马乐瑶：《论健全覆盖城乡的公共法律服务体系》，《中共中央党校（国家行政学院）学报》2024年第5期。

保护处分专项活动。揭阳市检察院结合"保护少年的你·新时代检察宣传周"活动，通过整合办案资源，先后制发"督促监护令"，改变一些监护人忽视、放任未成年人不良行为的现象，从而有效预防未成年人违法犯罪。这一行动不仅扩大了"督促监护令"的影响力和覆盖面，还提高了社会各界对未成年人保护工作的关注和认识，增强了公众对未成年人权益保护的意识，为未成年人营造了更加安全、健康的成长环境。

另一方面，深入开展治安打击整治"百日行动"和平安乡村建设。如揭阳市公安局积极开展"百日行动"，打击未成年人犯罪，整合警力资源，持续开展未成年人违法犯罪专项整治集中统一行动，有力地维护了辖区社会治安稳定，保持对涉未成年人违法犯罪行为的严打高压态势，进一步预防未成年人尤其是乡村留守儿童违法犯罪。

二　广东法治乡村建设的发展空间

尽管广东在法治乡村建设方面取得了一定成效，但法治乡村建设仍处于不断探索和完善阶段，其发展空间既广阔又充满挑战。当前，法治乡村建设在机制完善、系统协同和基层落实机制方面均存在亟待解决的问题。

（一）法治乡村建设机制亟须优化

1. 乡村法治的共建共治共享机制尚待完善

在当前法治乡村建设中，虽然政府部门在推动工作中发挥了主导作用，但社会组织、企业、村民等多元主体的参与程度仍有待进一步提升，共建共治共享机制尚未完全成熟。各主体之间的职责分工不够清晰明确，缺乏有效的沟通协调与协同合作机制，导致在法治乡村建设过程中，各方力量未能充分整合，工作效率和效果受到一定影响。[1] 例如，在一些乡村法治宣传活动中，社会组织的专业优势未能得到充分发挥，企业的资金和资源支持也较为有限，村民参与的积极性和主动性不高，使得宣传活动的覆盖面和影响力受到制约。

---

[1] 游朋轩：《推动农民农村共同富裕：科学内涵、现实短板及优化向度》，《农业经济》2024年第10期。

2. 法治乡村建设与乡村自治、德治有机融合的治理机制有待健全

法治、自治、德治是乡村治理的基础，三者相辅相成、缺一不可。然而，在实际工作中，法治与自治、德治之间缺乏有机融合，未能形成协同效应。例如，在一些乡村制定村规民约时，未能充分体现法治精神，与法律法规存在一定冲突；在道德建设方面，缺乏与法治宣传教育的有效结合，未能充分发挥道德对法治的支撑作用，导致乡村治理缺乏内生动力和活力。

3. 法治乡村建设的社会参与度有待进一步提高

目前，部分乡村群众对法治乡村建设的重要意义认识不足，参与法治建设的积极性和主动性不高，缺乏主动学法、用法、守法的意识和行动。同时，社会组织、企业等社会力量在法治乡村建设中的参与渠道不够畅通，参与方式较为单一，未能充分发挥其在专业服务、资源整合等方面的优势，需要进一步加大宣传引导力度，拓宽社会参与渠道，提高社会参与度。

（二）法治乡村建设体系的协同性有待加强

1. 乡村法治的信息化建设需要进一步加强

随着信息技术的飞速发展，信息化在法治建设中的作用愈加重要。然而，在广东乡村法治建设中，仍存在信息化建设相对滞后的问题。部分乡村地区的执法、司法、法律服务等工作信息化水平较低，信息系统建设不完善，信息共享不畅，导致工作效率低下，无法满足乡村群众对高效便捷法律服务的需求。[①] 例如，在一些基层执法部门，执法信息记录、案件办理流程仍以传统纸质方式为主，信息化管理手段应用不足，影响了执法工作的规范化和效率提升；在司法领域，乡村地区的远程庭审、电子送达等信息化应用推广不够广泛，给群众参与诉讼带来不便。

2. 协调推进机制有待进一步优化

法治乡村建设涉及多个部门和领域，但目前协调推进机制存在缺陷。部门之间职责交叉与空白并存。在农村生态环境保护执法中，农业农村部门负责农业面源污染治理，生态环境部门负责工业污染监管，但对于一些农村小型加工

---

① 杨德敏、徐昕晨：《乡村治理法治化：逻辑维度、现实困境和实践进路》，《江西社会科学》2024年第7期。

厂的污染问题，常出现两个部门相互推诿的情况。此外，不同层级政府在法治乡村建设中的权责划分不够清晰。省级政府制定宏观政策，而基层政府在具体实施过程中，因缺乏明确的操作指南和资源支持，难以有效落实政策。在一些乡村法治项目建设中，省级资金下拨后，市、县级政府配套资金不到位，导致项目进展缓慢。同时，部门之间缺乏常态化的沟通协调机制，在应对复杂乡村法治问题时，难以迅速形成工作合力。

3. 督查考核机制有待进一步完善

当前广东法治乡村建设的督查考核机制存在诸多不足。考核指标设置不够科学合理，过于侧重一些可量化的指标，如法治宣传活动场次、"法律明白人"数量等，而对法治建设的实际效果，如乡村群众法治意识提升程度、矛盾纠纷化解率等关注不足。

（三）法治乡村建设的基层落实机制有待新的探索

1. 责任分解需要更加到位

在法治乡村建设中，责任分解不够精细。虽然各级政府和部门都承担了一定职责，但在具体工作任务落实上，存在责任不清的情况。例如，在乡村法治宣传教育工作中，宣传部门、司法行政部门和乡镇政府之间的职责划分不够明确，导致宣传工作出现重复或遗漏。一些乡村法治建设项目缺乏明确的责任人，在项目推进过程中遇到问题时，各部门相互推诿，影响项目进度。同时，缺乏有效的责任追究机制，对于未能履行法治乡村建设责任的单位和个人，未能进行严肃问责，使得责任落实缺乏刚性约束。

2. 基层法治人才不足，队伍建设仍需推进

基层法治人才短缺是广东法治乡村建设面临的突出问题。一方面，乡村地区法律专业人才匮乏。在一些偏远乡村，几乎没有专职的法律工作者，"法律明白人"队伍中具备专业法律知识的人员占比也较低。这导致在处理复杂法律问题时，基层法治人才往往力不从心。例如，在一些涉及土地产权纠纷、合同纠纷的案件中，由于缺乏专业法律指导，纠纷难以得到妥善解决。另一方面，基层法治人才队伍稳定性差。乡村地区工作环境相对艰苦，待遇水平较低，难以吸引和留住优秀法治人才。一些通过人才引进到乡村工作的法律专业毕业生，工作一段时间后便因各种原因离开，影响了基层法治工作的连续性。此外，对基层法治人才的培养体系不完善，培训内容和方式与乡村实际需求脱节，无法有效提升基层法治人才的业务能力。①

3. 乡村基层法律服务供给还存在堵点

乡村基层法律服务供给存在诸多障碍。服务资源分布不均衡，一些经济发达的乡村地区法律服务资源相对丰富，而偏远贫困乡村地区则严重不足。② 在一些山区乡村，村民要获取法律服务往往需要长途跋涉前往县城。同时，法律服务的质量和效率有待提高。部分基层法律服务工作者业务能力有限，服务态度不佳，不能满足乡村群众的需求。在一些法律援助案件中，服务周期过长，导致群众对法律服务失去信心。此外，法律服务的内容和形式较为单一，主要集中在传统的法律咨询和纠纷调解方面，对于新兴的农村电商、乡村旅游等领域的法律服务供给不足，无法适应乡村经济多元化发展的需求。

4. 乡村留守儿童法治保障有待加强

少年强则国强，青少年儿童发展与国家发展息息相关，犯罪年龄日渐低龄化，乡村留守儿童犯罪日益成为社会各界高度关注的现象。在实践中发生的乡村留守儿童犯罪行为，多与家庭、学校教育的短缺息息相关。其中涉及故意伤害、杀人、绑架等暴力犯罪案件，以及聚众斗殴、寻衅滋事等扰乱公共秩序的案件数量仍然较多，性质恶劣，对乡村治理产生较大的负面影响。对乡村留守儿童的法治教育应从小抓起，加强对未成年人的普法教育刻不容缓。目前对乡村留守儿童犯罪的预防及处理缺少明确的主导机关和配合机关，责任落实不明确，对未成年犯罪嫌疑人的追责、惩戒制度不够完善，甚至有些乡村留守儿童持有"我未成年，不用坐牢，杀人放火都不怕"的观念，对法律缺乏敬畏之心。乡村留守儿童犯罪预防、治理体制尚有较大的改进空间。

三 广东加强法治乡村建设的对策建议与愿景

在全面推进乡村振兴、加快农业农村现代化的新发展阶段，广东法治乡村

---

① 陈柏峰、马乐瑶：《论健全覆盖城乡的公共法律服务体系》，《中共中央党校（国家行政学院）学报》2024年第5期。

② 邱春林：《中国式乡村治理现代化高质量发展的现实思考》，《理论学刊》2024年第3期。

建设肩负着重要使命。为实现乡村治理体系和治理能力现代化，助力乡村振兴战略的全面实施，广东需锚定目标、精准施策，全方位提升法治乡村建设水平。

（一）优化法治乡村建设机制

1. 强化多元主体协同作用，完善共建共治共享机制

政府应发挥主导作用，制定完善的政策引导体系，明确各主体在法治乡村建设中的职责。对于社会组织，设立专项扶持资金，鼓励其在乡村开展常态化法治服务项目，如设立乡村法治诊所，为村民提供专业法律咨询和法律援助。引导企业将参与法治乡村建设纳入社会责任范畴，通过税收优惠等政策激励企业投资乡村法治基础设施建设，如建设法治文化广场、资助乡村法治宣传活动等。加强村民自治组织建设，通过开展民主法治示范村创建活动，提高村民参与乡村法治建设的积极性和主动性。建立多元主体沟通协调平台，定期召开法治乡村建设联席会议，整合各方资源，共同解决乡村法治建设中的难题。

2. 加强乡村法治文化建设，促进法治与自治、德治有机融合

在法治宣传教育中，融入乡村传统文化元素，将法律知识与乡村民俗、传说等相结合，制作具有乡土特色的法治文化作品，如法治题材的戏曲、漫画等。挖掘乡村传统道德规范中的法治内涵，将尊老爱幼、诚信友善等道德观念与法律法规相衔接，通过村规民约的形式予以强化。在乡村治理中，充分发挥村民自治组织的作用，在制定村规民约时，严格遵循法治原则，确保村规民约合法合规。同时，注重发挥德治的教化作用，建立乡村道德评议机制，对遵守法律法规和道德规范的村民进行表彰，对违反者进行批评教育，通过道德舆论引导村民自觉遵守法律，形成法治、自治、德治相辅相成的乡村治理新局面。[①]

3. 加大法治宣传力度，提高社会参与度

创新法治宣传方式，提高乡村群众对法治乡村建设的认知和参与度。利用新媒体平台，如微信公众号、短视频平台等，制作发布通俗易懂的法治宣传内容，如法律知识动画短片、乡村法治故事等，以群众喜闻乐见的形式传播法律知识；完善乡村留守儿童普法产品，实现乡村留守儿童法治教育多元化。开展

---

① 张敬燕：《转型期乡村文化治理的实践困境及应对策略》，《领导科学》2021 年第 14 期。

"法治乡村行"等系列活动,组织法律专家、志愿者深入乡村,通过举办法律讲座、法律咨询、模拟法庭等活动,增强群众的法治意识。拓宽社会力量参与法治乡村建设的渠道,建立社会参与项目库,为社会组织、企业和个人提供参与法治乡村建设的具体项目和途径。加强媒体宣传引导,开设法治乡村建设专题报道,宣传先进典型经验,营造全社会关心支持法治乡村建设的良好氛围。

(二)增强法治乡村建设的系统协同性

1. 利用现代信息技术手段,加强乡村法治信息化建设

加大对乡村法治信息化建设的投入力度,为基层执法人员配备先进的信息化装备,如执法记录仪、移动执法终端等,实现执法信息的实时采集、传输和处理。推进乡村司法信息化建设,完善远程诉讼服务体系,在乡村设立远程诉讼服务点,配备专业技术人员,指导村民使用在线诉讼平台。构建统一的乡村法治信息平台,整合农业农村、司法、公安等部门的信息资源,实现数据共享和业务协同。利用大数据、人工智能等技术,对乡村法治数据进行分析挖掘,为精准决策提供支持,如通过分析乡村矛盾纠纷类型和分布情况,提前制定针对性的预防和化解措施。

2. 优化协调推进机制,形成上下联动、左右协同的工作格局

完善法治乡村建设协调推进机制,明确各部门在法治乡村建设中的职责边界,制定详细的权责清单,避免职责交叉和空白。建立健全不同层级政府之间的沟通协调机制,省政府加强对法治乡村建设的统筹规划和政策指导,市、县政府负责具体组织实施,乡镇政府抓好落实。设立法治乡村建设专项工作领导小组,定期召开会议,研究解决工作中的重大问题。加强部门之间的协作配合,建立联合执法、联合调解等工作机制,在处理农村生态环境、社会治安等复杂问题时,形成工作合力。

3. 健全督查考核指标体系,完善督查考核机制

构建科学合理的法治乡村建设督查考核指标体系,增加对法治建设实际效果的考核指标,如乡村群众法治意识提升程度、矛盾纠纷化解率、法律服务满意度等。[①] 丰富考核方式,采用实地调研、问卷调查、第三方评估等多种方式

---

① 高其才、张华:《乡村法治建设的两元进路及其融合》,《清华法学》2022年第6期。

相结合，确保考核结果真实客观。加强对考核结果的运用，对考核优秀的地区和部门给予表彰奖励，在项目资金分配、政策支持等方面予以倾斜；对考核不合格的进行问责，责令限期整改，通过严格的考核机制推动法治乡村建设工作有效落实。

（三）强化法治乡村建设的基层落实机制

1. 细化责任分解，健全责任追究机制

对法治乡村建设工作任务进行细化分解，明确各级政府、部门和具体责任人的职责。制定详细的工作任务清单和时间表，将法治宣传教育、执法监督、法律服务等工作任务具体落实到个人。[①] 建立健全责任追究机制，对于未能履行法治乡村建设责任，导致工作延误或出现重大问题的单位和个人，依法依规进行严肃问责。加强对责任落实情况的监督检查，定期通报工作进展情况，确保各项工作任务按时保质完成。

2. 加强基层法治人才队伍建设

加大基层法治人才培养和引进力度。在人才引进方面，制定优惠政策，吸引法律专业毕业生到乡村工作，如提供住房补贴、生活补贴、事业编制等。加强与高校的合作，建立实习基地，鼓励高校学生到乡村开展法治实践活动，为乡村法治建设储备人才。在人才培养方面，完善基层法治人才培训体系，根据乡村实际需求，制定针对性的培训课程，如农村常用法律法规解读、乡村矛盾纠纷调解技巧等。定期开展基层法治人才的业务培训与交流活动，以增强其专业技能和综合素养。同时，提高基层法治人才的待遇水平，改善工作环境，增强其职业认同感和归属感，稳定基层法治人才队伍。

3. 加强正面引导，扩大群众参与

加强对群众的正面引导，提高其参与法治乡村建设的积极性。通过开展法治示范户评选、优秀"法律明白人"表彰等活动，树立先进典型，发挥示范引领作用。[②] 建立基层群众参与法治乡村建设的激励机制，对积极参与法治宣

---

① 徐铜柱、杨海莺：《乡村治理中法治文化的缺失与建构——兼论村干部腐败的治理》，《湖北民族学院学报》（哲学社会科学版）2017年第6期。

② 段浩：《乡村振兴战略背景下法治乡村建设的理论逻辑及其展开》，《西南民族大学学报》（人文社会科学版）2022年第8期。

传、纠纷调解等工作的群众给予物质奖励和精神表彰。拓宽群众参与渠道，设立群众意见反馈箱、开通网上投诉举报平台等，鼓励群众对法治乡村建设工作提出意见和建议。在制定乡村法治建设规划和政策时，充分征求群众意见，让群众真正成为法治乡村建设的参与者和受益者。

4. 加强乡村留守儿童的法律保护

建立协同治理制度，构建多元化教育主体体系，利用社区资源协助学校开展乡村留守儿童普法教育活动，使乡村留守儿童更容易接受普法教育。[1] 在法律工作者的引导下，让学生参与到各种法治教育活动中，如模拟法庭、法律辩论等，提高学生的法律素养和实践能力，让他们结识到更多志同道合的朋友，建立起更加紧密的同辈关系。[2] 改进家庭教育引导机制，弥补父母教育的缺失，加强监护制度，指导家庭教育行为。因人而异制定督促监护令，确保督促监护的可行性，加强后期的回访工作。建设高素质乡村留守儿童法治教育队伍。

---

① 贾健、王玥：《留守儿童犯罪被害预防能力提升的教育对策研究》，《湖北社会科学》2019年第 7 期。

② 李先军、张晓琪：《美国中小学法治教育的历史演进、特点及启示》，《外国中小学教育》2015 年第 5 期。

B.19
2024年广东粤黔协作发展报告

郑姝莉*

摘　要： 2024年，广东坚持把"四项行动"作为东西部协作年度工作的重中之重，抓实特色产业提升、抓实产业集群打造、抓实消费帮扶增收、抓实劳务协作提质，推进粤黔协作取得高质量发展新成效。在聚焦"走在前列"目标、高站位扛起政治责任中，粤黔协作积累了共同加强国家重大战略对接、共同推动产业链跨区域布局、聚力共建乡村振兴特色带的典型经验。然而，仍然存在省际经济纵深拓展有限、信息不对称、政策协同不足，对过渡期后常态化东西部协作机制研究不深、协作产业关联度低、人才技术交流缺乏长效机制等问题。需进一步完善信息交流制度、促进粤黔互利共赢、深化两地协作常态化机制研究，推动粤黔协作迈向新台阶。

关键词： 东西部协作　粤黔协作　高质量发展

　　广东、贵州两省同饮一江水，人缘相亲、业缘互补。千百年来，珠江浩荡奔流，孕育了粤黔之间先天存在的地缘情感。① 1996年，党中央和国务院发布了"关于组织经济较发达地区与经济欠发达地区开展扶贫协作的决定"，明确指派深圳市对黔南布依族苗族自治州和毕节地区进行帮扶，标志着粤黔协作正式启动。2013年，调整为广州一对一帮扶黔南布依族苗族自治州、深圳一对一帮扶毕节市。2016年12月，中共中央办公厅、国务院办公厅联合印发《关于进一步加强东西部扶贫协作工作的指导意见》，明确广州市对口帮扶黔南布依族苗族自治州和毕节市。2021年，中央对新一轮东西部结对帮扶关系作出

＊　郑姝莉，博士，广东省社会科学院副研究员，主要研究方向为东西部协作与乡村振兴。

＊　赵勇军、梁圣：《山海一家亲　携手奔富路——粤黔协作谱写新时代美丽篇章》，《贵州日报》2022年7月11日，第1版。

全面部署，决定广东继续帮扶贵州，由珠三角6个经济强市的84个县区对口帮扶贵州8个市州的66个脱贫县区，标志着粤黔东西部协作进入高质量发展新阶段（见表1）。2022年1月，国务院出台《关于支持贵州在新时代西部大开发上闯新路的意见》，明确提出支持广东与贵州建立更加紧密的结对帮扶机制，携手打造全国东西部协作的典范。

表1　1996年以来粤黔协作关系变化

时间	结对关系
1996年	深圳市帮扶黔南布依族苗族自治州、毕节地区
2013年	广州市帮扶黔南布依族苗族自治州，深圳市帮扶毕节
2016年	广州市对口帮扶黔南布依族苗族自治州和毕节市
2021年	珠三角6个经济强市84个县区结对帮扶贵州8个市州66个脱贫县区

资料来源：根据相关政策文件整理。

一　2024年广东高质量推进粤黔协作发展成效显著

（一）高标准、高质量完成粤黔协作目标

2024年，广东深入学习贯彻习近平总书记关于深化东西部协作工作重要指示精神，紧紧围绕中央"四项行动"（特色产业提升、产业集群打造、消费帮扶增收、劳务协作提质）开展工作，全面深化粤黔两省产业、人才、劳务、消费等协作，高标准、高质量实现年度协作目标：广东拨付贵州财政援助资金34.95亿元（见表2），完成103.83%，其中用于产业帮扶资金20.4亿元，用于就业帮扶资金3.99亿元；选派221名党政干部、2248名专业技术人才开展帮扶工作，分别完成127.01%、506.3%；接收448名党政干部、3248名专业技术人才来粤挂职交流，分别完成344.61%、558.07%；加大20个国家乡村振兴重点帮扶县支持力度，县均拨付财政援助资金5879万元，较非重点县多837万元；引导776家企业赴黔投资兴业，实际到位投资285.27亿元，共建产业园区99个；帮助10.01万名贵州籍农村劳动力转移来粤就业，其中脱贫劳

动力6.39万名。在巩固提升2023年协作打造的7个产业集群基础上，围绕催生新质生产力，协作打造贵州遵义湄潭凤冈新茶饮、六盘水盘州刺梨、黔东南施秉太子参、毕节大方天麻等4个新产业集群。学习运用浙江"千万工程"经验，协作创建遵义湄潭—凤冈、六盘水盘州市、铜仁江口县和黔东南雷山县4条乡村振兴特色带。

表2　粤黔协作财政援助资金使用指标与全省对比

指标	粤黔协作（万元）	广东东西部协作（万元）	粤黔协作占广东比重(%)	粤黔协作（万元）	
	2024年	2024年	2024年	2021年	2022年
已拨付到位财政援助资金数	349540	525932	66	344283.79	351618.82
已使用财政援助资金数	345662	508025.82	68	344283.79	351618.82
用于产业帮扶	203983.65	316362.21	64	198650.5	202520.83
用于就业帮扶	39864.18	44090.02	90	38957.82	37688.88
用于宜居宜业和美乡村建设或打造乡村振兴示范典型	19325.32	33680.92	57	73022.19	57894.36
用于提升农村基本公共服务水平	51484.36	69181.81	74	53518.97	50338.68

资料来源：根据广东东西部协作相关自评报告整理。

　　自2021年中央新一轮结对帮扶关系调整以来，广东省6个市与贵州省除贵阳市以外的8个市州66个脱贫县形成层级对称、差序管理的结对关系（见表3），即省级对省级、市级对市级、县级对县级的"块块结对"模式，呈现"东西对称、上下对齐"的粤黔结对组织运行秩序，与原有国家治理科层组织中"条块"分割的组织设置互补[①]。横向治理体系的搭建有利于搭建组织交流平台，将区域之间、横向省份之间的资源差异转化为资源创造。2024年，参与粤黔协作的广东6市均出色完成年度任务。

---

① 梁琴：《论中国特色的结对治理：以东西部协作为例》，《广州大学学报》（社会科学版）2023年第2期。

表3　2021年以来粤黔市级结对帮扶关系

广东地区	贵州地区
广州	毕节市7个县市区（七星关、大方、纳雍、赫章、威宁、织金、黔西）、安顺市6个县市区（关岭、紫云、西秀、普定、镇宁、平坝）、黔南州10个县市区（瓮安、惠水、贵定、龙里、长顺、独山、三都、荔波、平塘、罗甸）
佛山	黔东南州15个县市区（雷山、剑河、台江、三穗、榕江、从江、丹寨、黎平、锦屏、天柱、黄平、施秉、镇远、三穗、麻江）
珠海	遵义市8个县市区（桐梓、正安、凤冈、务川、赤水、习水、湄潭、道真）
东莞	铜仁市10个县市区（碧江、万山、松桃、玉屏、江口、石阡、印江、思南、德江、沿河）
中山	六盘水市3个县市区（水城区、盘州市、六枝特区）
惠州	黔西南州7个县市区（册亨、贞丰、望谟、兴仁、普安、晴隆、安龙）

资料来源：根据广东东西部协作相关报道整理。

广州市天河、番禺、增城3个区与毕节七星关等7个县（市、区）开展结对协作，帮扶毕节市。2024年初至11月底，向毕节市提供财政援助资金3.77亿元，共建产业园区8个，推动93家企业到毕节市投资兴业，新增落地企业55家，实际到位资金25亿元，吸纳农村劳动力就业3622人，其中脱贫劳动力684人。[①] 越秀、花都、南沙3个区与安顺关岭等6个县（市、区）开展结对协作，累计投入财政帮扶资金13.15亿元，选派党政干部56人、专业技术人才551人走进安顺展开帮扶。荔湾、海珠、黄埔、白云对口帮扶黔南州惠水等10个县[②]，2024年向黔南州提供财政援助资金4.8亿元[③]。

佛山市南海、顺德、三水、高明、禅城等5区与雷山等15县结对。2021年至2024年6月，佛山已投入财政援助资金和社会帮扶资金34.7亿元[④]。在

---

① 《广州高标准完成2024年东西部协作协议指标任务》，《广州日报》2024年11月26日。

② 《产业协作引发展"活水"广州扎实推动东西部协作取得新成效》，《广州日报》2024年9月28日。

③ 《广州市协作办公室关于划拨2024年度广州市对口帮扶贵州省黔南州东西部协作资金的函》，广州市协作办公室官网，https://xzb.gz.gov.cn/zzzs/xczxxgk/content/post_9582232.html。

④ 黔东南州融媒体中心：《山海深情奔赴　情洒苗侗之乡——广东省佛山市结对帮扶黔东南州三年综述》，黔东南新闻网，http://www.qdnrbs.cn/tuke/2024-06-28/112_258484.html。

黔东南州共建 15 个现代农业产业园和 1 个工业园，帮助该州农村劳动力稳定就业超 26 万人次①。

珠海市 5 个区结对遵义 8 个县市区。2024 年，珠海市向遵义市提供了总计 4.254 亿元的财政援助资金，并积极引导企业采购、协助销售当地农畜牧产品及特色手工艺品，累计金额达 19.355 亿元②。全年计划 190 个协作项目，已启动实施项目 171 个③。

东莞市 32 个镇街、4 个新区组成 10 个组团，结对帮扶铜仁市碧江等 10 个县市区。在 2021~2023 年 3 年间，东莞市累计投入 15.2 亿元财政资金，为铜仁市实施了涵盖产业发展、园区共建、劳务协作、消费协作等领域的 713 个项目，并共同建设了 52 个乡村振兴示范村④。

中山市 23 个镇街分别组成火炬开发区组团、小榄组团和东区组团，与六盘水市的水城区、盘州市和六枝特区建立结对帮扶关系。2021~2023 年，中山市累计投入 5.04 亿元财政援助资金，共实施 211 个帮扶项目，其中包括 59 个产业项目，投入协作资金 2.867 亿元。⑤ 2024 年，中山与六盘水成功推动 32 个协作项目落地或增资扩产，吸引产业资金达 15.85 亿元，带动 1730 名农村人口就业，其中包括 285 名脱贫人口。

惠州市与黔西南州册亨等 7 个县（市、区）建立了稳固的东西部协作关系。2021 年至 2024 年 6 月，惠州市积极协助黔西南地区，成功引进并落地企业 194 家（包括增资项目），实际到位投资总额高达 114.26 亿元⑥。同时，投入资金 5559.23 万元支持人才交流和干部人才培训，实施人才交流培训项目 64 个。

① 《山海协作 佛黔情深》，《南方日报》2024 年 7 月 3 日，第 A06 版。
② 《珠遵协作 搭建平台 助力遵义绿色食品"出山入海"》，东方网，2024 年 10 月 23 日，https://caijing.chinadaily.com.cn/a/202410/23/WS67186b15a310b59111d9f62f.html。
③ 《山海协作铺富路，特色农业结硕果》，《珠海特区报》2024 年 10 月 21 日。
④ 《山海踏歌行 共奏发展曲——东莞铜仁持续推进东西部协作见闻》，铜仁市人民政府网，https://www.trs.gov.cn/xwzx/jjtr/202401/t20240105_83473475.html。
⑤ 《跨越山高水长的"山水情"——中山与六盘水开展东西部协作三年纪事》，六盘水市农业农村局网站，https://snycj.gzlps.gov.cn/bmxxgk/zfxxgk/fdzdgknr/zdly/xzdkbf/202401/t20240117_83551522.html。
⑥ 《惠州与黔西南州两地携手推动东西部协作工作走深走实》，惠州市人民政府网，2024 年 6 月 3 日，https://www.huizhou.gov.cn/zdlyxxgk/shgysyjs/xczxxxgk/gzdt/content/post_5277233.html。

（二）2024年广东推进粤黔协作"四项行动"特色做法

2024年，农业农村部明确要求，东西部协作工作应坚定不移地推进"四项行动"，即特色产业提升、产业集群打造、消费帮扶增收及劳务协作提质。粤黔协作坚持把"四项行动"作为年度工作重中之重，取得一定成效。

1. 抓实特色产业提升

特色产业提升是2024年东西部协作的新增要求。2024年，粤黔协作始终围绕做好"土特产"文章，打造了6个特色产业品类（见表4），立足"土特产"优势，在延伸产业链、打造品牌力上持续发力，贵州各地农业特色产业发展势头强劲，逐渐形成品牌效应。

表4　粤黔协作特色产业提升指标与发展情况

指标	粤黔协作	广东东西部协作	粤黔协作	
	2024年	2024年	2021年	2022年
新增引导落地投产企业数(个)	776	12000	481	612
实际到位投资额(亿元)	285.27623	445.16423	224.2062	267.4097
打造特色产业品类数(个)	6	55	—	—
打造产业集群数(个)	11	19	—	—
共建产业园区(与产业集群数可交叉)(个)	99	225	88	209

资料来源：根据广东东西部协作相关自评报告整理。

（1）粤黔协作，通过把脉"土"资源，精准提升贵州农业特色效应。广东助力贵州充分挖掘"土"优势，支持贵州茶叶、食用菌、蔬菜、牛羊、特色林业（竹、油茶、花椒、皂角等）、水果、生猪、中药材、刺梨、生态渔业、辣椒、生态家禽等12个农业特色优势产业提档开放。东莞利用常平组团优势，投入3425.98万元东西部协作资金发展特色产业，其中重点发展油茶产业，建立油茶工程技术研究中心，建成 950 亩现代化育苗基地，繁育 3000 万株良种苗木，培育 18 个优良品种。同时，投入 1196 万元发展黄桃产业，实现全程机械化，建成研发中心和深加工车间提升黄桃产业链价值。[①] 生猪是贵州传统农业产业品类。东莞常平组团依托玉屏温氏畜牧有限公司，建成年产 35 万吨饲料加工厂 1 座、培育 16 万头商品仔猪及 30 万头商品仔猪扩繁场各 1 个。[②] 天麻是贵州优势农业产业品类。番禺区与赫章在结对过程中投入帮扶资金 700 多万元，建立年产 500 万棒天麻种的现代农业产业园。[③]

（2）粤黔协作，通过全力延伸产业链，有力提升贵州农业产业效能。粤黔协作重视运用协作资金，支持建设冷链配送、仓储物流、安全检测等基础设施，通过引入广药集团、领航集团等东部农业龙头企业，助力贵州农业企业延伸产业链。惠州市支持黔西南州建设"贵州菜心""产—供—销"基地，种植菜心 3.52 万亩，位居贵州省第一，产值达 2.1 亿元，带动务工就业 1.04 万人。广州助推安顺市蜂糖李稳定种植达 22.01 万亩，投产面积达 16.9 万亩，投入协作资金 4000 万元，共建越秀·镇宁精品水果产业园，配套建设分拣中心、冷库、包装车间，延伸蜂糖李产业链。引导华南农业大学和安顺农科院等科研力量选育优良品种促进增产增收。发挥广州消费帮扶联盟体系作用，助力蜂糖李风靡大湾区市场。[④] 广药集团旗下公司带动超 200 万亩刺梨种植，惠及 21.7 万农民。越秀农牧有限公司以"环保场、健康猪、联农带农"理念，打造现代化生猪养殖基地，应用智能系统，实现立体集约、环保智能、种养循环。[⑤]

（3）粤黔协作通过打造特色品牌，有效提升贵州特色农产品知名度。粤黔协作将特色产业提升着力点放在品牌打造上，推动传统产品做优做强。赫章拥有丰富的特色产品，但地理位置偏远、市场渠道有限，"山宝贝"销量有

① 《东莞常平组团帮扶新成效："四项行动"激发内生动力》，南方+，2024 年 10 月 30 日，https：//nyncj.dg.gov.cn/zixun/snkd/content/post_4289994.html。
② 《东莞常平组团帮扶新成效："四项行动"激发内生动力》，南方+，2024 年 10 月 30 日，https：//nyncj.dg.gov.cn/zixun/snkd/content/post_4289994.html。
③ 《山海携手情相牵 描绘共富新画卷——广州番禺·毕节赫章聚焦"四项行动"持续深化东西部协作》，《贵州日报》2024 年 11 月 25 日。
④ 《同心谋发展 携手谱新篇——广州·安顺东西部协作取得新成效》，安顺日报融媒体中心，2025 年 1 月 23 日，http：//www.asxw.net/c/2025-01-23/717697.shtml。
⑤ 赵继军、李凌波：《粤黔协作 推动"四项行动"行稳致远》，《农村工作通讯》2025 年第 1 期。

限。番禺与赫章种植户和加工企业合作，通过签订框架协议、共建现代农业产业园等建立稳定供应链。番禺区帮助赫章与广州市钱大妈农产品有限公司合作，助推赫章海雀鸡蛋进驻粤港澳大湾区，打通销往香港直通车，实现销售额8000多万元。番禺区投入东西部协作资金150万元，用于赫章县核桃酥、刺梨核桃仁加工生产线设备采购，支持赫章核桃深加工，相继开发"黔玉超""百岁核桃""郎都"等核桃糖、核桃油、核桃酒、枣夹核的深加工品牌20余个。① 东莞市虎门组团（虎门、麻涌、沙田、中堂、滨海湾）协助松桃苗族自治县提升鸡蛋品牌效应。2024年5月，将铜仁梵净蛋谷（粤港澳）运营中心转营至东莞，通过制定"梵净蛋谷"蛋鸡养殖标准和"梵净蛋谷"鸡蛋产品标准，提升"梵净蛋谷"区域公用品牌知名度。②

2. 抓实产业集群打造

产业集群打造是2024年东西部协作的新增要求。粤黔协作高度重视、高定位谋划产业集群方案，打造了11个特色产业集群，共建99个产业园区（见表4），共同出台《关于进一步推进粤黔协作打造产业集群的工作方案》，通过选准打造方向、强链补链延链、多方联动赋能，将产业集群打造工作落到实处。

（1）粤黔协作选准打造方向，优化贵州产业资源。佛黔协作重视旅游产业集群打造。雷山县和顺德区依托东西部协作机制，按照"前店后厂"模式，以实施全域旅游为抓手，打造百亿级民族文化旅游产业集群。借助东西部协作力量引进10家企业，引进广东省客商到雷山投资发展。通过引进碧桂园集团帮扶合作，搭建全域旅游"一张网"，打造"环雷公山精品旅游路"，打造南猛、龙塘、脚尧等一批粤黔协作乡村旅游示范村，带动村寨发展民宿579家。推出"我在苗寨有亩茶""我在苗寨有间房"旅游新产品，开发旅游新业态，吸引广东游客入雷消费。③ 黔西南布依族苗族自治州在新材料产业领域已具备较好的发展基础。粤黔协作瞄准新材料领域持续赋能。惠州支持建设黔西南义

① 《山海携手情相牵 描绘共富新画卷——广州番禺·毕节赫章聚焦"四项行动"持续深化东西部协作》，《贵州日报》2024年11月25日。
② 《"三三三"工作法奏响特色产业振兴曲》，《贵州日报》2024年10月15日。
③ 《雷山县"双向加力"推动打造粤黔协作样板》，雷山县人民政府网，https://www.leishan.gov.cn/xwzx/zwyw/202411/t20241121_86115311.html。

龙新区新能源新材料产业园①，自 2022 年来每年安排东西部协作财政援助资金 1000 万元支持园区更新，合力打造州级共建工业园区，助力黔西南州实施"产业强州"战略②。

（2）粤黔协作强链补链延链，优化贵州产业结构。粤黔协作在产业集群打造中重视引导上下游配套企业补齐链条，充分运用协作资金支持链主企业做强龙头、延伸链条。六盘水铝制品产业在粤黔协作下逐步壮大，形成全省转化率最高、产业链最长的集群。2022 年以来，中山为六盘水引入 10 家东部企业，扩大 5 家存量企业投资，新增投资 4.73 亿元。面对电解铝产能不足，中山市 2024 年投入 700 万元协作资金用于技改扩能，推动鑫泰源、亮星铝业、双元铝业牵头组建铝产业研发中心，积极与高校、研究院等合作，着力推动"产学研"协同发展。③ 铜仁市松桃自治县与东莞市虎门组团合作，共建工业园区，引导东莞劳动密集型企业如乐嘉、巧积玩具等落户，打造玩具产业集群。东莞松桃聚焦"一县一园"，共建工业园区，完善配套硬件设施，承接东部产业梯度转移。两地实施"莞孵松才"人才培育模式，联合企业总部订单式培育 3500 余名专业人才。④

（3）粤黔协作多方联动赋能，提升贵州产业集群水平。粤黔协作坚持"政府引导、企业主体、多方参与"，共同推动改善营商环境，提升产业链集群水平。遵义是中国高品质绿茶产区、重点红茶产区、中国茶叶出口最具竞争力产区。珠海和遵义两地选择新茶饮赛道作为两地产业集群协作的工作重点。珠海市借助中国工程院院士、湖南师范大学校长、湖南农业大学学术委员会主任刘仲华院士和中国茶叶商学院专家力量，帮助遵义构建新茶饮标准体系、生产体系、市场体系，加快建设新茶饮生产中心、加工中心、研发中心、配送中心，打造全国新茶饮供应链的核心节点。珠海市人民政府、遵义市人民政府、

---

① 《惠黔两地加强区域协作布局建设"7+1+2"共建产业园区》，今日惠州网，2023 年 12 月 5 日，http：//www.huizhou.cn/news/newsc_counties/newsc_hz/202312/t20231205_1541495.htm。

② 《探索深化两地智力和项目协作》，《惠州日报》2022 年 9 月 7 日。

③ 《中山制造+六盘水资源，百亿级铝产业集群诞生了》，中山+，2025 年 1 月 9 日，https：//www.zsnews.cn/index.php/news/index/view/cateid/35/id/744546.html。

④ 《广东东莞虎门组团·贵州铜仁松桃 创新"三链"融合机制打造玩具产业集群》，《贵州日报》2024 年 10 月 16 日。

湖南师范大学、湖南农业大学四方共同签署了《政校合作共同打造"全国新茶饮供应链中心"框架协议》。① 粤黔协作工作队还邀请新茶饮行业多家优秀企业代表指导遵义茶叶发展。②

3. 抓实消费帮扶增收

消费帮扶作为乡村振兴与区域协调发展的核心抓手，在东西部协作的不同时期都被列为重要考核内容。通过协助重构社会网络，消费帮扶助力塑造特色农产品品牌。

粤黔消费帮扶独具特色。粤黔协作注重利用东部企业、批发市场、大型连锁超市等优势，借用广东消费标准（如圳品），认定粤港澳大湾区"菜篮子"生产基地，倒逼前端生产改变方式、提升品质，围绕"贵州菜心""梵净山珍""镇宁蜂糖李"等一批特色农产品培育消费帮扶品牌。借助第21届中国国际农交会、2024年脱贫地区农副产品产销对接活动、中国县博会和消费帮扶产品展销会（大湾区）等活动，推动"黔货出山融湾"，形成"好货好价好市场"，确保助农增收。

2024年，广州市总工会与粤黔协作工作队广州工作组紧密协作，利用广州市对口协作地安顺、毕节、黔南3市（州）的自然生态资源、少数民族非物质文化遗产、红色工运文化等，积极开展劳模、优秀技术工人和先进职工疗休养，探索出一条消费帮扶协作新路。广州市总工会积极推动省总工会出台《广东工会职工疗休养经费管理使用办法（试行）》，将东西部协作地区纳入疗休养活动范围。广州市总工会联合广州工作组制订《疗休养活动手册》等，明确各项要求，精心组织路线和项目。贵州省推进东西部协作工作领导小组印发《贵州省2024年东西部协作工作要点》，"支持广东各级工会到黔开展劳模和职工疗养休养等工会活动"。贵州省出台优惠政策，例如，从2024年3月19日至12月31日，广东人凭身份证享受全省国有A级旅游景区门票免费、优惠等。毕节市文旅局出台奖补措施，对广东10人以上旅游团到毕节游览2

---

① 《珠海遵义携手纵深推进茶产业合作 着力打造"全国新茶饮供应链中心"》，《贵州日报》2024年5月20日。
② 《深化东西部协作 推动遵义茶产业升级 珠遵共建"全国新茶饮供应链中心"》，《遵义日报》2024年5月15日。

个 4A 级景点以上的，按每人每晚 100 元的标准给予奖励。[①]

东莞与铜仁共建"黔品出山+湾区市场"消费协作模式，精准对接粤港澳大湾区需求，多渠道推广黔货，多渠道助推黔货"入粤融湾""粤味入黔"。铜仁印发《铜仁市东西部消费协作支持"黔货出山"奖励扶持办法》，对拓展广东省目标市场、销售渠道的市场主体实行奖励政策，大力推进"黔货出山"。加强粤港澳大湾区"菜篮子"生产基地建设和"圳品"认证，携手打造江口抹茶、松桃禽蛋、石阡苔茶、思南黄牛等优势单品，建立粤港澳大湾区"菜篮子"生产基地 42 个、认证"圳品" 5 个，引进广东顶鑫农业供应链集团有限公司等农业龙头企业在铜发展蔬果种植生产基地 14500 余亩。围绕广东及粤港澳大湾区消费市场需求，搭建产销一体化渠道，拓展营销网络，指导企业入驻"贵粤荟·东莞馆"。通过与市场方建立长期合作、组织参展等，拓展多元化销售模式，有效推动农产品销售[②]。

4. 抓实劳务协作提质

粤黔协作坚持"一县一企"稳存量、订单培训扩增量、劳务品牌提质量，确保帮助农村劳动力实现高质量充分就业。粤黔协作共建就业基地 262 个，援建、实现协作县脱贫劳动力"愿就业都就业，应就业全就业"；打造"贵州绣娘""小梁送工""妈妈工作室""都匀毛尖技工"等劳务品牌，带动农村劳动力就业超十万人次；举办订单班、冠名班、新型学徒制班等，定向培养技能人才，有效提升农村劳动力的就业质量。粤黔两省农业农村、人社等 6 部门发挥两省资源优势，整合各方力量，加强"粤绣""黔绣"传统文化融合与创意文化产业协作，开展"贵州绣娘"相关工种职业技能培训，帮助近 700 名"贵州绣娘"走进大湾区。

广州与安顺两市高质量推动东西部劳务协作工作。2024 年初，两地人社部门迅速行动，签订《广州市·安顺市人力资源和社会保障局 2024 年东西部劳务协作和对口帮扶合作框架协议》，锚定全年工作方向。双方定期开展交流互访，在劳动力培训、输出转移就业等方面强化协作，围绕乡村振兴、校校合

---

① 《消费帮扶助粤黔协作走新路》，《工人日报》2024 年 6 月 16 日。
② 《粤黔协作·莞爱铜行｜"四种模式"助推"四项行动"携手打造东西部协作"新样板"》，中国东莞政府门户网站，2024 年 8 月 29 日，https：//www.dg.gov.cn/jjdz/tpxw/content/post_4259177.html。

作、"三项工程"、人才交流等关键领域展开深入探讨。安顺市设立45个驻外劳务协作工作站，分布于珠三角、长三角地区，提供全方位贴心服务，为在外拼搏的安顺籍劳动者构筑起温暖港湾。积极对接广东中山、惠州、江门等安顺籍劳务输出集中地，开展劳务对接。截至2024年12月底，广州市在安顺市累计建设了79个就业帮扶车间，共吸纳7770名劳动力就业，其中包括860名脱贫劳动力。通过东西部劳务协作，共帮助26844名农村劳动力实现就业，其中脱贫劳动力达14539人。全年就业目标任务完成率高达710.15%。①

荔湾惠水做优劳务协作。2024年，荔湾区、惠水县两地举办7次劳务协作交流活动，签订《2024年劳务协作对口帮扶合作协议》，设立惠水驻荔湾区劳务协作站、驻潮州市劳务协作站2个劳务协作站。开发753个乡村公益性岗位，安置700余名就业困难人员，发放补贴360余万元。借鉴"金象焊工班"模式，开展"粤菜师傅""南粤家政""广东技工"培训260人次。与广东美的集团、东莞德普特电子有限公司等企业合作，满足紧缺工种需求，为惠水务工人员提供更多岗位。②

二 2024年广东推进粤黔协作典型经验

（一）共同加强与国家重大战略对接

与以往东西部协作不同，2024年广东东西部协作的一个突出特点，就是强调与国家重大战略对接。广东与贵州两省均属于国家重大战略要地。广东发展关系国家推动粤港澳大湾区、"四大平台"（横琴、前海、南沙、河套）建设情况，贵州发展与"一带一路"、西部大开发、西部陆海新通道建设等国家重大战略息息相关。两省如何在重大战略上联动互补、发挥东西部协作的聚力效应，成为2024年广东推进粤黔协作高质量发展的一大出发点。

粤黔协作积极用好粤港澳大湾区与横琴粤澳深度合作区两个国家重大战略

---

① 《跨山越海情无间 协作奋进谱新篇——广州·安顺高质量推动东西部劳务协作工作纪实》，《安顺日报》2024年12月31日。
② 赵继军、李凌波：《粤黔协作 推动"四项行动"行稳致远》，《农村工作通讯》2025年第1期。

平台，推动形成东西双向互济的全面开放格局。横琴粤澳深度合作区与正安县协作结对以来，不断引导澳门社会各界参与东西部协作，积极融入国家发展大局，通过交流交往互动、社会协作联动、品牌创设驱动、消费帮扶带动，持续为东西部协作注入澳门元素，为"一国两制"伟大实践注入新内涵。自2021年建立协作帮扶关系以来，两地以互访为纽带，党政领导牵头积极开展调研互访，交流频繁。正安享有"吉他之都"的美誉，但存在吉他自主品牌知名度不高、产品附加值偏低、大而不强的问题，吉他"走出去"存在短板。粤黔结对协作后，全面聚焦正安首位产业，积极寻求突破，通过整合三地资源，在吉他品牌建设推广上走出一条"澳门设计+正安生产+横琴销售"的新路子。横琴、正安多次研究协商助推正安吉他文化产业园发展，引入珠海格力集团负责园区全面运营，在园区管理、招商引资、以投促产等领域开展深度合作。正安创造性将吉他文化与澳门元素、正安少数民族特色文化有机融合，合力开发吉他文化IP，创立吉他品牌MORISTA（莫瑞斯塔），推动正安吉他从"合作代工"向"自主创新"、从"吉他制造"向"吉他创造"转型，擦亮正安"吉他之都，音乐之城"城市名片。正安联合澳门音乐产业协会举办吉他音乐节，支持举办"青春遇见贵州·吉他律动正安"音乐美食消费季，联系澳门、深合区知名乐队及特色美食商家到场参加活动。2024年，两地协作举办"青春遇见贵州·吉他律动正安"2024旅游生态圈消夏音乐季活动。通过举办系列活动提升粤黔协作影响力，助推两地文化融合、更好更多惠及人民群众。

（二）共同推动产业链条跨区域布局

粤黔协作重视推动产业梯度转移，以强化产业园区共建为载体，打造产业集群，推动产业链跨区域互补，在形成产业链跨区域布局中形成典型经验。

东莞、铜仁两地充分发挥各自比较优势，助力铜仁市大龙开发区建立现代化工业产业集群体系。2024年，莞铜两地协作进入了新阶段，围绕"贵州所需、广东所能"和"广东所需、贵州所能"，制定融入粤港澳大湾区发展的系列政策，聚焦铜仁市资源禀赋，结合东莞本土新型功能材料企业"一中心多支点"发展需求，深化"广东企业+贵州资源"等合作模式，先后引进广东凯金、广东嘉尚、深圳为方、星茂新材料项目、红星电子扩能项目等新投资项目年内建成投产。大龙开发区已形成以高纯硫酸锰、镍钴锰三元前驱体、正极材料、负极材料、锂电池生产、综合回收利用等为核心的新型功能材料产业集群。① 2024 年投入东西部协作资金 1200 万元建设为方能源钠电池电芯项目标准化厂房。

穗安协作借鉴广州产业园建设经验，聚焦安顺"两城三基地"建设，合作共建穗安产业园。2024 年，穗安协作持续投入东西部协作资金，依托安顺航空配套制造产业园一、二期项目并根据招商引资企业定制化需求，谋划了安顺市"穗安产业园"装备制造产业园区厂房项目，共投入东西部协作资金 1800 万元，主要用于建设产业园区钢结构厂房共 6517 平方米，带动安顺市 4 个县 18 个村壮大村集体经济，厂房收益为每个村每年保障固定分红 4 万元。安顺工作组率先启用了粤黔协作管理信息平台，以信息化为根基，把项目全生命周期纳入系统进行网上实时监管。在广州国资委、工信局等相关部门的协调下，广州无线电集团、广州华欣液压、广州华科尔无人机、广州小鹏汇天等航空领域相关企业与位于安顺的贵州航空产业城项目进行对接。截至 2024 年底，已协助引进速威宇航、先越宇航、熠景航空、航宇融创、汇辰源科技、贵州航空产业城等 7 家航空产业相关企业入驻园区，项目全面建成投产后将使贵州航空产业在整机研发制造、零部件制造、机载设备研发制造等领域形成完整产业链体系。

（三）聚力共建乡村振兴特色带

广东深入学习运用浙江"千万工程"经验，按照"规划先行、示范引领、社会参与"的原则，聚焦特色主题，遴选贵州资源禀赋强、产业结构优、基础条件好、地方政府积极性高的地区，协作共建乡村振兴特色带，探索多条村级集体经济发展特色路径。粤黔携手制定印发《协作共建乡村振兴特色带工作方案》等，明确协作共建的基本要求、目标原则、建设标准和工作安排，首批遴选贵州遵义市、盘州市、江口县、雷山县作为共建试点。

佛山、黔东南两地学习运用"千万工程"经验，借鉴广东"百里芳华"乡村振兴示范带成功做法，探索推进乡村振兴抱团发展新举措，在雷山县丹江镇、郎德镇 6 个联建村打造"原味苗游"乡村振兴特色带。特色带主线路长

---

① 贵州省乡村振兴局：《大龙：粤黔协作构筑产业协作新赛道 激发经济增长新动能》，2023 年 11 月 1 日，https://www.gzstv.com/a/cd57a9a16ffd44bf83714e226684c422。

18.6公里，覆盖面积40.36平方公里，惠及群众1305户5504人，带动村集体经济收入提高到333万元，形成以点带面、辐射带动、连线成片的先行示范区。两地积极探索乡村振兴抱团发展创新举措，以6个联建村组建成立"联合党委"，把党组织建到合作社、产业链上，着力构建"头雁领航、强雁带动、群雁齐飞"党建引领新格局。两地研究制定印发《粤黔协作共建雷山县"原味苗游"乡村振兴特色带工作方案》，积极对接资源，统筹推进完成特色带项目谋划、策划概念方案制定、精品旅游环线方案调研各项工作。佛山市结合雷山县旅游资源优势，帮助编制文旅策划和精品旅游环线方案，上线"智游雷山"App，推动"万家迎万客"，打造融"苗族文化+休闲康养+研学拓展+特色民宿+田园采摘"为一体的特色带沉浸式乡村旅游线路。

三 粤黔协作高质量发展存在的问题与对策

（一）存在问题

一是省际经济纵深拓展仍需加强。围绕推动高质量发展，省际优势资源高效配置、供需动态平衡、产业链条共建共享等还需进一步加大力度，拓展经济纵深还有很大潜力和空间。尽管粤黔两地在经济合作方面已取得一定成绩，如产业转移、劳务输出等合作成果初显，但对照更高质量发展的要求，省际优势资源高效配置、供需动态平衡以及产业链条共建共享等层面仍存在较大提升空间，亟待加大推进力度。

从优势资源高效配置来看，两地资源流通存在诸多阻碍。一方面，信息不对称导致广东的先进技术与资金难以精准对接贵州的特色资源开发项目。例如，贵州具有丰富的矿产资源，因缺乏与广东相关企业的有效沟通渠道，未能高效引入先进的开采与深加工技术，影响了资源附加值的提升。另一方面，政策协同不足，跨区域项目审批流程复杂，限制了资源的高效配置。从供需动态平衡来看，两地缺乏有效的供需对接机制，导致市场失衡。以农产品为例，贵州的刺梨、茶叶等特色农产品品质优良，但由于销售渠道不畅、品牌知名度低，在广东市场的占有率较低，而广东消费者对这些特色农产品的需求却未被充分挖掘。在产业链条共建共享层面，虽然粤黔已开展了一些产业合作项目，如广东在贵州投资建设产业园区,承接产业转移,但整体仍处于初级阶段。产业链上下游环节分布不够合理,利益共享机制不完善。广东拥有完整的电子信息产业链前端研发和后端销售优势,而贵州虽承接了部分加工制造环节,但在技术研发、品牌打造等方面与广东协同不足,难以形成强大产业合力,无法充分发挥合作优势。

二是对过渡期后常态化东西部协作机制研究还需进一步深入。2024年,广东虽然对过渡期后完善东西部协作机制作了一些探索,但是在破解重点、难点等方面仍显不足,需进一步在全面系统深入上下功夫,形成符合实际、操作性强的研究成果。尽管2024年粤黔协作在产业合作、人才交流等领域取得了一定成效,例如广东部分企业在贵州投资设厂,粤黔两地的教育、医疗人才交流也更为频繁,但仍然有诸多难点有待破解。

从产业协作重点问题来看,虽然广东向贵州转移了部分产业,但产业的根植性不强,许多企业只是将贵州作为简单的生产加工基地,缺乏对当地产业生态的深度培育。一方面,这些企业与贵州本地企业的关联度较低,未能充分带动本地上下游企业的协同发展。另一方面,在产业转移过程中,对贵州当地特色产业的挖掘和整合不足,未能充分发挥贵州的资源优势实现产业的差异化发展。在人才交流上,尽管两地开展了干部挂职、专业人才培训等活动,但存在嵌入性不足、人才留不住、作用发挥不充分等问题。现有人才交流侧重于短期培训和挂职,缺乏长期、系统性的人才培养规划,难以为贵州可持续发展提供稳定的人才梯队与坚实的人才支撑。在社会公共服务协作方面,粤黔两地在教育、医疗等公共服务水平上存在较大差距,虽然广东通过帮扶改善了贵州部分地区的硬件设施,但在软件建设,如教育理念、医疗技术水平提升等方面,进展相对缓慢。特别在医疗领域,远程医疗协作的普及程度和实际效果有待提高,如何建立高效的远程医疗协作机制,让贵州患者能够享受到广东的优质医疗服务,还需要进一步探索。

(二)对策建议

其一,多管齐下进一步拓展粤黔省际经济纵深。完善粤黔信息交流机制,搭建粤黔统一的信息交流平台,整合两地资源、市场、产业等信息,打破信息壁垒,实现精准对接。两省共同制定区域协同发展政策,简化项目审批流程,减少政策壁垒带来的协作阻碍。鼓励企业跨区域建立产业联盟,推动产业链深度融合，实现协同创新与利益共享。建议国家层面出台鼓励与结对省以外地区加强横向协作的政策。在做好结对省之间东西部协作的基础上，鼓励与结对省以外地区开展产业、劳务、消费、科技等合作。

其二，提升东西部协作对粤黔两地的互利共赢效应。粤黔东西部协作并非单向的帮扶，贵州也能从多个维度反哺广东，为广东的发展注入新的活力与机遇。两省可着手共同构建数字孪生平台，建设粤黔产业协同数字大脑。设立双向引导基金，重点支持关键技术攻关和产业链补链强链项目。完善"飞地经济"模式，可在广州、深圳设立"贵州创新示范区"，超越两省简单的产业转移，形成"要素流动—价值共创—优势互补"的共生关系，促进粤港澳大湾区与西部陆海新通道深度融合。

其三，从多方面深化过渡期后常态化粤黔东西部协作机制研究。全面了解产业、人才、社会公共服务等领域的痛点和难点，为制定针对性的协作策略提供依据。建立健全市场主体运作、社会力量参与东西部协作常态化机制，发挥好市场在资源配置中的决定性作用，充分调动双方积极性。借鉴国内外区域协作成功经验，制定更加完善的政策体系，为协作提供政策保障。构建动态化评估体系，对东西部协作机制的实施成效开展全周期监测与效果评估，通过常态化跟踪问效及时识别执行偏差，形成"监测预警—问题诊断—策略调适"的全流程管理闭环，实现协作效能的持续优化提升。

"百千万工程"案例篇

B.20
打造绿美底色的县镇村高质量发展引领区

黄璘泰　范斯义*

摘　要：　2024年，广东省高标准谋划、高质量推进环南昆山—罗浮山县镇村高质量发展引领区建设，旨在以点带面推动"百千万工程"向纵深推进，示范引领全省探索区域协同、城乡共同繁荣新路径。经过一年的谋划与建设，引领区依托丰富的自然与人文资源，已取得显著成效。生态保护方面，通过严格保护森林资源和改善水环境质量，夯实了生态可持续发展的基础。旅游产业蓬勃发展，项目建设加速推进，旅游设施不断完善，品牌影响力持续扩大。城乡融合深入推进，基础设施互联互通，产业协同发展成效显著，公共服务均等化水平大幅提升。体制机制创新不断突破，建立了区域协同、产业协同等多种机制，为区域发展注入强劲动力。通过拓宽融资渠道、强化人才引育、优化土地利用规划，进一步释放生态红利和产业深度融合的潜力，打造粤港澳大湾区生态经济新高地，实现绿色宜居、创新繁荣，为广东县镇村现代化建设提供了示范。

---

* 黄璘泰，广东省社会科学院当代马克思主义研究所副所长、广东省习近平新时代中国特色社会主义思想研究中心办公室副主任，主要研究方向为中国特色社会主义理论；范斯义，广东金融学院马克思主义学院副教授，主要研究方向为城乡融合发展。

关键词： 南昆山—罗浮山 绿美广东 县镇村高质量发展 "百千万工程"
发展引领区

党的十八大以来，习近平总书记一直牵挂广东区域城乡协调发展问题。
2018 年，习近平总书记在广东考察时指出，城乡区域发展不平衡是广东高质
量发展的最大短板。要下功夫解决城乡二元结构问题，力度更大一些，措施更
精准一些，久久为功。① 2023 年，习近平总书记在广东考察时强调，推进中国
式现代化，必须全面推进乡村振兴，解决好城乡区域发展不平衡问题。全体人
民共同富裕是中国式现代化的本质特征，区域协调发展是实现共同富裕的必然
要求。广东要下功夫解决区域发展不平衡问题。② 为贯彻落实习近平总书记重
要讲话和对广东工作指示精神，广东省委十三届二次全会作出"1310"具体
部署，把深入实施"百县千镇万村高质量发展工程"，在城乡区域协调发展上
取得新突破列为"十大突破"之一。环南昆山—罗浮山县镇村高质量发展引
领区建设（以下简称"引领区"）是广东推进"百千万工程"的重要抓手，
目的在于通过整合资源、优化产业布局以及深化生态保护，打造粤港澳大湾区
生态花园、世界级森林温泉康养目的地、岭南特色县镇村现代化建设样板、城
乡融合发展先行地，形成具有较强示范带动作用的区域协同、城乡共同繁荣的
县镇村高质量发展样板，推动全省加快构建城乡区域协调发展新格局。

一 高标准谋划，实现高起点开局

2024 年，广东省委、省政府在充分调研的基础上，聘请专家团队高标准制定
并印发《关于推进环南昆山—罗浮山县镇村高质量发展引领区建设的意见》（以下
简称《意见》）。这一举措旨在系统整合和利用南昆山、罗浮山域内自然与人文资
源，通过高标准的规划，促进区域内的资源优化配置与可持续利用，将帮助提升生

---

① 《高举新时代改革开放旗帜 把改革开放不断推向深入》，《人民日报》2018 年 10 月 25 日，
第 1 版。
② 《习近平在广东考察时强调：坚定不移全面深化改革扩大高水平对外开放在推进中国式现代
化建设中走在前列》，《人民日报》2023 年 4 月 14 日，第 1 版。

态服务功能，推动绿色产业的发展，提高民众的生活质量。引领区建设将成为粤港澳大湾区发展的重要引擎，对经济转型升级及社会全面进步具有深远意义。

（一）锚定四大定位

《意见》中明确了引领区建设的近期目标（到 2027 年）是：基础设施互联互通水平显著提升，以森林温泉康养为龙头的高端产业集群加速形成，品牌影响力充分彰显；生态环境品质跃上新台阶，基本公共服务均等化达到国内先进水平，城乡居民收入差距进一步缩小，县镇村面貌走在全省前列；建成人与自然和谐共生的广东现代化样板。远期目标（到 2035 年）是：成为岭南特色鲜明、高端产业集聚、品牌享誉中外的世界级森林温泉康养目的地和国家级旅游度假区。加快形成一批开放包容的未来社区，乡村价值充分彰显，城乡面貌明显改善，产业融合、基础设施和公共服务水平显著提升。

引领区域内两市四县（区）积极贯彻落实《意见》的核心精神，以时不我待的紧迫感投入相关工作当中，展现出高度的行动力与使命感（见表1）。从化区充分发挥生态资源丰富的优势，围绕绿色发展理念，将生态保护与旅游、农业等产业深度融合，致力于打造生态宜居、产业兴旺的现代化城区。增城区则依托自身的区位和产业基础，以创新驱动为引擎，加速推进新型城镇化建设，促进城乡协调发展，努力提升城市的综合竞争力。惠州更是提出，坚持世界眼光、国际标准，高起点、高标准编制好"环两山"相关专项规划，分步实施，集中力量把条件成熟的项目先干起来，努力实现"一年起好步、三年见成效、十年大变化"。下辖的博罗县深度挖掘历史人文底蕴，结合自然资源特色，在产业发展上坚持绿色、低碳、循环的理念，积极探索生态产品价值实现的多元路径。龙门县以建设生态旅游强县为目标，强化生态环境保护，推动文旅产业升级，打造集休闲、养生、度假于一体的特色发展模式。

表 1　引领区域内各地建设目标

区域	建设目标
广州市从化区	1. 打造康体特色引领型国际消费城区，依托温泉和马场特色，促进康体特色消费； 2. 擦亮"岭南第一温泉"、国家森林公园等名片，打造"温泉+""森林+""体育+""文旅+"等特色产业集群； 3. 推进城乡融合发展，建设国家城乡融合发展试验区

区域	建设目标
广州市增城区	1. 全力建设引领区综合门户,提升综合门户地位,构建快达慢游现代综合交通体系; 2. 推进森林海旅游度假区创建国家级旅游度假区、锦绣香江温泉度假区创建省级旅游度假区; 3. 建设国家农业现代化示范区,打造湾区领先的低空经济产业高地; 4. 打造医康养融合的旅居胜地,引进高端健康管理机构; 5. 聚力厚植产业高地,发展绿色化智能化产业; 6. 建设美丽中国岭南特色人居镇村,推动城乡融合发展
惠州市博罗县	1. 推动工业实力提档升级,打造更多百亿级产业集群; 2. 推动文化魅力焕发新机,制定实施"罗浮山整体提升计划",建设康养特色中医医院,谋划打造体育小镇; 3. 推动乡村潜力激发共富,实施乡村再造工程,高质量推进未来社区建设; 4. 推动城市活力补齐短板,集中优势资源推进引领区规划建设; 5. 建设世界级中医药文旅康养目的地,邀请专业团队进行规划设计
惠州市龙门县	1. 扩大环南昆山—罗浮山引领区影响力,建设成为粤港澳大湾区生态花园、世界级森林温泉康养目的地、岭南特色县镇村现代化建设样板、城乡融合发展先行地; 2. 深入推进"百千万工程",打造县镇村现代化建设样板; 3. 加强与从化、增城、博罗协同发展,推动生态融合、产业融合、市场融合

(二)谋定绿色崛起路径

引领区建设是广东服务国家重大战略、推动区域协调发展的创新实践,其立足新发展阶段、贯彻新发展理念、构建新发展格局,以生态保护为根本,以产业升级为动力,以城乡融合发展为目标,坚持国际视野、高质量发展,生态优先、绿色发展,文化赋能、创新引领,区域联动、城乡融合,群众主体、多方参与的原则,致力于打造粤港澳大湾区生态花园、世界级森林温泉康养目的地、岭南特色县镇村现代化建设样板、城乡融合发展先行地,为粤港澳大湾区建设注入新的绿色动能。

1. 促进产业转型升级

引领区将重点推动森林温泉康养特色产业发展,打造一批森林温泉康养特色镇和康养社区,培育世界级森林温泉康养文旅品牌。例如,从化区积极构筑绿色产业发展新高地，将利用"岭南第一温泉"等资源优势，打造"温泉+""森林+""文旅+"等特色产业集群。同时，引领区还将布局绿色能源、新型储能、生物医药、康养等新兴产业，推动产业智能化绿色化转型，以实现经济的可持续发展。

2. 完善基础设施

基础设施互联互通是引领区建设的重要内容。目前，最美旅游公路项目正在加快建设，总里程约218公里，涵盖7条县道、1条省道和1条国道。建成后，该公路将串联起沿线的旅游景点、美丽乡村和经济节点，成为"美丽风景路"和"致富振兴路"。此外，引领区还将完善城乡市政基础设施，提升公共服务水平，以满足居民和游客的需求。

3. 保护生态环境

引领区将强化生态环境保护和综合治理，推动生态可持续发展。通过全域土地综合整治，统筹推进土地整治、空间优化和功能提升，构建良田连片、村庄集中、产业集聚、生态优美的发展格局，实现人与自然和谐共生，如惠州博罗县以"绿美广东"建设为总牵引，全县构建县镇村三级林长体系，为县域生态屏障织密保护网。2024年，引领区内6个镇完成林分优化约7000亩，森林抚育1000多亩，森林质量得以精准提升，生态底色愈加浓郁。

4. 提升公共服务水平

引领区将着力提升基本公共服务共建共享水平，推动基础设施互联互通，构建一体化社会治理格局。通过建设开放包容的未来社区，推进以县城为重要载体的新型城镇化建设，增强县城综合承载能力，提升镇街规划建设水平。此外，引领区还将全面推动县镇村数字化改造，建设数字乡村和智慧社区，以提升公共服务的效率和质量。

5. 推动文化和旅游融合发展

引领区将深入挖掘岭南农耕特色文化要素，提炼地域文化故事，打造统一特色品牌。通过文旅融合深度发展，打造具有"岭南味、乡土气、时尚感、未来范"的多样化消费场景。例如，博罗县将围绕"世界级中医药文旅康养目的地"目标定位，进行规划设计，以实现文化和旅游的深度融合。龙门县坚持"一村一策"，加快建设宜居宜业和美乡村，村容村貌焕然一新，以民宿为代表的村集体经济不断发展壮大，全部行政村集体经营性收入超 10 万元，群众的获得感幸福感不断提升。

（三）立足自然禀赋、产业基础

1. 自然地理与生态资源基础

引领区范围涵盖广州市从化区和增城区、惠州市博罗县和龙门县，包括从化区温泉镇、良口镇等 23 个镇街、2 个管委会，总面积 4933.7 平方公里（见表 2）。引领区位于粤港澳大湾区西北部，距离广州、深圳、东莞均 100~150 公里，属大湾区 1 小时生活圈边缘地带，区位优势明显①。引领区生态资源禀赋上，南昆山森林覆盖率 98.2%（国家级森林公园），罗浮山森林覆盖率 89.4%，两山合计碳汇储量约 120 万吨/年。引领区是珠江支流东江上游核心水源涵养区，年径流量超 50 亿立方米，占惠州全市供水量的 35%。引领区记录动植物物种超 3000 种，包括穿山甲、白鹇等濒危物种，罗浮山为全国道教名山中唯一世界自然遗产提名地。

表 2　引领区基本信息一览

地区	行政区划	辖区面积（平方公里）	人口数量（万人）
广州市从化区	温泉镇	210.9	5
	良口镇	458.3	4.8
	吕田镇	427.7	3.5
	太平镇	268.3	10
	街口街道	10	20
	江埔街道	127	15.1
广州市增城区	正果镇	239.41	6.6
	派潭镇	289.5	9.1
	小楼镇	136	3
	增江街道	86.19	12
	荔城街道	82	4
	朱村街道	94.07	5.8

---

① 资料来源：《广东省国土空间规划（2021—2035 年）》。

续表

地区	行政区划	辖区面积 （平方公里）	人口数量 （万人）
惠州市博罗县	罗浮山管委会	251.62	26.4
	石湾镇	83	19
	园洲镇	112.71	20
	湖镇镇	117.3	10
	长宁镇	230.05	5
	横河镇	234.6	3
	福田镇	93.69	5
惠州市龙门县	南昆山管委会	120	0.46
	永汉镇	216	5
	麻榨镇	240	2.4
	龙华镇	402	2.95
	地派镇	217.39	1.9
	龙潭镇	257	2.77
合计		4933.7	202.78

2. 经济与产业发展情况

2024年引领区经济总量3009.41亿元，广州增城区、从化区占比61.61%，惠州博罗县、龙门县生产总值还有待提升，详见表3。

表3　2023~2024年引领区经济总量对比

区域	2023年GDP （亿元）	2024年GDP （亿元）	增长率（%）
从化区	436.43	441.7	1.21
增城区	1405.06	1412.37	0.52
博罗县	922.57	952.24	3.22
龙门县	200.91	203.1	1.09
合计	2964.97	3009.41	1.50

资料来源：2023、2024年广东省122个区县生产总值情况。

引领区文旅产业发展情况方面，南昆山拥有 7 个国家 4A 级旅游景区（如川龙瀑布、天堂湖），罗浮山为 5A 级景区，拥有道教文化、中医药（罗浮山百草油）等独特 IP。2023 年，南昆山接待游客 350 万人次，旅游收入 28 亿元；罗浮山接待游客 420 万人次，旅游收入 35 亿元。引领区农业与特色产品上，龙门年橘、博罗酥醪菜等特色农产品年产值超 15 亿元，占两县农业总产值的 25%。罗浮山片区已建成 20 个省级特色村落，民宿集群规模达 300 家，年均入住率 65%。

3. 引领区交通与基础设施条件

引领区对外交通网络高铁有赣深高铁，博罗北站（2021 年通车）至深圳北站 50 分钟，规划中的广惠城际铁路将连接广州南站与罗浮山（预计 2025 年建成）。高速公路有广惠高速、大广高速以及在建的韶惠高速，有效地与广州、深圳、东莞等城市构成"一小时生活圈"；在建的韶惠高速（龙门段）建成后将缩短至广州车程 1.5 小时。引领区核心区公路总里程 850 公里，但山区道路等级偏低，三级以下占比超 60%，制约全域旅游开发。在公共服务设施建设方面，每万人拥有床位数 45 张，低于惠州全市的平均 58 张。中小学教育资源覆盖率达 100%，但职业教育与技能培训资源薄弱。

（四）统筹要素保障与组织保障

引领区建设整体发展规划具有重要意义，它将探索区域协同、城乡共同繁荣的县镇村高质量发展新路径，为全省城乡区域协调发展提供示范和借鉴，因此，在引领区建设上要统筹要素保障，强化组织保障，高质量建设引领区。

一方面，统筹要素保障。土地资源的激活是基础，通过推广全域土地综合整治的成功试点经验，对土地整治、空间优化、功能提升以及产业导入等环节进行系统统筹。人才引育是核心支撑，通过发挥创新创业基金和人才服务平台的资源汇聚与导入功能，吸引企业家、专业技术人才以及外出人才返乡入乡，鼓励青年投身县镇乡村的就业创业。深入探索制定更为精准有效的财政、金融、产业、农林文旅融合以及用地用林用能等专项支持政策，推进农业用地"标准地"改革。优化县域营商环境，推动区域营商环境一体化发展，将引领区打造成为"绿水青山就是金山银山"理论的改革创新实践样板。

另一方面，要强化组织保障。建立起省级统筹规划、市级协调推进、县级具体落实、多方共同配合的高效工作机制。省级层面由省"百县千镇万村高质量发展工程"指挥部办公室牵头，加强对引领区建设的统筹协调与指导督促，各专班提供重点支持，省相关部门协同配合。广州市、惠州市建立健全规划建设工作机制，制定详细具体的工作规划，积极开展招商引资活动，推动重点项目落地实施。县级层面切实履行主体责任，细化目标任务，做好群众工作，确保各项工作落到实处。充分发挥引领区建设专家委员、企业委员的专业优势，强化决策咨询、规划服务、产业导入以及项目运营等方面的工作。通过党建引领、政策激励、搭建综合性对接等方式建立综合服务平台，整合国有企业、高等学校、科研院所等多方资源，发挥工会、共青团、妇联等群团组织的作用，广泛引导华侨华人等社会各界参与引领区建设，形成人人参与、多方支持、共商共建的良好发展局面。

二 高质量建设，打造高水平引领示范区

引领区自建设以来，实施了一系列创新政策与发展战略，旨在提升区域竞争力，实现社会、经济、环境的协调发展，在多个方面取得了显著成效。

（一）精准谋划布局，谋定而后动

自《意见》发布以来，广州和惠州的 2 市 4 个县区陆续出台各项政策规划，大力推进引领区建设（见表 4）。从市级层面来看，广州市发布《广州市推进环南昆山—罗浮山县镇村高质量发展引领区建设实施方案（2024—2027年）》，部署了 17 项引领区建设重点任务，包括打造世界级珍稀温泉康养胜地、促进文旅融合深度发展、推进产业绿色智能转型，现已初步梳理谋划引领区重点项目 140 多个，总投资额超 2000 亿元，引领区建设开局良好。[①] 惠州市印发《惠州市贯彻落实〈关于推进环南昆山—罗浮山县镇村高质量发展引领区建设的意见〉的实施方案》，提出到 2025 年建成最美旅游公路；到 2027 年，

---

① 《广州市人民政府关于〈广州市从化区国土空间总体规划（2021—2035 年）〉的批复》，广州市人民政府门户网站，2025 年 3 月 5 日，https://www.gz.gov.cn/zwgk/fggw/szfwj/content/mpost_10143665.html。

一批森林温泉康养龙头项目建成运营；到 2035 年，建成世界级森林温泉康养目的地和国家级旅游度假区，推动"交、农、文、旅、商"深度融合，成为县镇村现代化建设样板。

从县区层面来看，各地依托自身资源禀赋，聚焦特色产业打造。其中，《广州市从化区国土空间总体规划（2021—2035 年）》提出，从化区将用好山水优势生态资源，擦亮"岭南第一温泉"、国家森林公园等名片，打造"温泉+""森林+""体育+""文旅+"等特色产业集群。根据《2025 年博罗县推进环南昆山—罗浮山县镇村高质量发展引领区建设工作要点》，博罗县将邀请专业团队全面摸排引领区产业基础、资源禀赋、特色节点等，围绕"世界级中医药文旅康养目的地"目标定位进行规划设计。博罗县 2024 年围绕重点产业链引进项目 224 宗，总投资 420.1 亿元；全年共安排重点项目 152 宗，年度计划投资 219.8 亿元。此外，该县重点打造 11 个旅游公路项目，公路总里程 218 公里，博罗段 4 个项目总投资 8.24 亿元，力争 2025 年 3 月底前完工。增城区则加快培育新质生产力，2023 年完成工业投资 256 亿元、增长 57%，规上工业增加值增长 10.9%。同时，计划新建的正果驿站占地 27 亩，正在规划建设的引领区最美旅游公路增城段包括增城区主线 53 公里（含示范段 28 公里），最美增江游项目增城段全长 54 公里。龙门县在 2024 年国庆期间，全县共接待游客总量 34.86 万人次，比 2023 年增长 19.92%；实现旅游收入 1.71 亿元，比 2023 年增长 18.64%。

表 4　引领区相关政策汇总

发布时间	政策名称	发布机构	主要内容
2023 年 11 月	《广东省"百县千镇万村高质量发展工程"实施方案》	广东省人民政府办公厅	明确将引领区列为生态型城乡融合发展试验区，计划 5 年内投入 50 亿元用于生态修复与产业升级
2024 年 9 月	《关于推进环南昆山—罗浮山县镇村高质量发展引领区建设的意见》	中共广东省委办公厅、广东省人民政府办公厅	提出到 2027 年，引领区基础设施互联互通水平明显提升，形成高端产业集群，生态环境品质提升，公共服务均等化达到国内先进水平，城乡收入差距缩小，县镇村面貌走在全省前列；到 2035 年，建成世界级森林温泉康养目的地和国家级旅游度假区

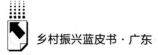
续表

发布时间	政策名称	发布机构	主要内容
2024年9月	《广州市推进环南昆山—罗浮山县镇村高质量发展引领区建设实施方案（2024—2027年）》	广州市"百千万工程"指挥部办公室	明确广州的总体目标是打造大都市生态优势地区，推进中国式现代化的实践范例，提出四大定位，包括美丽中国先行区建设高地、世界级珍稀温泉康养胜地、岭南特色县镇村现代化建设标杆、城乡区域协调发展典范。推进产业智能化绿色化融合化发展，促进文旅融合，发展智慧农业，构建穗港赛马产业经济圈等
2024年10月	《惠州市贯彻落实〈关于推进环南昆山—罗浮山县镇村高质量发展引领区建设的意见〉的实施方案》	惠州市人民政府	提出到2025年建成最美旅游公路，到2027年建成一批森林温泉康养龙头项目，到2035年建成世界级森林温泉康养目的地和国家级旅游度假区。强化生态环境保护，激活乡村土地资源，推广全域土地综合整治，省市县三级财政予以支持
2025年1月	《2025年博罗县推进环南昆山—罗浮山县镇村高质量发展引领区建设工作要点》	博罗县人民政府	明确2025年是引领区建设的关键之年，集中优势资源推进规划建设，优化功能布局和空间结构。编制引领区博罗片区规划，围绕"世界级中医药文旅康养目的地"目标定位，明确重点发展区域的空间布局及功能、形态、色调等
2025年1月	《美丽城市建设实施方案》	自然资源部等部门	提出到2027年，推动50个左右美丽城市建设取得标志性成果，成为美丽中国先行区建设示范标杆；到2035年，城市绿色生产生活方式广泛形成，生态环境实现根本好转

发布时间	政策名称	发布机构	主要内容
2025年1月22日	《土地储备管理办法》	自然资源部、财政部、中国人民银行、国家金融监督管理总局	编制土地储备三年滚动计划,合理确定未来三年土地储备规模,优先储备空闲、低效利用等存量建设用地,结合城市更新、成片开发等工作划定储备片区

说明:1.《意见》是广东省层面的核心政策文件,明确了引领区建设的总体目标、实施范围和具体举措。

2. 广州市和惠州市的实施方案分别从本地实际情况出发,细化了具体目标和实施路径。

3. 博罗县的工作要点进一步明确了2025年的重点工作任务,特别是规划编制和产业发展的具体内容。

4.《美丽城市建设实施方案》和《土地储备管理办法》虽然不是专门针对环南昆山—罗浮山引领区的政策,但其相关内容对引领区建设具有指导意义,例如土地储备和生态环境保护等方面。

(二)锚定关键领域,加速基础设施建设

基础设施建设在引领区的经济发展中至关重要,各地加速推进基础设施建设。在交通基础设施规划方面,打造以"8字形"巧妙串联南昆山和罗浮山的最美旅游公路,该公路涉及1条国道、1条省道、7条县道,连接9个镇、48个行政村以及200多个景点[1]。这一规划不仅极大地完善了区域交通网络,更为重要的是,它将分散的旅游景点有机整合,形成了全域旅游的发展新格局。广州从化在引领区基础设施建设方面主要聚焦于交通与文旅设施,主动谋划建设"主线+环线+支线"的最美旅游公路系统,以促进引领区一体化发展。其中,主线包括S254、G105、S353;环线为从化北环线和增从中环线;支线包括共青路至流溪湖环街、X301—X934、X262—S355等。2024年11月,引领区旅游公路从化区示范段开工,该示范段位于从化区G105彩虹大桥至温泉高速出口段,全长24公里,沿流溪河蜿蜒而下,串联起国家版本馆广州分馆、从都国际论坛、香港赛马会从化马场、流溪河国家森林公园、生态设计小镇等多个重要节点。一期项目

---

[1] 《惠州以最美旅游公路拉开环"南昆山—罗浮山"引领区建设序幕》,博罗县人民政府门户网站,2024年11月28日,https://www.boluo.gov.cn/xzygdw/glglj/xwzx/gzdt/content/post_5406691.html。

包括增设骑行道、优化交通标志标线、完善交通安全设施、打造特色驿站节点等，已于 2024 年底完成建设。二期项目将继续完善配套驿站、接驳交通等快达慢游的旅游服务体系，重点打造流溪河森林公园、流溪温泉广场、生态设计小镇、温泉入口门户等四大节点。预计到 2027 年全区将完成 33 公里主线建设、82 公里支线建设。惠州市龙门县在引领区建设方面，先后投入资金实施龙门县古城街区基础设施建设项目，对龙城街道谷行街、城东路、新兴路等区域内道路两侧的建筑立面进行提升改造，对地面环境进行升级，增设公共卫生设施，对街区巷道进行建设，对城市基础设施工程进行升级改造。2025 年拟投入 5.15 亿元实施县城补短板强弱项项目 9 宗，包括稳妥引温泉入县城，县城供地热水建设工程进度已达 57%；升级改造县城老旧街区，激发县城商贸活力。同时开展金山污水处理厂提标及污水管道修缮清淤工程，建设沉淀池，已对 10 公里污水管道进行清淤修缮。2025 年 5 月，惠州龙门产业园区管理委员会发布《医药与生命健康片区污水处理系统建设工程【施工】招标计划》，建设污水处理系统，设计规模为 10000m³/d，将新增构（建）筑提升泵房、监控室、沉淀池、污泥泵站、臭氧氧化池等各种污水处理系统。

（三）立足产业融合发展，优化产业空间格局

引领区以产业融合发展为核心战略，积极推动一二三产业的协同发展，形成了多元化、创新性的产业发展格局。在农业领域，充分发挥当地的自然条件优势，大力发展生态农业、休闲农业等新型农业业态。工业方面，增城区在推动产业发展上成果显著。2023 年，增芯科技、众山精密等 142 个在建产业项目加速推进，同时成功引进中微半导体、广东工研院中试线等 160 个产业项目，完成工业投资 256 亿元，同比增长 57%，规上工业增加值增长 10.9%。这些工业项目的落地与发展，不仅增强了区域的工业实力，更为农业和服务业的升级提供了坚实的技术和产业支撑。在服务业方面，凭借南昆山和罗浮山得天独厚的自然景观和深厚的人文底蕴，引领区大力发展生态旅游、文化旅游、康养旅游等特色旅游产业。据统计，2024 年全年，引领区共接待游客 1754.47 万人次，实现旅游收入 84.16 亿元[①]。此外，通过举办各类特色文旅活动，如

---

① 《立足资源优势推动文旅融合深度发展》，惠州市人民政府网站，2024 年 12 月 11 日，https：//www.huizhou.gov.cn/zwgk/hzsz/zwyw/content/post5417151.htm。

"村晚"系列文化活动,吸引游客超 300 万人次,同比增长 80%①。产业之间的深度融合,形成了相互促进、协同发展的良好态势。在产业发展过程中,创新驱动发挥了关键作用。以乡村酒店(民宿)产业为例,惠州市在全省率先成立了惠州市环"两山"乡村酒店产业联合会,通过整合酒店经营、市场营销、规划设计等多方面的资源优势,有力地推动了行业的合作共赢。在空心村改造方面,积极探索出了国企参与整村改造的"长滩模式"以及村企合作市场化运营乡村资源的"水口模式",为产业发展和乡村振兴提供了全新的发展思路和实践模式。

(四)严守生态底线,筑牢生态保护屏障

引领区域内各地严格划定生态保护红线,加强对森林资源的监管和保护。广州市从化区建有陈禾洞 1 个省级自然保护区、唐鱼和温泉 2 个市级自然保护区。从化区规划生态公益林 128 万亩,全区森林覆盖率稳定在 69.1%,林业用地 201.75 万亩。广州市增城区在森林资源保护管理方面成效显著,拥有"全国森林旅游示范县""国家生态文明建设示范区"等称号。全区确立 70 名产业林长,经营林地面积超 12 万亩,占全区林地面积的 11%,带动全区林业草原总产值突破 200 亿元。惠州市博罗县建有象头山国家级自然保护区,总面积为 10696.9 公顷,其中核心区面积 3635.6 公顷,占总面积的 34%,森林覆盖率 88.4%。惠州市龙门县有龙门杨坑洞市级自然保护区,总面积为 2708.5 公顷,其中核心区占地 1674.8 公顷,缓冲区 600 公顷,实验区 433.7 公顷。

持续改善引领区内水环境质量。广州市从化区流溪河流段水资源、水环境、水生态治理举措成效显著,2023 年起长期稳定在 II 类以上水质,其中上游良口断面突破性达到 I 类水。通过实施水土流失综合治理、生态修复、河道综合整治等措施,域内鸭洞河的水土保持率从 89.2% 提高至 96.87%,林草面积占宜林宜草面积比例达到 98%,小流域出口断面水质长年稳定在地表水 II 类及以上标准。广州消失多年的珍稀植物飞瀑草在鸭洞河流域再次被发现,生物多样性得到有效恢复。

---

① 《增城高效推进环南昆山—罗浮山县镇村高质量发展引领区建设》,广州市人民政府网站,2024 年 10 月 24 日,https://www.gz.gov.cn/zt/gzlfzgzld/gzgzlfz/content/post9937276.htm。

广州市增城区开展增江画廊水利风景区生态修复成果显著。近两年时间集中投入人力、物力、财力治污，污水管网由原来 480 公里提升到 1500 公里。综合治水后，增江水质明显提升，常年保持在 Ⅱ 类水质，实现了水系连通，恢复了湿地功能，建立了国家级水产种质资源保护区，建设了水鸟生态廊道。现有 190 种鸟类，300 多种动物在此自然繁衍生息，再现了增江"清水绿岸、鱼翔浅底、水草丰美、白鹭成群"的美好画卷。博罗县 4 个地表水国省考断面水质优良率（Ⅰ~Ⅲ类）为 100%，无劣 Ⅴ 类水质，这体现出博罗县在地表水环境保护方面取得了较好成果，地表水环境质量整体良好。龙门县积极推进引领区最美旅游公路建设，谋划推进澜石河、河肚水、鳌溪河等中小河流整治，使最美旅游公路"下浪村溪畔驿站""绿屏石滩""大榕树驿站"等关键节点防洪标准可提高至 10 年一遇，实现水陆共美的生态景观。

（五）立足共建共享，有序推进乡村治理

引领区建设中，通过加强各级党组织建设，积极探索和推进乡村治理，形成了共建共享、和谐有序的乡村治理模式。在空心村改造过程中，因地制宜地探索出了多种行之有效的治理模式。以龙门县龙华镇长滩村为例，通过国企参与整村改造，形成了国企、民企、村民三方"合伙"的利益共享机制。这种机制不仅充分保障了村民的合法权益，还实现了村庄的有效治理和可持续发展。提升了基层党组织的凝聚力和战斗力，为乡村治理提供了坚强的组织保障，通过注重解决村民的实际问题，保障村民的合法权益，营造了和谐稳定的社会环境。

（六）强化区域协同，提升综合管理效能

引领区建设在生态保护、旅游产业发展、城乡融合、乡村振兴和体制机制创新等方面取得了显著成效，为区域高质量发展提供了有力支撑，主要包括以下几个方面。一是区域协同机制，引领区建立了跨区域的沟通与决策机制，推动广州与惠州两市在交通、产业、公共服务等方面的互联互通。二是产业协同发展机制，引领区通过整合资源，推动产业绿色智能转型。例如，增城区提出通过打造最美旅游公路、正果驿站、岳村村岭南特色现代化样板村，形成"两山一画廊、两环一门户"的空间结构，重点发展森林温泉康养、智能设备

制造、生物医药等产业。同时，引领区还探索成立文旅产业联盟，发展"农业+文化、旅游、教育、康养"等新产业、新业态。三是土地要素保障机制，引领区在土地利用方面进行机制创新，推广全域土地综合整治试点经验，统筹推进土地整治、空间优化、功能提升等工作。在资金保障方面，省市县三级财政对引领区的基础设施和公共服务建设项目予以优先支持。四是公共服务一体化机制，引领区致力于打造区域公共服务共同体，全面提升教育、医疗、养老等公共服务水平。例如，增城区实施城乡供水一体化，与惠州市政管网实现"同质同服务"①。五是人才引育机制，引领区通过多种方式吸引和培养人才。例如，增城区依托乡村振兴人才驿站，开展农业农村招商引资引智活动。

三　引领区建设呈现的意义

引领区的建设在区域协调、城乡融合、生态保护、文化传承、产业升级和民生改善等多个方面都具有重要意义，为推动地区的可持续发展和人民的幸福生活奠定了坚实基础，也为其他地区的高质量发展提供了宝贵的经验和启示。

（一）破区域失衡之困：矛盾调和下的发展重塑

在区域发展的进程中，不平衡问题一直是制约整体进步的关键矛盾。环南昆山—罗浮山县镇村高质量发展引领区的建设，正是调和这一矛盾的有力举措。通过合理规划资源分配，加强薄弱镇村的基础设施建设、产业培育和人才引入，打破区域间在经济、社会、文化等方面的差距壁垒。从经济发展的不平衡来看，引领区整合区域内优势资源，推动产业协同发展，让原本发展滞后的镇村共享发展机遇，实现区域发展的重塑，促进整体的均衡与协调。

（二）筑城乡融合之基：示范引领中的协同共进

城乡二元结构曾是阻碍发展的难题，而该引领区致力于打破这一结构，为城乡融合筑牢基础。通过示范引领，以城市的先进技术、资金和管理经验反哺

---

① 《增城区"百千万工程"指挥部发布环南昆山—罗浮山县镇村高质量发展引领区建设实施方案》，广州市增城区人民政府门户网站，2024年11月20日，https://www.zc.gov.cn/tz/tzzx/content/post_9986278.html。

乡村，同时挖掘乡村的生态、文化等特色资源，吸引城市要素流入。在交通、公共服务、产业发展等方面实现城乡协同共进，如建设城乡一体的交通网络，让乡村能够更便捷地与城市联通；推动城市优质教育、医疗资源向乡村延伸，提升乡村居民的生活品质。这种示范作用，为其他地区的城乡融合发展提供了可借鉴的模式和经验。

（三）践生态绿色之道：理念指引下的实践创新

引领区秉持生态优先、绿色发展的理念，积极开展实践创新。依托区域内丰富的自然资源，引领区大力发展生态农业、生态旅游等绿色产业，实现经济发展与生态保护的良性互动。通过创新生态保护机制，引入先进的环保技术，对山水林田湖草进行系统保护和修复，打造绿色发展的样板。在理念的指引下，不断探索生态产品价值实现的新路径，让绿水青山真正变成金山银山。

（四）搭文化传承之桥：守正出新间的平台构建

文化是一个地区的灵魂，引领区高度重视文化传承与创新。在守正的基础上，深入挖掘南昆山和罗浮山地区的历史文化、民俗文化等，保护和修缮文化古迹，传承非物质文化遗产。同时，积极创新文化表现形式和传播方式，搭建文化传承与创新的平台。通过举办文化节、建设文化场馆、发展文化创意产业等，让传统文化焕发出新的生机与活力，增强区域文化的认同感和吸引力，以文化软实力推动经济社会的高质量发展。

（五）驱产业升级之轮：经济高质量发展的引擎驱动

产业是经济发展的核心支撑，引领区将产业升级作为推动经济高质量发展的关键。通过引导传统产业向高端化、智能化、绿色化转型，培育新兴产业和特色产业，构建现代化的产业体系。例如，推动制造业与互联网、大数据、人工智能深度融合，提高生产效率和产品质量；发展特色农业和乡村旅游，促进一二三产业融合发展。产业升级为经济发展注入了新的动力，成为引领区经济高质量发展的强大引擎，带动就业和居民收入增长，提升区域经济的竞争力。

（六）谋居民幸福之实：践行以人民为中心的发展思想的举措

高质量发展的最终目的是让人民幸福。引领区始终坚持以人民为中心的发展思想，将各项举措聚焦于提升居民的生活质量和幸福感。从改善居住环境、增加就业机会、提高社会保障水平，到丰富居民的精神文化生活，每一项政策的制定和实施都体现了民本思想。广州增城区增江街积极构建农文旅新格局，发挥主城区服务优势，打造环"两山"示范区综合服务基地，不仅成功创建了 1978 电影小镇、大埔围美丽乡村两个国家 AAA 级旅游景区，更将大埔围村创建成全国乡村旅游重点村。通过建设美丽乡村、完善公共服务设施、加强社会治理等举措，让居民切实感受到发展带来的实惠，增强了获得感、安全感和幸福感。

四　引领区建设前瞻

刚刚起步的引领区建设，尽管开局良好但仍然存在一系列制约因素，其中资金、人才和土地利用方面的问题尤为突出，一定程度上影响了引领区建设的进程和质量。在扎实推进粤港澳大湾区建设的国家战略背景下，有省级的统筹，广州、惠州两市扎实的经济基础和工作基础，相信引领区的明天一定更加美好。

（一）生态资本增值导向下经济增长极的培育与拓展

在引领区建设中，深度挖掘生态红利以驱动经济新增长极的形成是核心任务之一。未来，引领区需将生态系统的服务功能与经济发展深度融合，构建生态产品价值核算体系，精准评估生态资源的经济价值。一方面，依托独特的自然资源本底，发展生态体验、生态教育、自然康养等生态服务型产业，形成生态经济的新增长点。另一方面，借助科技创新，推动生态资源与数字经济、高端制造等新兴产业的跨界融合，促进生态优势向经济优势高效转化，实现生态资本的增值与经济增长的协同共进，打造具有强大竞争力和可持续发展能力的经济新增长极。

（二）产业耦合共生模式下全产业链现代化发展范式构建

构建产业深度融合的全产业链发展格局是引领区产业体系优化升级的关键所在。展望未来，引领区应遵循产业生态化和生态产业化的发展思路，加强产业链各环节之间的有机衔接与协同创新。通过建立产业联盟、搭建产学研合作平台等方式，促进农业、工业和服务业在技术、人才、市场等方面的深度耦合，实现产业链的延伸、补链和强链。同时，注重产业链的绿色化和智能化改造，推广应用绿色生产技术和智能制造装备，提高资源利用效率和产品附加值，构建起以绿色、创新、高效为特征的全产业链现代化发展格局，提升区域产业的整体竞争力。

（三）绿色创新协同驱动下现代化引领区的塑造与示范

形成绿色宜居与创新繁荣的现代化引领区是重要建设目标。在未来的发展中，引领区需将绿色发展理念贯穿于城市规划、建设和管理的全过程，加强生态环境保护和修复，提升生态系统的稳定性和服务功能，打造宜居宜业的绿色生态环境。同时，强化创新驱动，培育创新文化，完善创新生态，吸引和集聚高端创新要素，推动绿色技术创新和应用。通过绿色与创新的深度融合，实现经济、社会和环境效益的最大化，树立现代化发展的新标杆，为其他地区提供可复制、可推广的经验和模式，发挥引领区的示范引领作用。

（四）城乡空间一体化治理下县镇村协同发展机制的创新与实践

县镇村一体化是引领区实现城乡协调发展的重要路径。未来，引领区应打破行政壁垒和城乡二元结构，构建县镇村一体化的空间治理体系。加强县镇村之间的规划统筹和资源整合，优化城乡空间布局，推动基础设施、公共服务和产业发展的一体化进程。通过建立城乡要素双向流动机制，引导人才、资金、技术等资源向农村地区流动，激活农村发展潜力。同时，挖掘乡村的生态、文化和农业资源优势，发展特色乡村产业，促进乡村振兴与县域经济发展的良性互动，实现县镇村的协同发展和共同繁荣。

（五）内涵式发展导向下新型城镇化质量的跃升与动力机制重塑

新型城镇化是引领区实现现代化的重要支撑。在未来的发展中，引领区应摒弃传统的外延式扩张模式，坚持内涵发展导向，注重城镇化的质量和品质提升。一方面，加强城镇基础设施和公共服务设施的建设和完善，提高城镇的承载能力和服务水平，满足居民对美好生活的需求。另一方面，推动城镇产业的转型升级，培育发展绿色产业、新兴产业和现代服务业，创造更多高质量的就业机会，吸引农村人口有序向城镇转移，打造具有地域特色和文化魅力的新型城镇，实现城镇化与生态保护、经济发展、社会进步的有机统一。

引领区的建设承载着推动广东生态文明建设和经济社会高质量发展的双重使命。通过多维协同努力与探索，引领区建设将实现生态环境优势与经济社会发展优势相互转化和良性循环，成为践行"两山"理念的广东先行示范区和样板区，为建设美丽中国作出积极贡献。

参考文献

王庆峰：《扎实推进环南昆山—罗浮山引领区建设》，《南方日报》2024年11月29月。

刘建威、陈春惠、周智聪等：《高水平规划建设引领区 深化"旅游+"产业融合》，《惠州日报》2025年2月20日。

李杨：《以环"南昆山—罗浮山"引领区建设为牵引探索中国式现代化的广州路径》，《环境》2024年第12期。

南方日报评论员：《高标准高水平推进环南昆山—罗浮山引领区建设》，《南方日报》2024年12月3日。

B.21
大塘镇立足地方特色打造
农文旅融合新样板

金芃伊　李耀尧*

摘　要：　在乡村振兴战略全面推进的时代背景下，农文旅融合已成为广东"百千万工程"乡村产业发展的关键模式。佛山市三水区大塘镇依托地方特色大力实施"百千万工程"，坚持战略谋划、资源整合、贯彻执行三管齐下，依托其空间、资源和人文禀赋优势和地方特色，打造资源禀赋、发展整合、产业协同型的农文旅融合新模式，大力构建农文旅融合型产业链和生态链，实施"乡村—文化—旅游—生态"一体化发展形态，在广东"百千万工程"文旅融合发展方面进行了诸多实践探索并取得了显著成效，走在了全省前列。未来发展，关键是扬长避短、实施品牌提升。

关键词：　乡村振兴　农文旅融合　新发展模式　佛山大塘

近年来，农文旅融合作为一种现代乡村产业发展新模式，已经成为促消费、扩内需、拉动经济增长和乡村全面振兴的重要力量。2024年，佛山市三水区大塘镇以习近平新时代中国特色社会主义思想为指导，坚持以文旅融合赋能"百千万工程"实施，在建设大湾区特色镇的新征程上迈出了坚实步伐。坚持立足资源禀赋创新农文旅融合模式，以发展现代都市农业为道路，深化农业一二三产业融合发展，培育"农文旅、产加销"新业态，创造"农村+文化+旅游"融合发展新模式，推动现代都市农业成型起势、文化艺术活化乡村、群众生活富裕富足。

---

* 金芃伊，广东省社会科学院助理研究员，博士，主要研究方向为文旅融合、文化传播；李耀尧，广州市黄埔区人大常委会副主任、经济学博士，主要研究方向为产业与区域经济。

一 坚持资源禀赋促进农文旅融合

一个区域能否成功发展取决于这个地区在推进发展中所具备的战略谋划力、资源整合力、贯彻执行力及其综合运用力，这涵盖了区域发展的综合发展效率、产业经济效率、区域带动效率、创新资源整合效率、空间资源整合效率、资金资源整合效率、管理服务环境、产业发展环境和持续推进落实等方方面面。大塘镇之所以能够创造农文旅融合新模式，是因为其能根据实际进行战略谋划、实施规划、谋定而后动。2024 年大塘镇作为产业强镇挑起经济大梁，入围全国"镇域经济 500 强"；规上工业增加值同比增长 21.7%；招商引资总额达 180.66 亿元，连续两年排名全区前列。大塘镇生动演绎了中国式现代化佛山实践的大塘样本，这离不开文化与旅游业的发展与助力。

（一）依托资源禀赋实施战略谋划、精准定位

一是发挥空间优势。从地理位置上看，大塘镇地处佛山市三水区北部，粤港澳大湾区腹地，南起佛山、东接广州、西望肇庆、北连清远。北江流经境内，省道广四线、清龙线以及塘西大道、肇花高速公路等贯境而过，交通路网发达，紧密融入广佛肇"半小时"经济圈，具有聚集优势、交通优势和区位优势。这些优势使得大塘镇能够充分利用其丰富的自然生态和人文资源禀赋，推动文旅产业的发展。同时，大塘镇靠近佛山北部战新产业园，这一地理位置使得大塘镇能够抓住佛山北向发展的战略机遇，加速佛北战新产业园的建设，有利于加快打造湾区特色新材料专业镇。

二是发挥资源优势。大塘镇拥有大坑山、北江等自然景观，在文旅融合方面具有丰富的资源优势，主要体现在特色工业、农业和文旅资源的融合发展上。大塘镇以融合发展为主线，着力挖掘特色工业、农文旅等资源，加速推进"三产"融合，塑造文旅新品牌。通过特色产业赋能乡村文旅，以乡村美景带旺产业发展，探索"美景+场景"文旅新路径，推动城乡协调发展，为大塘高质量发展注入新活力。

三是发挥人文优势。大塘镇在乡村振兴文旅融合进程中，展现出了独特而

丰富的人文优势，主要体现在两方面，其一是乡土文化底蕴。莘田村、六一村的文化打卡墙是大塘镇乡土文化的生动展示。莘田村作为佛山市乡村振兴示范村，在推进文旅融合过程中，充分利用墙体空间，以富有创意的墙绘等形式，将当地的历史故事、民俗风情等元素巧妙融入其中，使一面面墙壁成为展示乡村文化的窗口。六一村的文化打卡墙同样别具特色，色彩鲜艳、造型生动的艺术墙绘遍布村庄，与古村的自然风光、传统建筑相得益彰，为游客带来了独特的视觉体验和文化感受。其二是特色文旅建筑。古色古香的书舍、底蕴深厚的宗祠以及风格独特的镬耳建筑群，这些特色文旅建筑无一不吸引着广大游客前往参观。大塘镇莘田村的"松庵书舍"和"木庵书舍"始建于清朝，距今已有100多年的历史，为了更好地发挥书舍的文化价值，当地对其进行了修缮活化，将其打造成国学教育和学术交流的爱国主义教育研习基地，成为大塘镇乡村文旅的重要文化地标。连滘村罗氏宗祠始建于清嘉庆年间，近年来，罗氏宗祠被注入新内涵，建成新时代文明实践点阵地，设立了农家书屋和红色驿站，进一步活化了祠堂的功能，成为村民休闲娱乐、文化传承的重要场所。此外，刘屋村作为清代建筑，是大塘镇历史文化的重要见证。

（二）依托资源条件开展文旅规划、搞清路线图

一是狠抓旅游线路规划。首先，大塘镇将各个景点进行串联，在设计将六一梅花村、邓塘洲河心岛、大塘"粮仓渔歌"、北江河鲜美食街等景点串珠成链的旅游线路时，充分考虑了各景点的特色与互补性。以文化体验为先导，从具有500多年历史的六一梅花村出发，这里翠岭叠嶂、江水环绕，带有"梅花窗"的独特建筑造型以及古朴的镬耳屋，让人仿佛穿越回古代，感受浓厚的岭南古村韵味。接着前往邓塘洲河心岛，从高空俯瞰，小岛屋舍井然，巷道笔直，青山如屏，北江如练，是感受自然宁静与乡村质朴的绝佳之地。随后引入大塘"粮仓渔歌"，展现大塘镇现代农业与渔业的丰收景象，让游客了解当地的农业文化与生产方式。北江河鲜美食街则作为美食体验的重要一站，游客在欣赏美景、了解文化后，能够品尝到鲜美的河鲜，满足味蕾需求。整个线路动静结合、文化与美食交融，为游客提供了丰富多元的旅游体验。

　　二是打造主题旅游线路。大塘镇"疍家游"以体验疍家文化为主题特色，让游客深入了解疍家人依水而居、舟楫为家的独特生活方式。景点组合包括北江边的疍家渔民聚居地，游客可以看到渔民们传统的捕鱼方式，感受疍家文化传承；品尝疍家特色美食的环节，如鲜美的蚬肉等，让游客从舌尖上开启对疍家文化的认知。该线路市场定位主要是对民俗文化感兴趣、渴望体验独特水上生活的游客群体，如文化爱好者、亲子家庭等。"红色游"则以传承红色基因、缅怀革命历史为主题，深入挖掘大塘镇莘田"聚梦家园"党建基地、连滘罗氏大宗祠等红色文化资源。景点组合可能包括当地具有革命历史意义的纪念馆、遗址等，通过展示历史图片、文物以及讲解革命故事，让游客重温那段波澜壮阔的历史。市场定位主要面向党史学习教育群体、爱国主义教育团体以及对红色文化有深厚情感的中小学生等，为他们提供一个接受红色教育、传承红色精神的平台。

　　三是推动旅游规划互动。宏观层面从整体文旅产业发展的促进作用上看，旅游线路的优化规划，有效带动了大塘镇整体文旅产业的发展。一方面，吸引了更多游客前来，增加了旅游收入，带动了餐饮、住宿、购物等相关产业的繁荣，促进了当地经济增长。另一方面，提升了大塘镇的知名度和美誉度，树立了特色文旅品牌，吸引了更多的投资和资源，推动了文旅产业的持续升级和发展，为乡村振兴注入了强大动力。中观层面从旅游资源充分利用的作用上看，旅游线路规划将分散的旅游资源进行了有机整合，避免了资源的闲置和浪费。一些原本可能位置较偏或知名度不高的景点，通过与其他景点串联，以及在主题线路中的合理安排，吸引了更多游客的关注。如邓塘洲河心岛，在与其他景点形成线路后，其独特的自然景观得到了更充分的展示和利用，成为旅游线路中的亮点之一。同时，不同类型的资源相互搭配，实现了优势互补，使大塘镇的旅游资源得到了全方位的开发和利用。微观层面从游客体验提升的作用上看：通过合理的旅游线路规划，游客不再是孤立地参观某个景点，而是能够在一条线路中体验到多元的文化、自然和美食元素，实现了从单一观光到深度体验的转变。例如，在串联景点的线路中，游客既能感受古村的历史韵味，又能欣赏河心岛的自然风光，还能品尝到鲜美的河鲜，丰富了旅游的层次感和趣味性。主题旅游线路更是精准地满足了不同游客群体的需求，让游客能够专注于自己感兴趣的文化主题，深入了解和体验，提升了游客的满意度和获得感。

二 坚持发展整合促进农文旅融合

大塘镇在实施乡村振兴、推进农文旅融合的发展进程中，其文旅活动作为关键举措，是推动乡村文化振兴、促进文旅融合的积极探索，通过搭建多元平台，充分展示了乡村文化的独特魅力，极大地增强了村民的文化自信和归属感。在促进农文旅融合发展中，关键在于开发、挖掘一系列主体及特色农文旅活动，坚持依托镇域乡村生态、历史文化、精品旅游互动发展，加速农文旅各类资源整合与活化利用，取得了良好的综合联动效果。

（一）整合资源、开展系列特色活动

大塘镇积极举办各类文体与美食活动，为游客和村民带来了丰富的体验。"大塘烟火秀"等4次大型群众性文体活动，以绚丽多彩的烟花、精彩的文艺表演和热闹的互动环节，吸引了大量周边群众和游客前来观赏，点亮了大塘的夜空，也点燃了人们对生活的热情。"腊味美食街"汇聚了各种风味独特的腊味，让人们在品尝美食的同时，感受到大塘独特的饮食文化。"美好生活节"则通过特色产品展、时装秀及音乐会等形式，探索乡村美景与产品展示场景相结合的文旅新路径，实现以特色产业赋能乡村文旅，以乡村美景带旺产业发展。此外，"村晚"是大塘镇文化生活的新亮点，如莘田村的"村晚"，与以往的晚会不同，这是一场群众广泛参与的晚会，节目主要由村民及辖区企业提供，展现了村民们的才艺和精神风貌。现场还有各种特色非遗美食，勾起人们记忆中的"年味"，吸引了众多村民和游客参与，成为乡村文化的欢乐盛宴，增强了村民的凝聚力和文化认同感，也吸引了周边地区的关注，为乡村文旅带来了新的流量。"冬瓜王大赛"作为大塘镇的文化品牌盛事，已持续举办13届。2024年的大赛作为广东省第一届农事运动会佛山站首发活动，以"农事+运动"的方式，通过冬瓜主题体育运动项目"大力士来回跑"实现与首届农事运动会的"梦幻联动"，并融入佛山本土足球盛事"西甲"的激情，营造了全民参与农事活动的良好社会氛围。大赛不仅提升了大塘冬瓜的知名度，还吸

引了全国农业技术推广服务中心、华南农业大学等机构以及各地企业参与，进一步深化了区域协调发展，有力地推动了农文旅融合。

（二）整合资源、实施品牌拉动

大塘镇立足于唐潮研学文化、村"BA"文化，打造特色文旅、农旅名片，增进品牌效应，以"文"赋能，聚势引流，促进文旅体深度融合，构建文化经济双循环，持续掀起"全民热"，使文化赋能更丰沛。此外，大塘镇还通过举办劲农腊味美食节、莘田"村晚"、广东首届农事运动会佛山站暨冬瓜王大赛等系列活动，成功打造了"特色产业+乡土文化+田园美食"的农文旅融合发展模式，打响大塘本土文化品牌知名度。劲农腊味美食节围绕腊味文化，开展优质腊味农产品展销、手工制作体验等丰富多彩的活动，还融入贵州特色长桌宴等文化元素，成为粤黔两地文化交流融合的创新探索，既推广了大塘的腊味产品，又展示了当地的多元文化。这些活动相互交织，共同塑造了大塘镇独特的文旅品牌形象，吸引了越来越多的游客前来，提升了大塘镇在周边地区乃至更广泛范围内的知名度和美誉度，让大塘镇的本土文化品牌在乡村振兴的道路上熠熠生辉，为乡村经济社会发展注入了新的活力。

三　坚持产业协同促进农文旅融合

大塘镇立足三水北部副中心的发展定位和本土特色资源，全力打造产业强镇。在实际操作中，这个镇牢牢紧扣产业发展这个要务，以农文旅融合促进产业协同互动联动，形成了农文旅产业协同促进、深度融合、互动发展。

（一）构建农文旅产业链，形成产业融合发展的生态格局

一是将现代农业与旅游相结合。合洋水产"三产融合"项目积极融入旅游元素，致力于构建休闲渔业、生态观光旅游新格局。项目中的省级示范性美丽渔场项目，将串联起渔业科普展示馆、科技研发区、十里示范带建设。结合莘田渔业资源和生态禀赋优势，打造育苗展示区、桑基鱼塘示范区、数字农业展示区等七大片区。游客可以在这里参观现代化的水产养殖设施，了解水产养

殖的科学知识，体验桑基鱼塘的传统生态农业模式，感受数字农业的科技魅力。广良增资扩产项目同样注重与旅游的融合，通过建设现代化的农业种植基地，展示先进的种植技术和优良的蔬菜品种。基地规划了专门的观光路线，游客可以漫步其中，欣赏大片的绿色蔬菜田，了解蔬菜从种苗到成熟的生长过程。此外，还设置了蔬菜采摘体验区，让游客亲自参与采摘，品尝新鲜的蔬菜，感受田园生活的乐趣。

二是将大塘镇的特色农产品加工与旅游商品充分利用与开发。大塘镇在特色农产品加工与旅游商品开发方面独具匠心。以黑皮冬瓜为例，当地将黑皮冬瓜进行深加工，开发出了多种旅游商品。比如制作黑皮冬瓜酥和黑皮冬瓜脯。这些冬瓜制品不仅美味可口，还具有清热消痰利尿等功效，成为深受游客喜爱的旅游商品。此外，大塘镇还将黑皮冬瓜制作成冬瓜干、冬瓜酱等产品，方便游客携带和保存，进一步延长了冬瓜的产业链，增加了农产品的附加值。

（二）挖掘农文旅关联潜力，形成产业融合发展的效益格局

特色产业赋能乡村文旅，产业融合的步伐在大塘加速。2024年，大塘镇的特色产业集群积厚成势，新载体、新产业、新能量持续聚集，百亿工业大镇迈向大湾区特色强镇，同时大大推进大塘镇文旅产业高质量发展，助力"百千万工程"落地见效。

一是产业协同格局，发展推动了大塘镇乡村经济的快速增长。现代农业与旅游的结合，吸引了大量游客前来观光、体验，带动了餐饮、住宿、购物等相关产业的发展。特色农产品加工和旅游商品开发，提高了农产品的附加值，增加了农产品的销售渠道和利润。

二是产业融合格局，发展创造了大量的就业机会。在现代农业项目中，从种植、养殖到农产品加工，都需要大量的劳动力。旅游产业的发展也带动了酒店、民宿、景区服务等行业的就业增长。例如合洋水产"三产融合"项目和广良增资扩产项目，不仅需要专业的农业技术人员，还需要大量的普通工人进行日常的生产管理。旅游旺季时，景区、餐厅、民宿等场所也需要招聘大量的临时工，为当地村民提供了丰富的就业选择，有效解决了农村劳动力就业问题。

三是产业效益格局，农民通过参与产业协同发展，实现了多渠道增收。农民不仅可以通过土地流转获得租金收入，还可以在农业项目和旅游企业中务工获得工资收入。此外，农民还可以将自己种植的农产品卖给农产品加工企业，或者在旅游景区周边摆摊销售特色农产品和手工艺品，增加经营收入。一些有条件的农民还开设了农家乐、民宿，直接参与旅游经营，获得了可观的收益，切实提高了生活水平。

总之，佛山市大塘镇充分发挥特色产业优势，探索工业与文旅相结合的产业融合新路径，以特色产业赋能乡村文旅，以乡村美景延伸大塘产业品牌展示场景，推动一二三产业加速融合。产业协同发展为大塘镇的乡村振兴发展提供了坚实的基础和动力。经济的增长使得乡村有更多的资金投入基础设施建设、公共服务提升和生态环境保护中，改善了乡村的面貌。就业机会的增加和农民收入的提高，增强了农民的幸福感和获得感，吸引了更多的人才留在乡村，为乡村的发展注入了新的活力。同时，农文旅的融合发展也促进了乡村文化的传承和发展，提升了乡村的知名度和美誉度，推动了大塘镇乡村全面振兴。

在"百千万工程"的大背景下，大塘镇农文旅产业虽取得一定发展，但在基础设施、人才储备、品牌建设等方面仍面临诸多挑战，这些问题制约着农文旅产业的进一步发展壮大，也影响着其对乡村振兴的带动作用。展望未来，大塘镇应持续以农文旅融合发展为主线，着力挖掘农文旅资源，加速推进"三产"融合，塑造文旅新品牌，以特色产业赋能乡村文旅，以乡村美景带旺产业发展，探索"美景+场景"文旅新路径。这包括强化基础设施建设、强化人才培养与引进、强化品牌建设提升，大力培育农业、旅游、文化等融合发展新业态，构建全域旅游新格局，为大塘镇持续健康发展注入新活力，让文旅产业助力"百千万工程"并赋能乡村振兴。

参考文献

傅才武、程玉梅：《文旅融合在乡村振兴中的作用机制与政策路径：一个宏观框架》，《华中师范大学学报》（人文社会科学版）2021年第6期。

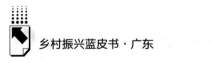

张祝平：《以文旅融合理念推动乡村旅游高质量发展：形成逻辑与路径选择》，《南京社会科学》2021 年第 7 期。

耿松涛、张伸阳：《乡村振兴背景下乡村旅游与文化产业协同发展研究》，《南京农业大学学报》（社会科学版）2021 年第 2 期。

《三水大塘：以昂扬之姿竞逐"百千万工程"新赛道》，载谭海清主编《"百千万工程"广东实践》第二卷，广东人民出版社，2024。

B.22
激活乡村价值实现镇域高质量
发展的黄坡实践

高怡冰　李宇隆*

摘　要： 镇域在促进城乡协同发展、推动乡村全面振兴等方面发挥着不可替代的作用。镇域发展的关键在于从价值认知、价值挖掘和价值提升等三个层面系统激活乡村价值。湛江吴川市黄坡镇在推动镇域高质量发展过程中，突出产业发展、城乡建设、治理升级等实践重点，探索价值赋能、认知赋能、科技赋能、融合赋能、要素赋能等创新路径，取得了显著的成效。在新的发展阶段，黄坡镇需要以特色化、集群化、集约化、协同化、数字化、生态化、长效化形成镇域高质量发展闭环，在产业创新发展、资源优化配置、促进协调发展等方面加大政策实施力度。

关键词： 镇域高质量发展　乡村振兴　城乡融合　吴川黄坡镇

镇域是乡村人口的聚集地，也是城乡资源要素流通的关键节点，在促进城乡融合、实现乡村振兴的进程中发挥着不可替代的作用。近年来，湛江吴川市黄坡镇充分发挥镇域的多重价值，加快推进镇域的产业发展、城乡建设和治理升级，为镇域发展价值赋能、认知赋能、科技赋能、融合赋能和要素赋能，推动乡村全面振兴和城乡协同发展。

一　镇域高质量发展在乡村振兴中的价值

镇域作为城乡融合的纽带，蕴含着生态、文化、社会等多重价值，在

---

* 高怡冰，广东省社会科学院改革开放与现代化研究所副所长、研究员，主要研究方向为营商环境、乡村振兴；李宇隆，广东省社会科学院国际问题研究所硕士研究生，主要研究方向为乡村振兴。

新时代肩负着重要使命，在促进城乡协同发展、推动乡村全面振兴等方面发挥着不可替代的作用。黄坡镇在发展过程中，从价值认知、价值挖掘和价值提升等三个层面系统激活乡村价值，充分挖掘镇域潜力，实现乡村可持续发展。

（一）提升价值认知，突破传统的城乡二元思维

正确认识并重视乡村价值是镇域实现全面振兴的重要前提。乡村价值是乡村及其活动对于人类社会经济发展的意义表现，是乡村所具有的促进人类生存和发展的能力。新中国成立以来，我国致力于快速建立工业体系，逐步形成农业支持工业、乡村支持城市、城乡分割的二元体制，乡村整体上处于从属地位，一定程度上失去了乡村本身的特性，乡村价值难以真正体现。新发展阶段，要重新认识乡村的多元价值。当前，乡村资源稀缺性进一步显现，乡村逐步从承担农产品保障供应功能向承担多元复合功能转变。

黄坡镇顺应这一趋势，不再局限于传统农业生产，而是深度挖掘乡村的生态、文化等价值。充分利用自身丰富的历史文化资源，如第一任驻美公使陈兰彬故居、李汉魂故居等省级文保单位，将文化元素融入旅游产业，举办各类文化活动，吸引游客前来观光体验，不仅提升了乡村的知名度，还创造了新的经济增长点，实现了从单一农产品供应向复合功能的转变。

（二）深化价值挖掘，整合传统资源与新兴要素

价值挖掘是激活乡村价值的重要环节。乡村振兴就是要使乡村价值在新的条件下得以实现并发扬光大，在价值发现的基础上，利用、重组、放大原有资源，引进、吸收新资源，使之融入原有的乡村价值系统，为镇域发展注入活力。在这一过程中，需要有效整合传统资源与新兴要素。

黄坡镇充分发挥本地优势，将传统资源与新兴要素相结合。在农业产业方面，积极推动与科研机构合作，与中国热科院南亚作物研究所签订《乡村振兴战略科技合作协议》，引入先进的农业技术，发展番薯种苗培育产业，推动"薯业"打造育种、种植、加工新高地。利用自身的特色农产品和发达的食品加工企业集群优势，抓住预制菜产业发展机遇，谋划以黄坡大米、鱼虾为主打产品，搭配酸甜蒜头、田艾籺等特色配菜的"黄坡米

饭+"系列预制菜产品体系，推动了产业的转型升级，实现了资源的重组与价值的增值。

（三）推动价值提升，构建"三生融合"绿色产业链

价值提升是激活乡村价值的最终目标。新时代乡村价值应该符合人民对美好生活的向往，包括生产价值、生活价值、生态价值等三项基础价值。与传统乡村发展的思维定式不同，放大乡村价值不是把发展外部资源作为乡村振兴的直接方式，而是把乡村已有资源作为发展基础，把过去人们视而不见或者认为没有价值的乡村资源赋予其价值含义。以生产、生活、生态"三生融合"为导向，构建绿色产业链是实现这一目标的重要途径。

黄坡镇在发展过程中，注重推动"三生融合"。在产业发展上，推进唐基现代农业产业园建设，打造集耕作、采摘、科普、加工等多功能于一体的产业园区，既提高了农业生产效益，又为当地居民提供了就业机会，增加了居民收入，提升了生活价值。同时，在园区建设和乡村发展过程中，加强生态保护，推进农村"厕所革命"和村庄清洁行动，建设排污管网，改善农村人居环境，将生态优势转化为经济优势，发展生态旅游等产业，实现了经济发展与生态保护的良性互动，构建了绿色产业链，提升了乡村的综合价值。

二　镇域高质量发展的实践重点与创新路径

黄坡镇在镇域发展的实践中，围绕价值认知、价值挖掘和价值提升，明确产业发展、城乡建设、治理升级等实践重点，探索价值赋能、认知赋能、科技赋能、融合赋能、要素赋能等创新路径，取得了显著的成效。

（一）实践重点

黄坡镇聚焦新型农村集体经济，推进特色产业体系建设，加快产业升级，完善基础设施，推动公共服务资源下沉，以党建引领为核心，构建自治、法治、德治结合的治理体系。

1.产业发展：强基聚能，激发镇域经济活力

镇域作为城乡融合的关键契合点与区域城镇化、工业化的重要节点，产业

发展至关重要。镇域经济是县域经济的根基，推动乡镇产业发展能有力促进县域经济增长；同时，镇域也是带动乡村产业进步、保障农民就近就业、巩固拓展脱贫攻坚成果的关键载体。广东通过统筹镇村产业，合理布局种养、加工、流通、销售等环节，推动乡村产业朝着集群化、科技化、多元化方向发展。黄坡镇依托吴川市烤鱼预制菜产业园，整合本地特色农业资源和加工企业，打造以水产品加工为主导的预制菜产业链，推动产业集群化发展。在科技化方面，积极与科研机构合作，引入先进技术，如推动建设"番薯苗脱毒实验室"，提升农产品的产量和质量。在多元化方面，不仅发展传统农业和工业，还积极拓展产业业态，发展乡村文旅产业，谋划建设唐基青少年研学基地和采摘园，活化利用历史文化资源，推动农文旅融合发展，丰富了乡村产业内涵，激发了镇域经济活力。

2. 城乡建设：内外兼修，绘就城乡融合新画卷

城乡建设是推动城乡一体化发展的关键环节。不断提升镇域基础设施水平，推动公共服务资源向镇域下沉，实现城乡建设的高质量发展，让镇域成为城乡融合发展的重要支撑点。黄坡镇在基建提档上，完善交通网络，推进道路硬底化建设，规划设置汽车停车位和自行车摩托车位，推进公共停车场建设，缓解停车难问题。同时，完善污水管网和自来水供应设施，提升污水处理能力和自来水入户率，加强防灾减灾设施建设，为镇域发展夯实基础。在服务均等方面，推进便民服务设施建设，实现行政村级物流服务站全覆盖，完成敬老院公建民营改革，建设改造镇、村便民服务中心，提升公共服务水平。在风貌提升上，以"粤西商贸重镇、鉴江魅力明珠"为发展定位，提取岭南水乡设计元素，推进美丽圩镇"七个一"建设项目，打造特色乡镇风貌。

3. 治理升级：创新驱动，夯实乡村治理新根基

治理有效是乡村振兴的重要保障。通过强化党建引领、数字化赋能等方式，不断提升镇域治理水平，为乡村发展营造和谐稳定的环境。黄坡镇在党建引领方面，深入实施"头雁工程"，充分发挥党员先锋模范作用，带领群众参与人居环境整治、产业发展等工作。在数字赋能方面，升级镇区视频监控系统，增设智能 AI 劝导防范监控，开通吴川市首个数字乡村 2.0 平台及村委会公众号，实现多个村庄视频监控全覆盖，提升治理效能。在自治协同方面，完善治理机制，制定村规民约，设立"文明积分超市"，成

立村民理事会、乡贤议事会等自治组织，引导村民积极参与乡村治理，激发乡村治理活力。

（二）创新路径

黄坡镇充分发挥镇域联结互动、整合服务、引领带动、资源配置、融合协作、辐射支撑和乡村治理功能，在"百千万工程"的推进过程中，通过"五维赋能体系"，强化乡镇功能，有效促进城乡资源流动，推动产业协同发展，进而实现乡村振兴与城镇化的良性互动。

1. 价值赋能：挖掘稀缺资源，打造差异化品牌IP

镇域拥有丰富的稀缺性资源，如非遗文化、独特的生态环境等。在发现乡村价值的基础上，以现有资源为基石，进行深度挖掘和有效利用、重组、放大，引进、吸收新资源，使之融入原有乡村价值系统，为乡村体系注入活力。特别注重挖掘稀缺资源，打造差异化的品牌IP，提升乡村的价值。黄坡镇深入挖掘自身的历史文化资源和特色农产品资源，打造差异化品牌。利用"中国民间艺术之乡"的美誉，将飘色、泥塑和花桥等"吴川三绝"与旅游产业相结合，打造特色文旅品牌。同时，依托特色农产品，如"稳村番薯"等，培育预制菜产品体系，打造"黄坡米饭+"系列品牌，实现文化价值与经济价值的有机融合。

2. 认知赋能：强化多元思维，引领镇域发展新方向

乡村价值是客观存在的，价值实现离不开主体发挥作用。在这一过程中，认知的转变是推动镇域发展的重要前提。在镇域发展中，注重强化规划思维、产业思维和品牌思维。黄坡镇在规划方面，按照"1+4+7+9+N"的建设要求，结合小城市规划建设指标，完成典型镇及小城市建设规划，统筹镇村发展，实现资源共享、优势互补。在产业方面，强调全链条整合，从农产品的种植、加工到销售，形成完整的产业链。在品牌方面，积极打造特色品牌，提升镇域的知名度和影响力，推动镇域发展实现质的飞跃。

3. 科技赋能：建立合作机制，提升产业科技含量

科技是第一生产力，在镇域发展中，科技赋能至关重要。农业现代化，关键在于科技支撑。科技赋能，就是要做好科技资源在镇域的布局。黄坡镇积极与科研机构建立合作机制，提升产业科技含量。与中国热科院南亚所、湛江市

农业科学院等科研机构合作，开展多项农业技术研究和应用。在番薯产业发展中，推动建设"番薯苗脱毒实验室"，与专家团队签订技术服务协议，开展甘薯种苗主培扩繁工作，为产业发展提供了强大的科技支撑。

4. 融合赋能：推动多元融合，拓展镇域发展新空间

融合发展是镇域发展的必然趋势。镇域发展是一个持续融合的动态过程，其中生产要素的流动与特色产业的培育相辅相成，共同在特定的空间载体内形成集聚效应。在政策方向明确和引导激励下，产业集聚率先由资本牵引，以资本投入带动其他生产要素集聚，培育特色产业；产业发展进一步吸引要素流动和集聚，形成良性循环。黄坡镇积极推动三产融合、城乡融合和产城融合。在三产融合方面，以"农业+文旅"为重点，将农业生产与旅游、文化等产业相结合，建设唐基青少年研学基地和采摘园，活化利用历史文化资源，推动农文旅融合发展。在城乡融合方面，推动公共服务资源下沉，完善基础设施，促进城乡资源的优化配置。在产城融合方面，依托产业转移工业园，打造产城融合发展核，推动产业与城镇协同发展，拓展了镇域发展空间。

5. 要素赋能：创新政策引导，激发镇域发展新活力

人才与资金是镇域发展的关键要素，广东通过一系列创新政策，在吸引人才与资金流入镇域方面取得显著成效。黄坡镇积极创新政策，吸引人才和资金。在人才引入上，以乡情为纽带，利用人才驿站平台，开展"乡村振兴大讲堂"专题技能培训，吸引乡贤回乡创业，为产业发展提供智力支持。在资金引入方面，积极争取上级政策支持，推动项目建设，如充分发挥央企助力资源优势，推进美丽圩镇"七个一"项目建设，为镇域发展注入资金活力。

三 进一步推动镇域高质量发展的思路和建议

黄坡镇发展取得了显著成效，但仍存在特色产业不突出、资源要素紧张等问题，圩镇环境整治难度较大、典型镇培育建设的宣传氛围不足。为此，需要进一步明确镇域发展的思路，在产业创新发展、资源优化配置、促进协调发展等方面提出更有针对性的举措。

（一）发展思路

黄坡推动镇域发展，需从多维度发力，构建"七化"战略框架，服务"百千万工程"与乡村全面振兴，以"特色化"定方向、"集群化"强根基、"集约化"破瓶颈、"协同化"促均衡、"数字化"提质量、"生态化"保底色、"长效化"稳根基，形成镇域高质量发展闭环。

一是特色化：立足资源禀赋，强化专业分工。进一步挖掘和发展特色产业，如预制菜产业、番薯产业、手工制造业等，以"一镇一业"为核心，打造具有黄坡特色的产业格局，避免同质化竞争。

二是集群化：延伸产业链条，培育新质动能。以预制菜产业为例，通过"链主企业+园区"模式，推动产业向高端化升级，同时积极布局新业态，如发展与预制菜相关的冷链物流、电商销售等产业，形成"传统+新兴"双轮驱动的产业生态。

三是集约化：破解空间约束，提升土地效能。可借鉴珠三角镇域经验，推进全域土地综合整治，有序腾挪村庄未建空间，整理村庄农用地规划，调整耕地连片开发，提升建设用地利用效率，解决城镇发展空间不足等问题。

四是协同化：强化节点功能，促进城乡融合。依托镇区完善基础设施与公共服务网络，加强与周边乡村的联系，推动镇域"联城带村"功能落地，统筹生产、生活、生态空间，打造"产城人"融合示范样本。

五是数字化：技术赋能转型，激活创新基因。持续推广"共享工厂""工业互联网平台"等模式，加强数字基础设施建设，利用数字乡村2.0平台等提升数字化治理水平，推动产业数字化升级。

六是生态化：统筹保护开发，践行绿色发展。强化镇域"绿水青山"价值转化，探索生态补偿机制，培育低碳产业，如发展生态旅游、绿色农业等，将生态优势转化为经济增量。

七是长效化：完善机制保障，激发基层活力。落实"扩权强镇"改革、动态监测平台等制度创新，构建政策激励与考核约束并重的可持续发展体系。

（二）政策建议

1. 产业升级引领，筑牢镇域经济根基

锚定高质量发展目标，立足镇域资源禀赋与产业基础，精准培育特色产业体系。持续推动传统农业向现代农业转型，加大对预制菜产业、番薯产业等的扶持力度，拓展产业链条，提升产品附加值。引入先进生产技术和设备，提高农产品深加工能力，开发多样化、高品质预制菜产品，满足不同消费群体需求；借助农村电商平台，拓宽销售渠道，加强品牌建设与推广，提升黄坡特色农产品的市场知名度和竞争力。深度挖掘历史文化和自然风光资源，打造特色文旅品牌，将文化体验、休闲观光与农业产业相结合，开发如"文化古迹探秘游""田园风光体验游"等特色旅游线路，促进农文旅深度融合发展。积极引入数字经济、智能制造等新兴产业项目，培育新的经济增长点，推动产业结构优化升级。

2. 人居环境优化，打造宜居宜业典范

秉持绿色发展理念，将生态宜居作为乡村振兴的重要目标。持续加大基础设施建设投入，进一步完善交通、能源、水利等硬件设施。在交通方面，不仅要持续推进镇内道路的升级改造，还要加强与周边城镇的交通连接，提升镇村互联互通水平；在能源领域，积极探索发展太阳能、风能等清洁能源，推广节能设施，降低能源消耗；在水利建设上，加强农田灌溉设施和防洪排涝工程建设，保障农业生产和居民生活用水安全。深入推进人居环境整治，加强生态保护与修复，加大对污水、垃圾处理设施的投入，建立长效的环境管护机制，打造生态宜居的乡村环境。进一步挖掘乡村文化内涵，将文化元素融入乡村建设，对传统建筑进行保护性修缮，打造具有地域文化特色的乡村景观，实现生态、文化与产业的有机融合，吸引人才、资金等要素汇聚。

3. 体制机制革新，激发要素流动活力

以改革创新为动力，破除制约镇域发展的体制机制障碍。深化土地制度改革，完善土地流转和资源配置机制，促进土地要素高效利用。创新财政金融支持体系，加大政策扶持力度，引导金融资本向镇域倾斜，为产业发展和基础设施建设提供资金保障。建立健全人才流动机制，吸引各类人才投身镇域建设，激活人才、土地、资金等要素的流动活力，为镇域发展注入强大动力。

4. 多元主体协同，凝聚共建强大合力

坚持政府引导、市场主导、社会参与的原则，构建多元化共建格局。政府要发挥好统筹协调作用，制定科学合理的发展规划与政策，营造良好的发展环境。建立健全项目审批"绿色通道"，简化办事流程，提高行政效率，为企业和社会力量参与镇域建设提供便利。企业作为市场主体，应加大投资兴业力度，发挥自身技术、资金和管理优势，带动产业发展与就业增收。鼓励企业与当地农户建立紧密的利益联结机制，通过订单农业、入股分红等方式，让农民共享产业发展成果。引导社会组织积极参与公共服务供给，开展教育扶贫、医疗救助、文化活动组织等公益项目。充分调动村民主体意识，通过宣传教育、技能培训等方式，提高村民参与乡村建设的能力和积极性。建立村民参与乡村建设激励机制，对积极参与且表现突出的村民给予表彰和奖励，激发村民参与乡村建设的积极性与创造性，形成共建共享的生动局面。

5. 强化科技支撑，提升发展创新能力

加大对镇域科技研发的投入，鼓励镇域企业与高校、科研机构建立产学研合作关系，共建研发平台和创新载体。加强与农业科研院校合作，开展番薯新品种选育、预制菜保鲜技术等研究，提高产业的科技含量和创新能力。加强农业科技创新推广体系建设，建立农业科技示范基地，展示和推广先进的农业技术和成果；培养一批懂技术、善经营的新型农民，通过技术培训、现场指导等方式，提高农民对新技术的接受和应用能力。在工业领域，推动企业进行技术改造和设备更新，引入智能制造、工业互联网等先进技术，提升生产效率和产品质量。加强科技人才培养和引进，出台吸引科技人才的优惠政策，为镇域发展提供坚实的科技人才保障。

6. 文化传承创新，增强镇域发展软实力

深入挖掘黄坡镇的历史文化、民俗文化和传统技艺，加大对文化遗产的保护和传承力度。对陈兰彬故居、李汉魂故居等历史建筑进行修缮和维护，丰富其展陈内容，提升文化内涵；加强对飘色、泥塑、花桥等非物质文化遗产的保护和传承，培养传承人，举办文化活动，让传统文化焕发生机与活力。推动文化与产业融合发展，将文化元素融入特色产业中，开发具有文化特色的产品和旅游项目，如以飘色为主题的文创产品、以传统手工艺体验为特色的旅游活动等，提升产品附加值和产业竞争力。加强镇域文化建设，丰富居民精神文化生活，建设文化广场、图书馆、文化馆等文化设施，组织开展各类文化活动，营造浓厚的文化氛围，增强居民的文化认同感和归属感，以文化软实力推动镇域高质量发展。

7. 注重生态保护，探索绿色发展新路径

建立健全生态保护补偿机制，对在生态保护方面做出贡献的主体给予合理补偿，激励各方积极参与生态保护。加强生态环境监管执法，严厉打击破坏生态环境的违法行为，确保生态保护政策落实到位。推动低碳产业发展，在农业领域，推广绿色种植、养殖技术，减少农业面源污染；发展生态循环农业，实现农业废弃物的资源化利用。在工业方面，鼓励企业采用清洁生产技术，降低能源消耗和污染物排放；培育发展新能源、节能环保等新兴产业，推动产业绿色转型。依托良好的生态环境，发展生态旅游、生态康养等产业，将生态优势转化为经济优势，实现生态保护与经济发展的良性互动，走出一条具有黄坡特色的绿色发展之路。

参考文献

朱静辉：《产业的社会空间逻辑：基于沿海两个镇域产业的空间社会学考察》，《社会科学研究》2024 年第 5 期。

林森、林先扬、徐明威：《新发展阶段广东县域经济高质量发展测度和时空分异探究》，《云南农业大学学报》（社会科学）2023 年第 5 期。

贺三维、甘杨旸、叶文敏等：《广东省专业镇发展的时空演变规律及镇域就业密度分析》，《华中师范大学学报》（自然科学版）2021 年第 6 期。

张开云、赵梦媛、邓永超：《消费帮扶的实践样态、多重困境与未来路向——以广东为考察中心》，《人文杂志》2023 年第 1 期。

张鹏博、丁志伟、李志远等：《中国镇域工业发展水平的空间分异格局及影响因素——基于30006 个乡镇的工业企业数》，《河南大学学报》（自然科学版）2024 年第 2 期。

张小娟、史传林：《公共性再生产：数字化积分制何以提升乡村治理效能——基于广东佛冈县数字化积分制的案例分析》，《公共管理学报》2025 年第 2 期。

魏后凯、李瑞鹏：《中国县域发展差距变动及其协调路径》，《广东社会科学》2023年第6期。

张笑菡：《数字经济赋能县域城乡高质量融合的实证检验》，《统计与决策》2025年第3期。

谢易和：《广东县域经济发展问题、原因分析及财政政策建议》，《农业经济》2024年第12期。

龚新蜀、赵丽玉：《数字经济、人力资本与城乡高质量融合——基于经验的假说与检验》，《农村经济》2024年第7期。

B.23
开拓中国农业高水平对外开放合作
新局面的"南沙探索"

林煦丹　郑崴文*

摘　要：　广州（南沙）农业对外开放合作试验区是我国农业对外开放战略布局中的国家级平台，其通过构建"四梁八柱"体系，在农业技术、产业、贸易和文化四大领域取得显著成效。然而，试验区面临跨部门协同不足、产业链能级薄弱、融资单一等挑战。对此，建议试验区通过改革、开放、创新三大动力，在推动建设湾区冷链食品配送枢纽、探索面向世界招商新模式、扩大供应链金融支撑力、构建国际合作新范式、推动农文旅融合发展等方面精准发力，为我国农业高水平对外开放提供"南沙范式"。

关键词：　农业开放合作　广州（南沙）农业对外开放合作试验区　RCEP

广州（南沙）农业对外开放合作试验区（以下简称"南沙试验区"）是2024年经农业农村部正式批准，设立的我国农业对外开放战略布局中的重要国家级平台。其总体定位是：种业集成创新中国芯、RCEP农业合作交汇区、全球制度创新试验地。这一使命不仅体现了国家对南沙试验区的高度期望，也赋予了南沙试验区在推动农业高水平开放、引领农业国际合作、探索农业创新发展模式等方面的重任。

南沙试验区位于粤港澳大湾区核心区域，是"一带一路"倡议的重要节点，其独特的地理位置和战略地位决定了它在构建国内国际双循环新发展格局中的关键角色。南沙试验区不仅要在国内农业产业升级、技术创新、推进现代

---

* 林煦丹，博士，广州大学助理研究员，主要研究方向为乡村地理、农文旅融合；郑崴文，博士，广东省社会科学院助理研究员，主要研究方向为乡村法治、区域法治。

农业产业链供应链建设等方面发挥引领作用,还要积极对接国际市场,推动农业"走出去",提升中国农业的国际影响力和竞争力。南沙试验区挂牌建设一年来成效显著,彰显了我国农业农村现代化的美好前景。

一 南沙试验区的重点举措与发展成效

南沙试验区筑牢"四梁八柱":从四大领域(农业技术、农业产业、农业贸易和农业文化"四梁")精准发力,推动南沙试验区在八个方向(先进品种技术试验区、先进农产品加工产业园、农产品进出口贸易区、农业人才集聚中心、对内对外农业合作信息中心、中国涉农企业走出去服务基地、农业交易平台和合作交流展示平台"八柱")重点突破,建设成为种业集成创新中国芯、RCEP 农业合作交汇区、全球涉农制度创新试验地。

(一)大力推动技术革新,打造农业创新发展高地

1. 打造先进品种技术试验区,引领农业全产业链升级

首先,在强化植物、水产及畜禽品种创新方面,试验区积极推进先进品种的试验工作。经过区内重点培育,绿亨科技作为专业蔬菜种业公司成功登陆资本市场,成为"蔬菜种业第一股",实现了高品质特色樱桃番茄从种子到餐桌的全产业链运营及配套服务的无缝对接。同时,依托刘少军院士工作站,试验区创新性地建立了"政产研"合作模式,年产出优质抗病四大家鱼鱼苗达30亿尾。其中,鲫鱼新品种"穗丰鲫"年销售量突破10亿尾。此外,广州南沙华农渔业研究院针对珠江河口重点水产品种进行了深入研究,成功攻克了南沙青蟹的人工繁育技术难题,并正着手进行斑节对虾的国家水产育种品种联合攻关。值得一提的是,中芯种业成功上榜2024年全球独角兽企业,正致力于"华系"高效优质种猪基因工程的选育工作。

其次,在推进先进技术试验与现代智慧农业技术示范推广方面,试验区取得了显著成效。循环水养殖创新平台、雾化大棚设施蔬菜等现代智慧农业技术得到了广泛应用。"我在南沙有块田"良种良法示范项目在各镇(街)成功推广,万亩美丽渔场建设也获得了渔业绿色循环发展试点资金(中央财政资金)1亿元的支持。广州市农业农村科学院南沙总部基地(湾区现代种业研究院)

的建设也在稳步推进中。此外，全球首家集"料养宰商"于一体的数字化生猪企业已顺利投产，实现了"一二三"产业的深度融合。

最后，在推动农业强链补链与国际化合作方面，试验区取得了积极进展。在全球招商引智大会上，试验区成功签约32个项目，总投资额近60亿元，这将进一步优化产业结构，助力南沙农业走向世界舞台。在推动优质农副产品和预制菜出海方面，试验区致力于打造一站式预制菜拼柜出口综合服务新高地，南沙预制菜产业园推动区内企业实现多品类预制菜拼柜出口，覆盖美国等市场。此外，试验区通过海洋牧场海工装备制造基地建设，推动相关企业完成3艘半潜式深远海养殖工船的建造交付。

2.打造先进农产品加工产业园，助力农业增值增效

首先，试验区在水产品分拣加工领域取得了显著进展。试验区积极推动鳗鱼养殖业的发展，使得鳗鱼单品农业产值跃升至10亿元以上。为了进一步拓展鳗鱼产业链，试验区正全力推进南沙鳗鱼现代农业产业综合项目的落地实施，旨在打造集烤鳗加工、出口以及海水鱼、淡水鱼出口于一体的综合性基地，为南沙农业的国际化进程注入新的活力。

其次，在预制菜产业方面，试验区正加快省级预制菜产业园、新创未来大湾区高端预制食材生产以及电商新零售产业总部基地项目的建设步伐。预制菜产业园将重点聚焦水产加工、肉类屠宰加工以及国际贸易等核心业态，致力于推动预制菜产品的国际化销售，努力打造预制菜进出口贸易的新高地。

最后，试验区依托南沙粮食码头的资源优势，积极推动了农副产品来料加工产业的发展。特别是广州富凌食品科技有限公司的饲料蛋白、高科技食品及植物清洁能源一体化产业园，已实现了满产运营，并正在积极谋划后期项目的拓展与升级。

（二）促进产业集群发展，培育农业新质生产力

1.打造农产品进出口贸易区，构建国际供应链平台

首先，广州港南沙粮食通用码头二期筒仓项目已圆满竣工并正式投入使用，其仓容高达85.9万吨。2023年，该码头的外贸粮食接卸量首次突破了1000万吨大关，成为粤港澳大湾区最大的粮食中转分拨基地。

其次，南沙港国际冷链项目同样取得了令人瞩目的成就。目前，该项目已

建成3座冷库、1个冷藏箱堆场以及1栋功能完备的配套展示楼，总库容达到22.7万吨。作为进境水果、进境肉类及进境种苗的指定监管场地，南沙国际冷链中心出台多项通关便利化措施支持拓展进口冷链商品业务，其也成为全国车厘子和榴梿进口量最大的港口。

最后，骏德汇寰球美酒美食超级综合体也已顺利建成并投入运营。该项目正积极开展B端企业的招引工作，旨在打造一个集美酒美食产业链平台于一体的综合性服务体系。

2.打造农业人才集聚中心，培育湾区创新联合体

为了加强与香港特别行政区动物诊疗行业的合作，试验区积极搭建人才创业就业合作平台，并注重与港澳规则的衔接与对接。为此，试验区专门编制了《南沙区引进香港特别行政区兽医兽药的工作方案》，并试行香港注册兽医在南沙特定区域的备案执业制度，从而为香港兽医提供了更加便利的执业环境，促进了人才交流与资源共享。

此外，为了培育湾区种业创新联合体，试验区还积极协同广东省种业集团创新研究院，引进了华农大种业公司等合作方，加强种业领域的合作与创新，推动湾区种业的高质量发展。

（三）深化全球经贸合作，构建农业对外贸易枢纽

1.建设对内对外农业合作信息中心，推动农业标准化与数字化

首先，广州南沙华农渔业研究院在引领行业标准化方面发挥了关键作用。该研究院牵头制定了全国首个黄油蟹质量等级团体标准——《黄油蟹质量等级评定规则》，这一标准的出台，为南沙青蟹产业的标准化发展提供了有力支撑。

其次，技术性贸易措施粤港澳大湾区研究评议基地的建设也取得了突破性进展。该基地已通过区政府审议，正式挂牌成立，其将为农业企业走出去及标准化建设提供强有力的支持。

最后，试验区还积极探索渔业产业的数字化转型。依托香港科技大学的技术优势，试验区构建了渔业产业园数字化平台。该平台充分利用物联网、大数据、云计算和人工智能等前沿技术，实现了渔业生产全过程的数字化和智能化管理。

2. 建设中国涉农企业走出去服务基地，助力企业拓展海外市场

试验区依托中国企业"走出去"综合服务基地，精心打造了一站式服务平台，创新性地设立了"南沙快线"服务机制，实现了"一口咨询"的高效对接，极大地提升了服务效率与满意度。为进一步便利企业税收管理，试验区主动融入"走出去，引进来"税收服务中心南沙分中心，携手打造企业税收"便利化"服务锦囊。

同时，试验区高度重视与专业服务机构的合作，已与123家专业服务机构建立了紧密的合作关系，共同制定了涵盖10类104项服务的清单。

此外，试验区还积极拓展海外服务网络，与80家境外机构建立了紧密的衔接关系，共同布局海外服务网络。目前，这一网络已覆盖港澳、东南亚等33个国别（地区），为企业在全球范围内的业务拓展提供了强有力的支持。

（四）加强对外合作交流，建设农业文化开放窗口

1. 建设农业交易平台，拓展数据交易新模式

一方面，试验区充分利用广州数据交易所的资源优势，依托其海量的会员群体与成熟的数据交易体系，创新性地建立了面向农业农村场景的数据服务模式。这一模式的建立，旨在深入挖掘农业数据的价值，推动"数据要素×现代农业"应用场景的落地实施，进而孵化出一系列具有创新性的数据应用成果，为农业产业的智能化、精准化转型提供有力支撑。

另一方面，试验区在期货交易领域也取得了显著进展。它依托广州期货交易所，并积极与大连商品交易所建立联动机制，共同推动在设立交割仓库、研发相关新品种、开展期货人才培训和交流等方面的深度合作。

2. 建设合作交流展示平台，促进农业对外交流

首先，试验区致力于构建全球人道主义应急仓库与枢纽，积极与国际组织接洽，探索在粮食安全、病虫害综合防控以及农产品价值链可持续转型等领域的广泛合作。

其次，为加速区域经济一体化进程，试验区加快建设广州南沙RCEP文商旅融合创新产业合作园，并设立了东盟等12个"国家文旅交流中心"，与印度尼西亚、泰国等多个东南亚国家联合举办竹文化艺术节、东南亚风情文化节等文化、艺术、经贸等交流活动。这些平台的搭建，不仅丰富了国际交往的新

形态，还促进了与东南亚国家在文化、艺术、经贸等领域的深入交流与合作，为南沙乃至广东地区的对外开放注入了新的活力。

最后，试验区还通过举办一系列高水平的交流活动，展示了其在农业领域的创新成果与国际影响力。例如，首次参展第八届中国国际食品及配料博览会和第二届中国国际预制菜产业博览会，连续举办五届中国水产种业博览会，集中展示了我国水产种业在育种、繁育及推广方面的丰硕成果，其中种苗和种虾交易量超过200亿尾，交易额突破7亿元大关。同时，连续27届举办的广州蔬菜新品种展示会，每年向业界推广上千个蔬菜新品种，并示范多个绿色安全栽培技术，成为引领蔬菜产业发展的风向标。在第二十一届中国国际农产品交易会上，南沙农业更是亮相国际展区，系列交流活动成为南沙农业对外展示的重要窗口，向世界展示了南沙农业的创新活力与开放姿态。

二 南沙试验区进一步发展面临的挑战

南沙试验区在建设过程中，虽取得了一定进展，但仍面临诸多挑战，主要集中在体制机制障碍、农业全产业链能级不足以及农业投融资体系不健全等方面。

（一）体制机制障碍亟待突破，运行效能尚需提升

试验区涉及农业、商务、科技、环保等多个领域和部门，需要紧密协作。然而，目前主要由农业农村局主导，其他部门协同不足，导致项目实施、政策制定、资源分配等方面沟通不畅、决策效率低下，影响试验区整体营商环境和运营效率。同时，通关便利化程度低，通关流程烦琐，农产品进出口需多部门审批监管，审批环节多、流程复杂，导致通关时间长、效率低。例如，种子进口验关需两周，其间种子损耗严重。检验检疫标准不一，信息化水平低，海关、检验检疫、边检等部门信息共享机制不完善，未能实现通关流程信息化、智能化。此外，土地要素也制约着试验区的发展，城市发展和重大项目及配套建设工程用地占用了部分耕地和养殖区域，导致土地资源紧缺，农业建设用地指标匮乏，管理弹性不够，制约外向型农业产业发展。

（二）农业全产业链能级不足，价值链延伸面临瓶颈

尽管南沙具有现代种业和农业科技创新基础，但与城市功能定位相比，种业发展能级仍不匹配，市场主体科技实力有待提升，国际竞争力强的种业企业偏少，商业化育种体系尚未健全。区域公共品牌与地理标志品牌国际知名度不高，市场主体精深加工能力、出口品牌竞争力不强，产品更新换代慢，龙头企业引领农业贸易转型升级能力不足。同时，农产品贸易呈现"大进小出"态势，2023年上半年，南沙区农产品出口额仅5.5亿元，相当于进口额的4.3%，出口竞争力和市场有待优化。多数生产基地未获出口备案，缺乏国际机构认证，国际标准化出口示范园区未成体系，配套国际认证服务未形成完整闭环系统，难以满足农产品"走出去"要求。南沙农产品还面临对外贸易标准壁垒，多数企业不熟悉欧美农产品标准，与国际接轨程度不够，难以突破欧美市场准入限制。此外，产业融合深度不够，以农文旅融合为例，一些乡村旅游项目开发过程中，未能将农产品加工、文化创意产品开发和旅游服务纳入产业链，导致产业附加值不高，经济效益难以提升。

（三）农业投融资体系不健全，金融合作潜力有待挖掘

试验区建设资金主要来源于政府投资，有限的政府财政投入难以满足大规模建设需求。社会资本对农业投资积极性不高，导致资金筹集、使用和管理等方面有待突破。同时，招商引资精准度不足，招商对象、资源匹配、服务均不精准，难以吸引外部优质资源和项目入驻。此外，金融手段支持受限，金融机构、担保机构信贷门槛过高，农业企业获取信贷支持难度大，融资成本高，面向农业农村的多元化金融产品匮乏。

（四）警惕高关税对出口和外资的潜在冲击

特朗普政府的高关税政策引发全球农产品贸易链震荡，南沙试验区需警惕国际贸易壁垒连锁反应。南沙出口企业将面临成本传导压力，影响农产品出口。同时，美国对华农业设备（如冷链物流技术）出口限制可能延缓南沙智慧农业技术升级。此外，美国大豆、玉米等农产品关税竞争力下降，可能倒逼中国加速进口多元化，间接影响南沙粮食中转分拨基地的国际供应链稳定性。

三　推进南沙试验区建设的对策建议

南沙推进试验区建设，需要契合国家农业强国建设重大需求，围绕试验区"四梁八柱"的功能定位，以高水平对外开放的思路打造全产业链、多层次、全方位农业对外开放新格局，实现农业开放合作和共赢[①]。

（一）国内农业对外开放合作试验区建设经验借鉴

2017 年，农业农村部认定并公布首批共 10 个农业对外开放合作试验区名单，其中一些试验区大胆创新、先行先试，探索出农业对外开放合作的成功做法和经验（见表 1）。

表 1　第一批 10 个国家级农业对外开放合作试验区发展情况

序号	名称	建设目标	主要做法与经验
1	潍坊农业对外开放合作试验区	定位打造全国农业开放发展引领区，农业科技创新先行区，农村一二三产业融合发展示范区	首创进境粮食检疫全流程监管、动植物检疫负面清单管理；设立跨境技贸服务信息库，推动种业外资准入改革
2	连云港农业对外开放合作试验区	"一带一路"沿线区域农业合作引领区、全国农业对外开放合作的样板区、全国以开放合作促进乡村振兴的示范区	建立政银企风险补偿基金，复制自贸区跨境贸易便利化制度，搭建"三互"执法新模式；建设出口食品农产品质量安全示范区，强化与科研院所合作
3	琼海农业对外开放合作试验区	瞄准国内外高端市场，引进先进育种技术、优新品种，采用国际良好农业示范标准和先进管理模式，高质量高标准建设特色种养基地，引进境外热带水果、热带经济作物等品种的种质资源，重点打造大陆"世界热带水果之窗"	聚焦热带水果、水产种苗领域，探索跨境农业投资保险制度，推动与东南亚国家的种质资源交换与技术合作

---

① 杨朝继：《扩大农业对外开放的关键点》，《人民论坛》2018 年第 26 期。

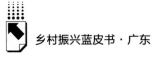

续表

序号	名称	建设目标	主要做法与经验
4	热带农业对外开放合作试验区	打造橡胶高标准示范基地、生态循环农业示范基地、槟榔椰子示范基地、百年胶园等基地	开展热带农业技术研究和推广,加强与国内外热带地区的农业合作
5	吉林中新食品区农业对外开放合作试验区	规划面积57平方公里,建设目标概括为"四区一城",即国际一流的安全健康食品生产示范区、现代农业发展示范区、"三化"统筹示范区、长吉图开发开放先导区,在吉林长春两市中间建成一座现代化的宜居生态城市	构建"四大平台"(国际规则对接、政策集成试验、跨国企业孵化、引资引智支撑),推动中新两国农产品标准互认
6	吉木乃农业对外开放合作试验区	西部地区唯一的农业对外开放合作试验区,也是面向中亚及俄蒙地区唯一的国家级农业对外开放合作试验区,将着力打造国际农产品商贸物流中心、国际农业交流合作中心、农产品生产示范基地和农产品加工合作基地	建设国际农产品商贸物流中心,推动帝王蟹、紫花苜蓿等跨境冷链物流;与哈萨克斯坦共建海外展销中心
7	饶平农业对外开放合作试验区	以水产走出去为主导,找准试验区的定位和抓手,利用好商会渠道,统筹调动各方资源,实现内外联动,通过对外合作促进农业发展	发展特色农产品加工和出口,打造农产品品牌,提高产品附加值
8	东宁农业对外开放合作试验区	集中打造境外农业合作大集团、中俄农产品贸易大通道、进口粮食加工大基地,同时围绕农业双向开放,积极建设境外农业合作示范区和农业对外开放合作试验区	加强与俄罗斯等周边国家的农业合作,推动农产品贸易和农业技术交流
9	荣成农业对外开放合作试验区	集中打造四个重点园区,建设完善"四中心"、搭建"两平台",进一步加大渔业对外开放力度,通过远洋渔业推进荣成市渔业"走出去"	发展海洋渔业和农产品加工出口,打造海洋经济强市

序号	名称	建设目标	主要做法与经验
10	滨海新区农业对外开放合作试验区	服务"一带一路"建设和农业走出去战略，打造国际投资新规则对接平台、农业对外合作政策集成试验平台、跨国农业企业孵化平台、农业引资引智引技支撑平台	推动农业科技创新和成果转化，加强与国内外科研机构的合作

资料来源：根据首批 10 个国家级农业对外开放合作试验区公开发表资料整理。

总体而言，南沙试验区可从首批试验区中吸取以下共性经验：一是聚焦特色产业链主导，围绕本地优势产业（如水产种业、预制菜、远洋渔业）构建全链条体系，促进产业融合发展，培育数字农业、跨境电商、冷链物流、中央厨房等新业态；二是强化政策制度创新，通过放宽种业市场准入①、优化通关流程（如"检验前置""零延迟通关"）和土地管理综合改革试点（弹性年期出让等），降低企业成本；三是深化国际合作机制，依托 RCEP 合作交汇区定位，通过国际展会（如中国国际农产品交易会）和跨境数据流动试点，推动技术、标准与资源双向流动，构建开放型平台载体；四是推动多主体协同，整合政府、科研机构和企业资源，形成"五港联动"发展合力。这些经验将助力南沙打造立足湾区、面向世界的农业开放平台，形成具有南沙特色的农业开放型经济新体制。

（二）激活改革、开放、创新三大动力，形成落地新思路

南沙试验区需以改革破局、开放聚势、创新提质为路径，通过体制机制重构、全球资源链接和技术要素赋能，形成落地新思路。

1. 深化体制机制改革，破解要素流动堵点

针对跨境贸易便利化痛点，建立跨领域统筹专班，整合农业、海关、科技等部门职能，推行"检验前置""承诺即入制"等审批创新，将种子进口验关周期压缩至 3~5 日。在土地管理上，试点"弹性年期出让""先租后让"模式，结合国家土地改革试点探索耕地占补平衡与产业用地联动机制，优先保障

---

① 韩振国等：《我国种业对外开放发展现状与趋势展望》，《农业经济》2023 年第 7 期。

冷链物流和种业研发用地需求，破解农业项目落地难问题。

2. 扩大双向开放能级，构建全球农业资源网络

依托 RCEP 深化与东盟、中亚的农业合作，打造高端水果进口通道和预制菜出口枢纽，建立跨境农产品互认机制，消除标准壁垒。构建"五外联动"服务体系，整合跨境金融、法律、物流资源，搭建农产品出口备案、融资担保、多式联运一站式平台，并试点港澳专业资格互认，吸引国际农业科技人才，推动农业服务链"走出去"。

3. 强化科技创新赋能，培育新质生产力引擎

聚焦种业"卡脖子"技术，联合粤港澳科研机构共建国际协同创新平台，攻关基因编辑、工厂化育苗等核心技术。推动全链条数字化，建设农业大数据中心，推广"溯源+青蟹"等可追溯模式，融合区块链与冷链物流优化供应链。在金融领域，设立农业信贷担保公司，建立贷款"白名单"，联合中信保提供出口信用保险支持，政府通过保费补贴降低企业风险成本，形成"技术攻关—成果转化—金融支撑"的创新闭环。

（三）具体落地举措

1. 推动建设湾区冷链食品配送枢纽

作为粤港澳大湾区几何中心，南沙试验区依托省级预制菜产业园平台，积极打造预制菜进出口贸易区，通过"科技+标准+生态"三维互动，构建具有国际竞争力的中央厨房产业体系。

（1）构建产学研深度融合的技术创新体系。依托南沙现代农业集团、南沙华农渔业研究院、市农科院等科研力量，建立"预制菜技术联合实验室"，重点攻关中式菜肴工业化生产难题和水产预制菜关键技术，推动生物保鲜、智能加工等前沿技术落地。针对粤菜、湘菜等传统菜系的复杂烹饪工艺，开发智能温控炒灶、真空低温慢煮等专用设备和自动化生产线，突破即烹预制菜的标准化瓶颈，提升中央厨房的智能化和自动化水平，推动预制菜产业向更高层次发展。同时，建立"企业出题、高校解题、政府助题"的协同机制，依托全球数源中心项目，推动区块链溯源、AI 品控等数字技术在中央厨房全流程应用，实现"从田间到餐桌"的质量可追溯体系。企业可实现从原料采购到终端销售的全流程数据采集，通过区块链技术确保产品质量可追溯，显著提升国际市场认可度。

（2）打造全链条标准化示范体系。主动对接《中央厨房建设要求》《中央厨房运营管理规范》两项国家标准，建立覆盖原料采购、加工工艺、冷链物流、食品安全追溯、跨境贸易等环节的全链条标准体系。建立预制菜产业质量安全评价中心，引入第三方检测机构，对生鲜原料实施"源头检测+过程监控+成品抽检"三级管控。鼓励企业参与国际标准制定，推动中式预制菜标准与欧美、RCEP 成员国互认，提升出口产品竞争力。

（3）培育产业链共生发展生态。在南沙预制菜产业园的支撑下，南沙试验区成功吸引了多家知名企业入驻。例如，北大荒、南沙现代农业集团、雪印食品、恒兴、尚好菜等企业纷纷在南沙布局中央厨房项目，形成了集科研、生产、物流、销售于一体的全产业链体系。未来，应以南沙预制菜产业园为核心，整合水渡河市场、海吉星物流园等资源，形成"一核多园"产业格局，建设国家级预制菜交易中心，发展跨境电商、直播带货等新型销售模式，构建"生产基地+研发中心+冷链物流+跨境贸易"的闭环体系。同时，依托全国预制菜产业生态联合体，建立产业大数据平台，为中小微企业提供代工、检测、认证等公共服务，实现产能调度、需求预测等智能化管理，探索"中央厨房+共享工厂"模式。

通过构建"技术创新—标准引领—生态协同"的发展体系，南沙试验区可率先形成中央厨房产业的"南沙范式"。这一创新实践不仅能推动预制菜产业和粤港澳大湾区餐饮业转型升级，更将为保障国家粮食安全、提升预制菜国际话语权提供重要支撑。

2. 探索面向世界招商新模式

南沙试验区通过面向世界的招商引资，可以吸引国际先进的农业技术和管理经验，有助于提高南沙农业的生产效率、产品质量和市场竞争力，推动农业产业的转型升级。

南沙试验区可以围绕农业产业链的关键环节和核心领域，精心策划和包装一批具有吸引力和竞争力的农业项目包，通过整体推介和精准对接，吸引国内外优质农业企业和资本入驻[①]。一方面，在整体推介农业项目时，应注重项目的互补性和关联性，形成上下游配套、产供销一体的农业产业链体系。例如，

---

① 王玉强：《依托招商引资促进农业特色产业发展路径探索》，《南方农业》2022 年第 10 期。

可以将智慧农业、现代农业装备、农产品精深加工、农业科技创新、农业文化旅游等不同类型的农业项目打包推出，吸引不同领域的投资者共同参与，形成产业集聚效应。另一方面，以《南沙农业招商地图》为基础，建立一个集资源整合、产业展示、政策对接于一体的农业项目信息平台，将南沙的农业项目进行系统梳理和展示，为投资者提供全面、准确的项目信息，绘制"种业研发—智慧生产—精深加工—冷链流通—跨境贸易"全链条产业图谱。通过该平台，投资者可以一图了解南沙农业产业空间、项目类型、上下游资源等信息。同时，充分利用自贸试验区、粤港澳全面合作示范区和国际金融论坛（IFF）永久会址所在地等优势，搭建各类高层次、国际化交流平台，缩短招商链路，提高招商效率。

一是鱼陆基养殖（年产6000吨）、罗氏沼虾种质资源库（9.6亿尾育苗）等项目，配套中国科学院南海所等科研资源，形成覆盖水产、花卉、果蔬的种业招商矩阵；二是预制菜产业集群：联动东涌镇现代化食品产业园，打包饺德实业速冻食品加工（覆盖千家门店供应链）、粤饺皇中央厨房等15个项目，形成从原料供应到冷链配送的食品工业闭环；三是农文旅产业集群，将马克生态园、南沙明珠现代都市农业实验园、RCEP文商旅融合创新园（投资2.76亿元）与南沙观赏鱼休闲观光综合体（年产值3500万元）捆绑招商，集成生态保育、国际文化交流等增值模块。

3. 扩大供应链金融支撑力

首先，积极向财政部、国家发改委等部门申请中长期国债资金支持。中长期国债具有期限长、利率稳定等特点，能够为南沙农业试验区提供长期、稳定的资金来源。这些资金可以用于农业基础设施建设、农业科技研发、农产品加工与物流等关键环节，推动农业产业链的升级和优化。

其次，政府提供中转资金，缓解企业的资金压力。农业生产具有周期性、季节性的特点，资金周转需求大。南沙区政府可以设立农业对外开放合作专项基金，为符合条件的农业企业提供中转资金支持。

最后，利用中信保的出口信用保险，帮助农业企业降低出口风险，增强出口信心，扩大国际市场份额。南沙区政府可以加强与中信保的合作，通过举办培训、宣讲会等方式，向农业企业普及出口信用保险政策，提高企业的风险意识。同时，为了鼓励更多农业企业投保出口信用，南沙区政府可以提供保费补贴，降低企业的投保成本。此外，与中信保共同建立风险预警机制，及时为企业提供市场分析和风险评估服务，帮助企业规避贸易风险。

4. 构建国际合作新范式

依托粤港澳大湾区数字经济和金融创新优势，以南沙为核心载体，建设国家级农业丝路电商先行区，打造"农业技术集成枢纽+展示中心+跨境贸易平台"三位一体的农业数字服务贸易枢纽。

在充分了解 RCEP 国家农业产业链升级需求的基础上，引入广东省现代农业装备研究院、省港航集团等科研机构与企业，重点布局渔业装备升级（如智能船舶、冷链运输技术）、加工技术输出及标准对接，打造面向共建"一带一路"国家、以印尼为重点的 RCEP 成员国以及"全球南方"国家的农业技术集成与供应链管理枢纽。例如，印尼渔业部鉴于其国内冷链技术相对落后、船舶升级需求日益迫切的现状，明确提出了与广东省在三号区域开展合作的强烈意愿。这一合作需求为南沙整合广东省内装备制造企业、向印尼输出智能船舶技术和先进冷链技术提供了难得的突破口。同时，依托广州南沙综合保税区，加快展示展销、产销服务等农产品流通服务设施建设，建立粤港澳大湾区大宗原料、食品等商品供应链管理平台，建设粮食展示交易中心。此外，以南沙自贸区政策优势为依托，引入印尼 eFishery 等国际农业产业链数字化平台，借助腾讯、希音等企业的数字化能力，构建覆盖种业、养殖、加工、冷链物流、供应链金融的"一站式"跨境农业数字服务贸易平台，推动"买全球、卖全球"的农产品贸易模式创新。

5. 推动农文旅融合发展

首先，秉持生产、生活、生态"三生"融合发展理念，以南沙试验区建设为契机，串联观赏鱼产业园、南沙水鸟世界、马克生态园等文旅资源，将农业、生态、旅游深度融合，大力发展体验式农业旅游、智慧农业旅游、农业科普旅游、农耕文化教育等新业态。同时，探索推进都市水乡文化、休闲旅游、体验农业模式，依托明珠现代都市农业实验园，打造集生产、展示、游憩于一体的都市农业开放性园区，强化农业观光旅游、休闲体验、教育示范、生态保育功能，开展滨海水乡风情、出海捕鱼、围垦农业、高科技农业、农庄休闲等滨海水乡都市休闲农业游乐活动，打造都市景观农业新业态，切实提升广州滨海城市新形象。此外，擦亮南沙香云纱等文化名片，以都市农业实验园三产融合湾区田园示范综合体为示范，加强农文旅融合发展。最后，探索举办共建"一带一路"国家特色农产品主题展会，依托广东种业博览会、广东渔业种业博览会等各类农业展会，将农业、会展、旅游深度融合，完善南沙会展体系，发挥会展旅游优势，打响南沙会展品牌，打造南沙都市休闲农业名片。

参考文献

王海燕：《农产品流通体系效率测评与优化措施探索》，《商业经济研究》2016年第4期。

陆福兴：《农地制度创新及其对农村经济发展的作用》，《求索》2014年第8期。

乔翠霞、王潇成、宁静波：《RCEP框架下的农业规则：机遇与挑战》，《学习与探索》2021年第9期。

王文生，郭雷风：《农业大数据及其应用展望》，《江苏农业科学》2015年第9期。

肖福英：《支持新型农业经营主体发展的金融创新路径》，《农业经济》2017年第3期。

西牛麻竹笋铸就"一镇一业"新辉煌

周伯洲 周 鑫*

摘 要： 产业振兴是乡村振兴的根本所在，没有产业的繁荣发展，乡村振兴就是无源之水、无本之木。广东省清远英德市以西牛麻竹笋产业为核心，走出了一条以产业兴模式驱动乡村全面振兴的创新之路。依托党建引领，英德市构建了从种植、加工到销售的全产业链条，年产值突破百亿元，种植面积与产量双增长，产品远销海内外。通过扩大种植规模、科技赋能、品牌建设、市场拓展及强化要素保障等举措，不仅显著提升了西牛麻竹笋产业的附加值与竞争力，还有效带动农民增收致富，成为乡村振兴的典范。西牛麻竹笋的成功经验显示，党建引领是产业发展的核心动力，科技创新是提升产业竞争力的关键，产业融合拓展了发展空间，品牌建设与市场拓展是重要保障，要素保障汇聚了发展合力。西牛镇的成功实践，为其他地区特色农业产业发展提供了可复制、可推广的模式，彰显了农业农村现代化与乡村全面振兴的无限可能。

关键词： 现代化产业体系 "一镇一业" 麻竹笋 广东西牛镇

西牛镇，隶属于广东省清远市英德市，位于英德市西南部，被誉为"中国优质食用笋基地乡镇"和"广东省技术创新专业镇"。在乡村振兴的广阔舞台上，英德市以西牛麻竹笋这一特色农产品为媒，唱响了一曲农业产业振兴的赞歌。作为"中国优质食用笋基地乡镇"和"广东省技术创新专业镇"，西牛镇紧跟时代步伐，抢抓清远市打造五大百亿元农业产业的重大机遇，以党建为

---

* 周伯洲，广东省社会科学院助理研究员，博士，主要研究方向为区域经济发展、经济史；周鑫，广东省社会科学院科研处处长，研究员，历史学博士，主要研究方向为海洋史、乡村振兴。

引领，科技为支撑，品牌为先导，要素为保障，融合为路径，精心绘就了一幅麻竹笋产业蓬勃发展的生动图景。西牛麻竹笋的成功经验，展现了农业特色产业发展的无限潜力，为乡村振兴提供了可复制、可推广的模式，彰显了新时代乡村发展的蓬勃生机与活力。

一　样板意义

西牛镇，被誉为"中国优质食用笋基地乡镇"，以其得天独厚的自然条件，孕育了品质上乘的麻竹笋。近年来，该镇紧紧抓住清远市打造五大百亿元农业产业的机遇，将麻竹笋作为特色产业进行重点培育。通过一系列创新举措，清远英德市成功打造了西牛麻竹笋全产业链条，实现了从种植到加工、销售的全环节升级，为当地经济和社会发展注入了新的活力。

（一）深耕"土特产"，打造农业产业新标杆

打造农业产业的标杆，对于推动农业现代化、促进农民增收、实现乡村全面振兴具有深远意义。广东作为改革开放的排头兵、先行地、实验区，凭借雄厚的农业产业基础，率先行动，加力提速实施"百千万工程"，强化科技和改革的双轮驱动，构建现代化乡村产业体系等一系列举措，为农业产业发展注入了强大动力。清远市作为广东省的农业大市，以工业思维发展农业产业，编制产业发展规划和实施方案，组建工作队伍和培育龙头企业，致力于打造清远鸡、英德红茶、连州菜心、清远丝苗米、西牛麻竹笋等五个百亿元级现代农业产业，作为其中以镇域命名的农业产业，西牛麻竹笋承载着推动农业现代化、促进农业转型升级的重要使命，从国家地理标志产品、"蔬中第一珍"向"五大百亿元"农业产业突围。清远市委、市政府围绕百亿元产值目标，搭建种植基地、现代农业产业园、麻竹笋产业展示中心三大平台，多措并举打造"种植+加工+仓储+交易+研发+数字化管理"麻竹笋全产业链。实施"百千万工程"两年多来，清远全市西牛麻竹笋年产值从43亿元增长到109.65亿元，年均增速59.7%，种植面积从71.5万亩增至99.3万亩，产量从124万吨增至151.4万吨，鲜笋产量增速超20%，加工生产线翻番至54条，将"一根竹笋"做成涵盖预制菜、生物基材料的科技产业，成为广东做好"土特产"文章、

推动农业全产业链升级升值,以产业融合赋能乡村振兴、带动农民增收致富的生动缩影。

(二)稳步推进农民增收致富

农民增收致富是乡村全面振兴的核心目标之一,也是"百千万工程"的出发点和落脚点。西牛麻竹笋产业以其强大的产业带动能力和广泛的惠及面,成为引领农民增收致富的重要力量。西牛镇作为英德市麻竹笋的核心产区和加工基地,麻竹笋产业已成为当地的经济支柱和农民增收的主要来源。近年来,英德通过扩大种植规模、延伸产业链条、开拓销售市场等创新举措,麻竹笋产业实现了全方位升级和快速发展。西牛镇作为"中国麻竹笋之乡",是英德市麻竹笋的核心产区和加工基地,目前,全镇麻竹笋种植面积超过 20 万亩,加工企业、专业合作社、家庭农场及加工点如雨后春笋般涌现,西牛麻竹叶、麻竹笋先后入选国家地理标志保护产品,麻竹笋已成为西牛镇的经济支柱,更是千家万户增收致富的"金钥匙"。按一对夫妻正常管理 50 亩麻竹笋种植面积,亩产 3000 斤计算,种植户年收入可增加 7.5 万元。西牛镇已初步建立了麻竹笋全产业链体系,各参与主体明确定位,找准自身在产业发展中的坐标,均能从中受惠。目前,西牛镇从事麻竹笋行业人口人均收入达到 21230 元,麻竹笋产业已成为当地农民增收致富的一项重要产业。

二 成功经验

西牛麻竹笋产业的成功,首先得益于其始终坚持党建引领,将党的政治优势和组织优势转化为产业发展优势。西牛镇通过构建完善的责任体系,形成镇党委主动、村党组织真动、业务部门联动、村组干部敢动、重点企业带动、农民百姓行动的工作闭环,有效解决了麻竹笋产业发展中的"堵点"问题,将其转化为推动产业发展的"亮点"。同时,西牛镇还注重创新驱动,通过科技赋能、品牌建设、市场拓展等多元化手段,不断提升麻竹笋产业的附加值和竞争力,成为西牛麻竹笋产业发展的生动缩影,让群众生活环境更美,让"百千万工程"宏伟蓝图在西牛逐步变成实景画,打造了广东推进现代化农业产业建设的亮丽名片。

（一）坚持党建引领，化"堵点"为"亮点"

2024年9月，西牛麻竹笋产业链党委成立，是清远"五大百亿元农业产业"中首个建在产业链上的党组织。西牛麻竹笋产业链党委通过党建引领，持续助力西牛麻竹笋产业向"链"赋能。通过"链上建党"链接种植、生产、加工、销售企业，创新利益联结机制、纾解发展瓶颈、增强集体经济，助力麻竹笋产业发展各要素有效衔接，真正把党的政治优势、组织优势转化为产业集聚优势、合击发展大势、市场竞争优势，以产业带动经济大发展。着力提升麻竹笋精深加工水平层次，推进西牛麻竹笋数据平台建设，加强宣传推介，加快完善西牛麻竹笋笋农、合作社数据库（试点）和建立清远西牛麻竹笋主产区价格发布和采集系统，探索麻竹笋购销环节税收服务管理新路径，同时为金融、保险赋能，确保价格指数的权威性。各产业链党委成员单位增强主责主业意识，切实承担起产业链工作举措的相关职责，确保各项工作有序开展，立足自身职能，着眼于产业发展的项目推进中的堵点、难点，共同谋划解决方法，充分做好各项服务，指导西牛麻竹笋企业发挥互补优势，加强交流合作，凝聚发展合力，实现联动共赢。

随着"百千万工程""五大百亿元农业产业"的全面实施，西牛镇镇域环境与产业发展得到极大提升，但麻竹笋加工点、小作坊的生产环境"脏、乱、差"仍是制约发展的难题。西牛镇坚持党建引领，不断夯实基层党组织书记"十个思考"和"党群连心访万家"工作成效，建立了党委书记负总责、班子成员包村联户、工作队驻镇帮扶的责任体系，将镇域环境与产业发展有效结合，让麻竹笋生产环境"堵点"变成"亮点"。2024年以来，西牛镇党政主要领导带头开展麻竹笋加工点提档升级行动、主干道两侧外立面专项整治行动，迅速对辖区内麻竹笋加工点加工环境、行业经营、食品安全等方面，以及S348省道（西牛镇区段）道路两侧的建筑物、构筑物进行全面排查，选取小湾村、西联村等作为标准化收购点示范村，引导动员加工点负责人进行标准化升级，积极改造生产环境、更新生产设备、改进生产工艺，重点对"赤膊房"进行美化，全力打造标准的麻竹笋加工点。在不到一个月时间内完成了西联村、小湾村共15处3300余平方米的旧楼棚屋、破旧围栏的拆除、清锈、改造、墙绘提升等工作。目前，全镇已有7家收购加工点成功拿到麻竹笋制品

"食品生产加工生产小作坊登记证",有效改善了镇区营商环境,让"破烂旧"变成"整齐美"。

在党建引领的加持下,西牛镇以"头号工程"的势头和力度推进"百千万工程",认真总结小湾村入选广东"百千万工程"首批典型村的成功经验,"以点带面"培育建设西牛镇为典型镇,持续打造西联村、小湾村、花田村、花塘村和金竹村为典型村。聚焦美丽圩镇"七个一"建设,科学规划引领新区发展,找准功能定位,用好土地开发利用、市政建设、产业集聚等方面政策,构建综合服务中心、城镇产业发展轴、生态休闲发展轴、城乡融合示范区、康养休闲旅游区、特色产业拓展区、竹林生态涵养区的"一心两轴四片区"镇域空间结构,完善提升圩镇承载能力,提升镇区建设质量。2023年以来,在镇内相继建成了清远市西牛麻竹笋产业展示中心、西牛麻竹笋历史文化主题公园、西牛客厅。西牛镇充分利用酒店接待功能,整合资源打造美丽圩镇客厅,内设历史沿革、镇域规划、建设成效、农产品展示等宣传区域,提升了圩镇风貌,满足了群众生活和精神文化需求。与此同时,对沿河约300米已破损栏杆喷涂翻新或拆除更换,完善河道景观与游憩系统;对沿江1.77万平方米的建筑立面进行管控改造,打造总长1公里的美丽河道,有效提升了西牛环境风貌。

(二)扩大种植规模,带动惠农富农

英德是中国麻竹笋之乡,种植历史悠久,是全国麻竹笋种植面积最大、产量最高、交易量最大的地区,也是清远西牛麻竹笋产业发展的"主战场"。截至2024年底,英德市麻竹笋种植面积达86万亩,主要分布在西牛、大洞、水边、浛洸、大湾、九龙、连江口等一带,麻竹笋被当地人称为"剥衣黄金",从业人员超8.8万人。借绿美英德生态建设契机,该市通过"植竹增绿、植竹生金"行动,两年内新增麻竹笋种植面积24万亩,联农带农7.29万人。其中,西牛镇被称为"中国麻竹笋之乡",几乎家家种竹笋、户户是笋农。当地土壤偏酸性,气候温暖偏热,雨水量充足,山地与丘陵之间的缓坡,非常适宜麻竹生长。全镇麻竹笋种植面积22万亩,年产量35万吨,干笋年产量0.5万吨,综合产值18亿元,从业人口2.5万人,拥有规模加工企业共7家,竹笋专业合作社共54家,家庭农场及加工点200多个。2023年,西牛镇成功入选首批全国农业产业强镇(麻竹笋);同年,西牛麻竹笋现代农业产业园成功列入广东省"补改投"现代农业产业园试点项目名单。此外，西牛镇还成功主办了中国体育彩票 2024 年"西牛麻竹笋"杯羽毛球邀请赛；承办了清远西牛麻竹笋全链技术集成及高质量发展大会、清远市西牛麻竹笋百亿产业发展推进会等众多活动。西牛镇高道村的鼎盛麻竹笋加工厂，采用"合作社+种植基地+农户"的模式，组织收购、加工及销售当地农户生产的麻竹笋原材料，引导高道村及周边乡镇村民积极种植麻竹笋。

（三）科技赋能农业，延伸产业链条

科技创新是西牛麻竹笋产业持续发展的关键动力。在种植环节，清远和英德有关部门积极推广科学种植技术，全面加强麻竹笋的技术指导，着力提高种植管护水平，确保麻竹笋健康生长，有效促进麻竹增产、农民增收。此外，加快推进示范基地建设，英德市在西牛镇小湾塘面组建设麻竹种植机械化示范基地，开展高效高产及种植机械化示范试点，以点带面，全面提升麻竹种植水平。

此外，西牛镇注重产业链的延伸和拓展。鉴于麻竹笋鲜明的季节特性和生笋保鲜的棘手难题，尽管坐拥丰富的原料资源，英德市却长期受限于单一的生笋销售模式，徘徊在产业链的低端位置。众多当地企业，即便深耕多年，仍多以贴牌生产和粗加工为主，难以突破发展瓶颈。然而，乘着"百千万工程"的强劲东风，英德市充分发掘并利用麻竹笋产业的独特优势，积极探索一二三产业深度融合的发展路径，将精深加工确立为核心发力点，推动企业加快标准化生产线的建设步伐。通过科技赋能，西牛镇成功引领产业链条实现从"以笋为主，以竹为辅"的传统模式向全产业链协同发展的华丽转身，有效促进了笋产业的规模化、现代化进程。

西牛镇的几家代表性企业，成为这一转型升级的生动写照。一位年轻企业家从广州回乡创业，以互联网思维独创性地推出了"竹笋+N"的多元化产品概念，将经过精心初级加工的糯米笋、酸菜小笋与腊肉等多种净菜巧妙结合，打造出丰富多样的产品组合，成功开辟了预制菜领域的新赛道。某企业凭借其自主研发的益生菌菌液发酵技术，让麻竹笋在发酵过程中与草酸、丁啉等苦涩物质发生反应，生成乳酸并同时实现防腐效果，使得麻竹笋的口感更加鲜美、保鲜期显著延长、品质大幅提升。2024 年，该企业的年产值跃升至约 3000 万元，直接带动了周边 39 名村民实现本地就业。某公司推进"以竹代塑"，依

靠中山大学、国际竹藤中心、华南农业大学、广东省林业科学研究院、广东省农业科学院等院校专家团队，将笋农废弃的笋筒、笋壳、竹子经过碎解、成型、消毒杀菌等多道工序后，转变为以可再生竹纤维为主的专利配方全降解复合材料，制成一次性全降解餐盒、餐具、农用地膜等，其中竹粉全降解一次性竹制餐具 128 天可自然降解 93.8%，产品远销多个国家和地区，日产量达 130 万只，在变废为宝的同时开拓了产业链的全新客群，为麻竹笋产业的绿色发展开辟了广阔前景。

目前，英德全市麻竹笋粗加工率已超过 80%，精深加工年产值达 8 亿元，其中即食笋加工年产值 4.6 亿元。日本市场上超五成竹笋来自清远，其中笋干产品占比达到 95% 以上。近三年，从清远地区出口麻竹笋及其制品达 1083 批次，货值 6.1 亿元。截至 2024 年底，英德全市有麻竹笋粗加工及收购点 429 个，取得 SC 认证麻竹笋企业 20 家，共引进龙头企业 3 家，成功培育本土麻竹笋龙头企业 11 家，打造了"巧口""巨元孖宝""大西牛""食憨说""笋嫂"等多个即食笋产品品牌，通过线上电商平台、线下超市、特产店多渠道销售。其中，西牛镇已有省级龙头企业 1 家，市级龙头企业 5 家，笋企和合作社 186 家。

（四）打造品牌矩阵，全面宣传推介

清远市精心设计了"清远好风土"以及涵盖五大产业的品牌标识和品牌 LOGO，构建起了公用品牌、企业品牌、产品品牌三位一体的品牌宣传体系。近两年来，清远英德市高度重视区域公用品牌的建设工作，深入挖掘西牛麻竹笋的生产历史脉络，不断丰富和完善西牛麻竹笋区域公用品牌的文化内涵，充分利用西牛麻竹笋、麻竹叶国家地理标志产品的荣誉称号，积极探索并建立"公用品牌+企业品牌+产品品牌"的多元化经营机制，积极引导企业统一使用西牛麻竹笋的品牌标识和宣传口径，逐步形成了麻竹笋产业的品牌矩阵，实现了品牌资源的有效整合和共享。

依托西牛麻竹笋品牌矩阵，清远市坚持线上线下同步发力，全力打造全方位、多维度、多形式的麻竹笋全媒体矩阵。在线上，西牛麻竹笋成功亮相中央电视台"农业农村频道"的《谁知盘中餐》栏目，向全国观众生动展示了"自然的馈赠——大个竹笋为啥这么嫩"的独特魅力；同时，还荣登中央电视台"财经频道"的《正点财经》栏目，以"广东清远：麻竹笋收割季到来 收购价格喜人"为报道主题,全面展现了西牛麻竹笋丰收的喜人景象。在线下,2023年10月,清远五大百亿农业产业系列推广活动之西牛麻竹笋·赏味季活动暨西牛麻竹笋笋王争霸赛和厨王竞技赛在清远市凤城广场举行,来自西牛镇金竹村垭田组刘连娣(3号选手)种植的西牛麻竹笋荣获"笋王"称号。2023年11月,以"蔬中珍品 魅力十'竹'"为主题的清远西牛麻竹笋品牌推介暨产销对接会分别在南宁、成都、贵阳等地举行。2024年,西牛麻竹笋区域公用品牌"走出去",先后在哈尔滨、甘肃天水等地推介,通过线上线下品牌推介、合作签约、产销座谈、免费品鉴等活动,不断开拓市场新机遇。此外,清远还通过农交会、食博会等国际展会平台,推动西牛麻竹笋走出清远、走向全国乃至全世界。这些线上线下的多种宣传手段相互补充、相互促进,共同焕发出了西牛麻竹笋"新"的发展活力,使其受到了全市、全省乃至全国的广泛关注和高度赞誉,为品牌的持续发展注入了新的动力。

(五)强化要素保障,汇聚发展合力

共建凝聚智慧,共谋发展新篇。西牛镇成功召开麻竹笋产业发展交流会,汇聚了行业精英、协会代表、专家学者、企业家及种植农户等各方力量,共同探讨新技术、新思路,为将西牛麻竹笋打造成为全国著名的区域公用品牌和产品集散地而群策群力。

注入金融活水,稳市稳价保增收。为防止丰产期市场价格波动,保证购销链条顺畅运转,英德市提早谋划、精心部署,加大了金融保障力度。英德市成功推出了一系列金融政策,如县域振兴贷、裕农贷、2024年西牛麻竹笋价格保险等,设定了0.9元/斤的"兜底"价格。同时,推动金融机构深入镇村一线提供服务,稳定笋农销售信心,解决收购点资金难题。英德市农业农村局、英德市麻竹产业协会分别与工商银行英德支行、农业银行英德支行签订了授信协议,为本地麻竹笋行业成功授信20亿元。5家银行与6家麻竹笋经营主体签订了贷款协议,成功发放贷款金额2200万元。至2024年,已累计发放麻竹笋产业贷款7.2亿元,其中2024年发放贷款3.5亿元,为麻竹笋产业的稳健发展提供了有力的金融支撑。

汇聚帮扶合力,共促产业升级。广州市增城区驻清远英德市西牛镇帮镇扶村工作队(以下简称"工作队")积极践行"大农业观",充分发挥增城的

优势，做强"笋文章"，探索农文旅融合发展新路径。自开展乡村振兴驻镇帮镇扶村工作以来，工作队与西牛镇、村同向发力，瞄准壮大村级集体经济这一目标，探索发展新型农村集体经济的有效路径。创新"强村富民公司"抱团发展模式，规划打造了麻竹笋核心片区，通过整合资金资源、盘活闲置资产、实施优质项目、专业运营管理，增强了村级集体经济的"造血功能"。2024年底，西牛镇13个村（社区）集体经济收入全部超过10万元。

2024年，西牛镇开展了麻竹笋企业和集中收购点的专项整治行动，将符合相关要求的厂房纳入改造计划，结合企业需求进行改造提升。在这个背景下，一个规范化、标准化、精细化的麻竹笋收购点应运而生，正当其时。2024年4月，由小湾村、西联村、赤米村、金竹村、花田村、花塘村等13个村（社区）农村集体经济组织共同出资成立了英德市西牛竹顺农业发展有限公司，并在西联村实施了西牛麻竹笋标准化收购点项目。该项目主要建设西牛麻竹笋现代化标准收购点（加工厂），创建收购、加工、储存、销售完整产业链，推动麻竹笋初加工业提档升级，壮大村级集体经济，带动农户增产增收。项目总投资273万元，其中钢结构主体框架100万元由工作队筹集，70万元由驻英德市工作队协调帮扶资金支持。在工作队和增城区驻英德市工作队的大力支持下，位于西牛镇小湾村委会上村组的麻竹笋收购点已建成，建筑面积约3700平方米，规划了多个功能区，预计麻竹笋日处理量可达10万斤，预计该收购点每年将为村集体增加至少15万元的收入，并为周边村民提供超过30个就业岗位。在增城后方单位的指导和支持下，工作队将继续积极协助西牛镇，促进两地资源共享、优势互补，实现双方产业协作、发展共赢。

三　主要启示

西牛麻竹笋产业的成功发展，不仅是西牛镇聚焦"一镇一业"的典范，英德市、清远市、广东省做好"土特产"文章的生动实践，为当地经济和社会带来了积极影响，也为其他地区的特色产业发展提供了宝贵的启示。

（一）坚持党建引领，发挥组织优势是产业发展的核心

西牛麻竹笋产业的成功经验表明，坚持党建引领是产业发展的关键。党组

织在产业发展中发挥着不可替代的作用，通过成立产业链党委，形成工作闭环，可以有效解决产业发展中的"堵点"问题，将其转化为推动产业发展的"亮点"。党组织还可以发挥其在资源配置、政策协调等方面的优势，为产业的发展提供有力的支持。这一经验启示我们，在其他地区的特色产业发展中，也应该注重党建引领和组织保障工作，将党的政治优势和组织优势转化为产业发展优势，推动特色产业的快速发展。

（二）注重科技创新，提升产业竞争力是产业发展的关键

科技创新是推动产业升级和发展的重要驱动力。西牛麻竹笋产业通过推广科学种植技术、加强技术指导、建设示范基地等方式，提高了麻竹笋的种植管护水平，为产业的发展提供了有力的技术支撑。同时，通过精深加工和产业链延伸等方式，西牛麻竹笋成功开辟了预制菜、环保材料等领域的新赛道，将麻竹笋的附加值最大化。推动一二三产业的深度融合，打造了麻竹笋产业的全产业链条。在种植环节，注重生态种植和绿色发展；在加工环节，注重精深加工和产业链延伸；在销售环节，注重线上线下相结合的销售模式。产业的融合发展拓展了麻竹笋产业的发展空间，提高了产业的综合效益。这一经验启示我们，在其他地区的特色产业发展中，也应该注重科技创新和产业升级工作，加强与科研机构的合作，引进先进技术和管理经验，提升产业的科技含量和附加值，增强产品的市场竞争力。

（三）产业融合发展，拓展产业空间是产业升级的关键路径

产业融合是拓展产业发展空间的重要途径。西牛镇在麻竹笋产业发展中，积极推动一二三产业的深度融合，打造全产业链条。种植环节注重生态种植和绿色发展；加工环节注重精深加工和产业链延伸；销售环节注重线上线下相结合的模式。通过产业融合，拓展了麻竹笋产业的发展空间，提高了产业的综合效益。其他地区在发展特色产业时，也应注重产业融合，推动一二三产业的深度融合发展。通过整合资源、优化结构、创新模式等方式，拓展产业的发展空间，打造现代化产业体系，提高产业的综合竞争力。

（四）强化品牌建设，拓展市场渠道是产业发展的重要保障

品牌是产业的灵魂，是提升产品附加值和市场竞争力的重要手段。西牛麻

竹笋产业通过构建品牌矩阵、线上线下同步发力等方式，拓宽了市场渠道，提高了西牛麻竹笋的知名度和美誉度。这一经验启示我们，在其他地区的特色产业发展中，也应该注重品牌建设和市场拓展工作，加强品牌宣传和推广，提高产品质量和服务水平，打造具有地方特色的知名品牌。同时，还应该积极拓展市场渠道，通过线上线下多种方式进行销售和推广，提高产品的市场占有率。

（五）注重要素保障，汇聚发展合力是产业发展的重要支撑

产业的发展离不开各要素的保障和支持。西牛麻竹笋产业通过注入金融活水、汇聚帮扶合力等方式，为产业的发展提供了有力的支撑。这一经验启示我们，在其他地区的特色产业发展中，也应该注重要素保障和汇聚发展合力工作，加强与金融机构的合作，争取政府政策支持，为产业的发展提供稳定的资金来源和政策保障。同时，还应该积极引入外部帮扶力量，与发达地区和企业紧密合作，共同推动特色产业的发展。

（六）坚持绿色发展，实现可持续发展是产业发展的长远之计

西牛麻竹笋产业在发展过程中，注重绿色发展和生态环境保护工作，实现了经济效益和生态效益的双赢。这一经验启示我们，在其他地区的特色产业发展中，也应该坚持绿色发展和可持续发展理念，加强生态环境保护，推广绿色生产技术，实现资源的最大化利用。同时，还应该注重资源的节约和循环利用工作，推动产业向绿色、低碳、循环方向转型发展。

参考文献

钟履双、何帆：《破百亿、产量增速超 20%！清远西牛麻竹笋产业为什么能？》，《清远日报》2025 年 1 月 22 日。

叶卡斯《清远：做好西牛麻竹笋这个"土特产"》，《广州日报》2024 年 9 月 29 日。

清远市农业农村局、清远市供销合作社、英德市农业农村局：《党建聚链，向新提质！清远西牛麻竹笋产业发展联盟揭牌成立》，《南方农村报》2024 年 9 月 11 日。

附　录　2024年广东乡村振兴大事记

赵恒煜　崔小娟*

1月

1月1日　《中共中央　国务院关于学习运用"千村示范、万村整治"工程经验有力有效推进乡村全面振兴的意见》正式印发，部署今后一个时期的"三农"工作，明确"把推进乡村全面振兴作为新时代新征程'三农'工作的总抓手"。

1月10日　农业农村部印发《关于落实中共中央国务院关于学习运用"千村示范、万村整治"工程经验有力有效推进乡村全面振兴工作部署的实施意见》，对"三农"重点工作作出具体安排，全力抓好以粮食安全为重心的农业生产，统筹推进以乡村发展建设治理为重点的乡村振兴，加快建设农业强国，加快农业农村现代化，为更好推进中国式现代化建设提供有力支撑。

1月10日　2023年度巩固拓展脱贫攻坚成果同乡村振兴有效衔接考核评估省级工作对接会在贵阳召开。广东省政府党组成员陈良贤在会上汇报粤黔东西部协作工作情况。

1月15日　广东省联合创建中欧海洋渔业产业创新园战略合作暨粤东合作项目签约仪式在广州举行。由广东省农业农村厅引进挪威巴林海洋渔业公司作为合作伙伴，在汕尾市、东莞市开展海洋渔业项目合作，共同创建中欧海洋渔业产业创新园。

---

* 赵恒煜，广东省社会科学院国际问题研究所副研究员、博士，主要研究方向为智库理论与实践、社科文献情报分析；崔小娟，广东省社会科学院图书馆馆长，主要研究方向为基层党建。

1月23日　《广东省农业农村厅关于加快培育区域农机服务中心的实施意见》印发，在全省范围内培育布局合理、功能完善、指挥高效、主导产业各环节机械化全覆盖、粮食和重要农产品生产区域各乡镇全覆盖的区域农机服务中心网。

1月23日　广东省第十四届人民代表大会第二次会议开幕，省长王伟中作政府工作报告。他在报告中总结广东以头号力度实施"百县千镇万村高质量发展工程"，促进城乡区域协调发展等方面的工作成绩，指出发展中面临的困难和挑战，提出包括"统筹新型城镇化和乡村全面振兴，推动'百县千镇万村高质量发展工程'建设加力提速，促进城乡融合和区域协调发展"在内的十二方面重点工作任务，强调要学习运用"千万工程"蕴含的发展理念、工作方法和推进机制，因地制宜、分类施策、循序渐进、久久为功，建设焕然一新的县镇村，奋力开创城乡区域协调发展新局面。广东省人大代表、广东省委书记黄坤明参加其所在的广州代表团全体会议，强调广州要在促进城乡区域协调发展上作示范，加力提速推进实施"百千万工程"，扎实做好各区规划建设，坚持以典型镇村建设为引领加快打造各具特色的镇村格局，深化实施扩权强区、强区扩权、镇街体制改革、土地综合整治等重点改革，持续推进与梅州、清远、湛江、肇庆等帮扶协作工作，更好推动城乡融合、区域协调。

1月27日　广东省"百县千镇万村高质量发展工程"指挥部乡村振兴专班发出《关于开展千名农技特派员精准对接"百千万工程"典型村暨百条乡村振兴示范带农技推广服务驿站建设工作的通知》，提出从全省"轻骑兵"人才库中选派优秀代表组建首批"百千万工程"农技特派员队伍，精准对接服务典型村，开展农业科技服务和生产经营指导，推广应用现代农业科技成果和先进适用技术，开展百条乡村振兴示范带农技推广服务驿站建设工作。

1月29日　中国共产党广东省第十三届纪律检查委员会第三次全体会议在广州举行。会议提出，2024年要集中优势力量强化对"百千万工程"部署落实情况的监督检查，确保"百千万工程"是经得起检验的"廉洁工程""民心工程"。

2月

2月2日 广东省乡村旅游联盟成立发布会暨乡村旅游项目推介会在广州举行。广东省乡村旅游联盟作为区域性乡村旅游发展协作机制，旨在加强行业紧密协作、资源整合，在行业与政府之间发挥桥梁作用，引导成员为乡村文旅项目提供智力支持和科学规划，规范运营管理，提升服务质量，增强品牌打造和营销能力，提高乡村文化旅游发展质量和综合效益。

2月7日 广东省农业农村厅印发《关于印发〈广东省现代化海洋牧场产业创新技术项目申报指南（第一批）〉的通知》，公布"重点开发品种繁育与养殖""陆海接力精准高效养殖模式""生态养殖示范创建与海洋生态环境评估"三个专题共19个方向的现代化海洋牧场产业创新技术项目，向社会广发"英雄帖"，为广东省现代化海洋牧场创新发展献智献策。

2月18日 全省高质量发展大会在深圳召开。广东省省长王伟中在会上强调，要全力抓好新阶段粤港澳大湾区建设、"百县千镇万村高质量发展工程"、制造业当家、高水平科技自立自强、绿美广东生态建设等工作，扎实推进中国式现代化的广东实践。

2月22~23日 广东省委书记黄坤明到惠州市龙门县调研，要求惠州毫不动摇把"百千万工程"作为推动县域发展的总抓手，坚持高标准规划、高水平建设，以等不起、慢不得的紧迫感向纵深推进，奋力打造县镇村现代化建设样板。

2月26日 广东省农业农村厅发布2023年度"粤字号"农业品牌目录名单。123个区域公用品牌、242个品牌示范基地、2080个产品品牌入选该目录。

2月27日 全省首个针对海洋牧场的国家级气象服务中心——南方海洋牧场气象服务中心正式在湛江挂牌，为全省现代化海洋牧场发展提供更坚实的气象保障。

2月27~28日 2024年广东省"电商助力百千万工程"系列活动（清远站）暨第二届中国佛冈魔芋产业推介会在佛冈县举行。本次活动是2024年广东省"电商助力'百千万工程'"系列活动的首场活动，旨在以电商赋能乡村振兴，进一步坚定广大企业扎根农村、深耕农业、服务农民的信心决心，深化产销渠道对接合作，探索转型营销新思路，助力"百千万工程"落地实施。

3月

3月5日　十四届全国人大常委会二次会议广东省代表团举行全体会议。全国人大代表、广东省委书记黄坤明在会上强调，要统筹推进城乡融合和区域协调发展，统筹推进物质文明和精神文明建设，统筹推进高质量发展和高水平安全，以百倍精神把现代化建设推向前进，以优异成绩向新中国成立75周年致敬。

3月8日　广东省乡村振兴基金会成立30周年座谈会在广州举行。该基金会的前身是广东省扶贫基金会，成立30年来，累计筹集、接收、拨付善款超130亿元，联合或配合7000余个爱心企业和爱心人士，参与3600多个帮扶项目，助力粤东粤西粤北地区及国家东西部协作和对口支援的部分地区1.4万个自然村（帮扶点）实现了美丽蝶变。

3月12日　广东省人民政府办公厅印发《广东省保障农民工工资支付工作考核办法》，推动落实保障农民工工资支付工作的属地监管责任，有效预防和解决拖欠农民工工资问题，切实保障农民工劳动报酬权益，维护社会公平正义，促进社会和谐稳定。

3月27日　广东省委全面深化改革委员会召开会议，强调要推动"百千万工程"加力提速、全面突破，打好改革"组合拳"，深入推进强县扩权和扩权强县改革、县镇管理体制改革、农村"三块地"改革、全域土地综合整治、基本公共服务均等化等，推动健全城乡融合发展体制机制，优化区域联动机制，完善陆海统筹机制，加快形成城乡区域协调发展新局面。要把省级改革试验区建设和实施"百千万工程"有机结合起来，聚焦重要领域和关键环节改革攻坚突破，加快构建县域产业发展和镇村建设及人居环境整治提升两大动力机制，在城乡区域协调发展、县域农业农村现代化方面率先破题成势。

3月29日　2024年广东省文化科技卫生"三下乡"活动启动仪式在汕尾市海丰县举行，倡议全省文化、科技、卫生工作者变"三下乡"为"常下乡"。主办方组织省、市、县文化科技卫生界专家，深入全省各县、镇、村、企业开展专题服务活动500多场。

4月

4月1日 农业农村部发布《2024年农业产业融合发展项目立项名单公示公告》。广东12个项目入选拟批准立项名单。其中，广东省汕头市澄海区入选2024年现代农业产业园项目拟立项名单。广东生蚝产业集群、广东农垦都市型奶业产业集群入选2024年优势特色产业集群项目拟立项名单。江门市鹤山市龙口镇、梅州市丰顺县留隍镇、韶关市曲江区白土镇、清远市佛冈县水头镇、汕尾市海丰县赤坑镇、茂名市高州市分界镇、肇庆市封开县杏花镇、湛江市雷州市白沙镇共8个镇及广东省农垦总局葵潭农场入选2024年农业产业强镇项目拟立项名单。

4月9~10日 广东省委常委会到湛江调研并召开会议。会议强调，要深入实施"百千万工程"，多措并举促进城乡区域协调发展。着眼做强县域经济大力发展特色产业，打造特色产业园区、建强中心镇专业镇特色镇；着眼推动乡村全面振兴，抓好产业培育、环境整治和基础设施建设。

4月11日 广东省工业和信息化厅、广东省政务服务和数据管理局联合印发《2024年广东省数字经济工作要点》，明确包括"发展数字农业"在内的41项重点工作任务，其中提出要聚焦实施"百县千镇万村高质量发展工程"，扎实推进信息网络基础设施建设工作；持续推进农业农村大数据资源体系建设与提升；加快农业科技创新和载体平台建设；推进从化、海丰农业科技现代化先行县建设，支持深圳打造农业科技创新先行示范区；推动广东农村电子商务高质量发展。

4月17日 广东省农业农村厅、广东省财政厅和广东省商务厅联合印发《广东省推动农业机械报废更新工作方案》，进一步加快推动广东省农业机械报废更新工作。

4月18日 广东省民政厅等19个部门联合印发《广东省农村留守儿童和困境儿童关爱服务质量提升三年行动实施方案》，提出建立儿童主任和"双百"社工定期走访制度，开展分级分色跟踪服务，同时，部署实施包括"实施安全防护行动"在内的五大行动。

4月23日 广东省农业农村厅公布了第一批乡村振兴示范镇示范村创建

名单，50个镇485个村入选。

4月26日　广东省农业农村厅印发通知，公布2023年度新认定广东省重点农业龙头企业213家。至此，全省省重点农业龙头企业达到1508家（含农业产业化国家重点龙头企业87家）。

4月28日　国家中小学智慧教育平台广东省全域应用试点启动仪式暨师范院校对口帮扶地市基础教育工作会议在广州举行。会议强调，要健全完善"省教育厅-高校-市-县-校"五级联动协同机制，深入推进师范（教师教育）院校纵向支持欠发达地区"三所学校"和县域高中质量提升八项重点任务落地实施并取得成效。

4月29日　广东省委书记、省"百千万工程"指挥部总指挥黄坤明来到省"百千万工程"指挥部办公室，看望慰问一线干部职工，并就认真学习贯彻习近平总书记视察广东重要讲话、重要指示精神，进一步推动"百千万工程"深入实施进行专题调研。

5月

5月9日　广东省委农村工作会议暨深入实施"百县千镇万村高质量发展工程"推进会在广州召开，进一步部署推进广东省"三农"工作和"百千万工程"。省委书记黄坤明出席会议并讲话，强调要大力实施乡村振兴战略，坚定不移推进"百千万工程"，不断开创城乡区域协调发展新局面，奋力推动广东在推进中国式现代化建设中走在前列。

5月13日　广东省人民政府办公厅印发《关于推进"社村"合作助力新型农村集体经济试点方案》，从运行机制、经营服务体系、资源要素保障机制、助农增收机制等方面明确推进"社村"合作的发展机制和实施路径。

5月20日　2024年第八届中国荔枝龙眼产业大会在广东茂名召开。大会以"荔枝之乡 向新而行"为主题，旨在搭建"以新发展理念引领高质量发展、以新质生产力赋能产业现代化、以新发展举措助力乡村五大振兴"的荔枝龙眼交流平台。

5月20~24日　由中共广东省委组织部主办、广东省发展改革委承办的"深入实施'百千万工程'，推动广东县域经济高质量发展"专题培训班在中央党校（国家行政学院）举办。各地级以上市分管负责同志、发展改革部门主要负责同志和省直有关单位负责同志共计47名学员参加本次培训。

5月21日 广东省人民政府办公厅印发《广东省推动低空经济高质量发展行动方案（2024—2026年）》。该方案围绕"积极拓展低空应用场景"等七方面提出包括"全面赋能'百千万工程'"在内的29条措施。

6月

6月7日 广东省委金融工作会议在广州召开。广东省委书记黄坤明出席会议并讲话，强调要聚焦实施"百千万工程"，提升普惠金融深度广度，加大对县域产业发展的金融支持力度，强化对县镇村发展的融资保障，更好满足城镇建设资金需求、助推农业农村现代化。

6月12日 广东省委书记黄坤明，省委副书记、省长王伟中到深汕特别合作区调研。黄坤明充分肯定合作区近年来发展步伐加快、发展态势良好，强调要坚持推进新型城镇化同乡村全面振兴相结合，深入实施"百千万工程"，高水平建设都市乡村示范带和美丽圩镇，走好城乡融合发展之路。

6月13日 广东省委书记黄坤明前往汕尾市，深入国有农场、特色镇街、产业转移园和乡村振兴示范带进行调研，提出汕尾要深入实施"百千万工程"这一促进生产、改善生活、保护生态的民生工程，大力发展特色种养、食品加工和现代化海洋牧场，积极推进农文旅融合发展，主动加强与中铁等央企的对接，高水平推进县城和镇村规划建设，加快导入产业项目，为经济发展带来更多增量。

6月18日 广东省农业农村厅、广东省发展和改革委员会、广东省财政厅联合印发《广东省农村小型公益性项目建设以奖代补工作指导意见的通知》，指导创新乡村建设推进机制，积极调动农民和社会力量参与乡村建设行动，加快建设宜居宜业和美乡村。

6月19日 2024珠三角与粤东西北经贸合作招商会在广州举行。会议进一步汇聚各方面力量资源，以更大力度推进产业有序转移，助力"百千万工程"实施，加快把广东城乡区域发展不平衡的短板变成"潜力板"。

6月19日 政协第十三届广东省委员会常务委员会第七次会议在广州开

幕，围绕"加快以县城为重要载体的新型城镇化建设，助推百县千镇万村高质量发展"开展专题议政。

6月30日　广东省2024年"6·30"助力乡村振兴活动企业座谈会召开。会议动员广大爱心企业和社会力量参与"6·30"助力乡村振兴活动，推动广东省"百县千镇万村高质量发展工程"、推进乡村全面振兴等工作取得扎实成效。

7月

7月3日　广东省委书记黄坤明深入华南理工大学、广州医科大学、广东轻工职业技术大学等多所在粤高校进行专题调研，并走访慰问党员教师代表，强调要深入实施百校联百县助力"百千万工程"行动，有力促进城乡区域协调发展。

7月11日　广东省林业局、广东省财政厅联合印发《关于实施绿美广东生态建设油茶营造财政支持政策的通知》，提出制定油茶营造奖补政策，激励扩大油茶种植面积，推动油茶高标准建设，提升油茶栽培整体水平。

7月25日　广东省加强基层党组织建设工作会议在广州召开。省委书记黄坤明出席会议并讲话，强调要把抓基层党建与推进粤港澳大湾区建设、实施"百千万工程"、深化基层治理、推进绿美广东生态建设等重点工作有机结合起来，以高质量党建引领保障高质量发展、现代化建设。

7月27日　学习贯彻党的二十届三中全会精神中央宣讲团宣讲报告会、广东省委宣讲团首场宣讲报告会暨全省市厅级主要领导干部学习贯彻党的二十届三中全会精神专题研讨班开班式在广州举行。中央宣讲团成员、广东省委书记、学习贯彻党的二十届三中全会精神广东省委宣讲团团长黄坤明作宣讲主题报告暨开班动员讲话，强调要围绕完善城乡融合发展体制机制，大力推进以县城为重要载体的新型城镇化建设，深化土地制度改革，深入实施"百千万工程"，促进城乡共同繁荣发展。

8月

8月2日　广东省人力资源和社会保障厅印发《广东省社会资助城乡居民

参加城乡居民基本养老保险指导意见》，规范资助和受资助行为，加强资助资金管理，保护资助人、受资助人的合法权益。

8月6~7日 广东省"四好农村路"高质量发展现场会在惠州博罗县召开，总结全省农村公路建设十年发展成效，部署实施新一轮农村公路提升行动。

8月21日 广东省自然资源厅、广东省财政厅联合印发《关于建立健全耕地保护补偿激励机制的意见》，提出从优化普惠性补偿机制、健全考核奖励机制和建立跨区域调剂机制三个方面构建完善省、市、县三级耕地保护补偿激励机制。

8月23~26日 2024中国县域博览会在广州中国进出口商品交易会展馆举办。博览会共设县域和产业两大展区，包括特色县域专馆、广东县域高质量发展专馆、县域产业综合馆，以及近200个县域专馆、革命老区县域专馆，并组织了多场论坛会议和产销对接活动，为推动区域协调发展、促进经济国内大循环、发展新质生产力提供成果展示舞台和经贸交流合作平台。

9月

9月8日 广东省教育厅、广东省文明办、广东省教育基金会、薪火公益基金联合发起并实施2024年薪火优秀乡村教师培养资助计划。该计划每年遴选100名乡村教师（含20名乡村校长）开展培养培训，持续实施5年，每年投入1000万元予以支持，通过以点带面、辐射引领，助力推动实施"百千万工程"教育行动。

9月12日 由共青团广东省委员会、腾讯公司和中国农业大学共同主办，广东省团校（广东青年政治学院）、广东省青年创业就业促进中心承办的广东"百千万工程"青年兴乡培育计划百人典型班在深圳腾讯滨海大厦正式启动。来自广东21个地市的村集体经济负责人、村干部、种植养殖大户，以及优秀返乡创业青年共计110名学员参与了为期4个月的学习和实践。

9月12日 省政府常务会议召开，审议《广东省河湖长制条例（草案）》《广东省历史文化名城名镇名村保护条例（草案）》，省长王伟中在会上强调，要打造以河湖水系为依托的绿色产业链，让河湖资源优势更多转化为城乡发展、人民致富的经济优势；要把历史文化名城名镇名村保护利用工作与实施"百千万工程"有机结合起来，营造全社会共同支持历史文化名城名镇名村保护传承的良好氛围。

9月13日 中国共产党广东省第十三届委员会第五次全体会议在广州召开，强调要围绕促进城乡区域协调发展，以优化完善"百县千镇万村高质量发展工程"集成式改革为牵引，突出强县健全动力机制，突出富民强化制度保障，突出融合促进区域协调，突出向海拓展发展空间，从体制机制上破解城乡二元结构，持续释放区域协调发展活力。会议通过了《中共广东省委关于贯彻落实党的二十届三中全会精神 进一步全面深化改革、在推进中国式现代化建设中走在前列的意见》，其中包括"围绕推动百县千镇万村高质量发展，健全城乡区域协调发展体制机制"方面的"健全县域经济高质量发展体制机制""健全推进新型城镇化体制机制""健全推动乡村全面振兴长效机制""完善实施区域协调发展战略机制""深化土地制度改革"等五条意见。

9月14日 广东省人民政府印发《关于加快培育发展未来产业的行动方案》，提出结合"百千万工程"实施，支持粤东粤西粤北地区结合本地优势积极发展未来产业，形成一批自主可控、技术先进的未来产业产品和装备。

9月18日 中共广东省委办公厅 广东省人民政府办公厅发布《关于推进环南昆山—罗浮山县镇村高质量发展引领区建设的意见》，推动引领区建设成为粤港澳大湾区生态花园、世界级森林温泉康养目的地、岭南特色县镇村现代化建设样板、城乡融合发展先行地。

9月18日 由农业农村部乡村建设促进司指导，《中国乡村振兴》杂志社和乡村建设高校联盟主办的"美丽乡村建设故事"高校暑期作品征集活动获奖作品名单公示。华南理工大学作品《低碳环保路面铺就乡村振兴路》和广东南华工商职业学院作品《峡石遇梦》获得一等奖。

9月19日 广东省"百县千镇万村高质量发展工程"指挥部乡村振兴专班办公室印发《持续深入推进农业科技特派员助力"百千万工程"乡村振兴行动方案》，计划新增选派农业科技特派员2225名以上，精准对接县域粮食主产区、优势特色产业区覆盖的第二批"百千万工程"典型村等重点农业镇村，构建"农业科技特派员对接乡村需求、轻骑兵和乡土专家小分队组团服务"的"1+N"联动服务模式。

9月22日　广东省"百千万工程"指挥部办公室、省农业农村厅和茂名市人民政府共同主办的广东省庆祝2024年中国农民丰收节主会场活动在茂名化州开幕。活动以"学用'千万工程'礼赞丰收中国"为主题,采取"1个主会场"+"N个分会场"模式,集中展现百县千镇万村共庆丰收盛景。

9月23~25日　广东省第一届农事运动会农机技能竞赛暨第六届全国农业行业职业技能大赛广东省选拔赛(农机驾驶操作员)在广州市现代农业装备示范基地举行,来自省内16个地市的52名选手参赛。

9月30日　广东省农业农村厅、广东省财政厅联合印发《广东省2024-2026年农机购置与应用补贴实施方案》,支持广大农民群众及农业生产经营组织购置使用先进适用的农业机械,引领农机研产推用全链协同,加快发展新质生产力,推进农业机械化全程全面高质量发展,为保障国家粮食安全、加快农业农村现代化提供坚实支撑。

10月

10月11日　由广东省文化和旅游厅主办的"游乡村 促消费"2024年广东省文旅赋能"百千万工程"主会场活动在茂名高州市举办。活动现场,主办方为列为"首批文化产业赋能乡村振兴省级试点单位"的18个县(区)、镇(乡)颁发牌匾。

10月21日　广东省委全面深化改革委员会召开会议,强调要有力推动"百县千镇万村高质量发展工程"集成式改革走深走实,充分发挥典型引领示范作用,引导鼓励各地坚持改革开路、干字为先、主动作为,坚持从实际出发深化扩权强县和强县扩权改革,以促进招商引资和推动产业升级为重点健全新型帮扶机制,助力做大做强特色经济和支柱产业,加快完善政府撬动、市场主导的多元化投融资体制,深入推进全域土地综合整治,进一步完善镇村建设和人居环境整治提升机制,充分激发释放县镇村发展的活力动力,推动"百千万工程"加力提速、全面突破。

10月22日　广东省委书记黄坤明到茂名化州市,深入农业科研机构和农业产业园进行调研,强调要聚焦做深做透"土特产"这篇文章,大力发展南药、罗非鱼等特色农业,下功夫做好深加工、延长产业链,有效促进农业增效、农民增收、农村繁荣；久久为功抓好农村人居环境整治和农房风貌管控，更好赋能农文旅融合发展、建设和美宜居乡村；着力夯实县域产业支撑能力，进一步提升产业主平台集聚功能，高质高效承接珠三角产业有序转移，招引储备一批带动就业、支撑发展的好项目，因地制宜培育发展新质生产力，不断做大做强县域主导产业。

10月22~24日 广东省委书记黄坤明到湛江市，深入制造企业、乡村社区、历史街区、港口码头和重点项目施工现场进行调研，强调要推进乡村振兴，广泛发动群众、组织群众，凝心聚力把农房风貌管控、房前屋后环境整治和植树造林等工作做细做实；要注重发挥乡村能人的带头作用，开发挖掘特色资源，积极引资引技引才，打造带动性强、效益高的产业项目，助力壮大乡村产业；要以更大力度更实举措实施好"百千万工程"，坚持特色化差异化发展，壮大强县富民产业，做强县域经济，支持县城高水平扩容提质、乡镇做实联城带村节点功能，着眼发现和重塑价值做好乡村发展、建设和治理工作，不断开创县镇村高质量发展新局面。

10月28日 广东召开新一轮乡村振兴驻镇帮镇扶村工作动员部署电视电话会议，加力提速推进"百千万工程"，总结第一轮驻镇帮镇扶村工作情况，全面动员部署新一轮工作，助力新阶段巩固拓展脱贫攻坚成果、推进乡村全面振兴。

11月

11月3日 广东省人民政府印发《美丽广东建设规划纲要（2024—2035年）》。该纲要提出，要以"百县千镇万村高质量发展工程"为引领，因地制宜建设美丽城市、美丽城镇、美丽乡村，推动城乡人居环境从干净整洁向美丽宜居蝶变。

11月13日 十三届广东省委第五轮巡视对象公布，巡视组对粤东、粤西、粤北47个县（市、区）党委推进"百县千镇万村高质量发展工程"情况开展专项巡视。

11月16日 广东省发展改革委牵头举行省直机关及有关单位组团纵向帮扶支持县域高质量发展动员会，对各有关单位选派的180多名帮扶干部进行集中培训、动员部署。本轮纵向帮扶共涉及全省156家有关单位，帮扶对象包括全省57个县（市）及5个重点老区苏区市辖区，基本实现县域帮扶的"全覆盖"。

11月19日 广东省农业农村厅印发《广东省现代化海洋牧场发展总体规划（2024—2035年）》。这是全国首个海洋渔业全产业发展规划，旨在探索走出一条具有广东示范、中国特色、国际影响的现代化海洋牧场科学发展之路。

11月23日 第五届水产种业博览会暨第二届广东（国际）现代化海洋牧场产业大会在广州南沙开幕。会上，广东省现代化海洋牧场适养品种核心技术攻关最新成果吸引了众多关注。

11月25日 广东省农业农村厅印发《广东省动物疫病净化场评估管理指南》，推进动物疫病净化工作，规范省级动物疫病净化场评估管理。

11月26~28日 广东省十四届人大常委会第十三次会议在广州召开。会议听取广东省人民政府关于研究处理深入实施"百县千镇万村高质量发展工程"、统筹推进城乡一体化发展工作情况报告审议意见的报告等，表决通过《广东省新型农村集体经济发展促进条例》。

11月26日 广东省委书记黄坤明到广州市花都区实地检查"百县千镇万村高质量发展工程"实施成效并开展专题调研，充分肯定了广州市推进实施"百千万工程"扎实有力，各项工作取得的阶段性成效，强调要以久久为功的战略定力把"百千万工程"推向深入，努力在推动城乡区域协调发展上树标杆作示范。

11月27日 广东省推进"百县千镇万村高质量发展工程"促进城乡区域协调发展现场会召开，聚焦"百千万工程"启动以来的实施情况，盘点工作、查找差距，交流经验、提高水平。省委书记黄坤明在讲话中强调，要深入学习贯彻党的二十大和二十届二中、三中全会精神，认真贯彻落实习近平总书记视察广东重要讲话、重要指示精神，坚持好、运用好、发展好实践中形成的经验做法，切实把这次现场会的所见所闻、所感所思转化为开展工作的新思路、好办法，持续推进"百千万工程"走深走实，以真抓实干奋力开创全省城乡区域协调发展新局面。

11月28日至12月1日 第二十一届中国国际农产品交易会在广州举办。作为农业农村领域规模最大、最具权威性和影响力的综合性展会，交易会已成功举办20届，2024年首次走进粤港澳大湾区，与广东现代农业博览会同期举办，同期还举办2024全国脱贫地区"土特产"走进大湾区推介周暨全国农产品采购商联盟成立、农业品牌成果发布与推介、农业农村大数据应用软件系统发布、"强农论坛"等重要活动及30多场品牌推介活动。

12月

12月5日 广东省生态环境厅、广东省自然资源厅、广东省住房和城乡建设厅联合印发《建设用地土壤环境联动监管工作规定的通知》,进一步指导和规范广东省建设用地土壤环境联动监管工作。

12月7日 2024年广东乡村振兴·千村论坛在暨南大学举办。论坛邀请国内"三农"领域多位顶级专家发表演讲,农业龙头企业、村干部代表共50余位嘉宾共同探讨新质生产力助推乡村振兴、发展数字乡村、推进农村共同富裕、教育均衡发展新路径等重要议题。会议发布了《广东千村高质量发展大调查2024年研究报告》。

12月8日 2024年广东乡村运营发展大会暨"千名农村职业经理人培育行动"第二期开班仪式在广州举办。大会以"运营共创,和美乡村"为主题,汇聚了专家学者、企业代表以及众多乡村运营从业者,围绕"全国乡村运营探索和广东路径"的核心议题展开深入探讨与交流,共同分享在乡村运营实践过程中的成功经验与创新模式。

12月9日 广东省人民政府公布第四批广东省历史文化名村和第五批广东省历史文化街区名单。江门市新会区茶坑村为第四批广东省历史文化名村,梅州市丰顺县丰良镇老街、梅州市丰顺县留隍镇潮客古街、阳江市江城区太傅路为第五批广东省历史文化街区。

12月12日 第二十三届广东种业博览会在广州举行。本届博览会以"种业向新、振兴提质"为主题,设置开幕活动、研讨交流、展览展示等主题活动,具有前沿性、创新性、开放性、国际化特点,集中展示了广东种业发展成效。

12月12日 由广东省教育厅指导、广东工业大学和香港理工大学联合主办的粤港澳大学生"双百杯"乡村振兴创新创业竞赛收官。大赛首次跨境联合粤港澳三地高校共同参与推进"双百行动",聚焦县域产业发展、城乡建设规划、集体经济发展、基本公共服务、人才培养和改革创新等领域,采用县域出题、粤港澳师生答题的组织方式，集聚粤港澳青年人才和智力资源，开创粤港澳高校协同推进"百校联百县"助力"百千万工程"行动的崭新局面。

12 月 16 日 国家统计局广东调查总队发布最新数据，2024 年，广东全年粮食播种面积 3355.1 万亩，比上年增加 10.9 万亩，增长 0.3%。粮食总产量 1313.4 万吨，比上年增加 28.2 万吨，增长 2.2%。

12 月 19 日 广东省自然资源厅印发《关于进一步规范征收土地工作的通知》，维护被征地农村集体经济组织、农民及其他权利人的合法权益。

12 月 23 日 广东省干部大会在广州召开，认真传达学习习近平总书记视察广东、澳门重要讲话重要指示精神，对全省贯彻落实工作进行动员部署。省委书记黄坤明主持会议并讲话，强调要深入实施"百县千镇万村高质量发展工程"，多措并举推动经济实现质的有效提升和量的合理增长，更好担负起经济大省挑大梁的责任。

12 月 26 日 农业农村部印发《关于加快农业发展全面绿色转型促进乡村生态振兴的指导意见》，从促进资源节约和投入品减量使用、促进废弃物资源化利用、推进农业生态系统稳定多样、促进全产业链绿色低碳转型四个方面提出十项重点任务和措施。

12 月 30 日 中国共产党广东省第十三届委员会第六次全体会议暨省委经济工作会议在广州召开。会议强调，要深入实施"百县千镇万村高质量发展工程"，坚持兴业、强县、富民一体发展，统筹推进新型城镇化和乡村全面振兴，深入推动区域协调发展，陆海统筹发展海洋经济，以县镇村高质量发展推动城乡区域协调发展。

社会科学文献出版社

皮 书

智库成果出版与传播平台

❖ 皮书定义 ❖

皮书是对中国与世界发展状况和热点问题进行年度监测，以专业的角度、专家的视野和实证研究方法，针对某一领域或区域现状与发展态势展开分析和预测，具备前沿性、原创性、实证性、连续性、时效性等特点的公开出版物，由一系列权威研究报告组成。

❖ 皮书作者 ❖

皮书系列报告作者以国内外一流研究机构、知名高校等重点智库的研究人员为主，多为相关领域一流专家学者，他们的观点代表了当下学界对中国与世界的现实和未来最高水平的解读与分析。

❖ 皮书荣誉 ❖

皮书作为中国社会科学院基础理论研究与应用对策研究融合发展的代表性成果，不仅是哲学社会科学工作者服务中国特色社会主义现代化建设的重要成果，更是助力中国特色新型智库建设、构建中国特色哲学社会科学"三大体系"的重要平台。皮书系列先后被列入"十二五""十三五""十四五"时期国家重点出版物出版专项规划项目；自2013年起，重点皮书被列入中国社会科学院国家哲学社会科学创新工程项目。

皮书网

（网址：www.pishu.cn）

发布皮书研创资讯，传播皮书精彩内容
引领皮书出版潮流，打造皮书服务平台

栏目设置

◆关于皮书
何谓皮书、皮书分类、皮书大事记、
皮书荣誉、皮书出版第一人、皮书编辑部

◆最新资讯
通知公告、新闻动态、媒体聚焦、
网站专题、视频直播、下载专区

◆皮书研创
皮书规范、皮书出版、
皮书研究、研创团队

◆皮书评奖评价
指标体系、皮书评价、皮书评奖

所获荣誉

◆2008年、2011年、2014年，皮书网均
在全国新闻出版业网站荣誉评选中获得
"最具商业价值网站"称号；

◆2012年，获得"出版业网站百强"称号。

网库合一

2014年，皮书网与皮书数据库端口合
一，实现资源共享，搭建智库成果融合创
新平台。

皮书网

"皮书说"
微信公众号

权威报告·连续出版·独家资源

皮书数据库
ANNUAL REPORT(YEARBOOK)
DATABASE

分析解读当下中国发展变迁的高端智库平台

所获荣誉

- 2022年，入选技术赋能"新闻+"推荐案例
- 2020年，入选全国新闻出版深度融合发展创新案例
- 2019年，入选国家新闻出版署数字出版精品遴选推荐计划
- 2016年，入选"十三五"国家重点电子出版物出版规划骨干工程
- 2013年，荣获"中国出版政府奖·网络出版物奖"提名奖

皮书数据库

"社科数托邦"
微信公众号

成为用户

　　登录网址www.pishu.com.cn访问皮书数据库网站或下载皮书数据库APP，通过手机号码验证或邮箱验证即可成为皮书数据库用户。

用户福利

- 已注册用户购书后可免费获赠100元皮书数据库充值卡。刮开充值卡涂层获取充值密码，登录并进入"会员中心"—"在线充值"—"充值卡充值"，充值成功即可购买和查看数据库内容。
- 用户福利最终解释权归社会科学文献出版社所有。

数据库服务热线：010-59367265
数据库服务QQ：2475522410
数据库服务邮箱：database@ssap.cn
图书销售热线：010-59367070/7028
图书服务QQ：1265056568
图书服务邮箱：duzhe@ssap.cn

社会科学文献出版社　皮书系列
SOCIAL SCIENCES ACADEMIC PRESS (CHINA)

卡号：115575857538
密码：

S 基本子库
UB DATABASE

中国社会发展数据库（下设 12 个专题子库）

紧扣人口、政治、外交、法律、教育、医疗卫生、资源环境等 12 个社会发展领域的前沿和热点，全面整合专业著作、智库报告、学术资讯、调研数据等类型资源，帮助用户追踪中国社会发展动态、研究社会发展战略与政策、了解社会热点问题、分析社会发展趋势。

中国经济发展数据库（下设 12 专题子库）

内容涵盖宏观经济、产业经济、工业经济、农业经济、财政金融、房地产经济、城市经济、商业贸易等 12 个重点经济领域，为把握经济运行态势、洞察经济发展规律、研判经济发展趋势、进行经济调控决策提供参考和依据。

中国行业发展数据库（下设 17 个专题子库）

以中国国民经济行业分类为依据，覆盖金融业、旅游业、交通运输业、能源矿产业、制造业等 100 多个行业，跟踪分析国民经济相关行业市场运行状况和政策导向，汇集行业发展前沿资讯，为投资、从业及各种经济决策提供理论支撑和实践指导。

中国区域发展数据库（下设 4 个专题子库）

对中国特定区域内的经济、社会、文化等领域现状与发展情况进行深度分析和预测，涉及省级行政区、城市群、城市、农村等不同维度，研究层级至县及县以下行政区，为学者研究地方经济社会宏观态势、经验模式、发展案例提供支撑，为地方政府决策提供参考。

中国文化传媒数据库（下设 18 个专题子库）

内容覆盖文化产业、新闻传播、电影娱乐、文学艺术、群众文化、图书情报等 18 个重点研究领域，聚焦文化传媒领域发展前沿、热点话题、行业实践，服务用户的教学科研、文化投资、企业规划等需要。

世界经济与国际关系数据库（下设 6 个专题子库）

整合世界经济、国际政治、世界文化与科技、全球性问题、国际组织与国际法、区域研究 6 大领域研究成果，对世界经济形势、国际形势进行连续性深度分析，对年度热点问题进行专题解读，为研判全球发展趋势提供事实和数据支持。

法律声明